J. von Staudingers
Kommentar zum Bürgerlichen Gesetzbuch
mit Einführungsgesetz und Nebengesetzen
Buch 2 · Recht der Schuldverhältnisse
Leasing
(Leasingrecht)

Kommentatorinnen und Kommentatoren

Dr. Karl-Dieter Albrecht
Vorsitzender Richter am Bayerischen Verwaltungsgerichtshof a. D., München

Dr. Christoph Althammer
Professor an der Universität Regensburg

Dr. Georg Annuß
Rechtsanwalt in München, Außerplanmäßiger Professor an der Universität Regensburg

Dr. Christian Armbrüster
Professor an der Freien Universität Berlin, Richter am Kammergericht a. D.

Dr. Arnd Arnold
Professor an der Universität Trier, Dipl.-Volksw.

Dr. Markus Artz
Professor an der Universität Bielefeld

Dr. Marietta Auer, S.J.D.
Professorin an der Universität Gießen

Dr. Martin Avenarius
Professor an der Universität zu Köln

Dr. Ivo Bach
Professor an der Universität Göttingen

Dr. Wolfgang Baumann
Notar in Wuppertal, Professor an der Bergischen Universität Wuppertal

Dr. Winfried Bausback
Professor a. D. an der Bergischen Universität Wuppertal, bayerischer Staatsminister der Justiz, Mitglied des Bayerischen Landtags

Dr. Roland Michael Beckmann
Professor an der Universität des Saarlandes, Saarbrücken

Dr. Dr. h. c. Detlev W. Belling, M.C.L.
Professor an der Universität Potsdam

Dr. Andreas Bergmann
Professor an der Fernuniversität Hagen

Dr. Falk Bernau
Richter am Bundesgerichtshof, Karlsruhe

Dr. Marcus Bieder
Professor an der Universität Osnabrück

Dr. Werner Bienwald
Professor an der Evangelischen Fachhochschule Hannover, Rechtsanwalt in Oldenburg

Dr. Tom Billing
Rechtsanwalt in Berlin

Dr. Claudia Bittner, LL.M.
Außerplanmäßige Professorin an der Universität Freiburg i. Br., Richterin am Hessischen Landessozialgericht

Dr. Eike Bleckwenn
Rechtsanwalt in Hannover

Dr. Reinhard Bork
Professor an der Universität Hamburg

Dr. Jan Busche
Professor an der Universität Düsseldorf

Dr. Georg Caspers
Professor an der Universität Erlangen-Nürnberg

Dr. Tiziana Chiusi
Professorin an der Universität des Saarlandes, Saarbrücken

Dr. Michael Coester, LL.M.
Professor an der Universität München

Dr. Dr. h. c. Dagmar Coester-Waltjen, LL.M.
Professorin an der Universität Göttingen

Dr. Thomas Diehn
Notar in Hamburg

Dr. Katrin Dobler
Regierungsdirektorin beim Justizministerium Baden-Württemberg

Dr. Heinrich Dörner
Professor an der Universität Münster

Dr. Werner Dürbeck
Richter am Oberlandesgericht Frankfurt a. M.

Dr. Anatol Dutta, M. Jur.
Professor an der Universität München

Dr. Christina Eberl-Borges
Professorin an der Universität Mainz

Dr. Dres. h. c. Werner F. Ebke, LL.M.
Professor an der Universität Heidelberg

Dr. Jan Eickelberg, LL.M.
Professor an der Hochschule für Wirtschaft und Recht, Berlin

Jost Emmerich
Richter am AG München

Dr. Volker Emmerich
Professor an der Universität Bayreuth, Richter am Oberlandesgericht Nürnberg a. D.

Dipl.-Kfm. Dr. Norbert Engel
Ministerialdirigent a. D., Rechtsanwalt in Erfurt

Dr. Cornelia Feldmann
Rechtsanwältin in Freiburg i. Br.

Dr. Timo Fest, LL.M.
Priv. Dozent an der Universität München

Dr. Karl-Heinz Fezer
Professor an der Universität Konstanz, Honorarprofessor an der Universität Leipzig, Richter am Oberlandesgericht Stuttgart a. D.

Dr. Philipp S. Fischinger, LL.M.
Professor an der Universität Mannheim

Dr. Holger Fleischer
Professor am Max-Planck-Institut, Hamburg

Dr. Rainer Frank
Professor an der Universität Freiburg i. Br.

Dr. Robert Freitag, Maître en droit
Professor an der Universität Erlangen-Nürnberg

Dr. Jörg Fritzsche
Professor an der Universität Regensburg

Dr. Beate Gsell, Maître en droit
Professorin an der Universität München, Richterin am Oberlandesgericht München

Dr. Karl-Heinz Gursky
Professor an der Universität Osnabrück

Dr. Thomas Gutmann, M. A.
Professor an der Universität Münster

Dr. Martin Gutzeit
Professor an der Universität Gießen

Dr. Martin Häublein
Professor an der Universität Innsbruck

Dr. Johannes Hager
Professor an der Universität München

Dr. Felix Hartmann, LL.M.
Professor an der Freien Universität Berlin

Dr. Wolfgang Hau
Professor an der Universität Passau

Dr. Rainer Hausmann
Professor an der Universität Konstanz

Dr. Stefan Heilmann
Vorsitzender Richter am Oberlandesgericht Frankfurt, Honorarprofessor an der Frankfurt University of Applied Sciences

Dr. Jan von Hein
Professor an der Universität Freiburg i. Br.

Dr. Christian Heinze
Professor an der Universität Hannover

Dr. Stefan Heinze
Notar in Köln

Dr. Tobias Helms
Professor an der Universität Marburg

Dr. Dr. h. c. mult. Dieter Henrich
Professor an der Universität Regensburg

Dr. Carsten Herresthal, LL.M.
Professor an der Universität Regensburg

Christian Hertel, LL.M.
Notar in Weilheim i. OB.

Dr. Stephanie Herzog
Rechtsanwältin in Würselen

Joseph Hönle
Notar in München

Dr. Ulrich Hönle
Notar in Waldmünchen

Dr. Bernd von Hoffmann †
Professor an der Universität Trier

Dr. Dr. h. c. Heinrich Honsell
Professor an der Universität Zürich, Honorarprofessor an der Universität Salzburg

Dr. Norbert Horn
Professor an der Universität zu Köln, Vorstand des Arbitration Documentation and Information Center e.V., Köln

Dr. Rainer Hüttemann
Professor an der Universität Bonn

Dr. Martin Illmer, MJur
Richter am Landgericht Hamburg, Privatdozent an der Bucerius Law School

Dr. Florian Jacoby
Professor an der Universität Bielefeld

Dr. Rainer Jagmann
Vorsitzender Richter am Oberlandesgericht Karlsruhe a. D.

Dr. Ulrich von Jeinsen
Rechtsanwalt und Notar in Hannover, Honorarprofessor an der Universität Hannover

Dr. Joachim Jickeli
Professor an der Universität zu Kiel

Dr. Dagmar Kaiser
Professorin an der Universität Mainz

Dr. Bernd Kannowski
Professor an der Universität Bayreuth

Dr. Rainer Kanzleiter
Notar a. D. in Ulm, Honorarprofessor an der Universität Augsburg

Dr. Sibylle Kessal-Wulf
Richterin des Bundesverfassungsgerichts, Karlsruhe

Dr. Christian Kesseler
Notar in Düren, Honorarprofessor an der Universität Trier

Dr. Fabian Klinck
Professor an der Universität Bochum

Dr. Frank Klinkhammer
Richter am Bundesgerichtshof, Karlsruhe, Honorarprofessor an der Universität Marburg

Dr. Steffen Klumpp
Professor an der Universität Erlangen-Nürnberg

Dr. Jürgen Kohler
Professor an der Universität Greifswald

Dr. Sebastian Kolbe
Professor an der Universität Bremen

Dr. Stefan Koos
Professor an der Universität der Bundeswehr München

Dr. Rüdiger Krause
Professorin an der Universität Göttingen

Dr. Heinrich Kreuzer
Notar in München

Dr. Lena Kunz, LL.M.
Akad. Mitarbeiterin an der Universität Heidelberg

Dr. Hans-Dieter Kutter
Notar a. D. in Nürnberg

Dr. Arnold Lehmann-Richter
Professor an der Hochschule für Wirtschaft und Recht Berlin

Stefan Leupertz
Richter a. D. am Bundesgerichtshof, Honorarprofessor an der TU Dortmund

Johannes Liebrecht
Wiss. Referent am Max-Planck-Institut, Hamburg

Dr. Martin Löhnig
Professor an der Universität Regensburg

Dr. Dr. h. c. Manfred Löwisch
Professor an der Universität Freiburg i. Br., Rechtsanwalt in Lahr (Schw.), vorm. Richter am Oberlandesgericht Karlsruhe

Dr. Dirk Looschelders
Professor an der Universität Düsseldorf

Dr. Stephan Lorenz
Professor an der Universität München

Dr. Katharina Lugani
Professorin an der Universität Düsseldorf

Dr. Ulrich Magnus
Professor an der Universität Hamburg, Affiliate des MPI für ausländisches und internationales Privatrecht, Hamburg, Richter am Hanseatischen Oberlandesgericht zu Hamburg a. D.

Dr. Peter Mankowski
Professor an der Universität Hamburg

Dr. Heinz-Peter Mansel
Professor an der Universität zu Köln

Dr. Peter Marburger †
Professor an der Universität Trier

Dr. Wolfgang Marotzke
Professor an der Universität Tübingen

Dr. Sebastian A. E. Martens
Professor an der Universität Passau

Dr. Dr. Dr. h. c. mult. Michael Martinek, M.C.J.
Professor an der Universität des Saarlandes, Saarbrücken, Honorarprofessor an der Universität Johannesburg, Südafrika

Dr. Annemarie Matusche-Beckmann
Professorin an der Universität des Saarlandes, Saarbrücken

Dr. Gerald Mäsch
Professor an der Universität Münster

Dr. Jörg Mayer †
Honorarprofessor an der Universität Erlangen-Nürnberg, Notar in Simbach am Inn

Dr. Dr. Detlef Merten
Professor an der Deutschen Universität für Verwaltungswissenschaften Speyer

Dr. Tanja Mešina
Staatsanwältin, Stuttgart

Dr. Rudolf Meyer-Pritzl
Professor an der Universität zu Kiel, Richter am Schleswig-Holsteinischen Oberlandesgericht in Schleswig

Dr. Morten Mittelstädt
Notarassessor in Hamburg

Dr. Peter O. Mülbert
Professor an der Universität Mainz

Dr. Dirk Neumann
Vizepräsident des Bundesarbeitsgerichts a. D., Kassel, Präsident des Landesarbeitsgerichts Chemnitz a. D.

Dr. Hans-Heinrich Nöll
Rechtsanwalt in Hamburg

Dr. Jürgen Oechsler
Professor an der Universität Mainz

Dr. Hartmut Oetker
Professor an der Universität zu Kiel, Richter am Thüringer Oberlandesgericht in Jena

Wolfgang Olshausen
Notar a. D. in Rain am Lech

Dr. Dirk Olzen
Professor an der Universität Düsseldorf

Dr. Sebastian Omlor, LL.M., LL.M.
Professor an der Universität Marburg

Dr. Gerhard Otte
Professor an der Universität Bielefeld

Dr. Lore Maria Peschel-Gutzeit
Rechtsanwältin in Berlin, Senatorin für Justiz a. D. in Hamburg und Berlin, Vorsitzende Richterin am Hanseatischen Oberlandesgericht zu Hamburg i. R.

Dr. Frank Peters
Professor an der Universität Hamburg, Richter am Hanseatischen Oberlandesgericht zu Hamburg a. D.

Dr. Christian Picker
Dozent an der Universität München

Dr. Andreas Piekenbrock
Professor an der Universität Heidelberg

Dr. Jörg Pirrung
Richter am Gericht erster Instanz der Europäischen Gemeinschaften i. R., Professor an der Universität Trier

Dr. Dr. h. c. Ulrich Preis
Honorarprofessor an der Universität zu Köln

Dr. Maximilian Freiherr von Proff zu Irnich
Notar in Köln

Dr. Thomas Raff
Notarassessor, Kandel

Dr. Manfred Rapp
Notar a. D., Landsberg am Lech

Dr. Thomas Rauscher
Professor an der Universität Leipzig, Dipl. Math.

Dr. Peter Rawert, LL.M.
Notar in Hamburg, Honorarprofessor an der Universität Kiel

Eckhard Rehme
Vorsitzender Richter am Oberlandesgericht Oldenburg i. R.

Dr. Wolfgang Reimann
Notar a. D., Honorarprofessor an der Universität Regensburg

Dr. Tilman Repgen
Professor an der Universität Hamburg

Dr. Dieter Reuter †
Professor an der Universität zu Kiel, Richter am Schleswig-Holsteinischen Oberlandesgericht in Schleswig a. D.

Dr. Christoph Reymann, LL.M. Eur.
Notar in Neustadt b. Coburg, Professor an der Privaten Universität Liechtenstein

Dr. Reinhard Richardi
Professor an der Universität Regensburg, Präsident des Kirchlichen Arbeitsgerichtshofs der Deutschen Bischofskonferenz, Bonn

Dr. Volker Rieble
Professor an der Universität München, Direktor des Zentrums für Arbeitsbeziehungen und Arbeitsrecht

Dr. Thomas Riehm
Professor an der Universität Passau

Dr. Anne Röthel
Professorin an der Bucerius Law School, Hamburg

Dr. Christian Rolfs
Professor an der Universität zu Köln

Dr. Herbert Roth
Professor an der Universität Regensburg

Dr. Ludwig Salgo
Apl. Professor an der Universität Frankfurt a. M.

Dr. Renate Schaub, LL.M.
Professorin an der Universität Bochum

Dr. Martin Josef Schermaier
Professor an der Universität Bonn

Dr. Gottfried Schiemann
Professor an der Universität Tübingen

Dr. Eberhard Schilken
Professor an der Universität Bonn

Dr. Peter Schlosser
Professor an der Universität München

Dr. Martin Schmidt-Kessel
Professor an der Universität Bayreuth

Dr. Günther Schotten
Notar a. D. in Köln, Professor an der Universität Bielefeld

Dr. Robert Schumacher, LL.M.
Notar in Köln

Dr. Roland Schwarze
Professor an der Universität Hannover

Dr. Andreas Schwennicke
Notar und Rechtsanwalt in Berlin

Dr. Maximilian Seibl, LL.M.
Oberregierungsrat im Bayerischen Staatsministerium für Gesundheit und Pflege, München

Dr. Hans Hermann Seiler
Professor an der Universität Hamburg, Richter am Hanseatischen Oberlandesgericht a. D.

Dr. Stephan Serr
Notar in Ochsenfurt

Dr. Reinhard Singer
Professor an der Humboldt-Universität Berlin, vorm. Richter am Oberlandesgericht Rostock

Dr. Dr. h. c. Ulrich Spellenberg
Professor an der Universität Bayreuth

Dr. Sebastian Spiegelberger
Notar a. D. in Rosenheim

Dr. Ansgar Staudinger
Professor an der Universität Bielefeld

Dr. Malte Stieper
Professor an der Universität Halle-Wittenberg

Dr. Markus Stoffels
Professor an der Universität Heidelberg

Dr. Dr. h. c. Fritz Sturm †
Professor an der Universität Lausanne

Dr. Gudrun Sturm
Assessorin, Wiss. Mitarbeiterin

Dr. Michael Stürner
Professor an der Universität Konstanz

Burkhard Thiele
Präsident des Oberlandesgerichts Rostock, Präsident des Landesverfassungsgerichts Mecklenburg-Vorpommern

Dr. Christoph Thole
Professor an der Universität zu Köln

Dr. Karsten Thorn
Professor an der Bucerius Law School, Hamburg

Dr. Gregor Thüsing, LL.M.
Professor an der Universität Bonn

Dr. Judith Ulshöfer
Notarassessorin in Ludwigshafen am Rhein

Dr. Barbara Veit
Professorin an der Universität Göttingen

Dr. Bea Verschraegen, LL.M., M.E.M.
Professorin an der Universität Wien, adjunct professor an der Universität Macao

Dr. Klaus Vieweg
Professor an der Universität Erlangen-Nürnberg

Dr. Markus Voltz
Notar in Offenburg

Dr. Reinhard Voppel
Rechtsanwalt in Köln

Dr. Christoph Weber
Akad. Rat a. Z. an der Universität München

Dr. Johannes Weber, LL.M.
Notarassessor, Geschäftsführer des Deutschen Notarinstituts, Würzburg

Gerd Weinreich
Vorsitzender Richter am Oberlandesgericht Oldenburg

Dr. Matthias Wendland, LL.M.
Privatdozent an der Universität München

Dr. Domenik H. Wendt
Professor an der Frankfurt University of Applied Sciences

Dr. Olaf Werner
Professor an der Universität Jena, Richter am Thüringer Oberlandesgericht Jena a. D.

Dr. Daniel Wiegand, LL.M.
Rechtsanwalt in München

Dr. Wolfgang Wiegand
Professor an der Universität Bern

Dr. Peter Winkler von Mohrenfels
Professor an der Universität Rostock, Richter am Oberlandesgericht Rostock a. D., Rechtsanwalt in Rostock

Dr. Hans Wolfsteiner
Notar a. D., Rechtsanwalt in München

Heinz Wöstmann
Richter am Bundesgerichtshof, Karlsruhe

Redaktorinnen und Redaktoren

Dr. Christian Baldus

Dr. Dr. h. c. mult. Christian von Bar, FBA

Dr. Michael Coester, LL.M.

Dr. Heinrich Dörner

Dr. Hans Christoph Grigoleit

Dr. Johannes Hager

Dr. Dr. h. c. mult. Dieter Henrich

Dr. Carsten Herresthal, LL.M.

Sebastian Herrler

Dr. Dagmar Kaiser

Dr. Dr. h. c. Manfred Löwisch

Dr. Ulrich Magnus

Dr. Peter Mankowski

Dr. Heinz-Peter Mansel

Dr. Peter O. Mülbert

Dr. Gerhard Otte

Dr. Lore Maria Peschel-Gutzeit

Dr. Peter Rawert, LL.M.

Dr. Volker Rieble

Dr. Christian Rolfs

Dr. Herbert Roth

Dr. Markus Stoffels

Dr. Wolfgang Wiegand

J. von Staudingers
Kommentar zum Bürgerlichen Gesetzbuch
mit Einführungsgesetz und Nebengesetzen

Buch 2
Recht der Schuldverhältnisse
Leasing
(Leasingrecht)

Neubearbeitung 2018
von
Markus Stoffels

Redaktorin
Dagmar Kaiser

Sellier – de Gruyter · Berlin

Die Kommentatorinnen und Kommentatoren

Neubearbeitung 2018
Leasing: MARKUS STOFFELS

Neubearbeitung 2014
Leasing: MARKUS STOFFELS

Neubearbeitung 2004
Leasing: MARKUS STOFFELS

Sachregister

Rechtsanwältin Dr. MARTINA SCHULZ, Pohlheim

Zitierweise

STAUDINGER/STOFFELS (2018) Leasing Rn 1

Zitiert wird nach Paragraph bzw Artikel und Randnummer.

Hinweise

Das Abkürzungsverzeichnis befindet sich auf www.staudingerbgb.de.

Der Stand der Bearbeitung ist jeweils mit Monat und Jahr auf den linken Seiten unten angegeben.

Am Ende eines jeden Bandes befindet sich eine Übersicht über den aktuellen Stand des „Gesamtwerk STAUDINGER".

Die Deutsche Nationalbibliothek verzeichnet diese Publikation in der Deutschen Nationalbibliografie; detaillierte bibliografische Daten sind im Internet über http://dnb.dnb.de abrufbar.

ISBN 978-3-8059-1255-6

© Copyright 2018 by Dr. Arthur L. Sellier & Co. – Walter de Gruyter GmbH & Co. KG, Berlin. – Printed in Germany.

Dieses Werk einschließlich aller seiner Teile ist urheberrechtlich geschützt. Jede Verwertung außerhalb der engen Grenzen des Urheberrechtsgesetzes ist ohne Zustimmung des Verlages unzulässig und strafbar. Das gilt insbesondere für Vervielfältigungen, Übersetzungen, Mikroverfilmungen und die Einspeicherung und Verarbeitung in elektronischen Systemen.

Satz: fidus Publikations-Service, Nördlingen.

Druck und Bindearbeiten: Hubert & Co., Göttingen.

Umschlaggestaltung: Bib Wies, München.

♾ Gedruckt auf säurefreiem Papier, das die DIN ISO 9706 über Haltbarkeit erfüllt.

Inhaltsübersicht

Seite*

Buch 2 · Recht der Schuldverhältnisse

Abschnitt 8 · Einzelne Schuldverhältnisse
Titel 5 · Mietvertrag, Pachtvertrag

Leasingrecht _____ 1

Sachregister _____ 213

---
* Zitiert wird nicht nach Seiten, sondern
nach Paragraph bzw Artikel und Randnummer;
siehe dazu auch „Zitierweise".

Leasingrecht

Schrifttum

I. Kommentierungen
Canaris, Bankvertragsrecht (2. Aufl 1981) Rn 1710
MünchKomm/Koch, Band 3, Leasing (7. Aufl 2016)
H Schmidt, Leasingverträge, in: Ulmer/Brandner/Hensen, AGB-Recht (12. Aufl 2016)
Soergel/Heintzmann, Band 8/Schuldrecht 6 Vor §§ 535–610 (13. Aufl 2007)
Stoffels, Leasingverträge, in: Wolf/Lindacher/Pfeiffer, AGB-Recht (6. Aufl 2013)
vWestphalen, Leasing (Stand August 2011), in: vWestphalen/Thüsing (Hrsg), Vertragsrecht und AGB-Klauselwerke
BeckOGK/Ziemssen (Stand: 1. 1. 2018) § 535 Rn 725–1240.

II. Monographien, Handbücher etc
Bartsch, Alles über Leasing (1997)
Baumgarte, Leasingverträge über bewegliche Sachen im Konkurs (1980)
Beckmann/Scharff, Leasingrecht (4. Aufl 2015)
N Berger, Typus und Rechtsnatur des Herstellerleasings (1988)
Bernstein, Der Tatbestand des Mobilien-Finanzierungsleasingvertrages und seine rechtliche Einordnung als Vertrag „sui generis" (Diss 1983)
Berthold, Gefahrtragung beim Finanzierungs-Leasing beweglicher Sachen nach deutschem und französischem Recht (Diss 1975)
Bordewin/Tonner, Leasing im Steuerrecht (6. Aufl 2014)
Borggräfe, Die Zwangsvollstreckung in bewegliches Leasinggut (1976)
Christen, Mobilienleasing, Abzahlungsgesetz und Verbraucherkreditreform (1990)
Dageförde, Internationales Finanzierungsleasing (1992)
Drettmann/Jatzek, in: Bub/Treier, Handbuch der Geschäfts- und Wohnraummiete (4. Aufl 2014)
Eckstein/Feinen, Leasing-Handbuch für die betriebliche Praxis (7. Aufl 2000)
Engel, Miete, Kauf, Leasing (1997)
Engel/Paul, Handbuch Kraftfahrzeugleasing (3. Aufl 2015)
Feinen, Das Leasinggeschäft (4. Aufl 2002)
Gabele/Dannenberg/Kroll, Immobilienleasing (3. Aufl 1998)
Gabele/Weber, Kauf oder Leasing (1985)
Girsberger, Grenzüberschreitendes Finanzierungsleasing (1997)
Gitter, Gebrauchsüberlassungsverträge (1988) § 11 (S 277 ff)
Habersack, Rechtsfragen des Kraftfahrzeugvertriebs durch Vertragshändler: Verkauf und Leasing (1998)
Hagenmüller/Eckstein (Hrsg), Leasinghandbuch für die betriebliche Praxis (6. Aufl 1992)
Hastedt/Mellwig, Leasing. Rechtliche und ökonomische Grundlagen (1998)
Holdefer, Schadensersatz und Regress beim Finanzierungsleasing (Diss Tübingen 1992)
Huber, Finanzierungsleasinggeschäfte (1996)
Jürgens, Die Entwicklung des Finanzierungs-Leasing (Diss Köln 1988)
Knebel, Der Aufwendungsersatzanspruch des Leasinggebers nach der Unidroit-Leasingkonvention (1993)
Kneer (Hrsg), Formularbuch zum gewerblichen Miet-, Pacht- und Leasingrecht (2008)
E G Koch, Störungen beim Finanzierungsleasing (1981)
Koch, Immobilien-Leasing. Ein Beitrag zur Zivilrechtsdogmatik des Leasing (Diss München 1988)
Königsmann, Amortisationsklauseln und

Schadenspauschalen bei Finanzierungsleasingverträgen (Diss Bielefeld 1993)
KRÄMER, Leasingverträge in der Insolvenz (Diss Hamburg 2005)
KRATZER/KREUZMAIR, Leasing in Theorie und Praxis (2. Aufl 2002)
KRÜGER/EHL, Leasing in Krise und Insolvenz des Leasingnehmers (2014)
LEIFERT, Finanzierungsleasing in Deutschland (1973)
LWOWSKI, Erwerbsersatz durch Nutzungsverträge. Eine Studie zum Leasing (Diss Hamburg 1967)
vMARSCHALL, Leasingverträge im Handelsverkehr (1980)
MARLOTH-SAUERWEIN, Leasing und das Verbraucherkreditgesetz (1992)
MARTINEK, Moderne Vertragstypen I Leasing und Factoring (1991)
MARTINEK/STOFFELS/WIMMER-LEONHARDT, Handbuch des Leasingrechts (2. Aufl 2008)
MELSHEIMER, Verbraucherschutz durch § 9 Abs 3 VerbrKrG im Finanzierungsleasing (1993)
MÖMKEN, Der Finanzierungsleasingvertrag über bewegliche Sachen im kaufmännischen Verkehr (Diss München 1989)
Münchener Vertragshandbuch, Band 2, 1. Halbband Wirtschaftsrecht I (7. Aufl 2015), bearbeitet von STOLTERFOHT
OBERFEUCHTNER, Finanzierungsleasing und Verbraucherschutz (Diss Freiburg 2010)
OXE, Der Leasingnehmer als Verbraucher (2010)
PAPAPOSTOLOU, Die Risikoverteilung beim Finanzierungsleasingvertrag über bewegliche Sachen (1987)
PETERS/SCHMID-BURGK, Das Leasinggeschäft (4. Aufl 2017)
REINICKE/TIEDKE, Kaufrecht (8. Aufl 2009) Rn 1664 ff
REINKING/SPRENGER/KESSLER, AutoLeasing und AutoFinanzierung (5. Aufl 2013)
REINKING/EGGERT, Der Autokauf (13. Aufl 2017)
RENZ, Leistungsstörungen beim Finanzierungsleasing in rechtsvergleichender Sicht (Diss Basel 1997)
REVIOL, Refinanzierung von Leasingverträgen (2003)
RUNGE/BREMSER/ZÖLLER, Leasing (1978)
SANNWALD, Der Finanzierungsleasingvertrag über bewegliche Sachen mit Nichtkaufleuten (1982)
SCHIMANSKY/BUNTE/LWOWSKI, Bankrechts-Handbuch (5. Aufl 2017) § 101 (bearbeitet von MARTINEK/OMLOR)
SCHULZ, Finanzierungsleasing unter Verbraucherbeteiligung (2010)
SEFRIN, Die Kodifikationsreife des Finanzierungsleasingvertrages (1993)
SITTMANN-HAURY, Die Auswirkung einer mangelbedingten Rückabwicklung des Liefervertrags auf den Finanzierungsleasingvertrag (2014)
SPITTLER, Leasing für die Praxis (6. Aufl 2002)
C STRAUSS, Vertragsgestaltung und Haftung beim Software-Leasingvertrag (Diss Heidelberg 1992)
TACKE, Leasing (3. Aufl 1999)
WASEL, Schadensrechtliche Probleme des Kraftfahrzeug-Leasingvertrages (Diss Tübingen 2011)
vWESTPHALEN, Der Leasingvertrag (7. Aufl 2015)
vWESTPHALEN/LWOWSKI, Leasing – insbesondere Fragen der regresslosen Finanzierung (1986)
WOLF/ECKERT/BALL, Handbuch des gewerblichen Miet-, Pacht- und Leasingrechts (10. Aufl 2009).

III. Aufsätze

1. Aufsätze bis zum Jahre 1990 (grundlegende Beiträge)

J BLOMEYER, Das Finanzierungsleasing unter dem Blickwinkel der Sachmängelhaftung und des Abzahlungsgesetzes, NJW 1978, 973
CANARIS, Finanzierungsleasing und Wandelung, NJW 1982, 305
EBENROTH, Der Finanzierungsleasingvertrag als Rechtsgeschäft zwischen Miete und Kauf, JuS 1978, 588
ders, Inhaltliche Schranken für Leasingformularverträge aufgrund des AGB-Gesetzes, Betrieb 1978, 2109
FLUME, Leasing in zivilrechtlicher und steuerrechtlicher Sicht, DB 1972, 1, 53, 105, 152

Gabele/Kroll, Grundlagen des Immobilien-Leasing, DB 1991, 241, 203
Klamroth, Inhaltskontrolle von Finanzierungs-Leasing-Verträgen über bewegliche Gegenstände nach dem „Leitbild des Leasing-Vertrages", BB 1982, 1949
Lieb, Zur Inhaltskontrolle von Teilamortisations-Leasingverträgen, DB 1986, 2167
ders, Das Leitbild des Finanzierungs-Leasing im Spannungsfeld von Vertragsfreiheit und Inhaltskontrolle (1988) 946
ders, Gewährleistung beim reinen Finanzierungsleasing (1988) 2495
Paschke, Zivil- und wettbewerbsrechtliche Probleme des Null-Leasing, BB 1987, 1193
Quittnat, Unwirksamkeit von Verfallklauseln in Leasing-Formularverträgen, BB 1979, 1530
Poczobut, Internationales Finanzierungsleasing, RabelsZ 51 (1987) 681
Reinicke/Tiedtke, Finanzierungsleasing und Sachmängelhaftung, BB 1982, 1142
dies, Die Verpflichtung zur Zahlung der Leasingraten vor Beendigung des Wandelungsprozesses, DB 1985, 2085
dies, Insolvenzrisiko beim Finanzierungsleasing, DB 1986, 575
Schröder, Rückabwicklung des Leasingvertrages bei entfallener Geschäftsgrundlage und Wegfall der Bereicherung, JZ 1989, 717
Sonnenberger, Rechtsfragen beim Leasing beweglicher Sachen, NJW 1983, 2217
Tiedtke, Schadensersatzansprüche des Leasinggebers wegen verspäteter Rückgabe der Leasingsache, ZIP 1989, 1437
P Ulmer/H Schmidt, Zur Inhaltskontrolle von Kfz-Leasingverträgen, DB 1983, 2258, 2615
R Walz, Die Stellung des Leasingnehmers beim Finanzleasing beweglicher Anlagegüter in sachen-, vollstreckungs- und konkursrechtlicher Hinsicht, WM 1985 Beil 10
Ziganke, Restfälligkeit, Sicherstellung und Kündigung beim Finanzierungsleasingvertrag, BB 1982, 706.

2. Aufsätze ab dem Jahre 1990 (begrenzte Auswahl)

Ball, Die Rechtsprechung des Bundesgerichtshofs zum Autokauf und Autoleasing, DAR 2017, 497
Bartels, Einwendungs- und Rückforderungsdurchgriff beim Verbraucherfinanzierungsleasing nach § 506 BGB nF, ZGS 2009, 544
Bayerle, Verbraucherschutz beim (Kfz-)Leasing, JA 2013, 659
Beckmann, Unrichtige Übernahmebestätigung im Leasing-Dreieck – Rechtsfolgen, FLF 2010, 268
ders, Aktuelle Rechtsfragen aus Finanzierungsleasingverträgen, DStR 2007, 157
ders, Das Leistungsverweigerungsrecht des Leasing-Nchmers bezüglich der Leasing-Raten, FLF 2005, 261
ders, Das Leistungsverweigerungsrecht des Leasing-Nehmers bezüglich der Leasing-Raten, FLF 2006, 34
ders, Haftungsbeschränkung des Leasinggebers im Rahmen der leasingtypischen Abtretungskonstruktion für sämtliche Leistungsstörungen aus dem Liefervertrag, DB 2006, 320
ders, Aktuelle Rechtsfragen bei Finanzierungsleasinggeschäften, DStR 2006, 1329
ders, Rechtswirkungen eines unberechtigten Rücktritts von einem Liefervertrag und Auswirkungen auf den Leasingvertrag, WM 2006, 952
ders, Subsidiäre und nachrangige Eigenhaftung des Leasinggebers bei Ausfall des Lieferanten, MDR 2005, 1207
Bien, Die Insolvenzfestigkeit von Leasingverträgen nach § 108 Abs 1 Satz 2 InsO, ZIP 1998, 1017
Bork, Insolvenz des Leasingnehmers und Sicherungsanordnung gem § 21 II 1 Nr 5 InsO, NZI 2012, 590
Bühner/Sheldon, US-Leasingtransaktionen – Grundstrukturen einer grenzüberschreitenden Sonderfinanzierung, DB 2001, 315
Bülow, Finanzierungsleasing als sonstige Finanzierungshilfe nach § 506 Absatz 1 BGB, WM 2014, 1413
Canaris, Interessenlage, Grundprinzipien und Rechtsnatur des Finanzierungsleasing, AcP 190 (1990) 410
ders, Grundprobleme des Finanzierungsleasing im Lichte des Verbraucherkreditgesetzes, ZIP 1993, 401
Dageförde, Inkrafttreten der Unidroit-Konvention von Ottawa vom 28. 5. 1988 über In-

ternationales Finanzierungsleasing, RIW/AWD 1995, 265
DELLIOS, Offene Rechtsfragen als Folge von Auswirkungen der Finanzkrise auf bestimmte Modifikationen des „Cross Border Leasing" (Sale and Lease Back, Lease In-Lease Out) in: TRÖGER/KARAMPATZOS, Gestaltung und Anpassung von Verträgen in Krisenzeiten (2014) 111
DIETZ, Die betriebswirtschaftlichen Grundlagen des Leasing, AcP 190 (1990) 235
DILSSNER/MÜLLER, Leasingbilanzierung auf dem Prüfstand, BC 2017, 164 und 220
DÖTSCH, Kündigungsrecht des Leasinggebers bei erheblicher Beschädigung des Leasingobjekts?, WM 2009, 1349
ders, Darlegungs- und Beweislast für Schäden durch „übermäßigen" Gebrauch bei Rückgabe des Leasingguts, DAR 2010, 551
EMMERICH, Grundprobleme des Leasings, JuS 1990, 1
ENGEL, Die Verjährung im Kraftfahrzeug-Leasinggeschäft. Der Restwertausgleich des Leasinggebers bei vorzeitiger und ordentlicher Vertragsbeendigung, DB 1997, 761
dies, Die rechtliche Behandlung von Leasing-Geber und Leasing-Nehmer in der Insolvenz, FLF 2005, 272
dies, Tücken des Kfz-Leasing, VRR 2011, 4
FEHL, Leasingverträge in der Insolvenz nach geltendem und zukünftigen Insolvenzrecht, EWS 1998, Beil 5, 12
FEINEM, Behandlung von Leasingverträgen im Rahmen einer internationalen Harmonisierung, RIW 1995, Beil 5, 1
FETZER, Beendigung des Kfz-Leasingvertrages, in: 35. Deutscher Verkehrsgerichtstag (1997) 188
FINDEISEN/SABEL, Definition des Finanzierungsleasings iS des KWG nach dem Merkblatt der BaFin, DB 2009, 801
FINKENAUER/BRAND, Einwendungs- und Rückforderungsdurchgriff beim Finanzierungsleasing, JZ 2013, 273
FLUME, Die Rechtsfigur des Finanzierungsleasing, DB 1991, 265
FRANCKE/STRAUSS, Verbraucherkreditrichtlinie: Umsetzung und Auswirkungen auf Leasing, FLF 2010, 256
GABELE/KROLL, Grundlagen des Immobilien-Leasing, DB 1991, 241

GERKEN, Tod des Leasingnehmers bei Finanzierungsleasing, DB 1997, 1703
ders, Der gutgläubige Erwerb von Leasinggegenständen, DB 1999, 278
GLOS/SESTER, Aufsichtsrechtliche Erfassung der Leasing- und Factoringunternehmen, WM 2009, 1209
GODEFROID, Restwertausgleich und bestmögliche Verwertung des Leasingguts, WiB 1997, 1309
ders, Kraftfahrzeugleasingverträge mit Kilometerabrechnung und § 506 BGB, SVR 2013, 161
ders, Zur Kündigung und Beendigung von Leasingverträgen nach dem Verbraucherkreditgesetz, BB 1993, 15
GREINER, Das Finanzierungsleasing zwischen Vertrag und Gesetz, NJW 2012, 961
HABERSACK, Risikoverteilung beim Projektleasing. Kritische Bemerkung zu OLG Hamm, WM 2007, 2012, WM 2008, 809
HAGER, Rechtsfragen des Finanzierungsleasing von Hard- und Software, AcP 190 (1990) 324
HARRIEHAUSEN, Der Gewährleistungsausschluss im Finanzierungsleasingvertrag, NJW 2013, 3393
dies, Die aktuellen Entwicklungen im Leasingrecht, NJW 2016, 1421
dies, Die aktuellen Entwicklungen im Leasingrecht, NJW 2017, 1443
HEERMANN, Grundprobleme des Finanzierungsleasing beweglicher Güter in Deutschland und den Vereinigten Staaten von Amerika, ZvergRWiss 92 (1993) 326
HÖLZLE/GESSNER, Die Insolvenz des Leasinggebers – Zweifelsfragen bei der Besicherung des Refinanziers, ZIP 2009, 1641
KALT, Finanzierungsleasing, Miete, kreditfinanzierter Kauf, BB 1991, Beil 11
ders, Die Vorausabtretung von Leasingraten und die Verfügung über den Leasinggegenstand beim Mobilien-Leasing im Lichte der Insolvenzordnung, RIW 1996, 10
KAYSER, Zur aktuellen Situation des Leasing in Deutschland und einem Ausblick nach Europa, EWS 1998, Beil 5, 1
KINDLER/KÖCHING, Leasingverträge in der Insolvenz, BuW 2004, 157
KLINCK, Refinanziertes Mobilienleasing in der

Insolvenz des Leasinggebers. § 108 Abs 1 Satz 2 InsO auf dem Prüfstand, KTS 2007, 37

KNEBEL, Inhaltskontrolle von Leasingverträgen auf der Grundlage der Unidroit-Konvention, RIW 1993, 537

KNOPS, Die rechtliche Bindung des Leasinggebers an Zusagen des Lieferanten, BB 1994, 947

KREBS, Sittenwidrigkeit beim Finanzierungsleasing von Mobilien wegen Wucherähnlichkeit, NJW 1996, 1177

KRONKE, Finanzierungsleasing in rechtsvergleichender Sicht, AcP 190 (1990) 383

KÜTING/KOCH/TESCHE, Umbruch der internationalen Leasingbilanzierung – Fluch oder Segen?, DB 2011, 425

LAUBACH/FINDEISEN/MURER, Leasingbilanzierung nach IFRS im Umbruch – der neue Exposure Draft „Leases", DB 2010, 2401

LEENEN, Die Pflichten des Leasing-Gebers, AcP 190 (1990) 260

LEMCKE, Reformbedarf zur Haftung bei Unfällen mit Leasingfahrzeugen und Kfz-Anhängern, r+s 2011, 373

ders, Ersatzanspruch Leasinggeber gegen -nehmer, r+s 2011, 134

LEYENS, Leasing. Grenzen der formularmäßigen Risikoabwälzung vom Leasinggeber auf den Hersteller/Lieferanten, MD 2003, 312

LIEB, § 9 Verbraucherkreditgesetz und Finanzierungsleasing, WM 1991, 1533

ders, Zur Risikoverteilung bei Finanzierungsleasingverträgen, insbesondere mit Kaufleuten, WM 1992 Beil 6

LÖHNIG/GIETL, Grundfälle zum Finanzierungsleasing, JuS 2009, 491

LOITZ/LEUCHTENSTERN/KRONER, Leasing Heute und Morgen. Die Unternehmenspraxis, DB 2011, 1873

LORENZ, IFRS Exposure Draft „Leases": Abschaffung des wirtschaftlichen Eigentums bei Leasingverhältnissen?, BB 2010, 2555

LÖSEKRUG, Zurechnung von Lieferantenzusagen im Leasingvertrag und Folgen der Sittenwidrigkeit des Kaufvertrags für den Leasingvertrag, WM 2014, 202

MARTINEK/OECHSLER, Die Unanwendbarkeit des Verbraucherkreditgesetzes auf Leasingverträge ohne Vollamortisationspflicht. Zur Abgrenzung der Begriffe „Finanzierungsleasingverträge" und „sonstige Finanzierungshilfe" im Verbraucherkreditgesetz unter besonderer Berücksichtigung der Kilometerabrechnungsverträge der Kfz-Branche, ZIP 1993, 81

dies, Die verbraucherkreditrechtlichen Voraussetzungen der vorzeitigen Beendigung des Leasingvertrages bei Zahlungsverzug des Leasingnehmers. Zur Abgrenzung des verzugsrelevanten Leistungsvolumens nach § 12 Abs 1 Satz 1 Nr 1 VerbrKrG beim Finanzierungsleasing, ZBB 1993, 97

MEINCKE, Steuerbezogene Argumente in der Zivilrechtsprechung zum Finanzierungsleasing, AcP 190 (1990) 358

MELLWIG, Die bilanzielle Darstellung von Leasingverträgen nach den Grundsätzen des IASC, DB 1998, Beil 12, 1

MEYER, Leasingvertrag. Die Auswirkungen von Lieferantenangaben über die Kostenneutralität eines Gesamtgeschäfts, MDR 2012, 688

MÜHL, Der Abschluss von Finanzierungsleasingverträgen als aufsichtspflichtige Finanzdienstleistung – offene Fragen bei der Begriffsbestimmung, WM 2011, 870

MÜLLER-SARNOWSKI, Die „vertragsgemäße Rückgabe des Leasingfahrzeuges", DAR 1997, 142

dies, Leasingsonderzahlungen bei Pkw-Privatleasingverträgen, DAR 1998, 228

dies, Ungereimtheiten bei der Beendigung von Kilometerleasingverträgen, DAR 2004, 368

dies, Zur Neufassung der VDA-Leasingbedingungen, DAR 2004, 608

dies, Die Stellung des Lieferanten gegenüber dem Leasingnehmer im Rahmen der leasingtypischen Abtretungskonstruktion, DAR 2007, 72

dies, Zur vorzeitigen Beendigung eines Leasingvertrags, DAR 2008, 147

NÄGELE, Die vorzeitige Beendigung des Leasing-Kilometervertrages, BB 1996, 1233

NITSCH, Der Ausschluss des Erwerbsrechts beim Leasing, NZV 2003, 216

ders, Der Vorteilsausgleich bei vorzeitig beendeten Kfz-Leasing-Verträgen mit Kilometerabrechnung, NZV 2007, 62

ders, Kraftfahrzeug-Leasing. Eine unendliche Geschichte?, NZV 2011, 14

NUGEL, Quotenbildung bei einem Verkehrsunfall mit einem Leasingfahrzeug, NJW-Spezial 2011, 265

OBERMÜLLER/LIVONIUS, Auswirkungen der Insolvenzrechtsreform auf das Leasinggeschäft, DB 1995, 27

OMLOR, Leasingrecht im Dreieck von Gewährleistungs-, Verbraucherschutz- und Aufsichtsrecht, JuS 2011, 305

ders, Finanzierungsleasing unter der neuen Verbraucherkreditrichtlinie, NJW 2010, 2694

ders, „Verbrauchsgüterleasing" als neue Kategorie, ZGS 2008, 220

PAMER, Umsatzsteuerprobleme beim Autokauf und -leasing, DAR 2014, 512

PETERS, Regressloser Ankauf von Leasingforderungen, WM 1993, 1661 und 1701

ders, Leasing und Verbraucherkreditgesetz, WM 1992, 1792

ders, Leasinggeschäft und Verbraucherdarlehensrecht, WM 2006, 1183

ders, Regressloser An-/Verkauf von Forderungen beim Mobilienleasing, WM 2009, 2294

ders, Umsetzung der EU-Verbraucherkreditrichtlinie und das Leasinggeschäft, WM 2011, 865

ders, Verbraucherdarlehensrecht und Leasing, WM 2016, 630

PRASSE/STEINBACH, Tücken des Kfz-Leasing, SVR 2011, 161

PRIMOZIC, Insolvenzfestigkeit von Leasingverträgen beim „Doppelstock-Modell", NZI 2008, 465

REINKING, Die Abwicklung beendeter Kfz-Leasingverträge. Strategien und Lösungsvorschläge, DAR 2010, 622

ders, Die Änderungen des Kreditvertragsrechts und ihre Auswirkungen auf die Finanzierung und das Leasing von Kraftfahrzeugen, DAR 2010, 252

ders, Ist die Minderwertklausel (un)wirksam?, DAR 2013, 126

ders, Probleme bei der Abwicklung und Abrechnung von Kfz-Leasingverträgen, ZfS 2010, 367

ders, Tücken des Kfz-Leasingvertrages – Haftungszurechnung und Mehrerlösverteilung, DAR 2011, 125

ders, Verbraucherschutz für private Kilometerleasingverträge, DAR-Extra 2012, 738

ders, Verwertungserlös und Zustand des Leasingfahrzeugs am Vertragsende – die Achillesferse des Kfz-Leasingvertrages, NZV 1997, 1

REINKING/NIESSEN, Sittenwidrigkeit von Kfz-Leasingverträgen, NZV 1993, 49

RESCHKE, Finanzierungsleasing und Factoring. Zwei neue Erlaubnistatbestände im Kreditwesen, BKR 2009, 141

RICKMERS, Die Vollamortisationspflicht im Pflichtengefüge des Finanzierungsleasingvertrages, ZGS 2011, 210

ders, Grenzen der erlasskonformen Vertragsgestaltung beim Finanzierungsleasing, ZGS 2011, 14

ROLLAND, Betrachtungen zum Finanzierungsleasing, in: FS Medicus (2009) 353

H ROTH, Zur gerichtlichen Inhaltskontrolle von Finanzierungs-Leasingverträgen, AcP 90 (1990) 292

RUNGE, Leasing im Steuerrecht des letzten Jahrzehnts, DB 1990, 959

SCHATTENKIRCHNER, Die Entwicklung des Leasingrechts von Mitte 2009 bis Ende 2011, NJW 2012, 197

dies, Die aktuellen Entwicklungen im Leasingrecht, NJW 2013, 2398

SCHMID-BURGK, Leasingraten – Masseschulden oder Konkursforderungen?, ZIP 1998, 1022

SCHMID-BURGK/DITZ, Die Refinanzierung beim Leasing nach der Insolvenzrechtsreform, ZIP 1996, 1123

SCHNECK/PIRKL/ERHARDT, Vermeidung der Grunderwerbsteuerbelastung beim Immobilienleasing, BB 2004, 1658

SCHÖLERMANN/SCHMIDT-BURGK, Das Schriftformerfordernis bei Leasingverträgen nach dem Verbraucherkreditgesetz, DB 1991, 1968

dies, Probleme bei der Anwendung des neuen Verbraucherkreditgesetzes auf Leasingverträge, BB 1991, 566

SCHOLZ, Zur Kündigung von Leasingverträgen mit Privatpersonen und „Existenzgründern" nach § 12 VerbrKrG, BB 1994, 805

SCHULZ, Zur aktuellen Situation des Leasing in Deutschland, BB Beilage 5 zu BB Heft 27/2002, 10

M SCHULZ, Finanzierungsleasing unter Verbraucherbeteiligung (2010)

SCHWERDTFEGER, Europäischer Pass für Leasing und Factoring, BKR 2010, 53
SKUSA, Anwendbarkeit der Verbraucherschutzvorschriften auf Leasing- und Mietkaufverträge, NJW 2011, 2993
STÄDTLER, Die gesamtwirtschaftliche Bedeutung des Finanzierungsleasing, AcP 190 (1990) 204
STAGL, Die Selbstständigkeit der Gewährleistungsrechte des Leasingnehmers beim Finanzierungsleasing, ZIP 2009, 846
STOSCHEK/SOMMERFELD/MIES, Grunderwerbsteuer und Immobilienleasingverträge, DStR 2008, 2046
STRAUSS, Auswirkungen der Verbraucherkreditrichtlinie auf Kfz-Leasingverträge aus Anbietersicht, SVR 2011, 206
ders, Minderwertausgleich beim Kilometerleasing, SVR 2015, 255
TAVAKOLI, Das Leistungsverweigerungsrecht des Leasingnehmers, NJW 2010, 2768
TIEDTKE, Zur Sachmängelhaftung des Leasinggebers, JZ 1991, 907
TIEDTKE/MÖLLMANN, Entwicklung der aktuellen Rechtsprechung des BGH zum Leasingrecht, DB 2004, 915
TIEDTKE/PETEREK, Die Rechtsprechung des BGH zum Leasing seit 2004, DB 2008, 335
TONNER, Behandelt das BGB das Leasing stiefmütterlich?, in: GS Wörlen (2013) 195
J WEBER, Die Entwicklung des Leasingrechts in den Jahren 2001 bis Mitte 2003, NJW 2003, 2348
ders, Die Entwicklung des Leasingrechts von Mitte 2003 bis Mitte 2005, NJW 2005, 2195
ders, Die Entwicklung des Leasingrechts von Mitte 2005 bis Mitte 2007, NJW 2007, 2525
ders, Die Entwicklung des Leasingrechts von Mitte 2007 bis Mitte 2009, NJW 2009, 2927
vWESTPHALEN, Leasing als „sonstige Finanzierungshilfe" gem § 1 Abs 2 VerbrKrG, ZIP 1991, 639
ders, Leasing und Produkthaftung, BB 1991, Beil 11
ders, Grenzüberschreitendes Finanzierungsleasing, RIW 1992, 257
ders, Die Übernahme des notleidenden Leasingvertrages, NJW 1997, 2905
ders, Immobilien-Leasing-Verträge – einige Aspekte zur notariellen Praxis, MittBayNot 2004, 13
ders, Leistungsstörungen beim Autoleasing, DAR 2006, 620
ders, Ersatzlieferung im Rahmen eines Leasingvertrages, ZGS 2007, 219
ders, Zur Unwirksamkeit von (leasingtypischen) Rückkaufverpflichtungen unter besonderer Berücksichtigung der Kfz-Branche, BB 2009, 2378
ders, Verbraucherleasing und das Europäische Kaufrecht, BB 2012, 1495
WILDENHAIN, Beendigung des Kfz-Leasingvertrages, in: 35. Verkehrsgerichtstag 1997, 202
J WOLF, Die Rechtsnatur des Finanzierungsleasing, JuS 2002, 335
WÜSTEMANN/BACKES/SCHOBER, Grundsätze wirtschaftlicher Vermögenszurechnung bei Leasinggeschäften im Lichte der neueren Rechtsprechung, BB 2017, 1963
ZAHN, Leasingvertrag und Widerrufsbelehrung nach dem Verbraucherkreditgesetz, DB 1991, 687
ders, Neues Recht des Leasingvertrages durch das Verbraucherkreditgesetz, DB 1991, 81
ders, Leasingpraxis nach Inkrafttreten des Verbraucherkreditgesetzes, DB 1991, 2171
ders, Die Stellung des Finanzierungsleasing im Verbraucherkreditgesetz – ein Verstoß gegen EG-Recht?, DB 1994, 617
ders, Leasingnehmer und refinanzierende Bank in der Insolvenz des Leasinggebers nach der Insolvenzordnung, BB 1995, 1597
ders, Das Sicherungseigentum der Bank in der Insolvenz der Leasinggesellschaft, ZIP 2007, 365
ders, Das Leistungsversprechen des Leasinggebers beim Projektleasing. Ein Beitrag zur Ratio und Dogmatik des § 278 BGB, in: FS vWestphalen (2010) 773.

3. Beiträge zum Thema Leasing und Schuldrechtsreform

ARNOLD, Gewährleistung beim Finanzierungsleasing nach der Schuldrechtsreform, DStR 2002, 1049
ders, Miete und Leasing nach der Schuldrechtsreform, in: DAUNER-LIEB/KONZEN/K SCHMIDT (Hrsg), Das neue Schuldrecht in der Praxis (2002) 589

ASSIES, Schuldrechtsreform. Das Aus für Leasinggeschäfte?, BKR 2002, 317
BECKMANN, Auswirkungen des Schuldrechtsmodernisierungsgesetzes auf die Leasingbranche, FLF 2002, 46
GEBLER/C MÜLLER, Finanzierungsleasing: Die Auswirkungen der Schuldrechtsreform und neuere Entwicklungen in der Vertragspraxis, ZBB 2002, 107
GODEFROID, Finanzierungsleasing und Schuldrechtsmodernisierungsgesetz, Leasingberater (Beilage 5 zu BB Heft 27/2002), 2
HABERSACK, Verbraucherleasing nach der Schuldrechtsreform, BB 2003 Beilage Nr 6, 2
HÖPFNER, Die Auswirkungen der Schuldrechtsreform auf das Finanzierungsleasing, FLF 2004, 72
JAGGY, Kaufvertragliche Ersatzlieferung und Leasingvertrag, Leasingberater (Beilage 5 zu BB Heft 27/2002, 14)
LÖBBE, Der Finanzierungsleasingvertrag nach der Schuldrechtsreform, BB 2003, Beil 6, 7
MATZ, Regulierung typischer Leasingtransaktionen im „neuen" Schuldrecht (Diss Karlsruhe 2002)
MÜLLER-SARNOWSKI, Privat-Autoleasing nach der Schuldrechtsreform, eine Bestandsaufnahme, DAR 2002, 485
REINER/KAUNE, Die Gestaltung von Finanzierungsleasingverträgen nach der Schuldrechtsreform, WM 2002, 2314
REINKING, Auswirkungen der geänderten Sachmängelhaftung auf den Leasingvertrag, ZGS 2002, 229
ders, Auswirkungen der Schuldrechtsreform auf das private Kraftfahrzeugleasing, DAR 2002, 145
SCHMALENBACH/SESTER, Fortschreibung der typischen Vertragsstruktur für Leasingtransaktionen nach der Schuldrechtsreform, WM 2002, 2184
TIEDTKE/MÖLLMANN, Auswirkungen der Schuldrechtsreform im Leasingrecht, DB 2004, 583
vWESTPHALEN, Die Auswirkungen der Schuldrechtsreform auf die „Abtretungskonstruktion" beim Leasing, ZIP 2002, 2258
ders, Das Schuldrechtsmodernisierungsgesetz und Leasing, DB 2001, 1291
ders, Schuldrechtsreform und Verwendung „alter" Lieferanten-AGB in Leasingverträgen, ZGS 2002, 64
ders, Options- und Andienungsrechte in Leasingverträgen mit Verbrauchern, ZGS 2002, 89
ders, Auswirkungen der Schuldrechtsreform auf das Leasingrecht, ZIP 2006, 1653
ZAHN, Der kaufrechtliche Erfüllungsanspruch – ein trojanisches Pferd im Leasingvertrag?, DB 2002, 985.

Systematische Übersicht

I. Geschichtliche Entwicklung
1. Die in den 70er Jahren des 19. Jahrhunderts einsetzende Pionierphase in den USA _____ 1
2. Die Entdeckung des Leasing als Finanzierungsform nach dem 2. Weltkrieg _____ 2

II. Heutige wirtschaftliche Bedeutung
1. Gesamtwirtschaftliche Bedeutung _____ 5
2. Einzelne Marktsegmente _____ 6
3. Künftiges Entwicklungspotential _____ 7

III. Erscheinungsformen und Abgrenzung zu ähnlichen Geschäftsformen _____ 8
1. Finanzierungs- und Operatingleasing _____ 9
   a) Finanzierungsleasing _____ 9
   b) Operatingleasing _____ 16
2. Unterscheidung nach der Art des Leasinggegenstandes _____ 19
   a) Mobilienleasing _____ 20
   b) Immobilienleasing _____ 21
3. Näheverhältnis zwischen Hersteller/Händler und Leasinggeber _____ 27
   a) Hersteller- oder Händlerleasing _____ 27
   b) Hersteller- oder händlerabhängiges Leasing _____ 28

c)	Lieferantennahes und reines Finanzierungsleasing	29
4.	Sale-and-lease-back	30
5.	Sonderformen beim Kfz-Leasing	33
a)	Null-Leasing	34
b)	Kilometer-Abrechnungsvertrag	35
6.	Abgrenzung zum Mietkauf	39
IV.	**Betriebswirtschaftliche, steuer-, bilanz- und aufsichtsrechtliche Hintergründe**	44
1.	Betriebswirtschaftliche Vorteilhaftigkeit	45
2.	Finanzierungsleasing in bilanzieller und steuerrechtlicher Hinsicht	47
a)	„Wirtschaftliches Eigentum" als steuerrechtliches Zurechnungskriterium	48
b)	Erlasskonformes Leasing auf der Basis der Leasingerlasse	52
aa)	Vollamortisationsverträge	53
bb)	Teilamortisationsverträge	55
cc)	Immobilienleasingverträge	57
c)	Einfluss des Steuerrechts auf die Auslegung des Leasingvertrages?	59
3.	Aufsichtsrecht	63a
V.	**Rechtsnatur des Finanzierungsleasing-Vertrages**	64
1.	Der mietrechtliche Ansatz der Rechtsprechung	65
a)	Die strikt mietrechtlich orientierte Rechtsprechung der Anfangszeit	66
b)	Stärkere Berücksichtigung leasingtypischer Besonderheiten in der Folgezeit	67
c)	Betonung der mietrechtlichen Verwurzelung des Leasingvertrages in der jüngeren Rechtsprechung	68
2.	Meinungsstand im Schrifttum	70
a)	Mietvertragliche Einordnung	71
b)	Kaufvertragliche Qualifikation	72
c)	Gemischt-typischer Vertrag mit primär geschäftsbesorgungs- und darlehensrechtlichen Zügen	73
d)	sui generis-Ansatz	74
3.	Stellungnahme	75
a)	Vorbemerkung zur Methode	75
b)	Vorzugswürdigkeit einer Qualifikation als Vertrag sui generis	76
VI.	**Das typische Pflichtenprogramm eines Finanzierungsleasingvertrages**	79
1.	Pflichten des Leasinggebers	80
a)	Pflicht zur Überlassung der Leasingsache	80
aa)	Verschaffung einer mangelfreien Sache als Vertragspflicht?	81
bb)	Sachverschaffungspflicht?	83
cc)	Pflicht zum Erwerb des Leasinggegenstandes	84
dd)	Pflicht zur Belassung	85
b)	Selbständige Pflicht zur Finanzierung?	87
c)	Nebenpflichten	88
2.	Pflichten des Leasingnehmers	89
a)	Pflicht zur Zahlung der Leasingraten	89
b)	Amortisationspflicht	93
c)	Nebenpflichten	96
d)	Pflicht zur Zahlung eines Bearbeitungsentgelts	96a
e)	Pflicht zur Tragung der Überführungs- und Zulassungskosten	96b
VII.	**Vertragsschluss**	
1.	Das Zustandekommen des leasingtypischen Dreiecks	97
a)	Gleichzeitiger Abschluss des Leasingvertrages und des Liefervertrages	98
b)	Eintritt des Leasinggebers in den Liefervertrag	104
aa)	Konsequenzen des Nichtzustandekommens des Leasingvertrages	105
bb)	Eintritt als Vertragsübernahme	106
c)	Leasingrahmenverträge	108
2.	Wirksamkeit des Leasingvertrages und einzelner Bedingungen	109
a)	AGB-Kontrolle nach den §§ 305 ff	110
aa)	Leasingrecht als Formularrecht par excellence	111
bb)	Unternehmer und Verbraucher als Leasingnehmer	112
cc)	Einbeziehung der Leasingvertragsbedingungen	116
dd)	Schranken der Inhaltskontrolle	119
ee)	Maßstab der Inhaltskontrolle	123

ff)	Transparenzgebot	127	bb)	Rechtliche Bedeutung und Wirksamkeitsgrenzen	184
b)	Sittenwidrigkeit nach § 138 Abs 1	129	2.	Leistungsstörungen und Gefahrtragung	188
aa)	Objektiv auffälliges Missverhältnis	130	a)	Lieferstörungen	189
α)	Mietrechtliches Prüfungsmodell	131	aa)	Nichtlieferung der Leasingsache	190
β)	Ratenkreditmodell	133	bb)	Unvollständige Lieferung	194
bb)	Verwerfliche Gesinnung des Leasinggebers	141	cc)	Verspätete Lieferung	195
cc)	Beweislast	142	dd)	Nichtlieferungs-, Verspätungs- und Drittverweisungsklauseln	196
dd)	Missachtung des Haushaltsrechts bei Beteiligung der öffentlichen Hand	143a	ee)	Kritik	198
c)	Leasingverträge und Verbraucherschutz	143b	b)	Gefahrtragung nach Übergabe der Leasingsache	200
aa)	Grundsätze bei Verbraucherverträgen und besondere Vertriebsformen	143c	aa)	Gegenleistungsgefahr	201
bb)	Schutzvorschriften des Verbraucherdarlehensrechts	144	bb)	Abrechnung des Leasingvertrags bei Verlust des Leasinggegenstandes	206a
α)	Abzahlungsgesetz und Verbraucherkreditgesetz	145	cc)	Versicherungspflicht	207
β)	Die neue Gesetzeslage	148	dd)	Instandhaltung, Instandsetzung, Ersatzbeschaffung	210
γ)	Persönlicher Anwendungsbereich	150	ee)	Zerstörung oder Beschädigung des Leasinggegenstandes durch Verschulden des Leasingnehmers	212a
δ)	Sachlicher Anwendungsbereich	151			
ε)	Richtlinienkonformität des Verweisungsumfangs in § 506	153	ff)	Zerstörung oder Beschädigung des Leasinggegenstandes durch Verschulden eines Dritten	212b
bb)	Schriftformerfordernis	154	3.	Gewährleistung bei Mangelhaftigkeit der Leasingsache	213
α)	Anforderungen	155	a)	Die leasingtypische Gewährleistungs- und Abtretungskonstruktion	214
β)	Rechtsfolgen von Formverstößen	158			
cc)	Widerrufsrecht des Leasingnehmers	159	aa)	Klauselbeispiel	214
dd)	Einwendungsdurchgriff des Leasingnehmers	161a	bb)	Abtretbarkeit von Gestaltungsrechten?	215
3.	Verschulden bei Vertragsschluss	162	cc)	AGB-rechtliche Zulässigkeit	216
a)	Haftung des Leasinggebers	163	dd)	Inhaltskontrolle der Lieferanten-AGB	224
aa)	Pflichten des Leasinggebers im Verhandlungsstadium	164			
bb)	Erfüllungsgehilfeneigenschaft des Lieferanten	167	b)	Anzeige, Geltendmachung der Gewährleistungsrechte und Auswirkungen auf den Leasingvertrag	227
b)	Eigenhaftung des Lieferanten	172	aa)	Nacherfüllung	230
4.	Anfechtung des Leasingvertrages	174	bb)	Schadensersatz	234
VIII. Vertragsdurchführung			cc)	Rücktritt	237
1.	Lieferung der Leasingsache	175	α)	Die Geschäftsgrundlagenlösung der Rechtsprechung	239
a)	Handelsrechtliche Rügeobliegenheit	176			
aa)	Uneingeschränkte Rügelast des Leasinggebers gegenüber dem Lieferanten (BGH)	177	β)	Modifikationen der Geschäftsgrundlagenlösung infolge der Schuldrechtsreform	242
bb)	Kritik	181	γ)	Alternative Lösungsansätze im Schrifttum	246
b)	Übernahme- oder Abnahmebestätigung	182			
aa)	Klauselbeispiele	183	δ)	Plädoyer für eine Neubestimmung	249

dd)	Minderung	258	α)	Zahlungsverzug des Leasingnehmers	316
c)	Verjährung	259	β)	Vermögensgefährdung, Zwangsvollstreckung	319
4.	Einwendungsdurchgriff	262	γ)	Vertragswidriger Gebrauch	320
a)	Anwendbarkeit der §§ 358, 359 auf Finanzierungsleasingverträge mit Verbrauchern	263	b)	Kündigungserklärung	322
			c)	Schadensersatz	323
b)	Vorliegen einer wirtschaftlichen Einheit	266	d)	Verfallklauseln und Sicherstellung	328
			3.	Vertragsübernahme, Schuldbeitritt	330
c)	Zusätzliche Voraussetzungen des Einwendungsdurchgriffs	268	4.	Rückkaufvereinbarungen zwischen Leasinggeber und Lieferant	330a
d)	Kein Rückforderungsanspruch	270	a)	Auslegungsfragen	330a
e)	Erstreckung auf Nicht-Verbraucher?	271	b)	Zulässiger Umfang der Rückkaufverpflichtung	330b
IX.	**Beendigung des Leasingvertrages**	273			
1.	Ordentliche Vertragsbeendigung	274	**X.**	**Zwangsvollstreckung, Insolvenz und Tod des Leasingnehmers**	
a)	Überblick über die in Betracht kommenden Beendigungstatbestände	275	1.	Zwangsvollstreckung	331
b)	Allgemeine Folgen der Beendigung	281	a)	Zwangsvollstreckung gegen den Leasingnehmer	332
aa)	Rückgabepflicht des Leasingnehmers	282	b)	Zwangsvollstreckung gegen den Leasinggeber	334
bb)	Rechtsfolgen mangelhafter Erfüllung der Rückgabepflicht	283	2.	Insolvenz	338
cc)	Stillschweigende Verlängerung des Leasingverhältnisses durch Gebrauchsfortsetzung analog § 545?	288	a)	Insolvenz des Leasingnehmers	339
			b)	Insolvenz des Leasinggebers	346
			3.	Tod des Leasingnehmers	349
c)	Abschlusszahlung bei vorzeitig kündbaren Leasingverträgen	289	**XI.**	**Internationales Finanzierungsleasing**	350
			1.	Internationales Privatrecht	351
aa)	Der leasingtypische und vertragsimmanente Ausgleichsanspruch	290	2.	Europäische Rechtsangleichung	354
bb)	Berechnung der Höhe	293	3.	Unidroit-Übereinkommen über das internationale Finanzierungsleasing	355
d)	Sonderprobleme bei kündbaren Teilamortisationsverträgen	296	**XII.**	**Anhänge**	
aa)	Andienungsrecht des Leasinggebers	297	1.	Die Leasingerlasse der Finanzverwaltung	357
bb)	Vereinbarte Abschlusszahlung	298	a)	Mobilienleasing/Vollamortisation	357
cc)	Aufteilung des Mehrerlöses bzw. Restwertgarantie	305	b)	Immobilienleasing/Vollamortisation	358
e)	Kilometer-Abrechnungsvertrag	307	c)	Mobilienleasing/Teilamortisation	359
2.	Außerordentliche Kündigung	308	d)	Immobilienleasing/Teilamortisation	360
a)	Kündigungsgründe	309	2.	Unidroit Convention on International Financial Leasing (Ottawa, 28 May 1988)	361
aa)	Außerordentliche Kündigung des Leasingnehmers	310			
bb)	Außerordentliche Kündigung des Leasinggebers	315			

Alphabetische Übersicht

Abmahnerfordernis vor außerordentlicher Kündigung _____ 320
Abnahmebestätigung _____ 182 ff

Abnahmeverpflichtung des Leasingnehmers _____ 182 ff
Abschlusszahlung _____ 56, 128, 289 ff, 298 ff, 301

Leasing

Abrechnung bei Verlust des Leasinggegenstandes	206a
Abzahlungsgesetz	145 ff
Abzinsung des Gewinnersatzes	325
AGB-Kontrolle	110 ff
– Einbeziehung	116 ff
– Inhaltskontrolle	119 ff
– Inhaltskontrolle der Lieferanten-AGB	224 ff
– Kontrollmaßstab	123 ff
Allgemeine Geschäftsbedingungen	18, 111
Amortisationspflicht	93 ff, 304
Änderungsvorbehalt	91
Andienungsrecht	56, 297
Anfechtung	174 ff
Annahmefristen	100
Anpassungsklauseln	91
Anzahlung	191
Äquivalenzprinzip	286
Arglistige Täuschung	174
Aufhebungsvertrag	279, 291
Aufklärungspflichten	88, 165
Aufsichtsrecht	63a
Aufteilung des Mehrerlöses	56, 305 f
Ausgleichsanspruch	290 ff
Aushöhlungsverbot	125
Außerordentliche Kündigung des Leasingvertrages	194, 199, 206, 308 ff
– Abmahnerfordernis	320
– durch Leasinggeber	315 ff
– durch Leasingnehmer	310 ff
– Erfüllungsinteresse des Leasinggebers	324
– Kündigungserklärung	322
– Kündigungsgründe	309 ff
– Schadensersatzanspruch des Leasinggebers	323 ff
Aussonderung des Leasinggegenstandes in der Insolvenz	342
Bearbeitungsentgelt	96a
Beendigung des Leasingvertrages	273 ff
– Erlöschen der Primärleistungspflichten bei Beendigung des Leasingvertrages	281
– Folgen	281 ff
– Herausgabeanspruch des Leasinggebers	282
– ordentliche	274 ff
– Rückgabepflicht des Leasingnehmers	282 ff
Beendigungstatbestände	275 ff
Befristung des Leasingvertrages	276
Belassungspflicht	85 f
Beratungspflichten	88, 165
Bereitstellungsprovision	191
Betriebswirtschaftliche Vorteile	45 f
Beweislast	142, 186
Bilanz	47 ff
Bruttoleasing	22, 88
CISG	352
Darlehensvertrag	73
Differenzkaskoversicherung	209b f
Drittbeteiligung	152
Drittkäuferbenennungsrecht	306
Drittverweisungsklauseln	197, 215 ff, 234
Einrede des nichterfüllten Vertrages	190, 230
Eintrittsmodell	104 ff, 166, 168, 174, 181
Einwendungsdurchgriff	161a, 199, 247, 262 ff, 271
Entschädigungsanspruch des Leasinggebers	191
Erfüllungsgehilfe	167
– Leasingnehmer als – des Leasinggebers	175, 177
– Lieferant als – des Leasinggebers	193
Erfüllungsinteresse des Leasinggebers bei außerordentlicher Kündigung	324
Erfüllungsübernahme	107
Erlaubnis nach KWG	63a
Ermächtigungskonstruktion	214 f
Ersatz des marktüblichen Nutzungswertes bei verspäteter Rückgabe der Leasingsache	287
Ersatzansprüche gegen Dritte, Abtretung an Leasingnehmer	204
Ersatzbeschaffung der Leasingsache	211
Erwerbspflicht	84
Europarecht	354
Existenzgründer	150
Fälligkeit	90, 184
Finanzierungsfunktion	2, 10
Finanzierungshilfen	149
Finanzierungsleasing	9 ff, 27, 31, 34, 37, 41, 79 ff, 151
Finanzierungspflicht	87
Formmängel	158
Formularvertrag	111
Full-Service-Leasing	88

Gefahrtragung	188 ff, 200 ff
Gegenleistungsgefahr	201 ff
Gemischt-typischer Vertrag	73
Geschäftsbesorgungsvertrag	73
Geschäftsgrundlage des Leasingvertrages	239 ff
Geschichte	1 ff
Gewährleistung	13, 18
– Anzeige	227 f
– Auswirkungen auf Leasingvertrag	227 ff
– Gewährleistung bei Mangelhaftigkeit	213 ff
– Gewährleistungs- und Abtretungskonstruktion	213 ff
– Gewährleistungsausschluss	222 f
– Gewährleistungsprozess, Bindungswirkung des	240
Grenzüberschreitende Leasingverträge	350
Haftung	163
Haftungsausschließende und -begrenzende AGB-Klauseln	169, 218
Haushaltsrecht	143
Herausgabeanspruch des Leasinggebers bei Beendigung	282
Hersteller- und Händlerleasing	27, 223
Immobilienleasing	6, 21 ff, 57 ff, 335, 345, 351
Insolvenz	280, 338 ff
– Aussonderung des Leasinggegenstandes	342
– des Leasinggebers	346 ff
– des Leasingnehmers	339 ff
– Leasingraten als Insolvenzforderungen	343
– Verwalterwahlrecht	341, 346
Insolvenzrisiko	256
Instandhaltung der Leasingsache	86, 210
Instandsetzung der Leasingsache	211
Internationale Verbraucherleasingverträge	353
Internationales Finanzierungsleasing	350 ff, 355 ff
Internationales Privatrecht	351
Kaufoption	41
Kaufvertrag	72
Kfz-Leasing	33 ff, 205 f, 267, 305
Kilometer-Abrechnungsvertrag	35 ff, 307
Kreditvertrag	73
Kündigung des Leasingvertrages	277, 291
Kündigungserklärung	322
Kündigungsrecht des Leasingnehmers	190, 205 f
Kündigungsrechtliche Lösung der Gewährleistungsproblematik	251 ff
Kündigungssperre des § 112 InsO	339 f
Leasingerlasse	53 ff, 294, 357 ff
Leasingobjekt	6
Leasingrate	12, 89
Leasingraten als Insolvenzforderungen	343
Leistungsstörungen	188 ff
Leistungsverweigerungsrecht des Leasingnehmers	194 f, 253
Lieferant	99, 167 ff, 177
Liefergeschäft	102, 111
Lieferstörungen	189 ff, 311
– unvollständige Lieferung der Leasingsache	194
– verspätete Lieferung	195
Lieferung der Leasingsache	175
Lieferung einer mangelhaften Leasingsache	313
Mehrwertsteuer siehe Umsatzsteuer	
Mietkauf	39 ff
Mietrecht	65 ff, 71
Minderung	258
Mobilienleasing	6, 20, 341, 348, 351
Nacherfüllung	230 ff, 268
Nachlieferungsklausel	221
Nebenpflichten	88, 96
Nettoleasing	22
Nichtabnahmeentschädigung	191
Nichtlieferungsklauseln	196
Null-Leasing	34
Nutzungsrecht des Leasingnehmers	333
Objektgesellschaft	23
Operatingleasing	16 ff
Optionsrecht	
– des Leasinggebers	297
– des Leasingnehmers	333
„Pay-as-you-earn"-Effekt	45
Pfändbarkeit	
– des Herausgabeanspruchs des Leasinggebers	336
– von Zahlungsansprüchen des Leasinggebers	337

Leasing

Pflichten der Leasingvertragsparteien ____
____ 80 ff, 164
Preisgefahr ____ 201 ff

Quittung, Übernahmebestätigung als ____ 186

Rahmenvertrag ____ 108
Ratenkreditmodell ____ 133
Rechtsnatur des Finanzierungsleasingvertrages ____ 64 ff
Rechtswahlvereinbarung ____ 351
Rest-Erfüllungsanspruch ____ 292
Restwertgarantie ____ 128, 305 ff
Restwertrisiko ____ 36 f
Rückabwicklung der erbrachten mangelhaften Leistung ____ 232
Rückforderungsrecht ____ 270
Rückkaufvereinbarung ____ 330a ff
Rücktritt ____ 237 f
Rügeobliegenheit ____ 176 ff

Sachmangel ____ 194
Sachverschaffungspflicht ____ 83
Saldotheorie ____ 241
Sale-and-lease-back ____ 30 ff, 223
Schadensersatzpflicht des Leasinggebers ____ 194
Schadensersatz ____ 234 ff
Schadensersatz statt der Leistung ____ 193, 195
Schadensersatzanspruch des Leasinggebers bei Kündigung ____ 323 ff
Schadensersatzpflicht des Leasingnehmers bei Erteilung einer unrichtigen Übernahmebestätigung ____ 187
Schriftformerfordernis ____ 154
Schriftformklausel ____ 118
Schuldbeitrittsklausel ____ 330
Sicherstellung ____ 329
Sicherungsinteresse des Leasinggebers ____ 212
Sittenwidrigkeit ____ 129
Steuerrecht ____ 47 ff, 59 ff, 292
Stillschweigende Verlängerung des Leasingvertrages ____ 288
Sui-generis-Vertrag ____ 74
Synallagma ____ 95

Teilamortisation ____ 12, 55 ff, 58, 294, 296 ff
Teilleistung ____ 194
Tod des Leasingnehmers ____ 280, 349
Transparenzgebot ____ 127, 299, 301 ff, 306a

Überführungs- und Zulassungskosten ____ 96b
Überlassungspflicht ____ 80
Übernahmebestätigung ____ 182 ff
Überraschungsverbot ____ 117
Umsatzsteuer ____ 36a, 207, 292
UNIDROIT-Übereinkommen ____ 355 ff, 361
Uniformmethode ____ 135
UN-Kaufrecht (CISG) ____ 352
Unmöglichkeitsrecht, Anwendbarkeit bei Mangelhaftigkeit der Leasingsache ____ 248
Untergang der Leasingsache ____ 312
Unternehmereigenschaft ____ 112 ff

Verbände ____ 4
Verbraucher ____ 112 ff, 144 ff, 150, 318
– Verbrauchereigenschaft des Leasingnehmers ____ 318
– Verbrauchereigenschaft ____ 112 ff
Verbraucherdarlehen ____ 144 ff
Verbraucherkredit-Richtlinie ____ 153, 161
Verbraucherrechte-Richtlinie ____ 143b, 161
Verbraucherschutz ____ 145 ff, 147
Verbundene Verträge ____ 262 ff
Verfallklausel ____ 328
Verjährung ____ 92, 259 ff, 292
Verlängerung des Leasingvertrages ____ 288
Vermögensgefährdung des Leasingnehmers als Kündigungsgrund ____ 319
Verschulden bei Vertragsschluss ____ 162 ff
Versicherungspflicht des Leasingnehmers ____ 207 ff, 321
Verspätungsklauseln ____ 196
Vertragsschluss ____ 97 ff
Vertragsübernahme ____ 106, 330
Vertragswidriger Gebrauch der Leasingsache als Kündigungsgrund ____ 320
Vertreter ____ 99
Verwalterwahlrecht in der Insolvenz ____ 341, 346
Verzögerungsschaden bei verspäteter Rückgabe der Leasingsache ____ 287
Verzug ____ 90, 316 ff
Verzugsschadensersatz ____ 195
Vollamortisation ____ 12, 53 ff, 57, 93 ff, 278
Vollamortisationsverträge ____ 276
Vorauszahlungspflicht ____ 90
Vorfinanzierung ____ 87
Vorschüssige Rentenbarwertformel ____ 302
Vorteilsausgleichung beim Schadensersatzanspruch ____ 325

Wartungsvertrag	210	Zugangserfordernis	156
Wegfall der Geschäftsgrundlage	190, 197, 232, 239 ff	Zurückbehaltungsrecht des Leasingnehmers	194 f
Werterhaltungsinteresse des Leasinggebers	212	Zusammenhängende Verträge	161
Widerrufsdurchgriff	161	Zwangsvollstreckung	
Widerrufsrecht	105, 159 ff	– gegen den Leasinggeber	334 ff
Wirtschaftliche Bedeutung	5	– gegen den Leasingnehmer	332 ff
Wucherähnliches Geschäft	129	– in das Vermögen des Leasingnehmers als Kündigungsgrund	319
Zahlungspflicht	89	Zweckbindung der Versicherungsleistung	209
Zerstörung der Leasingsache	212 a ff		

I. Geschichtliche Entwicklung

1. Die in den 70er Jahren des 19. Jahrhunderts einsetzende Pionierphase in den USA

Wie schon die englische Bezeichnung *(to lease* bedeutet schlicht vermieten, verpachten) dieser Vertragsform erkennen lässt, ist das Leasing – wie so viele andere moderne Vertragstypen auch (vgl zu diesem Phänomen ausführlich MARTINEK, Moderne Vertragstypen I 8 f und STOFFELS, Gesetzlich nicht geregelte Schuldverträge 7 f) – US-amerikanischer Provinienz (zu angeblichen Vorläufern in der Antike und im Mittelalter vgl LWOWSKI, Erwerbsersatz durch Nutzungsverträge [1967] 2; GITTER, Gebrauchsüberlassungsverträge 278; SPITTLER, Leasing für die Praxis 17). Als markantes Datum gilt dort das Jahr 1877, in dem die Bell-Telephone-Company dazu überging, ihre Anlagen den Kunden nicht mehr nur zum Kauf anzubieten, sondern gegen Entgelt für eine bestimmte Zeit zum Gebrauch zu überlassen. Andere Firmen folgten diesem Beispiel (zB IBM, Remington-Rand-Company). Die hier zu beobachtende Ausdehnung der Miet- und Pachtgeschäfte auf den Bereich der industriellen Investitionsgüter brachte erste Annäherungen an die uns heute geläufige Form des Leasinggeschäfts, beispielsweise insofern, als die mit der Sache verbundenen Risiken dem Kunden überantwortet wurden (MARTINEK, Moderne Vertragstypen I 40). Im Übrigen bedienten sich die Fabrikanten dieser neuen Geschäftspraxis primär mit dem Ziel, auf diese Weise den Absatz ihrer Produkte anzukurbeln (SPITTLER, Leasing für die Praxis 17). Das leasingtypische Dreiecksverhältnis hatte sich noch nicht herausgebildet und das Finanzierungselement war erst schwach ausgeprägt (SANNWALD, Der Finanzierungsleasingvertrag 20; MARTINEK, Moderne Vertragstypen I 40).

1

2. Die Entdeckung des Leasing als Finanzierungsform nach dem 2. Weltkrieg

Eine qualitative Veränderung erfuhr das Leasinggeschäft in der Nachkriegszeit. Vor dem Hintergrund eines stark angestiegenen Finanzbedarfs wurde das Leasinggeschäft zunehmend als **Finanzierungsinstrument** genutzt. Zu diesem Zwecke wurden Leasinggesellschaften gegründet, die in vertragliche Beziehungen zu den interessierten Kunden und zu den Herstellern traten. Das leasingtypische Dreiecksverhältnis, das auch heute den Leasingvertrag kennzeichnet, bildete sich allmählich heraus. Auch hier übernahm die Wirtschaft der **USA** die Vorreiterrolle. 1952 kam es in San

2

Francisco zur Gründung der ersten Leasinggesellschaft, nämlich der *United States Leasing Corporation*.

3 In **Deutschland** setzte die Entwicklung hin zu dieser zweiten Generation des Leasingvertrages zeitversetzt und zunächst sehr zurückhaltend ein. Die Gründung der ersten Leasinggesellschaft, der „Deutsche Leasing GmbH", fällt in das Jahr 1962. Erst seit Beginn der '70er Jahre stieg infolge günstigerer steuerrechtlicher Rahmenbedingungen die wirtschaftliche Bedeutung des Leasinggeschäfts. 1970 äußerte sich der Bundesfinanzhof zur steuerrechtlichen Behandlung des Leasing (BFH 26. 1. 1970 – IV R 144/66, NJW 1970, 1148 ff). Das Gericht rechnete den Leasinggegenstand dem Leasinggeber zu, sofern dieser als wirtschaftlicher Eigentümer anzusehen sei. Hierauf aufbauend ergingen sodann die sog Leasing-Erlasse, an denen sich die Leasingbranche ausrichtete. Das Leasinggeschäft hatte in der Folgezeit überaus bemerkenswerte Zuwächse zu verzeichnen. So verdreifachte sich der Anteil der Leasinginvestitionen an den gesamtwirtschaftlichen Investitionen (ohne den Wohnungsbau) von gut 2 % im Jahre 1970 auf fast 6 % im Jahre 1980. Bis 1990 konnte die Leasingbranche ihren Anteil auf ca 15 % ausbauen (zur Bilanz im Jahre 1990 vgl auch STÄDTLER AcP 190 [1990] 204 ff). Auch wenn sich der Aufwärtstrend zuletzt verlangsamt hat, so ist ein Ende dieser Expansionsphase auch heute noch nicht abzusehen.

4 Parallel zu dieser wirtschaftlichen Prosperität des Leasing entwickelte sich auch eine **Verbandsstruktur** der im Leasinggeschäft tätigen Gesellschaften (hierzu ECKSTEIN BB 1992 Beil 9 25 ff). 1972 erfolgte die Gründung einer Dachorganisation mit der Bezeichnung „Deutscher Leasing-Verband". Nach der Umbenennung des Vereins in „Bundesverband Deutscher Leasing-Gesellschaften e V" 1975 und der Fusion mit dem „Interessenverband Deutscher Leasing-Unternehmen e V" (IDL) 2001 firmiert der Verband heute unter der Bezeichnung **„Bundesverband Deutscher Leasing-Unternehmen e V"**. Sitz des geeinten Verbandes mit rund 150 Mitgliedsgesellschaften ist Berlin (Markgrafenstraße 19, 10969 Berlin, Internet: http://www.bdl-leasing-verband.de). Parallel zur Gründung des nationalen Verbandes wurden Schritte zur Errichtung eines europäischen Leasing-Verbandes unternommen. Der Grundstein wurde im Jahre 1968 mit der Gründung der „Europäischen Vereinigung der Verbände von Leasing-Gesellschaften" gelegt. 1972 kam es dann zur Gründung der **„Leaseurope"** mit Sitz in Brüssel (Boulevard Louis Schmidt 87, B-1040 Brussels, Internet: http://www.leaseurope.org). Der Leaseurope gehören zwischenzeitlich 5 nationale Leasingverbände aus 32 Ländern als Mitglieder an.

II. Heutige wirtschaftliche Bedeutung

1. Gesamtwirtschaftliche Bedeutung

5 Das Leasinggeschäft hat in der Bundesrepublik Deutschland eine **beträchtliche gesamtwirtschaftliche Bedeutung** erlangt. Einige Zahlen mögen dies verdeutlichen (Quelle: ifo Institut für Wirtschaftsforschung, München; darauf basierend auch die Darstellung von SPITTLER, Leasing für die Praxis 18 ff; ferner SCHULZ Beilage 5 zu BB Heft 27/2002 10 ff; als weitere Quelle: BDL Bundesverband Deutscher Leasing-Unternehmen eV http://www.leasingverband.de). Für das Jahr 2017 meldet das ifo Institut einen Anstieg des **Leasinginvestitionsvolumens** auf 58,5 Mrd Euro. Damit hat sich die Entwicklung der Leasinginvestitionen nach der Finanzkrise und der Rezession von 2009 erholt. Der Anteil der Leasinginvestitionen an den gesamtwirtschaftlichen Investitionen ohne Wohnungsbau (sog **Leasingquote**) stieg im Jahre 2005 auf den Spitzenwert von 18,3 % und liegt im Jahr 2017 bei 16,1 %. Auch das Leasing-Neugeschäft mit Mobilien ist 2017 im Vergleich zum Vorjahr noch einmal im Durchschnitt um 6,5 % gewachsen. Die **Zahl der abgeschlossenen Neuverträge** überschritt bereits im Jahre 2001 deutlich die Millionengrenze.

2. Einzelne Marktsegmente

Dabei hat das **Mobilienleasing** einen wesentlich höheren Anteil an den gesamtwirtschaftlichen Ausrüstungskäufen (Leasingquote insoweit 24,1 %) als das **Immobilienleasing** an den Bauinvestitionen ohne Wohnungsbau (Leasingquote insoweit 10 %). Dies drückt sich auch in den Zahlen für die Neuinvestitionen im Jahre 2017 aus. Hier entfielen auf das Mobilienleasing 97,95 %, während auf das Immobilienleasing nur 2,05 % (Tendenz im Vergleich zum Vorjahr: fallend) entfielen. Diese Diskrepanz hat mehrere Gründe: abgesehen davon, dass Mobilienleasing, also insbesondere das Kfz-Leasing, das traditionelle Betätigungsfeld der Leasinggesellschaften bildet, gibt es bei den mobilen Investitionsgütern neben dem Leasing und der Herstellervermietung keine anderen Formen der Anlagenmiete mit nennenswertem Gewicht. Bei den Bauinvestitionen konkurriert das Immobilienleasing mit verschiedenen anderen starken Investoren, zB mit Immobilienfonds, Bauträgern und Versicherungen. Bei den **Leasingobjekten** rangieren die Kraftfahrzeuge mit großem Abstand an der Spitze (77 % der Anteile am Mobilien-Neugeschäft). Im Übrigen sind die in Betracht kommenden Leasingobjekte breit gefächert. Das Spektrum reicht von Kraftfahrzeugen, über Büromaschinen, Produktionsmaschinen, Nachrichtentechnik, Strom- und Gasnetze, Flugzeuge und Schiffe bis hin zu Immobilien wie zB Geschäfts- und Bürogebäuden. Die bedeutendsten **Leasingkunden** waren im Jahre 2017 der Dienstleistungssektor mit einem Anteil von 37 % am Leasingvolumen vor dem verarbeitendem Gewerbe (20 %), dem Handel (10 %), sowie vor dem Sektor Verkehr und Nachrichtenübermittlung (10 %) und dem Baugewerbe (7 %). Der Staat im engeren Sinne tritt weiter sehr zurückhaltend als Leasingkunde in Erscheinung (2 %). Ebenso fallen nur 3 % auf den Sektor der Landwirtschaft, der Energie- und Wasserversorgung und des Bergbaus. Auf die privaten Haushalte entfällt ein Anteil von 11 % am Leasingvolumen, wobei hier das Kfz-Leasing ganz im Vordergrund steht. Das Leasinggeschäft macht im Übrigen schon lange nicht mehr an der Grenze halt. Eine gewisse Bedeutung hat das sog **Cross-Border-Leasing** erlangt, bei dem sich Leasinggesellschaft und Leasingnehmer in verschiedenen Ländern befinden. Das Volumen des Cross-Border-Leasing belief sich 2015 auf 0,26 Mrd Euro und damit 23,8 % mehr als 2014. Ein gewisser Schwerpunkt liegt hier beim sog Big-Ticket-Leasing, bei dem als Leasingobjekte zB Flugzeuge, Schiffe und Schienenfahrzeuge finanziert werden. Bedeutsamer als das Cross-Border-Leasing ist allerdings das Vordringen deutscher Leasinggesellschaften in ausländische Märkte durch die Gründung von Tochterunternehmen oder Repräsentanzen. Das sog Domestic-Leasing hat 2015 weitere 12,9 % dazugewonnen und erreichte ein Volumen von 3,2 Mrd Euro. Im Gegenzug ist auch die Anzahl ausländischer Engagements in Deutschland auf ein beachtliches Niveau angestiegen.

3. Künftiges Entwicklungspotential

7 Die **weitere Entwicklung** wird von der Leasingbranche optimistisch bewertet. Gegenüber dem bisher erreichten Stand rechnet man sich weitere Marktanteilserhöhungen aus. Als Folge der Neuorientierung der Geschäftspolitik der Banken prognostiziert man ganz allgemein einen weiteren Übergang vom Investitionskredit zum Leasing. Freilich wird die weitere Entwicklung des Leasinggeschäfts in erheblichem Maße von den steuerlichen Rahmenbedingungen abhängen. Eine Verschlechterung der Abschreibungsbedingungen oder die Erhebung einer neuen Leasingsteuer könnte eine Abschwächung der leasingfinanzierten Investitionen zur Folge haben. Auf der anderen Seite ist die Leasingbranche generell weniger konjunkturempfindlich als die meisten anderen Wirtschaftsbereiche, resultieren doch aus der breiten Streuung der Leasingkunden automatische Ausgleichsmechanismen.

III. Erscheinungsformen und Abgrenzung zu ähnlichen Geschäftsformen

8 Die Leasingverträge bilden keine Einheit; vielmehr gibt es je nach den von den Parteien verfolgten Zwecken unterschiedliche Erscheinungsformen, die von reinen Mietverträgen bis zu Verträgen reichen, die Kaufverträgen nahestehen. Unter juristischen Gesichtspunkten muss man vor allem zwischen Finanzierungs- und Operatingleasingverträgen unterscheiden.

1. Finanzierungs- und Operatingleasing

a) Finanzierungsleasing

9 Die in der Praxis **im Vordergrund** stehende Form des Leasinggeschäfts ist das Finanzierungsleasing. Ihm kommt die mit Abstand größte wirtschaftliche Bedeutung zu.

10 Das Finanzierungsleasing ist – wie schon die Bezeichnung zum Ausdruck bringt – durch seine **Finanzierungsfunktion** gekennzeichnet (BGH 4. 7. 1990 – VIII ZR 288/89, NJW 1990, 3016, 3017; LARENZ/CANARIS, Lehrbuch des Schuldrechts II/2 100; STOFFELS, in: WOLF/LINDACHER/PFEIFFER, Leasingverträge L 24; GITTER, Gebrauchsüberlassungsverträge 286). Dem Leasingnehmer wird der mit Mitteln des Leasinggebers angeschaffte – und damit vorfinanzierte – Gegenstand zur Nutzung überlassen, ohne dass seine Vermögenssphäre durch die Investition tangiert wird. Die Interessenlage der Parteien beim Finanzierungsleasing unterscheidet sich aufgrund dessen deutlich vom Modell des Mietvertrages, dem ein Finanzierungselement nicht innewohnt. Konsequenterweise behandelte das Gesetz das Finanzierungsleasing als **„Finanzierungshilfe"** und unterwarf es zumindest in einzelnen Beziehungen dem Recht des (Verbraucher-)Darlehens (§§ 499 Abs 2, 500 BGB aF). Maßgeblich ist nach der neuen Fassung des § 506 Abs 1 BGB, ob Leasingverträge je nach ihrer Art unter Abs 1 oder Abs 2 fallen (s dazu Rn 151).

11 Typisch, wenngleich begrifflich nicht notwendig (wie hier LARENZ/CANARIS, Lehrbuch des Schuldrechts II/2 103; K SCHMIDT, Handelsrecht § 35 II 998; aA MARTINEK, Moderne Vertragstypen I 57 und BERGER, Typus und Rechtsnatur des Herstellerleasing 20 f: Dreiparteienverhältnis als „notwendige Voraussetzung für den Tatbestand des Finanzierungsleasing"), ist für das Finanzierungsleasing die **Einschaltung eines Dritten** in die Vertragsbeziehungen. Dieser

Dritte, der Leasinggeber, übernimmt die Aufgabe der Finanzierung. Originäre Vertragsbeziehungen bestehen infolgedessen hier lediglich einerseits zwischen dem Hersteller und dem Leasinggeber sowie andererseits zwischen dem Leasinggeber und dem Leasingnehmer. Der Vertrag zwischen Hersteller bzw Lieferant und Leasinggeber ist in aller Regel Kauf, gelegentlich auch Werklieferungsvertrag, während der Vertrag zwischen Leasinggeber und Leasingnehmer den eigentlichen und hier allein interessierenden Leasingvertrag darstellt. Die Einbettung des Leasingvertrages in ein **wirtschaftliches Dreiecksverhältnis** (so Martinek/Omlor, in: Bankrechts-Handbuch § 101 Rn 2; ferner Gitter, Gebrauchsüberlassungsverträge 287; Brunotte DRiZ 1990, 397) ist für die rechtliche Bewertung jedoch durchaus von Bedeutung (allgemein zur Beachtung der Sinneinheit eines Vertragssystems Stoffels, Gesetzlich nicht geregelte Schuldverträge 262 ff).

Als Gegenleistung für die Gebrauchsüberlassung des zunächst auf Kosten des Leasinggebers für den Leasingnehmer angeschafften Gegenstandes verpflichtet sich der Leasingnehmer im Leasingvertrag, die Anschaffungskosten und einen vorweg kalkulierten Gewinn des Leasinggebers durch die regelmäßige **Zahlung der Leasingraten** abzutragen. Der Finanzierungsleasingvertrag ist daher dadurch gekennzeichnet, dass „der Leasingnehmer für die Amortisation der vom Leasinggeber für die Anschaffung der Leasingsache gemachten Aufwendungen und Kosten einzustehen hat" (so der Rechtsausschuss des Bundestages BT-Drucks 11/8274, 21). Auch der BGH hatte schon zuvor zutreffend das **Vollamortisationsprinzip** als „Hauptmerkmal" des Finanzierungsleasingvertrages hervorgehoben (BGH 12. 6. 1985 – VIII ZR 148/84, NJW 1985, 2253, 2256; BGH 16. 5. 1990 – VIII ZR 108/89, NJW 1990, 2377, 2379; sodann BGH 11. 1. 1995 – VIII ZR 82/94, NJW 1995, 1019, 1021; BGH 24. 4. 1996 – VIII ZR 150/95, NJW 1996, 2033; vgl aus der Literatur statt vieler Canaris ZIP 1993, 401 und Oechsler, Vertragliche Schuldverhältnisse [2013] Rn 712 ff; zur Vollamortisationspflicht vgl im Übrigen eingehend Rn 93). Das Vollamortisationsprinzip liegt, worauf noch einzugehen sein wird, sowohl den sog **Vollamortisations-** als auch den sog **Teilamortisationsverträgen** zugrunde (vgl zu diesen beiden Gestaltungsformen und ihren Unterfällen die Ausführungen unter Rn 53 ff). Auch in diesem Punkt unterscheidet sich das Finanzierungsleasing von der Miete (so zutreffend Larenz/Canaris, Lehrbuch des Schuldrechts II/2 102). Zwar strebt auch der Vermieter eine Amortisation seiner Anschaffungs- und Erhaltungskosten an. Hierbei handelt es sich jedoch lediglich um einen internen Kalkulationsfaktor. Beim Finanzierungsleasing wird der Gesichtspunkt zu einem integralen Bestandteil des Vertrages, zu einer Vertragspflicht des Leasingnehmers.

Abweichend von der gesetzlichen Regelung des Mietvertrages zeichnet sich der Finanzierungsleasingvertrag schließlich dadurch aus, dass der Leasingnehmer die **Sach- und Preisgefahr** zu übernehmen hat und ihm keine **Gewährleistungsansprüche** gegen den Leasinggeber eingeräumt werden. Im Gegenzug werden dem Leasingnehmer die aus dem Liefervertrag des Leasinggebers mit dem Hersteller/Lieferanten resultierenden Gewährleistungsansprüche abgetreten (BGH 28. 3. 1990 – VIII ZR 17/89, NJW 1990, 1785, 1788; Soergel/Heintzmann Vor § 535 Rn 69). Hierdurch wird eine auf die Gewährleistungsansprüche beschränkte schuldrechtliche Rechtsbeziehung des Leasingnehmers zum Hersteller/Lieferanten begründet. Das oben erwähnte wirtschaftliche Dreieck schließt sich zu einem rechtlichen (Erman/Jendrek Anh § 535 Rn 2). Auch diese Ausgestaltung wird man als leasingtypisch bezeichnen müssen.

14 Die Gesamtschau der typusprägenden Elemente des Finanzierungsleasingvertrages offenbart eine **funktionale Verwandtschaft mit dem drittfinanzierten Kauf** (so auch BGH 11. 1. 1995 – VIII ZR 82/94, NJW 1995, 1019, 1021), was die Kommentierung im Anschluss an das Kaufrecht in diesem Band rechtfertigt. Das Finanzierungsleasing versteht sich als alternative Finanzierungsform neben den bzw anstatt der herkömmlichen Formen der Kauffinanzierung (vgl auch STAUDINGER/MARTINEK [1995] § 675 Rn B 174 „betriebswirtschaftlich ein funktionales Substitut zum Kauf").

15 In der Praxis wird die Vertragsgestaltung in erster Linie durch die verschiedenen Erlasse der Finanzverwaltung geprägt. Im Einzelnen gibt es infolgedessen sehr **unterschiedliche Formen von Finanzierungsleasingverträgen**, wozu auch beiträgt, dass auf diesem Markt ein lebhafter Wettbewerb zwischen den zahlreichen Leasinggesellschaften, meistens Tochtergesellschaften von Banken, herrscht. Unter rechtlichen Gesichtspunkten ist vor allem die Unterscheidung zwischen dem Immobilien- und dem Mobilienleasing sowie innerhalb des letzteren weiter die zwischen Voll- und Teilamortisationsverträgen wichtig.

b) Operatingleasing

16 Unter Operatingleasing versteht man die entgeltliche Überlassung von Investitionsgütern entweder für eine im Voraus bestimmte, **kurze Vertragsdauer** oder auf unbestimmte Zeit mit der Möglichkeit der jederzeitigen Kündigung seitens des Leasingnehmers, zumindest nach Ablauf einer kurzen Grundmietzeit (BGH 28. 3. 1990 – VIII ZR 17/89, NJW 1990, 1785; BGH 11. 3. 1998 – VIII ZR 205/97, NJW 1988, 1637, 1638; OLG Hamm 4. 12. 1979 – 4 U 244/79, ZMR 1980, 109; MARTINEK, in: MARTINEK/STOFFELS/WIMMER-LEONHARDT, Leasinghandbuch § 3 Rn 2 ff). Von den Finanzierungsleasingverträgen einschließlich der Teilamortisationsverträge unterscheidet sich das Operatingleasing vor allem dadurch, dass der Vertragspartner im Falle der Kündigung keine Abschlusszahlung schuldet. Schon daraus wird deutlich, dass der Leasinggeber hier die volle Amortisation seines Anschaffungsaufwandes nicht bereits durch einmaliges, sondern erst durch **mehrfaches Überlassen des Leasinggegenstandes** an verschiedene Leasingnehmer erstrebt (BGH 11. 3. 1998 – VIII ZR 205/97, NJW 1998, 1637, 1639). Das Risiko, dass ihm dies gelingt (Investitionsrisiko), hat er selbst zu tragen. Das Operatingleasing dient somit in erster Linie der **Absatzförderung von Investitionsgütern**. Für den Kunden kann diese Form des Leasinggeschäfts deswegen attraktiv sein, weil er die Sache ohnehin nicht lange nutzen oder sie alsbald gegen eine moderne ausgetauscht haben möchte und die Wartung auf den Leasinggeber übertragen kann. Ergänzende Serviceleistungen (neben der Wartung auch das sog Asset Management und Versicherungsleistungen) sind nämlich – im Gegensatz zu Finanzierungsleasingverträgen – beim Operatingleasing durchaus typisch (MARTINEK, Moderne Vertragstypen I 54).

17 Solche Verträge werden heute üblicherweise und zu Recht als **normale Mietverträge** im Sinne des § 535 BGB angesehen (FLUME DB 1972, 1, 2; MARTINEK/OMLOR, in: Bankrechts-Handbuch § 101 Rn 32; ders, Moderne Vertragstypen I 66; vWESTPHALEN, Leasingvertrag Kap A Rn 86; EMMERICH JuS 1990, 3; PALANDT/WEIDENKAFF Einf v § 535 Rn 40; ERMAN/JENDREK Anh § 535 Rn 8; MünchKomm/KOCH Leasing Rn 5; BeckOGK/ZIEMSSEN [1. 1. 2018] § 535 Rn 768), während der BGH offenbar dahin tendiert, sie in einzelnen Beziehungen in die Nähe der Finanzierungsleasingverträge zu rücken (BGH 11. 3. 1998 – VIII ZR 205/97, NJW 1990, 1785, 1788). Der zitierten Entscheidung lag jedoch entgegen der Einschätzung des

Gerichts kein Operatingleasingvertrag zugrunde (so zutreffend vWESTPHALEN ZIP 1991, 639 ff).

Für die Inhaltskontrolle der den beim Operatingleasing üblichen **Allgemeinen Ge-** 18
schäftsbedingungen ist nach dem Gesagten grundsätzlich vom **Leitbild der §§ 535 ff**
BGB auszugehen (MünchKomm/KOCH Leasing Rn 5; BeckOGK/ZIEMSSEN [1. 1. 2018] § 535 Rn 1238.1). Alle Klauseln, die ohne sachliche Notwendigkeit hiervon abweichen, stellen im nichtunternehmerischen wie im unternehmerischen Verkehr eine unangemessene Benachteiligung des Leasingnehmers dar und sind unwirksam (§§ 307 Abs 1 S 1, Abs 2 Nr 1, 310 Abs 1 S 2 BGB). Dies gilt insbesondere für die mit dem gesetzlichen Leitbild der Miete unvereinbare **Überwälzung der Sach- und Preisgefahr** auf den Leasingnehmer (EBENROTH Betrieb 1978, 2109, 2111 f). Aus denselben Gründen kann der Leasinggeber beim Operatingleasing auch nicht entgegen §§ 280 Abs 1 und 3, 281 BGB seine **Haftung für die rechtzeitige Lieferung** der Sache formularmäßig ausschließen (EBENROTH Betrieb 1978, 2109, 2111 f). Den Leasinggeber trifft beim Operatingleasing in gleicher Weise wie einen Vermieter die gesetzliche Gewährleistung nach den §§ 536 ff BGB. Dieser **Gewährleistungspflicht** kann er sich nicht durch Abtretung der kaufrechtlichen Gewährleistungsansprüche an den Leasingnehmer entledigen (§ 307 Abs 2 Nr 1 BGB). Eine Freizeichnung von der mietrechtlichen Gewährleistungspflicht wird man nur insoweit billigen können, als es um die verschuldensunabhängige Einstandspflicht (§ 536a Abs 1 Alt 1 BGB) geht und der Leasinggeber sich im Gegenzug zur unverzüglichen Nachbesserung oder zum unverzüglichen Austausch der Sache bereit erklärt (STOFFELS, in: WOLF/LINDACHER/PFEIFFER, Leasingverträge L 40).

2. Unterscheidung nach der Art des Leasinggegenstandes

Finanzierungsleasingverträge lassen sich nach der Art des geleasten Gegenstandes 19
zwei verschiedenen Gruppen zuordnen, dem Mobilienleasing und dem Immobilienleasing. Auch die **Leasingerlasse des Bundesfinanzministers** greifen diese Unterscheidung auf (vgl hierzu noch Rn 52 ff). Ob es sich beim Leasinggut um eine bewegliche oder unbewegliche Sache handelt, mag zwar das Erscheinungsbild des jeweiligen Geschäfts prägen; für die **zivilrechtliche Beurteilung** beider Sparten kommt diesem Unterschied keine grundsätzliche Bedeutung zu (so BGH 25. 1. 1989 – VIII ZR 302/87, NJW 1989, 1279, 1280 für die Gewährleistungshaftung; ferner MünchKomm/KOCH Leasing Rn 12; BeckOGK/ZIEMSSEN [1. 1. 2018] § 535 Rn 755; ERMAN/JENDREK Anh § 535 Rn 3; EMMERICH JuS 1990, 3). Das schließt nicht aus, dass die rechtliche Beurteilung beim Immobilienleasing punktuell aufgrund der anders gelagerten tatsächlichen Gegebenheiten, divergierender Allgemeiner Geschäftsbedingungen sowie mit Rücksicht auf besondere gesetzliche Bestimmungen modifiziert werden muss.

a) Mobilienleasing

Sowohl von der Anzahl der abgeschlossen Leasingverträge als auch vom wirtschaft- 20
lichen Volumen her gesehen, dominiert eindeutig das Mobilienleasing (s bereits o Rn 6). Auch innerhalb dieser Sparte ist nach den jeweils verleasten beweglichen Gütern zu unterscheiden. So hat die Entwicklung der Kautelarpraxis zB bei dem im Mittelpunkt stehenden Fahrzeugleasing besondere Vertragsgestaltungen hervorgebracht, die gesonderter Betrachtung bedürfen (Null-Leasing, Kilometerabrechnungsvertrag vgl Rn 33 ff).

b) Immobilienleasing

21 Als Gegenstand eines Leasingvertrages kommt ferner die Finanzierung von **Grundstücken** bzw – meist im Vordergrund stehend – von **baulichen Anlagen auf Grundstücken** (zur Eigentumslage im Hinblick auf §§ 946, 94, 95 vgl BGH 10. 12. 1998 – IX ZR 86/98, ZIP 1999, 75 und ECKARDT EWiR 1999, 103 f; hieraus können ernsthafte Sicherungsprobleme des Leasinggebers resultieren) in Betracht (grundlegend zum Immobilienleasing KOCH, Immobilienleasing; zu den Grundzügen des Immobilienleasing vgl ENGEL NZM 1998, 785; zur Grunderwerbsteuer STOCHEK/SOMMERFELD/MIES DStR 2008, 2046; SCHNECK/PIRKL/ERHARDT BB 2004, 1658). Das Immobilienleasing hat sich in neuerer Zeit als gleichrangige Alternative zu den herkömmlichen Finanzierungs- und Investitionsformen entwickelt (FOHLMEISTER, in: HAGENMÜLLER/STOPPOK, Leasing-Handbuch [5. Aufl 1988] 127 f). Die Leasinggesellschaften konkurrieren auf diesem Sektor also mit Immobilienfonds, Bauträger- und Besitzgesellschaften sowie privaten Vermögensverwaltungen (TACKE, Leasing 153). Die Bandbreite der in Betracht kommenden Immobilienobjekte ist groß. Sie reicht vom bloßen Baugrundstück, über Geschäftshäuser, Verbrauchermärkte, Bürogebäude, Kulturzentren (bekanntes Beispiel: Kulturzentrum Gasteig in München, vgl KOCH, Immobilien-Leasing 28, 45) und Produktionsanlagen bis hin zu milliardenschweren Großprojekten, etwa in Gestalt von Kraftwerken. Mit ansteigendem Volumen erhöht sich auch das von der Leasinggesellschaft zu tragende Risiko, sodass in dieser Sparte häufig auf den Einzelfall zugeschnittene Lösungen erarbeitet werden müssen und standardisierte Verträge jedenfalls bei den oberen Objektgrößen nicht den Regelfall darstellen (SPITTLER, Leasing für die Praxis 51; MARTINEK, in: MARTINEK/STOFFELS/WIMMER-LEONHARDT, Leasinghandbuch § 3 Rn 17). Immobilienleasingverträge zeichnen sich im Allgemeinen durch eine **lange Vertragslaufzeit** aus. Nach Ablauf der Vertragszeit hat der Leasingnehmer aufgrund einer ihm im Leasingvertrag eingeräumten Kaufoption die Möglichkeit, die Immobilie zu Eigentum zu erwerben. Diese Kaufoption wird dann regelmäßig durch eine **Vormerkung** gesichert (GITTER, Gebrauchsüberlassungsverträge 358; PALANDT/WEIDENKAFF Einf v § 535 Rn 41). Im Übrigen gleichen die vertraglichen Regelungen denjenigen bei Finanzierungsleasingverträgen über Mobilien. Das bedeutet, dass der Leasingnehmer die Gefahr zu tragen hat und sich wegen möglicher Gewährleistungsansprüche nicht an den Leasinggeber wenden kann, sondern sich – aus abgetretenem Recht – an die Bauunternehmer, Bauhandwerker, Architekten etc halten muss (GITTER, Gebrauchsüberlassungsverträge 358; zu Einzelheiten der Vertragsgestaltung vgl im Übrigen auch SEIBEL NZM 1999, 197).

21a Schwierigkeiten bereitet mitunter die **Abgrenzung eines Immobilienleasingvertrages von einem entsprechenden Gebäude- oder Geschäftsraummietvertrag**. Lediglich ein schwaches Indiz liefert hier die von den Parteien gewählte Bezeichnung des Vertrags. In erster Linie kommt es auf den Vertragsinhalt an. Für das Immobilienleasing ist es kennzeichnend, dass der Leasinggeber zum Zwecke der Befriedigung eines Investitionsbedarfs des Leasingnehmers die zum Gebrauch zu überlassende Immobilie beschafft und vorfinanziert. Auf das Vorliegen eines Leasingvertrags deuten: Ausschluss bzw Beschränkung der Mängelhaftung des Vermieters/Leasinggebers, Abwälzung der Sach- und Preisgefahr auf den Mieter/Leasingnehmer, Ausgestaltung der Entgeltverpflichtung des Mieters/Leasingnehmers in der Weise, dass nicht nur das Entgelt für eine zeitlich begrenzte Gebrauchsüberlassung geschuldet ist, sondern darüber hinaus auch die Anschaffungs- und Herstellungskosten sowie alle Nebenkosten einschließlich der Finanzierungskosten abgedeckt sind. Die Vereinbarung eines Ankaufsrechts oder eines Andienungsrechts ist hingegen für einen (Immobilien-)Leasingvertrag nicht begriffsnotwendig (vgl zu alledem BGH 26. 11. 2014 – XII ZR 120/13, NJW-RR 2015, 615 Rn 28 ff).

Immobilienleasing ist eine Form des Finanzierungsleasing (BGH 25. 1. 1989 – VIII ZR 302/87, NJW 1989, 1279; Erman/Jendrek Anh § 535 Rn 3; Bamberger/Roth/Hau/Poseck/Zehelein BeckOK § 535 Rn 71). Beschränkt sich der Leasingvertrag im Wesentlichen auf das Finanzierungselement, so spricht man von „**Nettoleasing**". Häufig übernimmt der Leasinggeber über die bloße Objektfinanzierung hinaus weitere Aufgaben, wie etwa die Beschaffung des Grundstücks, die Planung und Errichtung der baulichen Anlagen sowie ihre Verwaltung und Instandhaltung. Wird der Leasingvertrag in dieser Weise zu einem „Full-Service-Leasingvertrag" ausgestaltet, so spricht man von „**Bruttoleasing**" (Gitter, Gebrauchsüberlassungsverträge 357). Der Leasinggeber rückt hier häufig zusätzlich in die Stellung des Bauherrn ein (vgl Gitter, Gebrauchsüberlassungsverträge 357). **22**

Bei höheren Investitionsvolumina werden Immobilienleasinggeschäfte meist über eigens für das betreffende Geschäft gegründete Gesellschaften – häufig Gesellschaften mit beschränkter Haftung – abgewickelt (ausführlich Gabele/Dannenberg/Kroll, Immobilien-Leasing 65 ff). Die Einschaltung einer solchen **Objektgesellschaft** erlaubt eine exakte wirtschaftliche und rechtliche Abgrenzung zu anderen Leasingtransaktionen (Spittler, Leasing für die Praxis 51; Soergel/Heintzmann Vor § 535 Rn 47). Für den Leasingnehmer ist eine solche Gestaltung von Vorteil, da die Objektgesellschaft nur das Risiko dieses einen Geschäfts trägt, welches der Leasingnehmer zu überschauen und zu beherrschen sich zutraut. Neben dieser klaren Risikoabgrenzung bietet die Abwicklung über eine Objektgesellschaft dem Leasingnehmer die Möglichkeit, Steuervorteile zu realisieren. So kann es sich als steuerlich vorteilhaft erweisen, nach Vertragsende anstelle eines Erwerbs der Immobilie die Position eines (alleinigen) Anteilseigners der Objektgesellschaft anzustreben (Soergel/Heintzmann Vor § 535 Rn 47; Koch, Immobilien-Leasing 36 f). **23**

Die **Attraktivität des Immobilienleasing** resultiert zum einen aus **steuerrechtlichen Vorteilen** (vgl hierzu noch Rn 47 f), zum anderen aber auch daraus, dass es sich hierbei um eine **Eigenkapital schonende Finanzierungsform** handelt, die passgenau auf das geplante Projekt zugeschnitten werden kann (zu den Vorteilen des Immobilienleasing vgl Mayer-Rolshoven BB 1989, 12 f; zu den Zukunftsperspektiven vgl Nemet, Kreditwesen [2010] 787 ff). Zusätzliche Kombinationsvorteile ergeben sich, wenn das Immobilienleasing in Form des **Sale-and-lease-back-Verfahrens** (vgl hierzu Rn 30 ff) betrieben wird. Der Leasingnehmer wird auf diese Weise in die Lage versetzt, sein bislang im Anlagevermögen (zB Grundstückseigentum) gebundenes Kapital freizusetzen und investiven Zwecken zuzuführen (Soergel/Heintzmann Vor § 535 Rn 46 f). Ferner vermag er von dem über Jahre hinweg angesammelten Know-how der Leasinggesellschaften auf dem Bausektor sowie von ihren Markterfahrungen zu profitieren, insbesondere beim Bruttoleasing (Soergel/Heintzmann Vor § 535 Rn 47). **24**

Für die **zivilrechtliche Beurteilung** des Immobilienleasingvertrages gelten grundsätzlich dieselben Rechtsregeln, die auch auf das Mobilienleasing Anwendung finden (BGH 25. 1. 1989 – VIII ZR 302/87, NJW 1989, 1279, 1280; Gitter, Gebrauchsüberlassungsverträge 360; Erman/Jendrek Anh § 535 Rn 3; Emmerich JuS 1990, 3; MünchKomm/Koch Leasing Rn 12; BeckOGK/Ziemssen [1. 1. 2018] § 535 Rn 755). So ist ebenso wie bei den sonstigen Finan- **25** zierungsleasingverträgen eine Freizeichnung des Leasinggebers grundsätzlich zulässig (GITTER, Gebrauchsüberlassungsverträge 362), namentlich auch dann, wenn der Leasingnehmer nach dem Vertrag als Generalübernehmer selbst Hersteller des Gebäudes ist, sodass er letztlich die Verantwortlichkeit für die Mangelfreiheit des Gebäudes trägt (BGH 25. 1. 1989 – VIII ZR 302/87, NJW 1989, 1279).

25a Nicht zu beanstanden ist ferner die leasingtypische Regelung, wonach dem Leasingnehmer die Instandhaltungspflicht für das von ihm genutzte Gebäude übertragen wird (BGH 26. 11. 2014 – XII ZR 120/13, NJW-RR 2015, 615 Rn 36 ff).

26 Besondere Aufmerksamkeit verdient in der Praxis die bei einem Immobilienleasingvertrag einzuhaltende Form. Ausgehend von der primär mietrechtlich ausgerichteten Rechtsprechung ist zunächst an das **Schriftformerfordernis der §§ 550, 578 Abs 1 BGB** zu denken (WOLF/ECKERT/BALL, Handbuch Rn 1840; MünchKomm/KOCH Leasing Rn 12; BeckOGK/ZIEMSSEN [1. 1. 2018] § 535 Rn 761; **aA** KG 24. 11. 2016 – 8 U 70/15, BeckRS 2016, 117226), dem in der Praxis jedoch ohnehin stets entsprochen werden dürfte. Probleme kann hingegen das in **§ 311b Abs 1 BGB** niedergelegte **Erfordernis der notariellen Beurkundung** bereiten. Der Tatbestand ist schon dann erfüllt, wenn eine Partei eine Erwerbspflicht übernimmt oder im Leasingvertrag ein Ankaufsrecht des Leasingnehmers bzw ein Andienungsrecht des Leasinggebers vereinbart wird (MARTINEK/OMLOR, in: Bankrechts-Handbuch § 101 Rn 17; MünchKomm/KOCH Leasing Rn 12; BeckOGK/ZIEMSSEN [1. 1. 2018] § 535 Rn 761; vWESTPHALEN MittBayNot 2004, 13; LG Düsseldorf 10. 3. 1989 – 11 O 333/88, WM 1989, 1126 ff).

3. Näheverhältnis zwischen Hersteller/Händler und Leasinggeber

a) Hersteller- oder Händlerleasing

27 Beim sog Hersteller- oder Händlerleasing sind der **Hersteller oder Händler und** der **Leasinggeber identisch** (ausführlich BERGER, Typus und Rechtsnatur des Herstellerleasing, passim). Der Leasingnehmer hat es hier von vornherein nur mit einem Vertragspartner zu tun. Das leasingtypische Dreiecksverhältnis zwischen Leasinggeber, Leasingnehmer und dem Händler oder Hersteller entsteht bei dieser Sonderform des Leasing nicht. Folgerichtig verzichtet man hier auch auf eine Abtretung der Gewährleistungsansprüche an den Leasingnehmer. Im Hinblick auf diese Abweichung vom Grundmuster des Finanzierungsleasingvertrages und der stärkeren Akzentuierung des absatzfördernden Charakters dieser Geschäftsart, hat man in der Vergangenheit das Hersteller- oder Händlerleasing vielfach als Sonderform des Operatingleasing und damit als Mietvertrag angesehen (OLG Frankfurt 14. 7. 1981 – 5 U 161/78, WM 1982, 723 ff; LG Berlin 16. 9. 1982 – 20 O 192/82, BB 1982, 1880 f; BERGER, Typus und Rechtsnatur des Herstellerleasing 47 ff; SOERGEL/HEINTZMANN Vor 535 Rn 45; STAUDINGER/EMMERICH [1994] Vorbem 75 zu §§ 535, 536; MARTINEK, Moderne Vertragstypen 57; GITTER, Gebrauchsüberlassungsverträge 351 f). Freilich zielen auch diese Vertragsgestaltungen auf die Finanzierung des Gebrauchs einer Sache, mit dem – vom Kunden häufig nicht realisierten – Unterschied, dass die Kreditfunktion nicht von einer zwischengeschalteten Leasinggesellschaft, sondern vom Hersteller/Händler selbst übernommen wird. Auch der Hinweis auf das gesteigerte Absatzinteresse des Leasinggebers zwingt nicht dazu, von Operatingleasing und damit von der Anwendbarkeit der §§ 535 ff BGB auszugehen. Denn beim hersteller- oder händlerabhängigen Leasing (hierzu sogleich unter Rn 28) ist das Absatzinteresse häufig nicht geringer zu veranschlagen, ohne dass daraus die

Konsequenz gezogen würde, es handele sich um Operatingleasing. Der BGH (BGH 11. 3. 1998 – VIII ZR 205/97, NJW 1998, 1637, 1639; BGH 30. 10. 2002 – VIII ZR 119/02, NJW 2003, 505, 506 f; ebenfalls für Qualifizierung als Finanzierungsleasing MünchKomm/Koch Leasing Rn 8 ff; BeckOGK/Ziemssen [1. 1. 2018] § 535 Rn 745) hat daher zu Recht darauf abgestellt, ob der Leasinggeber die volle Amortisation seines Anschaffungsaufwandes bereits durch einmaliges Überlassen der Sache an einen Leasingnehmer erstrebt (Finanzierungsleasing) oder ob die Amortisation erst durch mehrmaliges Überlassen an mehrere Leasingnehmer erreicht werden kann (Operatingleasing). Bei einem auf zwei Jahre angelegten Kfz-Leasingvertrag mit Kilometerabrechnung wird die Vollamortisation typischerweise durch Verwertung des zurückzugebenden Fahrzeuges erlangt, sodass hier auch dann ein **Finanzierungsleasingvertrag** vorliegt, wenn der Kunde einen solchen Leasingvertrag direkt mit dem Händler schließt (zu der Problematik, ob die verbraucherkreditrechtlichen Vorschriften zur Anwendung gelangen vgl noch unter Rn 37 u 151).

b) Hersteller- oder händlerabhängiges Leasing
Davon zu trennen ist das hersteller- oder händlerabhängige Leasing, mitunter auch **28** indirektes oder markengebundenes Leasing genannt. Man versteht darunter die Finanzierung des Absatzes durch eine mit dem Hersteller wirtschaftlich verbundene, aber rechtlich selbständige Leasinggesellschaft. Insbesondere im Bereich des Kfz-Vertriebs sind solche Gestaltungen anzutreffen. Die Leasinggesellschaft ist hier oftmals eine Tochtergesellschaft des Herstellers. In diesen Fällen kommt es zu der für das Finanzierungleasing typischen Dreiecksbeziehung zwischen Lieferant, Leasinggeber und Leasingnehmer, sodass die **Regeln über das Finanzierungsleasing uneingeschränkt anzuwenden** sind (BGH 22. 1. 1986 – VIII ZR 318/84, NJW 1986, 1335). Das wurde früher mitunter anders gesehen (vgl zuletzt vWestphalen DAR 1984, 337 mwNw sowie OLG Frankfurt 14. 7. 1981 – 5 U 161/78, WM 1982, 723; LG Berlin 16. 9. 1982 – 20 O 192/82, DB 1982, 2452). Wegen der Verflechtung zwischen Lieferanten und Leasinggeber sollte es an der für das Leasinggeschäft typischen Dreiecksbeziehung zwischen den Beteiligten fehlen, bzw der Leasinggeber ein „primäres produktorientiertes Absatzinteresse" (vWestphalen DAR 1984, 337) verfolgen. Daraus folgerte man, dass derartige Leasingverträge nicht nach den Grundsätzen des Finanzierungsleasing, sondern als reine Mietverträge zu behandeln seien. Dabei wurde übersehen, dass ein Absatzinteresse das Vorliegen auch eines Finanzierungsinteresses nicht ausschließt. Vor allem aus der insoweit maßgeblichen Sicht des Leasingnehmers ist es gleichgültig, ob er sich die von ihm erhofften Vorteile des Leasing (als Ersatz für eine Investition) bei einem markengebundenen oder einem „neutralen" Leasinggeber verschafft.

c) Lieferantennahes und reines Finanzierungsleasing
Schließlich muss **im Hinblick** auf den über § 506 Abs 1 BGB eröffneten **Einwen-** **29** **dungsdurchgriff nach § 359 BGB** danach unterschieden werden, ob der Liefervertrag und der Finanzierungsleasingvertrag verbundene Verträge im Sinne des § 358 Abs 3 BGB darstellen (hierzu im Einzelnen die Ausführungen unter Rn 262 ff). Sind die Voraussetzungen für das Vorliegen verbundener Verträge erfüllt, spricht man von **absatzförderndem oder lieferanten- bzw herstellernahem Finanzierungsleasing**, während man für den gegenteiligen Fall die Bezeichnung **reines Finanzierungsleasing** verwendet (vgl Canaris, Bankvertragsrecht Rn 1713, 1730, 1752; ders NJW 1982, 309 f; Papapostolou 21 ff; Larenz/Canaris, Lehrbuch des Schuldrechts II/2 103; ihm folgend H Roth AcP 190 [1990] 302 ff; gegen ein an diese Unterscheidung anknüpfendes Sonderrecht des absatzfördernden Leasing Münch

Komm/KOCH Leasing Rn 9; BeckOGK/ZIEMSSEN [1. 1. 2018] § 535 Rn 745; vgl ferner K SCHMIDT, Handelsrecht § 35 II 1001). Der Begriff des lieferanten- bzw herstellernahen Finanzierungsleasing ist weiter als derjenige des abhängigen Leasing; die Begriffe werden jedoch mitunter auch synonym verwendet.

4. Sale-and-lease-back

30 Unter „sale-and-lease-back" werden allgemein solche Leasinggeschäfte verstanden, bei denen sich der Leasinggeber das Leasinggut nicht von einem Dritten, sondern vom Leasingnehmer selbst verschafft (vgl hierzu BGH 29. 11. 1989 – VIII ZR 323/88, NJW 1990, 829, 831). Der Leasingnehmer veräußert eine ihm gehörige – neu erworbene oder schon länger in seinem Besitz befindliche – Sache an den Leasinggeber, um sie im nächsten Moment vom Leasinggeber zurück zu leasen. Der Leasingnehmer verspricht sich von dieser Verfahrensweise insbesondere einen Liquiditätsgewinn (zu den Motiven des Leasingnehmers vWESTPHALEN, Leasingvertrag Kap N Rn 5, 205 ff; BERNINGHAUS, in: MARTINEK/STOFFELS/WIMMER-LEONHARDT, Leasinghandbuch § 64 Rn 2 ff).

31 Die Finanzierungsfunktion liegt offen zu Tage (dies räumt auch MARTINEK/OMLOR, in: Bankrechts-Handbuch § 101 Rn 19 ein). Gleichwohl ist umstritten, ob auch diese Geschäftsform **dem Finanzierungsleasing zugeordnet** werden kann (**dafür** BGH 29. 11. 1989 – VIII ZR 323/88, NJW 1990, 829; BECKMANN/SCHARFF, Leasingrecht § 20 Rn 10; BERNINGHAUS, in: MARTINEK/STOFFELS/WIMMER-LEONHARDT, Leasinghandbuch § 64 Rn 5; LARENZ/CANARIS, Lehrbuch des Schuldrechts II/2 § 66 I 103; LIEB WM 1992 Sonderbeilage 6 13 f; MünchKomm/KOCH Leasing Rn 13; BAMBERGER/ROTH/HAU/POSECK/ZEHELEIN BeckOK § 535 Rn 76; BeckOGK/ ZIEMSSEN [1. 1. 2018] § 535 Rn 763; **dagegen** vWESTPHALEN BB 1991, 149, 150; ders Leasingvertrag Kap B Rn 74; STAUDINGER/MARTINEK [2006] § 675 Rn B 125 ff; MARTINEK, Moderne Vertragstypen I 60 f; MARTINEK/OMLOR, in: Bankrechts-Handbuch § 101 Rn 19; PAPAPOSTOLOU, Risikoverteilung beim Finanzierungsleasing-Vertrag 31). Dagegen könnte sprechen, dass es hier an dem leasingtypischen Dreiecksverhältnis fehlt. Die Person des Lieferanten und des Leasingnehmers fallen bei dieser Verfahrensweise nicht mehr auseinander. Allerdings ist schon mit Blick auf das Hersteller- oder Händlerleasing ausgeführt worden, dass die charakteristische Dreier-Beziehung kein unverzichtbares Merkmal eines Finanzierungsleasingvertrages ist (vgl o Rn 27). Für die Qualifizierung als Finanzierungsleasingvertrag spricht auch hier der Umstand, dass der Leasinggeber mit einem sale-and-lease-back-Geschäft danach strebt, seinen gesamten Aufwand mit einem einzigen Leasinggeschäft zu amortisieren. Diesen Standpunkt hat auch der BGH eingenommen. Das Gericht führt aus, dass die Ausgestaltung eines Geschäfts als „sale-and-lease-back" weder dem Leasinggeber noch dem Leasingnehmer eine andere Rechtsposition verschaffe als das übliche Finanzierungsleasing (BGH 29. 11. 1989 – VIII ZR 323/88, NJW 1990, 829, 831). Dem ist zuzustimmen, allerdings verbunden mit dem Hinweis, dass sich beim Sale-and-lease-back-Verfahren einige Sonderprobleme stellen (zur steuerrechtlichen Beurteilung vgl Rn 50a).

32 So bedarf infolge der Übernahme der Lieferantenfunktion durch den Leasingnehmer die **Gewährleistungshaftung des Leasinggebers** einer gesonderten Betrachtung (vgl Rn 223). Eine spezifische Problematik des Sale-and-lease-back-Verfahrens stellt des Weiteren die **Eigentumsübertragung auf den Leasinggeber** dar, die im Regelfall in der Form des § 930 BGB erfolgt, da der Leasingnehmer die Sache ja weiter benutzen möchte. Hier ist es zunächst denkbar, dass die Leasingsache schon zuvor einem

Kreditinstitut zur Sicherheit übereignet worden ist. Dann kommt der Leasingnehmer seiner Eigentumsverschaffungspflicht dadurch nach, dass er das Kreditinstitut veranlasst, das Eigentum an den Leasinggeber zu übertragen (so etwa im Fall BGH 29. 11. 1989 – VIII ZR 323/88, NJW 1990, 829). Der Kaufpreis wird in diesem Falle regelmäßig zur Begleichung der Darlehensschuld verwendet werden. Problematisch ist sodann die Frage, ob die einem Vorbehaltsverkäufer erteilte Ermächtigung, die Vorbehaltsware im ordnungsgemäßen Geschäftsbetrieb weiterzuveräußern (verlängerter Eigentumsvorbehalt), auch die Veräußerung im Wege des Sale-and-lease-back-Verfahrens deckt. Regelmäßig werden hierdurch die Sicherungsinteressen des Vorbehaltsverkäufers beeinträchtigt, sodass das sale-and-lease-back-Verfahren dem Vorbehaltskäufer ebenso wie die meist ausdrücklich genannte Verpfändung und Sicherungsübereignung verboten ist (vgl hierzu im Einzelnen BGH 30. 3. 1988 – VIII ZR 340/86, NJW 1988, 1774, 1775 und vWestphalen, Leasingvertrag Kap N Rn 130). Schwierigkeiten ergeben sich ferner, wenn das im Besitz und Eigentum des Leasingnehmers befindliche Leasinggut bei Vertragsschluss mit einem **Pfandrecht eines Dritten** (zB Grundpfandrecht § 1120 BGB oder Vermieterpfandrecht § 562 BGB) belastet ist. Da der Leasinggeber aufgrund der Veräußerung nicht den Besitz des Leasinggegenstandes erlangt, scheidet hier ein gutgläubiger lastenfreier Erwerb von vornherein aus (§§ 936 Abs 1 S 3, 933 BGB). Der Leasinggeber gerät dadurch in eine missliche Lage. Er kann zwar den Leasingnehmer verpflichten, sog Enthaftungserklärungen der potenziellen Pfandgläubiger beizubringen. Jedoch bleibt die Gefahr, dass dabei ein möglicher Pfandgläubiger übersehen wird. Für diesen Fall empfiehlt es sich für den Leasinggeber, vorsorglich eine Freistellungsverpflichtung des Leasingnehmers in den Leasingvertrag aufzunehmen und auf die Bonität des Leasingnehmers zu achten (vWestphalen, Leasingvertrag Kap N Rn 209 ff; MünchKomm/Koch Leasing Rn 13; BeckOGK/Ziemssen [1. 1. 2018] § 535 Rn 764).

5. Sonderformen beim Kfz-Leasing

Das für die Leasinggesellschaften mit Abstand **bedeutsamste Marktsegment** ist der Kfz-Handel. Bezogen auf die Gesamtzahl der Neuzulassungen von Kraftfahrzeugen in Deutschland liegt der Marktanteil des Leasing mittlerweile (Stand: 2015) bei knapp 38,6 % (ifo Schnelldienst Nr 23/2016). Wertmäßig beträgt der Anteil des Leasing an den gesamten Fahrzeuginvestitionen der deutschen Wirtschaft sogar 74,5 % (Stand: 2015). **Leasing** ist also inzwischen **die bevorzugte Beschaffungsform bei Fahrzeuginvestitionen** geworden. Als Finanzierungsform für den Erwerb eines Kraftwagens erfreut es sich auch bei Privatkunden großer Beliebtheit. Immerhin lag der Anteil des **Privat-Leasing** – dabei geht es im Wesentlichen um Kraftfahrzeuge – an den Leasinginvestitionen im Jahre 2015 bei etwa 11,1 %. Im Kfz-Leasinggeschäft haben sich neben den auch dort verbreiteten herkömmlichen Leasingmodellen einige besondere Gestaltungsformen des Leasing herausgebildet, die im Folgenden vorgestellt werden sollen.

a) Null-Leasing

Eine **auf private Fahrzeugkäufer zugeschnittene** und in diesem Bereich weit verbreitete Finanzierungsform ist das sog Null-Leasing, mitunter auch als Null-Zins-Leasing bezeichnet (hierzu eingehend Paschke BB 1987, 1193 ff). Hier ist vorauszuschicken, dass die spezifischen steuerlichen und bilanzrechtlichen Vorteile für den privaten Autokäufer im Allgemeinen keinen Anreiz für den Abschluss eines Leasingvertrages darstellen werden, da sie meist nur von gewerblichen Kunden realisiert werden können. Um auch private Kunden für das Kfz-Leasing zu interessieren, propagieren die Leasinggesellschaften das Null-Leasing als eine wirtschaftlich attraktive Finanzierungsalternative. Der Leasinggeber, der meist von einem Kfz-Hersteller in die Vertriebsorganisation eingebunden ist (Fall des herstellerabhängigen Leasing, vgl o Rn 28), überlässt dem privaten Kunden bei dieser Leasingvariante den Neuwagen für einen bestimmten Zeitraum (meist nicht mehr als zwei Jahre) gegen Entrichtung einer einmaligen Sonderzahlung in Höhe von 30 bis 40% des Verkaufspreises (mitunter wird dem Leasingnehmer das Recht eingeräumt, die vereinbarte Sonderzahlung durch Hingabe seines bisherigen Gebrauchtwagens zu erbringen; zur Rückabwicklung des Leasingvertrages nach Inzahlungnahme vgl BGH 30. 10. 2002 – VIII ZR 119/02, NJW 2003, 505) und weiterer monatlicher Leasingraten. Ferner wird vereinbart, dass der Kunde nach Ablauf der Vertragszeit den Wagen zu einem vorher festgelegten Betrag erwerben kann. Dieser Betrag orientiert sich am Restwert des Fahrzeuges, ist aber meist für den Kunden recht günstig kalkuliert. Die Bezeichnung als „Null-Leasing" erklärt sich aus dem Umstand, dass die Summe der vom Kunden zu entrichtenden Zahlungen einen bei Vertragsschluss festgesetzten Betrag nicht überschreitet. Ein **besonderer Leasing-Zins wird dem Kunden**, so er seinen Zahlungsverpflichtungen pünktlich nachkommt, also **nicht in Rechnung gestellt**. Die rechtliche Qualifizierung dieses Finanzierungsinstruments ist noch nicht höchstrichterlich geklärt. Der BGH (BGH 6. 11. 1986 – I ZR 208/84, NJW 1987, 956) hat sich lediglich zur wettbewerbsrechtlichen Zulässigkeit geäußert und einen Verstoß dieser Geschäftsform gegen das damals noch geltende Rabattgesetz abgelehnt. Im Schrifttum geht man teilweise von einem Mietkauf (so MünchKomm/Koch Leasing Rn 15), teilweise aber auch von einem Kaufvertrag (Paschke BB 1987, 1195; ausnahmsweise auch OLG Koblenz 19. 6. 2008 – 6 U 1424/07, NJW 2009, 151, 153 bei einer leasinguntypischen Situation mit vermerktem Restwert, der erkennbar unter dem Marktwert liegt) aus. Wegen der auch hier gegebenen Amortisationspflicht wird man hingegen im Regelfall von einem **Finanzierungsleasingvertrag** in Form eines Teilamortisationsvertrages auszugehen haben (Michalski/Schmitt, Kfz-Leasingvertrag Rn 56), wobei allerdings zuzugeben ist, dass diese Vertragsgestaltung den **Grenzbereich zum teilfinanzierten Abzahlungskauf** berühren kann (Martinek/Omlor, in: Bankrechts-Handbuch § 101 Rn 22).

b) Kilometer-Abrechnungsvertrag

35 Eine andere, vor allem bei Kfz-Leasingverträgen im Herstellerleasing verbreitete Vertragsvariante ist der sog Kilometer-Abrechnungsvertrag. Der Vertrag gibt für die meist zwei- oder dreijährige Laufzeit eine Gesamtfahrleistung vor. Nach Ablauf der Vertragszeit ist der Wagen wieder an den Leasinggeber zurückzugeben; das Recht, das Fahrzeug nach Vertragsende zu erwerben, wird dem Leasingnehmer bei diesem Vertragstyp regelmäßig nicht eingeräumt (Zahn/Bahmann, Kfz-Leasingvertrag Rn 110). Der **vertraglich festgesetzten Laufleistung** werden sodann bei Vertragsende die tatsächlich gefahrenen Kilometer gegenübergestellt (vgl Müller-Sarnowski DAR 2004, 368 ff). Erweist sich, dass der Leasingnehmer die vertraglich vereinbarte Laufleistung nicht nur geringfügig (Toleranzgrenzen in beide Richtungen in Höhe von 1000 bis 2500 km sind üblich) überschritten hat, so ist er zum **Ausgleich der Mehrleistung** nach näherer Maßgabe des Vertrages verpflichtet. Im gegenteiligen Fall erhält der Leasingnehmer eine entsprechende Gutschrift. Die dem Kilometerabrechnungsvertrag zugrunde liegende Verrechnungsmethode macht die Festsetzung eines kalkulierten und die Feststellung eines tatsächlichen Restwerts entbehrlich. Zur Ergänzung des

Kilometer-Abrechnungsvertrages um Service-Komponenten vgl Martinek/Omlor, in: Bankrechts-Handbuch § 101 Rn 23.

Dem Leasingnehmer wird – insoweit durchaus leasingtypisch – das Risiko des Verlustes, der Beschädigung und sonstiger Gebrauchsbeeinträchtigungen auferlegt (Überwälzung der Sach- und Preisgefahr beim Kilometer-Abrechnungsvertrag wird vom BGH unter der Voraussetzung gebilligt, dass dem Leasingnehmer im Falle des völligen Verlustes ein kurzfristiges Kündigungsrecht eingeräumt wird, vgl BGH 15. 10. 1986 – VIII ZR 319/85, NJW 1987, 377, 378; Prasse/Steinbach SVR 2011, 161, 161). Insbesondere ist er verpflichtet, das Fahrzeug in einem **ordentlichen Erhaltungszustand** an den Leasinggeber **zurückzugeben** (zum Interessenkonflikt und einer unzureichenden Beschreibung des Sollzustandes Reinking ZfS 2010, 367, 369ff). Der Wagen muss betriebsbereit und verkehrssicher sein. Während übliche Abnutzungen und Verschleißspuren vom Leasinggeber hinzunehmen sind (da sie bereits durch die Ratenzahlungen des Leasingnehmers abgegolten sind, vWestphalen, Leasingvertrag Kap M Rn 4 f), hat er je nach Ausgestaltung des Leasingvertrages hinsichtlich der darüber hinausgehenden Mängel einen Anspruch auf **Ausgleich des Minderwerts** oder Durchführung der notwendigen Reparatur (Zahn/Bahmann, Kfz-Leasingvertrag Rn 115; Reinking NZV 1997, 1, 8; Dötsch DAR 2010, 551, 552 f; Strauss SVR 2015, 255). 36

Die **Klausel über den Minderwertausgleich beim Kilometerabrechnungsvertrag** hat folgenden typischen Wortlaut (vgl BGH 17. 7. 2013 – VIII ZR 334/12, NJW 2014, 1171): 36a

> „2. Bei Rückgabe muss das Fahrzeug in einem dem Alter und der vertragsgemäßen Fahrleistung entsprechenden Erhaltungszustand, frei von Schäden sowie verkehrs- und betriebssicher sein. Normale Verschleißspuren gelten nicht als Schaden. Über den Zustand wird bei Rückgabe ein gemeinsames Protokoll angefertigt und von beiden Vertragspartnern oder ihren Bevollmächtigten unterzeichnet.
>
> 3. Bei Rückgabe des Fahrzeugs nach Ablauf der bei Vertragsabschluss vereinbarten Leasing-Zeit gilt folgende Regelung: Entspricht das Fahrzeug … nicht dem Zustand gem Nr 2 I, ist der Leasingnehmer zum Ersatz des entsprechenden Schadens verpflichtet."

Der BGH hat die AGB-rechtliche **Wirksamkeit** einer solchen Klausel **bejaht**. Sie scheitere insbesondere nicht daran, dass die Klausel dem Leasingnehmer kein Recht zur Nacherfüllung einräume und die Pflicht zum Minderwertausgleich nicht analog § 281 Abs 1 S 1 BGB von einer erfolglosen Fristsetzung abhängig macht (BGH 17. 7. 2013 – VIII ZR 334/12, NJW 2014, 1171).

Der Leasinggeber, der den **Restwertausgleich** geltend machen will, hat detailliert darzulegen und nachzuweisen, welche der festgestellten Mängel auf normalem Verschleiß und welche auf übermäßiger Abnutzung beruhen (OLG Frankfurt 24. 8. 2012 – 17 U 242/11, BeckRS 2012, 19186; OLG Frankfurt 6. 2. 2014 – 17 U 232/11, NJW-RR 2014, 742; Martinek/Wimmer-Leonhardt, in: Martinek/Stoffels/Wimmer-Leonhardt, Leasinghandbuch § 55 Rn 6). Für die Bemessung des Minderwertausgleichs sind weder der vom Leasinggeber vorab intern kalkulierte Restwert noch der nach Vertragsablauf erzielte Verwertungserlös maßgebend (BGH 24. 4. 2013 – VIII ZR 265/12, NJW 2013, 2420, 2421; BGH 17. 7. 2013 – VIII ZR 334/12, NJW 2014, 1171, 1172). Die Verwertungsrisiken und -chancen liegen bei diesem Modell auch insoweit allein beim Leasinggeber. Auch dem Minderwertausgleich kommt die leasingtypische Amortisationsfunktion zu. Es handelt sich damit nicht etwa um einen Ersatzanspruch im Sinne des § 548 BGB, sondern um einen – der regelmäßigen Verjährung (§§ 195, 199 BGB) unterliegenden – (Rest-)**Erfüllungsanspruch** (BGH 14. 11. 2012 – VIII ZR 22/12, NJW-RR 2013, 1067; BGH 24. 4. 2013 – VIII ZR 336/12, NJW 2013, 2421, 2422; BGH 17. 7. 2013 – VIII ZR 334/12, NJW 2014, 1171, 1172; OLG Frankfurt 6. 2. 2014 – 17 U 232/11, NJW-RR 2014, 742; kritisch vWestphalen BB 2013, 1172). Hingegen stellt der Anspruch auf Ausgleich des Minderwerts keine Entgeltforderung im Sinne des § 288 Abs 2 BGB dar (BGH 17. 7. 2013 – VIII ZR 334/12, NJW 2014, 1171, 1172). Auf einen etwaigen Minderwertausgleich, den der Leasinggeber wegen einer über normale Verschleißerscheinungen hinausgehenden Verschlechterung der zurückzugebenden Leasingsache beanspruchen kann, hat der Leasingnehmer **keine Umsatzsteuer** zu entrichten. Insoweit fehlt es an einer korrespondierenden steuerbaren Leistung (BGH 18. 5. 2011 – VIII ZR 260/10, NJW-RR 2011, 1625; OLG Düsseldorf 23. 5. 2013 – I – 24 U 178/12, BeckRS 2013, 18808; OLG Stuttgart 5. 10. 2010 – 6 U 115/10, DStRE 2010, 1514). Dieser Ansicht hat sich im Ergebnis auch der BFH (BeckRS 2013, 95631) angeschlossen. Das BMF hat im Anschluss hieran seine Verwaltungspraxis angepasst (Schreiben vom 6. 2. 2014, IV D 2- S 7100/10007, DOK 2014/0107895, abgedruckt in DStR 2014, 330).

37 Befindet sich das Fahrzeug bei Rückgabe in vertragsgemäßem Zustand, so ist es allein Sache des Leasinggebers, das Fahrzeug zu verwerten. Das Risiko, dass der intern kalkulierte Verkaufspreis für das gebrauchte Fahrzeug nicht erzielt werden kann (sog **Restwertrisiko) liegt** hier – anders als beim erlasskonformen Leasing – **beim Leasinggeber**. Dieses wird sich freilich nicht oft realisieren, da die Kalkulation des Restwertes eher unter dem tatsächlich zu erzielenden Verkaufserlös liegt. Hinzu kommt, dass die Leasinggesellschaften mit ihren Lieferanten regelmäßig Rücknahmevereinbarungen abschließen, die sicherstellen, dass der kalkulierte Restwert tatsächlich realisiert werden kann. Eine „Amortisationslücke" ist nicht zu erwarten. Dies rechtfertigt es, den Kilometer-Abrechnungsvertrag noch **dem Finanzierungsleasing zuzuordnen** mit der Folge, dass im Privatkundengeschäft die Vorschriften des Verbraucherdarlehensrechts zu beachten sind (BGH 24. 4. 1996 – VIII ZR 150/95, NJW 1996, 2033; fortgeführt durch BGH 11. 3. 1998 – VIII ZR 205/97, NJW 1998, 1637, 1639; BGH 19. 3. 2003 – VIII ZR 135/02, WM 2003, 1092; MünchKomm/Koch Leasing Rn 135; Michalski/Schmitt, Kfz-Leasingvertrag Rn 50 ff; Reinking/Niessen ZIP 1991, 634, 637; Palandt/Weidenkaff § 506 Rn 5; Engel MDR 2000, 797; Martinek, in: Martinek/Stoffels/Wimmer-Leonhardt, Leasinghandbuch § 3 Rn 27; **aA** vWestphalen, Leasingvertrag Kap O Rn 21 ff, 31 ff; vWestphalen NZM 1998, 607 ff; Martinek/Oechsler ZIP 1993, 81 ff; Martinek/Omlor, in: Bankrechts-Handbuch § 101 Rn 91).

37a Dennoch ist seit der **Neueinführung des § 506 Abs 2 BGB** (siehe dazu unter Rn 149) der Streit, ob auch Kilometer-Abrechnungsverträge unter die Finanzierungsleasingverträge fallen, neu entfacht (bejahend OLG Düsseldorf 2. 10. 2012 – I-24 U 15/12, NJW-RR 2013, 1069; AG Bielefeld 8. 5. 2012 – 412 C 102/11, BeckRS 2012, 17654; Bayerle JA 2013, 560 ff; Reinking DAR 2010, 252, 254, 256; ders DAR-Extra 2012, 738; Palandt/Weidenkaff § 506 Rn 5; Möller, in: Bamberger/Roth/Hau/Poseck/Zehelein BeckOK § 506 Rn 75; BeckOGK/Ziemssen [1. 1. 2018] § 535 Rn 1179; Detering ZAP 2011 Fach 4, 1390; Engel VRR 2011, 7; Bülow WM 2014, 1413 f; **aA** LG Bielefeld 19. 9. 2012 – 22 S 178/12, BeckRS 2012, 23213; Francke/Strauss FLF 2010, 260; Martinek/Omlor, in: Bankrechts-Handbuch § 101 Rn 90; Omlor NJW 2010, 2697; Godefroid SVR 2013, 161; Skusa NJW 2011, 2993). Denn durch die Umsetzung der neuen

Verbraucherkreditrichtlinie (RL 2008/48/EG v 23. 4. 2008, ABlEU Nr L 133/66) erfolgte hier eine Modifikation und Neufassung des § 506 BGB, sodass die entgeltliche Finanzierungshilfe nunmehr ausdrücklich an eine Erwerbsverpflichtung (§ 506 Abs 2 S 1 Nr 1 und 2 BGB) oder an eine Restwertgarantie (Nr 3) anknüpft. Damit argumentiert die Gegenansicht und stellt darauf ab, dass Kilometer-Abrechnungsverträge sich von den in § 506 Abs 2 S 1 BGB geregelten Fällen dadurch unterscheiden würden, dass nur eine zeitlich begrenzte Gebrauchsüberlassung und eben keine Erwerbspflicht vereinbart sei und der Leasingnehmer nicht für die Vollamortisation der Anschaffung sorge (Francke/Strauss FLF 2010, 256, 260; Omlor NJW 2010, 2694, 2697). Die weite Auslegung der Vollamortisation durch die Rechtsprechung (BGH 11. 3. 1998 – VIII ZR 205/97, NJW 1998, 1637, 1639) stünde im Widerspruch zum Wortlaut des Gesetzes, denn nach § 506 Abs 2 S 1 Nr 3 BGB habe der Verbraucher bei Beendigung des Vertrags für einen bestimmten Wert des Leasinggegenstands einzustehen, was „im Vertrag als feste Zahl" (BT-Drucks 16/11643, 92) vereinbart werden müsste. Die Vereinbarung eines solchen festen Zahlenwertes sei den branchenüblichen, unter Berücksichtigung der Vorgaben der obergerichtlichen Rechtsprechung abgefassten Verträgen mit Kilometerabrechnung, jedoch wesensfremd (Omlor NJW 2010, 2697; Peters WM 2011, 866; Strauss SVR 2011, 208).

Zutreffend ist, dass sich Kilometer-Abrechnungsverträge nicht den in § 506 Abs 2 S 1 Nr 1 bis 3 BGB beschriebenen Vertragsvarianten unmittelbar zuordnen lassen (vgl Reinking DAR 2010, 252, 254; Engel VRR 2011, 4, 7). Allerdings übernimmt der Leasingnehmer bei dieser Vertragsart typischerweise das Risiko der Verschlechterung, sowie des Untergangs. Damit hat er zwar nicht für einen bestimmten Wert des Leasingfahrzeugs einzustehen, jedoch für einen der **Sollbeschaffenheit der Leasingsache entsprechenden Gegenwert**. Geboten ist daher eine **entsprechende Anwendung des § 506 Abs 2 S 1 Nr 3 BGB**, da auch diese Vertragsart kalkulatorisch auf Vollamortisation ausgerichtet ist und dem Leasinggeber lediglich das Risiko eines allgemeinen Marktwertverlusts des Leasingfahrzeugs verbleibt. Dem Einbezug steht die Richtlinie auch nicht entgegen, da außerhalb ihres Gegenstandsbereichs kein Harmonisierungszwang besteht (Engel VRR 2011, 4, 7; vgl Rn 151). Zudem würde andernfalls der von dieser Norm angestrebte **Schutz des Verbraucherleasingnehmers** leerlaufen (vgl Reinking DAR 2010, 252, 254; so bereits zu § 500 BGB aF zur Erreichung effektiven Verbraucherschutzes BGH 11. 3. 1998 – VIII ZR 205/97, NJW 1998, 1637, 1639; BeckOGK/Ziemssen [1. 1. 2018] § 535 Rn 1179; MünchKomm/Schürnbrand § 506 Rn 31 will Kilometerabrechnungsverträge jedenfalls unter dem Gesichtspunkt des Umgehungsschutzes dem Anwendungsbereich des Verbraucherkreditrechts unterstellen). In diese gefestigte Rechtsprechung zum Kilometer-Abrechnungsvertrag kann der Gesetzgeber auch nicht eingegriffen haben wollen (vgl Reinking DAR 2010, 252, 254). Auch nach der Gesetzesbegründung soll mit § 506 Abs 2 S 1 Nr 3 BGB eine Ungleichbehandlung im Verbraucherkreditrecht bei gleicher Interessenlage verhindert werden, da die Restwertgarantie dem Unternehmer eine Vollamortisation ermöglicht und sich dieser Vertragstypus so weit vom Leitbild eines Mietvertrags entfernt, dass eine Besserstellung gegenüber den Fällen der Erwerbsverpflichtung nicht gerechtfertigt ist (BT-Drucks 16/11643, 92). Angebracht ist die analoge Anwendung der Verbraucherschutzvorschriften zudem, um das Leasingrecht nicht aufzuspalten (Detering ZAP Fach 4, 1387, 1390. Der Arbeitskreis II des 49. Deutschen Verkehrsgerichtstag 2011 fordert daher die Beibehaltung oder Wiederherstellung des vor Umsetzung der Verbraucherkreditrichtlinie bestehenden Verbraucherschutzes für Kilometerleasingverträge, siehe Janker SVR 2011, 77, 78).

37b

38 Der mit einer vorgegebenen Gesamtlaufleistung und Ausgleichsbeträgen für Mehr- oder Minderkilometer operierende Kilometer-Abrechnungsvertrag kann nicht ohne Weiteres für den Fall der vorzeitigen Beendigung durch ordentliche Kündigung eine Umstellung auf Restwertabrechnung vorsehen. Mit einem solchen **Wechsel der Abrechnungsart** braucht der Leasingnehmer, der sich für einen Kilometer-Abrechnungsvertrag entschieden hat, nicht zu rechnen. In Allgemeinen Geschäftsbedingungen wird eine solche Vertragsklausel nach § 305c Abs 1 BGB nicht Vertragsbestandteil (BGH 15. 10. 1986 – VIII ZR 319/85, NJW 1987, 377, 379; ferner OLG Brandenburg 28. 5. 2014 – 4 U 114/13, BeckRS 2014, 11816; OLG Celle 5. 1. 1994 – 2 U 177/91, NJW-RR 1994, 743; Wolf/Eckert/Ball, Handbuch Rn 2065; vgl auch BGH 9. 5. 2001 – VIII ZR 208/00, NJW 2001, 2165).

6. Abgrenzung zum Mietkauf

39 Leasingverträge sind von sog Mietkaufverträgen abzugrenzen. Die **Vertragspraxis** lässt es hier mitunter an einer klaren Begrifflichkeit fehlen und bezeichnet schon einmal einen Leasingvertrag als „Mietkauf", während sich umgekehrt mancher mit „Leasingvertrag" überschriebene Vertrag bei näherem Hinsehen als Mietkauf entpuppt. Entscheidend ist – wie stets – nicht die von den Parteien gewählte Terminologie, sondern der **Geschäftsinhalt** (Martinek, Moderne Vertragstypen I 79).

40 Dieser ist beim **Mietkauf** durch die **Kombination miet- und kaufvertraglicher Elemente** gekennzeichnet (Martinek, Moderne Vertragstypen I 79; Bernstein, Tatbestand des Mobilien-Finanzierungsleasingvertrages 111 ff; Gitter, Gebrauchsüberlassungsverträge 289; vWestphalen, Leasingvertrag Kap A Rn 88; aus der Rechtsprechung zum Mietkauf unter dem Gesichtspunkt der Anwendbarkeit des Abzahlungsgesetzes BGH 12. 12. 1973 – VIII ZR 183/72, WM 1974, 96 und BGH 24. 4. 1985 – VIII ZR 73/84, NJW 1985, 1544, 1545). Die Parteien einigen sich hier über die entgeltliche Überlassung einer bestimmten beweglichen oder unbeweglichen Sache zum Gebrauch. Dem Mieter wird das Recht eingeräumt, innerhalb einer festgelegten Frist die Mietsache zu einem bestimmten Preis zu kaufen, wobei die bereits gezahlten Mietraten ganz oder teilweise auf den Kaufpreis angerechnet werden. Bis zur Ausübung des Optionsrechts unterliegt der Vertrag den §§ 535 ff BGB. Abweichend vom Leasingvertrag **trägt der Vermieter in Übereinstimmung mit den mietrechtlichen Vorschriften die Sachgefahr und übernimmt die Gewährleistung und die Instandhaltung der Sache** (Palandt/Weidenkaff Einf v § 535 Rn 30; BeckOGK/Ziemssen [1. 1. 2018] § 535 Rn 766; eine abweichende Vereinbarung zu Lasten des Mietkäufers soll nach Schlosser MDR 2003, 71 jedoch zulässig sein). Eine Zäsur markiert sodann die **Ausübung des Optionsrechts.** Hierin liegt im Zweifel eine zulässige fristlose Kündigung des Mietvertrages (Palandt/Weidenkaff Einf v § 535 Rn 30; vWestphalen, Leasingvertrag Kap A Rn 96). Das Vertragsverhältnis unterliegt ab diesem Zeitpunkt dem Kaufvertragsrecht (§§ 433 ff BGB).

41 Allerdings ist zu beachten, dass die Einräumung einer Kaufoption allein kein unterscheidungskräftiges Merkmal darstellt, ist doch auch bei Leasingverträgen, insbesondere in Gestalt von erlasskonformen Vollamortisationsverträgen, die Einräumung einer Kaufoption zugunsten des Leasingnehmers nach Ablauf einer festen Grundlaufzeit des Vertrages verbreitet. Der wesentliche Unterschied liegt in den **mit den Verträgen jeweils verfolgten Zielen**, die auch in der inhaltlichen Ausgestaltung der Vertragswerke ihren Niederschlag finden. Beim Mietkauf geht es den Parteien von Anfang an um den **käuflichen Erwerb der Sache** (MARTINEK, Moderne Vertragstypen I 79; MünchKomm/KOCH Leasing Rn 14; BeckOGK/ZIEMSSEN [1. 1. 2018] § 535 Rn 766; vWESTPHALEN, Leasingvertrag Kap A Rn 88 f). Das Interesse des Vermieters bzw Verkäufers ist in erster Linie auf den Absatz des Gegenstandes gerichtet; das Finanzierungselement, das den Finanzierungsleasingvertrag kennzeichnet, spielt hier allenfalls eine untergeordnete Rolle (GITTER, Gebrauchsüberlassungsverträge 289). Die Mietraten sind demgemäß beim Mietkauf – verglichen mit den als Entgelt für die Nutzungsüberlassung und die Finanzierung kalkulierten Leasingraten – regelmäßig sehr hoch angesetzt, um auf diese Weise den Mieter zum Erwerb zu veranlassen (PALANDT/WEIDENKAFF Einf v § 535 Rn 30; ERMAN/JENDREK Vor § 535 Rn 32). Beim Vollamortisationsvertrag mit Kaufoption realisiert der Leasinggeber seinen Anspruch auf Vollamortisation durch die Vereinnahmung der Leasingraten. Die Kaufoption bezieht sich hier regelmäßig auf den „Restwert, der nach Ablauf von maximal 90 % der betriebsgewöhnlichen Nutzungsdauer als Zeitwert/Buchwert des Leasingguts verbleibt" (so vWESTPHALEN, Leasingvertrag Kap A Rn 90). Insbesondere besteht kein Kaufzwang, weil der Leasingnehmer die Kaufoption unter Bedingungen ausübt, die wirtschaftlich sachgerecht sind und ihm keine – durch die Zahlung der Mietraten bedingten – Vorteile gewähren (vWESTPHALEN, Leasingvertrag Kap A Rn 90). Dass die Abgrenzung angesichts **fließender Übergänge** mitunter schwierig sein kann, sollte jedoch nicht in Abrede gestellt werden (MARTINEK, Moderne Vertragstypen I 71; **dagegen** GITTER, Gebrauchsüberlassungsverträge 289). Das **Null-Leasing**, bei dem die Ausübung des Erwerbsrechts meist wirtschaftlicher Vernunft entsprechen wird, rückt jedenfalls in die Nähe eines solchen Grenzfalles. Aus den oben (Rn 34) genannten Gründen spricht gleichwohl mehr dafür, diesen Sonderfall noch dem Finanzierungsleasing zuzurechnen. Für die Abgrenzung des Vollamortisationsvertrages mit Kaufoption vom Mietkauf wird der Höhe des Kaufpreises ausschlaggebende Bedeutung beigemessen. Ist der Erwerb wegen des niedrig kalkulierten Entgelts gleichsam vorprogrammiert, spricht dies sehr für Mietkauf (vgl vWESTPHALEN, Leasingvertrag Kap A Rn 90).

Der mit der Entscheidung für einen Mietkauf einhergehenden Betonung des Sacherwerbsinteresses entspricht die **steuer- und bilanzrechtliche Behandlung** dieses Typenkombinationsvertrages. Anders als beim erlasskonformen Finanzierungsleasing wird das Mietobjekt beim Mietkauf dem Gebrauchsberechtigten zugerechnet. Er ist von Anfang an als der wirtschaftliche Eigentümer der Mietsache anzusehen und hat sie demgemäß in seinem Anlagevermögen zu aktivieren (KNOBBE-KEUK, Bilanz- und Unternehmenssteuerrecht [9. Aufl 1993] § 4 III 3a; RUNGE/BREMSER/ZÖLLER, Leasing 34 ff, 219 ff; MARTINEK, in: MARTINEK/STOFFELS/WIMMER-LEONHARDT, Leasinghandbuch § 4 Rn 32; vWESTPHALEN, Leasingvertrag Kap A Rn 79). Die mit dem erlasskonformen Leasing zu erzielenden steuerrechtlichen Bonifikationen entfallen. 42

Mietkaufverträge, bei denen laut Vertrag „das Eigentum an der Sache bei Vertragsende entschädigungslos vom Vermieter auf den Mieter übergeht", stuft der BGH (BGH 12. 9. 2001 – VIII ZR 109/00, NJW 2002, 133, 134) als **sonstige Finanzierungshilfe** im Sinne des § 499 BGB aF ein. Die erforderliche Kreditfunktion liege darin, dass der Vermieter dem Mieter die Mietsache überlasse, den Kaufpreis jedoch durch die Verteilung der Mietraten kreditiere. Insoweit entspreche der Mietkaufvertrag einem Abzahlungskauf im Sinne des früheren Abzahlungsgesetzes. Der Mietkauf ist auch unter der Ägide des neugefassten § 506 BGB weiterhin als „sonstige Finanzierungshilfe" zu qualifizieren (vgl MünchKomm/SCHÜRNBRAND § 506 Rn 30). 43

IV. Betriebswirtschaftliche, steuer-, bilanz- und aufsichtsrechtliche Hintergründe

44 Die beeindruckende Erfolgsstatistik der Leasingbranche (vgl o Rn 5 ff) legt die Frage nahe, wie der ungebrochene Trend zum Leasing zu erklären ist, was also die Attraktivität dieser Investitions- und Finanzierungsmethode ausmacht. Hier kommen mehrere Faktoren zusammen.

1. Betriebswirtschaftliche Vorteilhaftigkeit

45 In betriebswirtschaftlicher Hinsicht muss sich der Finanzierungsleasingvertrag dem Vergleich mit einem (drittfinanzierten) Kauf stellen. Stellt man auf die Gesamtbelastung ab, so erweist sich die Leasingvariante hier keineswegs stets als die kostengünstigere. Im Gegenteil: die nominalen Kosten dürften aufs Ganze gesehen sogar regelmäßig höher liegen (GITTER, Gebrauchsüberlassungsverträge 299). Für einen investitionsbereiten Unternehmer kann es jedoch einen nicht zu unterschätzenden Vorteil darstellen, dass die Anschaffungskosten nicht wie bei einem Kaufgeschäft sofort und in voller Höhe anfallen, sondern zeitlich gestreckt durch die Entrichtung der Leasingraten abgetragen werden können. Die **Liquidität** des Unternehmens wird auf diese Weise geschont, betriebswirtschaftlich sinnvolle Investitionen können vorgezogen werden (SPITTLER, Leasing für die Praxis 72, mit Liquiditätsvergleich auf 70 f). Der Leasinggegenstand kann bereits kurz nach Abschluss des Leasingvertrages und während der gesamten Laufzeit gewinnbringend eingesetzt werden – sog **„pay-as-you-earn-Effekt"** (vgl GITTER, Gebrauchsüberlassungsverträge 300; MARTINEK/OMLOR, in: Bankrechts-Handbuch § 101 Rn 4). Dieser Vorteil könnte zwar auch durch die Aufnahme eines Anschaffungsdarlehens erreicht werden. Immerhin ermöglicht aber der Abschluss eines Finanzierungsleasingvertrages eine 100-prozentige Fremdfinanzierung der Investition, ohne dass weitere Sicherheiten gestellt werden müssen (LARENZ/CANARIS, Lehrbuch des Schuldrechts II/2 101; MARTINEK/OMLOR, in: Bankrechts-Handbuch § 101 Rn 4; SPITTLER, Leasing für die Praxis 73). Schließlich ist noch zu bedenken, dass sich der Leasingnehmer nur für eine begrenzte Zeit an den Leasinggegenstand bindet, er also insbesondere nicht wie ein Käufer mit dem Risiko belastet ist, dass die angeschaffte Sache wegen Überalterung nicht mehr einsatzfähig ist bzw aus diesem Grunde erheblich an Wert verloren hat (MARTINEK/OMLOR, in: Bankrechts-Handbuch § 101 Rn 4; SPITTLER, Leasing für die Praxis 73). Die vorgenannten Erwägungen sind Punkte, die im Einzelfall für eine Leasingfinanzierung sprechen können. Welches Gewicht ihnen beizumessen ist, kann nur für den jeweiligen **Einzelfall** bei Kenntnis der unternehmerischen Zielprioritäten und betriebsindividuellen Rahmenbedingungen beurteilt werden.

46 Die wirtschaftlich sinnvolle Entscheidung hängt auch sehr davon ab, inwieweit das jeweilige Angebot auf die individuellen Bedürfnisse des Investitionswilligen zugeschnitten ist. Eine **generell gültige Aussage über die Vorteilhaftigkeit des Leasing** im Vergleich zum Kreditkauf **verbietet sich** (in diesem Sinne auch GABELE/WEBER, Kauf oder Leasing [1985] Rn 254; SPITTLER, Leasing für die Praxis 61 ff mit ausführlichen Vergleichsrechnungen; vgl ferner MICHALSKI/SCHMITT, Kfz-Leasingvertrag Rn 262 mit Belastungsvergleichen). Wohl lässt sich feststellen, dass sich die wirtschaftlichen Vorteile des Leasing im **privaten Bereich** nahezu verflüchtigen (REINKING, Auto-Leasing 27). Dass auch das Privatleasinggeschäft angewachsen ist, mag damit zu tun haben, dass hier aus Gründen der

Absatzförderung dem Kunden sehr günstig kalkulierte Angebote unterbreitet werden.

2. Finanzierungsleasing in bilanzieller und steuerrechtlicher Hinsicht

Die Attraktivität des Finanzierungsleasing resultiert nicht zuletzt aus der für den Leasingnehmer gegenüber einem drittfinanzierten Erwerbsgeschäft besonders vorteilhaften bilanz- und ertragssteuerrechtlichen Behandlung dieser Vertragsform. **47**

a) „Wirtschaftliches Eigentum" als steuerrechtliches Zurechnungskriterium

Der Unternehmer möchte mit einer Entscheidung für eine Leasingfinanzierung ua erreichen, dass er die Leasingsache in der **Steuer- und Handelsbilanz** nicht als Anlagevermögen angeben muss, in ihr also kein Wertzuwachs des Unternehmens dokumentiert wird (sog **Bilanzneutralität**; ausführlich zur Bilanzierung nach deutschem Handelsrecht und nach den internationalen Bilanzierungsansätzen FINDEISEN, in: MARTINEK/STOFFELS/WIMMER-LEONHARDT, Leasinghandbuch §§ 71 und 72; zur Leasingbilanzierung nach IAS [International Accounting Standards] und IFRS [International Financial Reporting Standards] DILSSNER/MÜLLER BC 2017, 164 und 220). **48**

Damit einhergehend verspricht er sich von der Leasingvariante, die **Leasingraten** in voller Höhe **als Betriebsausgaben steuerlich absetzen** zu können. Bei anderen Finanzierungsformen – insbesondere beim finanzierten Kauf – ließen sich diese Vorteile von vornherein nicht realisieren. Für den angeschafften Gegenstand könnten hier nur die amtlichen Abschreibungssätze für die Abnutzung als Betriebsunkosten (AfA) geltend gemacht werden. Die gewünschten Effekte lassen sich in der Tat unter bestimmten Voraussetzungen mit einem Finanzierungsleasinggeschäft erzielen. Das bedeutet dann, dass es der **Leasinggeber** ist, der den **Leasinggegenstand in seinem Anlagevermögen auszuweisen** hat und ihn **während der betriebsgewöhnlichen Nutzungsdauer abschreiben** kann. Die **vereinnahmten Leasingraten** hat der Leasinggeber als **Betriebseinnahmen** zu verbuchen (zur Besteuerung des Leasinggebers vgl WAGNER, in: MARTINEK/STOFFELS/WIMMER-LEONHARDT, Leasinghandbuch § 69 Rn 12 ff). In den geschilderten steuerrechtlichen Konsequenzen wird vielfach der entscheidende Vorteil des Finanzierungsleasing gegenüber alternativen Finanzierungsformen für den Leasingnehmer gesehen, wobei allerdings gerade die steuerliche Vorteilhaftigkeit des Finanzierungsleasing nicht einmal unbestritten ist (vgl hierzu die Ausführungen von MELLWIG DB 1983, 2261 ff und MEINCKE AcP 190 [1990] 361 ff). **49**

Um die erstrebte steuerliche Bonifikation eintreten zu lassen, muss jedoch unbedingt vermieden werden, dass das Leasinggut wie ein durch Kauf erworbener Gegenstand dem Leasingnehmer zugerechnet wird. Das Gesetz verlangt hierfür, dass das **Eigentum am Leasinggut** nicht nur in rechtlicher Hinsicht beim **Leasinggeber** verbleibt, es ihm vielmehr auch **wirtschaftlich zugerechnet** werden kann. Das folgt aus § 39 AO, der das Wirtschaftsgut zwar grundsätzlich dem (zivilrechtlichen) Eigentümer zurechnet (Abs 1), jedoch eine Sonderregelung für den Fall bereithält, dass ein anderer als der Eigentümer die tatsächliche Herrschaft über ein Wirtschaftsgut ausübt. Geschieht dies nämlich in der Weise, dass er den Eigentümer im Regelfall für die gewöhnliche Nutzungsdauer von der Einwirkung auf das Wirtschaftsgut wirtschaftlich ausschließen kann, so ist ihm das Wirtschaftsgut zuzurechnen (Abs 2 Nr 1). Mit dieser 1977 neu gefassten Zurechnungsvorschrift bezweckte der **50**

Gesetzgeber, „eine Definition des ‚wirtschaftlichen Eigentums' im Sinne der vom Bundesfinanzhof im Rahmen der Leasingrechtsprechung entwickelten Auffassung" (Schriftlicher Bericht des Finanzausschusses des Deutschen Bundestages zu § 39 AO [1977] BT-Drucks 7/4292, 19) vorzugeben. Der BFH hatte nämlich zuvor in seiner grundlegenden Entscheidung vom 26. 1. 1970 (BFH 26. 1. 1970 – IV R 144/66, NJW 1970, 1148 ff) ausgeführt, dass die Vorgänge ihrem wirtschaftlichen Gehalt nach erfasst werden müssten. Die Vorgabe des § 39 AO erklärt, weshalb die Laufzeit von Finanzierungsleasingverträgen in der Praxis regelmäßig so bemessen ist, dass die Leasingsache wertmäßig noch nicht völlig aufgezehrt ist, sondern einen beachtlichen Restwert hat, der dann überwiegend dem Leasinggeber zufließt (näher zu den Grundsätzen wirtschaftlicher Vermögenszurechnung bei Leasinggeschäften zuletzt WÜSTEMANN/BACKES/SCHOBER BB 2017, 1963).

50a Daran anknüpfend hat sich der BFH jüngst zu einer **Sale-and-lease-back-Gestaltung** geäußert (BFH 13. 10. 2016 – IV R 33/13, DStR 2017, 300), bei der die betriebsgewöhnliche Nutzungsdauer des Leasinggegenstandes länger als die Grundmietzeit war. In diesem Fall könne der Leasingnehmer den Leasinggeber nur dann für die verbleibende Nutzungsdauer von der Einwirkung auf den Leasinggegenstand ausschließen, wenn ihm eine entsprechende rechtliche Befugnis zustehe. Der Nutzungsberechtigte (Leasingnehmer) müsse in solchen Fällen über eine den wirtschaftlichen Ausschluss herbeiführende Befugnis (zB Verlängerungs- oder Kaufoption) verfügen. Sei in einem derartigen Fall darüber hinausgehend mit der Ausübung dieses Rechts durch den Leasingnehmer bei wirtschaftlich vernünftiger Entscheidungsfindung zu rechnen, werde der Leasingnehmer den Leasinggeber auf Dauer von jeglicher Einwirkung auf den Leasinggegenstand ausschließen; der Leasinggegenstand sei dann dem Leasingnehmer als wirtschaftlichem Eigentümer zuzurechnen. Hingegen könne dem Leasingnehmer kein wirtschaftliches Eigentum zugerechnet werden, wenn die betriebsgewöhnliche Nutzungsdauer des Leasinggegenstandes länger als die Grundmietzeit sei und dem Leasinggeber als zivilrechtlichem Eigentümer ein Andienungsrecht eingeräumt sei. Dabei kommt es nicht darauf an, ob die Ausübung dieses Andienungsrechts für den Rechtsinhaber (Leasinggeber) wirtschaftlich vorteilhaft sei.

51 Zur **gewerbe- und umsatzsteuerrechtlichen Bewertung** von Leasingtransaktionen vgl eingehend SPITTLER, Leasing für die Praxis 166 ff und PAMER DAR 2014, 512. Zur Auslegung der **Richtlinie 2006/112/EG über das gemeinsame Mehrwertsteuersystem** im Hinblick auf Leasingverträge vgl ua EuGH 16. 2. 2012 – C-118/11 *Eon Aset Mnidjmunt OOD v Direktor na Direktsia*, BeckRS 2012, 80343; EuGH 2. 7. 2015 – C-209/14 NLB *Leasing v Republika Slovenija*, NZM 2015, 673; EuGH 17. 7. 2014 – C-438/13 *BCR Leasing IFN SA v Agenţia Naţională de Administrare Fiscală*, DStR 2014, 1491; EuGH 4. 10. 2017 – C-164/16 *Commissioners for Her Majesty's Revenue & Customs v Mercedes-Benz Financial Services*, DStR 2017, 2215. Ferner FG München 28. 4. 2016 – 14 K 245/16, BeckRS 2016, 95392.

b) Erlasskonformes Leasing auf der Basis der Leasingerlasse

52 Aufbauend auf der grundlegenden Entscheidung des BFH vom 26. 1. 1970 (BFHE 97, 466 ff = NJW 1970, 1148 ff) sind in der Folgezeit insgesamt vier **Erlasse des Bundesfinanzministeriums** ergangen, die als eine an die Finanzverwaltung gerichtete Direktive die steuerrechtliche Zurechnung konkretisieren, also festlegen, unter welchen Voraussetzungen bei den einzelnen Leasingformen der Leasinggeber als wirtschaftlicher

Eigentümer angesehen werden kann (abgedruckt in Rn 357 ff). Für die Praxis haben diese Leasingerlasse große Bedeutung, ist die steuerrechtliche Privilegierung für den Leasingnehmer doch ein Erfolg, der im Allgemeinen nicht verfehlt werden darf. Die von den Leasinggesellschaften heutzutage angebotenen Leasingformen tragen den ministeriellen Anforderungen in aller Regel Rechnung; man spricht dann auch vom **„erlasskonformen"** Leasing (Wagner, in: Martinek/Stoffels/Wimmer-Leonhardt, Leasinghandbuch § 68 Rn 2026; Martinek, Moderne Vertragstypen I 51; zur Frage, ob die Schuldrechtsreform hieran etwas geändert hat, vgl Rn 233). Von daher lässt sich feststellen, dass die Leasingerlasse auf die Konturierung der einzelnen Leasingmodelle in der Praxis erheblichen Einfluss hatten und auch heute noch ausüben.

aa) Vollamortisationsverträge

Den in der Anfangszeit vorherrschenden Vollamortisationsverträgen galt der Vollamortisationserlass vom 19. 4. 1971 (hier dokumentiert in Rn 357). Von diesem noch heute in Kraft befindlichen Erlass werden **Leasingverträge über bewegliche Wirtschaftsgüter** erfasst, 53

– wenn der Vertrag über eine bestimmte Zeit abgeschlossen wird, während der er bei vertragsgemäßer Erfüllung von beiden Vertragsparteien nicht gekündigt werden kann **(feste Grundmietzeit)**,

– und der Leasingnehmer mit den in der Grundmietzeit zu entrichtenden Raten mindestens die Anschaffungs- oder Herstellungskosten sowie alle Nebenkosten einschließlich der Finanzierungskosten des Leasinggebers deckt **(vollständige Amortisation während der Grundmietzeit)**.

Bei solchen Vollamortisationsleasingverträgen ist der Leasinggegenstand dem Leasinggeber dann zuzurechnen, wenn die **Grundmietzeit mindestens 40 % und höchstens 90 % der betriebsgewöhnlichen Nutzungsdauer beträgt**. Dahinter steht der Gedanke, dass bei einer Überschreitung der 90%-Grenze der Leasinggegenstand keine wirtschaftliche Bedeutung mehr hat, der Leasingnehmer also die Position eines wirtschaftlichen Eigentümers innehat. Umgekehrt deutet die Unterschreitung der 40%-Grenze auf einen verdeckten Teilzahlungskauf hin (vgl Martinek, Moderne Vertragstypen I 48). 54

– Für **Vollamortisationsverträge ohne Kauf- oder Verlängerungsoption** gilt dies uneingeschränkt. Bewegt sich die Grundlaufzeit außerhalb dieses Korridors, so wird der Leasinggegenstand dem Leasingnehmer zugerechnet.

– Bei **Vollamortisationsverträgen mit Kaufoption** setzt die Zurechnung an den Leasinggeber weiterhin voraus, dass der für den Fall der Ausübung des Optionsrechts vorgesehene Kaufpreis nicht niedriger ist als der unter Anwendung der linearen AfA nach der amtlichen AfA-Tabelle ermittelte Buchwert oder der niedrigere gemeine Wert im Zeitpunkt der Veräußerung.

– Bei **Vollamortisationsverträgen mit Verlängerungsoption** muss für eine Zurechnung an den Leasinggeber – wiederum zusätzlich zur Einhaltung der oben genannten 40–90%-Grenze – die Anschlussmiete so bemessen sein, dass sie den Wertverzehr für den Leasing-Gegenstand deckt, der sich auf der Basis des unter Berücksichtigung der linearen Absetzung für Abnutzung nach der amtlichen AfA-Tabelle ermittelten Buchwerts oder des niedrigeren gemeinen Werts oder der Restnutzungsdauer laut AfA-Tabelle ergibt.

bb) Teilamortisationsverträge

55 Neben die Vollamortisationsverträge traten seit Anfang der Siebzigerjahre zunehmend sog Teilamortisationsverträge. Mit dieser „zweiten Generation" der Leasingverträge wollte die Leasingbranche einem Bedürfnis der Praxis nachkommen. Dem Leasingnehmer kann nämlich aus verschiedenen Gründen daran gelegen sein, die sich aus der Pflicht zur Zahlung der Leasingraten ergebende Belastung während der Grundlaufzeit möglichst gering zu halten und erst nach Ablauf der Grundlaufzeit den wirtschaftlichen Ausgleich herbeizuführen. Auch der Teilamortisationsvertrag ist damit **auf vollständige Amortisation** der vom Leasinggeber aufgewendeten Kosten zuzüglich Verzinsung und Gewinn **angelegt**. Die infolge der sehr niedrig angesetzten Leasingraten entstehende Deckungslücke wird durch ergänzende **Ausgleichsmaßnahmen nach dem Ende der Grundlaufzeit** geschlossen. Je nach Art der Ausgleichsleistung unterscheidet man verschiedene Varianten des Teilamortisationsvertrages.

56 Der **Mobilien-Teilamortisationserlass des Bundesfinanzministeriums vom 22. 12. 1975** (hier dokumentiert in Rn 359) greift diese unterschiedlichen Gestaltungsformen auf. Als gemeinsames Sachverhaltsmerkmal der verschiedenen Vertragsmodelle wird allerdings vorausgesetzt, dass die während der Grundlaufzeit zu entrichtenden Leasingraten nur zu einer **teilweisen Amortisation** des Leasinggeberaufwandes führen. Ferner geht auch der Teilamortisationserlass davon aus, dass eine **unkündbare Grundmietzeit vereinbart wird, die mehr als 40%, jedoch nicht mehr als 90% der betriebsgewöhnlichen Nutzungsdauer des Leasinggegenstandes beträgt**. Hinsichtlich der weiteren Voraussetzungen, unter denen der Leasingnehmer als wirtschaftlicher Eigentümer angesehen werden kann, differenziert der Erlass nach den einzelnen Anschlussabreden. Der die Zurechnung tragende Gedanke ist in allen Fällen, dass dem Leasinggeber die Chance der Wertsteigerung verbleiben muss, während der Leasingnehmer das Risiko des Wertverlustes zu übernehmen hat (AGB-Klauselwerke/ vWestphalen Leasing Rn 8).

– Bei einem Teilamortisationsvertrag mit **Andienungsrecht des Leasinggebers** ist der Leasingnehmer, sofern ein Verlängerungsvertrag nicht zustande kommt, auf Verlangen des Leasinggebers verpflichtet, den Leasinggegenstand zu einem bei Abschluss des Vertrages bereits fest vereinbarten Preis zu kaufen. Der Leasingnehmer selbst hat kein Recht, den Leasinggegenstand nach Ablauf der Grundmietzeit zu erwerben (in diesem Sinne solche Verträge regelmäßig auszulegen, vgl OLG Düsseldorf 12. 5. 2010 – 24 U 167/09, NJW-RR 2011, 357). Als Grund, weshalb der Leasinggeber hier als wirtschaftlicher Eigentümer angesehen werden kann, führt der Erlass an: „Der Leasingnehmer trägt bei dieser Vertragsgestaltung das Risiko der Wertminderung, weil er auf Verlangen des Leasinggebers den Leasinggegenstand auch dann zum vereinbarten Preis kaufen muss, wenn der Wiederbeschaffungswert für ein gleichwertiges Wirtschaftsgut geringer als der vereinbarte Preis ist. Der Leasinggeber hat jedoch die Chance der Wertsteigerung, weil er sein Andienungsrecht nicht ausüben muss, sondern das Wirtschaftsgut zu einem über dem Andienungspreis liegenden Preis verkaufen kann (…)." Die Zurechnung des Leasinggegenstandes an den Leasinggeber setzt hier allerdings voraus, dass der Andienungspreis realistisch kalkuliert ist. Wird er sehr hoch angesetzt, um die Leasingraten niedrig zu halten, wird sich der Leasinggeber regelmäßig gezwungen sehen, sein Andienungsrecht geltend zu machen. Seine Entscheidungsfreiheit ist de facto aufgehoben und seine Stellung als wirtschaftlicher Eigentümer damit in Frage gestellt (ULLRICH, in: Praxishandbuch Leasing § 21 Rn 28).

– Bei einem Teilamortisationsvertrag mit **Aufteilung des Mehrerlöses** vereinbaren die Parteien, dass der Leasinggegenstand nach dem Ende der Grundlaufzeit veräußert wird. Ist der Veräußerungserlös niedriger als die Differenz zwischen den Gesamtkosten des Leasinggebers und den in der Grundmietzeit entrichteten Leasingraten (Restamortisation), so ist der Leasingnehmer verpflichtet, diese Differenz in Form einer Abschlusszahlung auszugleichen. Der Veräußerungserlös kann hingegen auch über dem Restamortisationsbetrag liegen. Um das wirtschaftliche Eigentum bei diesem Vertragsmodell dem Leasinggeber zurechnen zu können, muss gewährleistet sein, dass der Leasinggeber an einer etwaigen Wertsteigerung des Leasinggegenstandes in einem wirtschaftlich ins Gewicht fallendem Umfang teilhat. Der Erlass legt daher fest, dass ein überschießender Veräußerungserlös mindestens in Höhe von 25 % dem Leasinggeber zugewiesen sein muss.

– Die dritte vom Teilamortisations-Erlass aufgegriffene Vertragsvariante ist dadurch gekennzeichnet, dass der Leasingnehmer frühestens nach Ablauf einer Mindest-Grundmietzeit von 40 % der betriebsgewöhnlichen Nutzungsdauer den Leasingvertrag **kündigen** kann. Die durch die Leasingraten nicht gedeckten Gesamtkosten des Leasinggebers sind hier durch eine entsprechende **Abschlusszahlung** auszugleichen. Auf diese Abschlusszahlung wird jedoch **in Höhe von 90 %** der **Erlös aus der Veräußerung des Leasingobjekts angerechnet**. Zur Veräußerung hat sich der Leasinggeber hier – ebenso wie in der vorhergehenden Variante – im Vertrag verpflichtet. Auch hier wird der Leasinggeber als wirtschaftlicher Eigentümer nur anerkannt, wenn im Vertrag sichergestellt ist, dass ihm die Chance der Wertsteigerung verbleibt und der Leasingnehmer das Risiko einer Wertminderung trägt. Der Erlass verlangt dafür, dass der Leasingnehmer im Vertrag die Verpflichtung übernimmt, für den Fall, dass der anzurechnende Teil des Veräußerungserlöses zuzüglich der bis zur Veräußerung entrichteten Leasingraten niedriger ist als die Gesamtkosten des Leasinggebers, eine Abschlusszahlung in Höhe der Differenz zu leisten. Ein überschießender Veräußerungserlös muss hingegen vertraglich dem Leasinggeber zugewiesen sein.

cc) Immobilienleasingverträge

Zum Immobilienleasing (hierzu auch Rn 21 ff) gelten zwei Erlasse des Bundesfinanzministeriums. Der zeitlich erste Erlass datiert **vom 21. 3. 1972** (hier dokumentiert in Rn 358) und befasst sich mit **Vollamortisationsleasingverträgen** über unbewegliche Wirtschaftsgüter. Auf die Wiedergabe der dort vorformulierten Zurechnungskriterien wird hier verzichtet (vgl dazu etwa MünchKomm/Koch Leasing Rn 22), da sich dieses Vertragsmodell **in der Praxis nicht durchgesetzt** hat. Der Grund hierfür dürfte darin zu sehen sein, dass kaum ein Leasingnehmer bereit sein wird, durch die Entrichtung der Leasingraten während der Laufzeit des Vertrages die Investition zu tilgen und zusätzlich – wie dies der Erlass vorsieht – noch einen Kaufoptionspreis in Höhe des linearen Restbuchwerts an den Leasinggeber zu zahlen (MünchKomm/Koch Leasing Rn 23; BeckOGK/Ziemssen [1. 1. 2018] § 535 Rn 758; Sobotka BB 1992, 827; Wagner, in: Mar-

57

TINEK/STOFFELS/WIMMER-LEONHARDT, Leasinghandbuch § 68 Rn 29; MARTINEK/OMLOR, in: Bankrechts-Handbuch § 101 Rn 17).

58 Das Bundesfinanzministerium hat dies zum Anlass genommen, in einem weiteren Erlass vom 23. 12. 1991 (hier dokumentiert in Rn 360) das im Immobilienleasing-Sektor vorherrschende **Teilamortisationsmodell** ertragssteuerrechtlich einzuordnen. Die Regeln des Mobilien-Teilamortisationserlasses ließen sich hier nicht einfach übertragen, da der Immobilien-Leasingnehmer typischerweise die Chance einer Wertsteigerung nach dem Ende der Grundlaufzeit für sich beansprucht und diesem Anliegen in den Verträgen auch Rechnung getragen wird. Der Erlass stellt klar, dass dies allein den Leasingnehmer noch nicht zum wirtschaftlichen Eigentümer macht. Dafür müsste er auch mit dem Risiko der Wertminderung belastet sein. Der Erlass listet daher in einem Katalog eine ganze Reihe von Risiken auf, die typischerweise vom Eigentümer zu tragen sind. Wird auch nur eine der im Erlass genannten Verpflichtungen im Leasingvertrag dem Leasingnehmer auferlegt, so kann das Leasingobjekt nicht mehr dem Leasinggeber zugerechnet werden. Zurechnungsschädlich ist beispielsweise die Überwälzung der Gefahr des zufälligen Untergangs der Immobilie auf den Leasingnehmer. Abgesehen davon gilt bei Immobilien-Teilamortisationsverträgen mit Kauf- oder Mietverlängerungsoption, dass die Grundlaufzeit nicht mehr als 90 % der betriebsgewöhnlichen Nutzungsdauer betragen darf (zum Verzicht auf die Untergrenze von 40 % vgl WAGNER, in: MARTINEK/STOFFELS/WIMMER-LEONHARDT, Leasinghandbuch § 68 Rn 40). Bei Verträgen über Spezial-Leasing ist der Leasinggegenstand schließlich regelmäßig ohne Rücksicht auf das Verhältnis von Grundmietzeit und Nutzungsdauer und auf etwaige Optionsklauseln dem Leasingnehmer zuzurechnen.

c)   Einfluss des Steuerrechts auf die Auslegung des Leasingvertrages?
59 Eine mit Vehemenz diskutierte Frage geht dahin, ob die zivilrechtliche Bewertung des Leasingvertrages und die Feststellung einzelner Rechtsfolgen auch von den zu erwartenden steuerrechtlichen Implikationen abhängen. Muss die zivilrechtliche Bewertung so ausfallen, dass die angestrebten steuerrechtlichen Bonifikationen auch tatsächlich realisiert werden können? vWESTPHALEN hat die These aufgestellt, der kardinale Ausgangspunkt für die zivilrechtliche Qualifizierung liege in der strikten Kongruenz in Bezug auf die ertragssteuerrechtlichen Klassifizierungen (vWESTPHALEN, Leasingvertrag Kap A Rn 15; ähnlich ERMAN/JENDREK Anh § 535 Rn 15). LIEB hat demgegenüber den Zivilrechtlern empfohlen, sich auf die zivilrechtlichen Fragen zu beschränken und sich nicht den Kopf darüber zu zerbrechen, ob die Leasinggesellschaften mit ihrer zivilrechtlichen Gestaltung den bilanz- und steuerrechtlichen Anforderungen gerecht werden (LIEB DB 1988, 2499; ähnlich und verallgemeinernd WALZ ZHR 147 [1983] 309).

60 Hilfreich erscheint es zunächst, die korrekte Verankerung des Problems im Rechtsfindungsprozess offenzulegen. Hierzu ist vorab festzuhalten, dass es um die Feststellung des im Vertrag stipulierten Rechte- und Pflichtenprogramms geht, die Überlegungen mithin nicht vom Steuerrecht ihren Ausgang nehmen können. Ausgangspunkt für die zivilrechtliche Beurteilung eines Vertrages ist und bleibt das zivilrechtliche Instrumentarium der Vertragsrechtskonkretisierung, also die zur Inhaltsbestimmung eines Vertrages entwickelten Auslegungsmethoden und -regeln (so auch BeckOGK/ZIEMSSEN [1. 1. 2018] § 535 Rn 739). Ein außerhalb dieses Ansatzes stehendes Gebot unbedingter Kongruenz zwischen der steuerrechtlichen und der zivilrechtlichen Beurteilung eines Vertrages würde die dogmatische Eigenständigkeit der Methoden und Erkenntnisziele des Privatrechts vernachlässigen und ist daher nicht anzuerkennen (dies gegen vWestphalen, Leasingvertrag Kap A Rn 15; ihm nahestehend Martinek, Moderne Vertragstypen I § 7 III 179; die enge Anbindung an das Steuerrecht betonend auch Reinicke/Tiedtke BB 1982, 1145; sehr weitgehend auch BGH 12. 6. 1985 – VIII ZR 148/84, NJW 1985, 2253, 2256: „Der steuerrechtliche Gesichtspunkt [bestimmt] maßgeblich das Wesen des Finanzierungsleasingvertrages"; wie hier im Ausgangspunkt Sefrin, Kodifikationsreife des Finanzierungsleasingvertrages 14; Meincke AcP 190 [1990] 359 f; PWW/Frensch [11. Aufl 2016] Anhang zu §§ 488–515 Finanzierungsleasing Rn 3). Auf der anderen Seite ginge es zu weit, die zivilrechtliche Beurteilung eines Vertrages von seinem steuerlichen Hintergrund völlig zu lösen und in einen zivilrechtlichen Isolationismus zu verfallen (überpointiert jedenfalls Lieb DB 1988, 2499; insoweit berechtigt die Kritik von Martinek, Moderne Vertragstypen I § 7 III 179). Diese Vorgehensweise widerspräche den anerkannten zivilrechtlichen Auslegungsmaximen, die dem Zweck des Vertrages und den ökonomischen Zielvorstellungen der Parteien durchaus Beachtung schenken. Die Inanspruchnahme steuerlicher Vergünstigungen kann ebenfalls zu den von beiden Seiten konsentierten Zwecken des Vertrages gehören und somit grundsätzlich auch das Auslegungsgeschehen beeinflussen (Leenen AcP 190 [1990] 272 f; Schulze-Osterloh AcP 190 [1990] 146 f; MünchKomm/Koch Leasing Rn 17; BeckOGK/Ziemssen [1. 1. 2018] § 535 Rn 739; Canaris AcP 190 [1990] 457 f; Larenz/Canaris, Schuldrecht II/1 § 66 II 108; Meincke AcP 190 [1990] 360; die grundsätzliche Möglichkeit einer „steuersparenden Auslegung" von Rechtsgeschäften hat im Übrigen schon Lüderitz [Auslegung von Rechtsgeschäften 351] dargetan). Freilich sind hierzu einige klarstellende Anmerkungen vonnöten.

Übersehen wird bisweilen, dass das Steuerrecht oftmals nicht an die zivilrechtliche **61** Nomenklatur der Vertragstypen anknüpft, sondern wirtschaftliche Tatbestände zum Anlass bestimmter steuerlicher Regelungen, etwa in Form von Vergünstigungen, nimmt (Beispiel ist das Umsatzsteuergesetz, das sich mit den Begriffen „Lieferungen und sonstige Leistungen" auf eine vertragstypologisch unabhängige Grundlage gestellt hat). Aus der Sicht des Steuerrechts ist dann nicht die begriffliche Einordnung eines Vertrages von Interesse, sondern bestimmte, aus dem Vertrag resultierende Rechtsfolgen, die entweder für oder gegen die Verwirklichung des betreffenden Steuertatbestandes sprechen. Dies hat Canaris (Canaris AcP 190 [1990] 457 ff; Larenz/Canaris, Schuldrecht II/1 § 66 II 108; ebenso Leenen AcP 190 [1990] 273 Fn 33) im Anschluss an Schulze-Osterloh (AcP 190 [1990] 139 ff; ähnlich zuvor schon Walz WM 1985 Beil Nr 10 5, 17 ff) überzeugend dargelegt. So verhält es sich auch beim Finanzierungsleasing. Weder § 39 Abs 2 AO, noch die in Ausfüllung dieser Vorschrift ergangenen Leasingerlasse des Bundesministers der Finanzen erheben einen bestimmten Vertragstyp zur Voraussetzung für die Zuordnung des Leasingguts zum Leasinggeber. Ebenso hatte schon der BFH in seiner grundlegenden Entscheidung vom 26. 1. 1970 deutlich gemacht, dass es aus steuerlicher Sicht allein auf die wirtschaftliche Zurechnung, auf das „wirtschaftliche Eigentum", ankomme und aus der bürgerlich-rechtlichen Einordnung des Vertrages, insbesondere aus einer eventuellen Einordnung als Miete, für die steuerliche Behandlung kaum etwas zu gewinnen sei (BFH 26. 1. 1970 – IV R 144/66, BStBl 1970/II, 264). Denkbar ist somit allenfalls, dass bei der Auslegung des Vertrages im Hinblick auf einzelne konkrete Rechtsfolgeanordnungen die einzelnen Auslegungsentwürfe auf ihre Steuerkonformität überprüft werden. Beispielsweise lässt sich fragen, ob eine Interpretation des Vertrages, die dem Leasingnehmer uneingeschränkt das Gewährleistungsrisiko zuweist, die steuerrechtliche Zuordnung des Leasinggegenstandes zum Leasinggeber in Frage stellt. Erwiese sich eine solche Vertragsgestaltung tatsächlich als steuerschädlich (so etwa die Einschätzung von MARTINEK, Moderne Vertragstypen I § 7 III 178; tendenziell auch MEINCKE AcP 190 [1990] 374 f), so wäre die wirtschaftliche Zielvorstellung der Parteien durchkreuzt und man hätte ein Argument – unter mehreren – gewonnen, das gegen die Auslegung des Vertrages in diesem Sinne spräche. Freilich spricht, das sei hier nur am Rande vermerkt, wenig für diese steuerrechtliche Einschätzung, denn die Leasingerlasse knüpfen nun einmal an die Vertragslaufzeit sowie die Restwertregelung, nicht aber an die Verteilung des Gewährleistungsrisikos an (CANARIS AcP 190 [1990] 467; LARENZ/ CANARIS, Schuldrecht II/1 § 66 II 108; LEENEN AcP 190 [1990] 273, 279; LIEB Beilage 6 zu WM Heft 48/1992, 16).

62 Werden steuerliche Aspekte in die Auslegung inkorporiert, so ist darauf zu achten, dass die steuerlichen Ziele dem gemeinsamen Parteiwillen entsprechen, wobei es wiederum ausreichend ist, dass sich eine Partei steuerliche Vorteile verspricht und dies für den anderen Vertragsteil erkennbar ist (dies kann zweifelhaft sein, wenn die steuerliche Entlastung des einen eine entsprechende Belastung des anderen zur Folge hat; hierzu MEINCKE AcP 190 [1990] 376 f). Bei Verwendung Allgemeiner Geschäftsbedingungen kommt es im Übrigen auch hier grundsätzlich nicht auf die aktuellen Vorstellungen der Vertragsparteien bei Vertragsschluss an. Maßgeblich ist dann, ob mit einem solchen Geschäft typischerweise steuerliche Vorteile erstrebt werden. Wo jedoch ein solchermaßen beschaffener übereinstimmender Parteiwille nicht feststellbar ist, verbietet sich die Einbeziehung steuerlicher Gesichtspunkte.

63 Schließlich ist daran zu erinnern, dass die mit dem Vertrag verfolgten Steuerzwecke keineswegs das alleinige oder entscheidende Argument im Auslegungsgeschehen konstituieren. Überlegungen zur Steuerkonformität einer bestimmten Vertragsgestaltung können überhaupt nur dort Platz greifen, wo die Klausel noch einen Auslegungsspielraum belässt. Eine sprachlich und inhaltlich klar gefasste Klausel, die sich auch nicht in Widerspruch zu den sonstigen Vertragsbedingungen setzt, kann schwerlich im Wege der teleologischen Auslegung in der Weise verändert werden, dass sie die intendierte steuerliche Privilegierung nicht verfehlt. Dies wäre eine Missachtung der privatautonomen Gestaltungsbefugnis der Parteien (auch CANARIS AcP 190 [1990] 467 hält die Grenzen der Auslegung für überschritten und kennzeichnet eine solche Vorgehensweise zutreffend als „Derogation". LARENZ/CANARIS, Schuldrecht II/1 § 66 II 108). Immerhin – und dies erschließt sich dem Rechtsanwender nicht ohne Weiteres – ist es ja auch denkbar, dass die Parteien die Steuerschädlichkeit ihrer Vereinbarung in Kauf genommen haben, da ihnen andere Ziele wichtiger waren, oder sie es auf einen Steuerrechtsstreit ankommen lassen wollten.

3. Aufsichtsrecht

63a Das Finanzierungsleasing unterfällt **seit dem 25. 12. 2008** (Art 27 des Jahressteuergesetzes 2009 vom 19. 12. 2008, BGBl 2008 I 2794) nach § 1 Abs 1a S 2 Nr 10 KWG nunmehr dem aufsichtsrechtlichen Katalog der Finanzdienstleistungen (hierzu RESCHKE BRK 2009, 141 ff; FINDEISEN/SABEL DB 2009, 801 ff; GLOS/SESTER WM 2009, 1209 ff). Betreibt ein Unternehmen das Finanzierungsleasinggeschäft gewerbsmäßig oder in einem Umfang, der einen in kaufmännischer Weise eingerichteten Geschäftsbetrieb erfordert, unterliegt seine Tätigkeit somit dem Erlaubnisvorbehalt des § 32 Abs 1 KWG. Den Zweck der Unteraufsichtstellung umschreibt die amtliche Begründung (Bericht des Finanzausschusses vom 26. 11. 2008 – BT-Drucks 16/11108, 54) wie folgt: „Aufgrund der zentralen Funktion, die Finanzierungsleasing und Factoring bei der Finanzierung der deutschen Industrie und insbesondere bei der Finanzierung des Mittelstandes spielen, können Funktionsstörungen als Folge einer unsoliden Geschäftsführung schwere Schäden nicht nur im Kundenkreis der betreffenden Unternehmen, sondern auch in weiteren Teilen der Wirtschaft verursachen. Diese Gefahr rechtfertigt es, diese Unternehmen einer eingeschränkten Aufsicht zu unterstellen. Die Aufsicht ist zweckmäßigerweise bei der Bundesanstalt für Finanzdienstleistungsaufsicht anzusiedeln, die als Allfinanzaufsichtsbehörde des Bundes bereits für die Lizenzierung und laufende Aufsicht über Kreditinstitute, Versicherungsunternehmen, Kapitalanlagegesellschaften und Finanzdienstleistungsinstitute zuständig ist" (zur Erlaubnispflichtigkeit bei grenzüberschreitender Erbringung der Dienstleistungen in Deutschland durch ausländische Anbieter näher SCHWERDTFEGER BKR 2010, 53 ff). Finanzierungsleasingverträge iSd KWG sind allerdings nur solche, die eine mit der Gebrauchsüberlassung gleichwertige Finanzierungsfunktion aufweisen (BT-Drucks 16/11108, 54 f), sodass das Operating-Leasing, dem eine derartige Finanzierungsfunktion fehlt, nicht erfasst wird (OMLOR JuS 2011, 305, 310 mwNw).

V. Rechtsnatur des Finanzierungsleasing-Vertrages

Die Rechtsnaturbestimmung des Finanzierungsleasingvertrages gehört zu den **um-** **64** **strittensten Fragen des Vertragsrechts** überhaupt. Zahlreiche Monographien haben sich dieses Themas schwerpunktmäßig angenommen und divergente Lösungsansätze hervorgebracht. Dies ist insofern misslich, als der zivilrechtlichen Einordnung **präjudizielle Bedeutung für zahlreiche Folgefragen** zuerkannt wird, vor allem für die Frage, ob die zumeist vorformulierten Leasingvertragsbedingungen anhand eines gesetzlichen Leitbildes (§ 307 Abs 2 Nr 1 BGB) kontrolliert werden können. Ferner hänge auch die Art und Weise der Schließung von Vertragslücken – dispositives Recht oder ergänzende Vertragsauslegung – sowie die insolvenz- und zwangsvollstreckungsrechtliche Behandlung des Leasingvertrages von seiner zivilrechtlichen Einordnung ab (SOERGEL/HEINTZMANN Vor § 535 Rn 41; STAUDINGER/MARTINEK [2006] § 675 Rn B 124; MARTINEK, Moderne Vertragstypen I 64; PAPAPOSTOLOU, Risikoverteilung beim Finanzierungsleasingvertrag 33; KOCH, Störungen beim Finanzierungs-Leasing 90 f; SONNENBERGER NJW 1983, 2218). Das Qualifikationsproblem könne – so ist allenthalben zu lesen – kaum überschätzt werden (LARENZ/CANARIS, Schuldrecht II/2 § 63 I 43; ähnlich LARENZ/LEENEN, Schuldrecht II 1981 453 „erhebliche praktische Bedeutung"). Dieser Einschätzung ist entgegengehalten worden, sie setze sich in Widerspruch zur Typenfreiheit als Vertragsinhaltsfreiheit (LANGENFELD, Vertragsgestaltung Rn 109; kritisch auch GERNHUBER, Schuldverhältnis § 7 IV 4 155; LIEB DB 1988, 946; LEENEN AcP 190 [1990] 265; vor zu schneller Subsumtion warnend auch ESSER/SCHMIDT, Schuldrecht I/1 § 12 I 212 und LARENZ, Schuldrecht II/1 § 38 5; ebenso für das schweizerische Privatrecht BUCHER ZSR 102 II [1983] 319 und SCHLUEP, in: Schweizerisches Privatrecht VII/2 796. Grundsätzliche und bedenkenswerte Vorbehalte gegen das Denken in Leitbildern und die Bestimmung der Rechtsnatur moderner Austauschverträge hat OECHSLER, Gerechtigkeit im modernen Austauschvertrag 296 ff und 376 ff, erhoben). Die Zuordnungen könnten – so etwa LANGENFELD – unter Berücksichtigung der Rechtsnatur der betreffenden Vertragsbestimmung und des Sinnzusammenhangs des Gesamtvertrages vorgenommen werden, ohne dass dem kautelarjuristischen Vertragstyp insgesamt ein nicht passendes Etikett aufgeklebt werden müsste. Dieser Einwand ist durchaus beachtlich (vgl eingehend STOFFELS, Gesetzlich nicht geregelte Schuldverträge 177 ff). Die primäre Rechtsquelle, aus der die Rechte und Pflichten der Parteien fließen, ist der zwischen den Parteien geschlossene Vertrag (zu diesem unstreitigen Ausgangspunkt LEENEN AcP 190 [1990] 263). Dies ist unmittelbar einsichtig für die nähere Ausgestaltung der Hauptleistungspflichten, deren Festlegung durch die Vertragsparteien die Rechtsordnung selbst im Bereich der gesetzlich geregelten Verträge erwartet, gilt aber auch in weitem Umfange für die Neben-(leistungs-)pflichten. Teils werden sich einem Vertrag klare Rechtsfolgeanordnungen entnehmen lassen, teils bedarf die Feststellung des vertraglichen Interessenarrangements der Erforschung der privatautonom festgelegten Interessen und Ziele der Parteien. Die damit einhergehende sorgfältige Durchdringung des spezifischen Problempotentials eines Vertrages schafft zugleich die Beurteilungsgrundlage, auf der dann auch über die eventuelle Übernahme einer gesetzlichen Vertragsregel (nicht aber des gesamten Rechtsregimes) entschieden werden kann. Die Vertragsrechtskonkretisierung verläuft damit „vom Problem zur Lösung". Einer frühzeitigen Rechtsnaturbestimmung eignet hingegen die gegenläufige – verfehlte – Tendenz (in diesem Sinne auch OECHSLER, Gerechtigkeit im modernen Austauschvertrag 281). Das bedeutet nicht, dass Überlegungen zur Rechtsnatur eines Vertrages nicht legitim oder von vornherein unfruchtbar sind; wohl aber gilt es, einer in Rechtsprechung und Schrifttum zu beobachtenden **Überbewertung dieses Erkenntnisaktes** entgegenzutreten.

1. Der mietrechtliche Ansatz der Rechtsprechung

65 Die höchstrichterliche Rechtsprechung, der für die kautelarjuristische Praxis naturgemäß besondere Bedeutung zukommt, hat im Finanzierungsleasingvertrag von Anfang an eine Spielart des Mietvertrages gesehen und hieran trotz einiger Akzentverschiebungen bis auf den heutigen Tage festgehalten (Rechtsprechungsübersichten bei MARTINEK, Moderne Vertragstypen I § 4 IV 2 70 ff; PAPAPOSTOLOU, Risikoverteilung beim Finanzierungsleasingvertrag 36 ff; SEFRIN, Kodifikationsreife des Finanzierungsleasingvertrages 175 ff; vWESTPHALEN, Leasingvertrag Kap A Rn 2 ff; MARTINEK, in: MARTINEK/STOFFELS/WIMMER-LEONHARDT, Leasinghandbuch § 4 Rn 14 ff).

a) Die strikt mietrechtlich orientierte Rechtsprechung der Anfangszeit

66 Mit diesem neugearteten Vertragsgebilde in seinen verschiedenen Spielarten war die höchstrichterliche Rechtsprechung seit der Mitte der 70er Jahre in zunehmendem Maße befasst. Die erste grundlegende Entscheidung aus dem Jahre 1975 (BGH 8. 10. 1975 – VIII ZR 81/74, NJW 1977, 195) betraf einen in „Allgemeinen Mietbedingungen" ausgeformten Vertrag über einen Heißgetränkeautomaten. Der Vertrag sah nach Ablauf der vereinbarten Laufzeit kein Erwerbsrecht des „Mieters", sondern lediglich die Möglichkeit der Vertragsverlängerung zu einem reduzierten „Mietzins" vor. Der BGH schloss aus den Besonderheiten der Vertragsgestaltung, vor allem dem Dreiecksverhältnis zwischen Hersteller, Vermieter und Mieter sowie der Abwälzung der Sach- und Preisgefahr von dem Vermieter auf den Mieter nach kaufrechtlichem Vorbild, dass die Parteien ein Leasing-Geschäft eingegangen seien. Den zentralen Inhalt dieses Vertragsverhältnisses erblickte der BGH in der schuldrechtlichen entgeltlichen Gebrauchsüberlassung, weshalb gegen die Einordnung eines derartigen Leasingvertrages als Mietvertrag keine rechtlichen Bedenken bestünden. Ferner prägte der BGH in dieser Entscheidung die noch heute verwandte Formel, die

Rechtsbeziehungen der Parteien richteten sich **in erster Linie nach den §§ 535 ff BGB**. Im Anschluss an diese Entscheidung erstreckte der BGH seinen mietrechtlichen Ansatz alsbald auf die sonstigen, in der Praxis vorzufindenden Varianten des Finanzierungsleasing – auf Vollamortisationsverträge mit (BGH 5. 4. 1978 – VIII ZR 42/77, NJW 1978, 1383) und ohne (BGH 23. 2. 1977 – VIII ZR 124/75, NJW 1977, 848) Kaufoption ebenso wie auf Teilamortisationsverträge mit Andienungsrecht des Leasinggebers (BGH 5. 4. 1978 – VIII ZR 49/77, NJW 1978, 1432). Für die Rechtsfindung war nun der Zugriff auf die mietrechtlichen Vorschriften eröffnet. So wurde etwa der Leasingnehmer im Falle der verspäteten Rückgabe des Leasinggutes (die Rückgabepflicht folgt nach der Rechtsprechung aus § 546 BGB; vgl BGH 28. 10. 1981 – VIII ZR 302/80, NJW 1982, 870, 871) gem § 557 Abs 1 BGB aF (jetzt § 546 BGB) für verpflichtet gehalten, die vereinbarten Leasingraten für den Zeitraum der Weiterbenutzung fortzuzahlen (BGH 5. 4. 1978 – VIII ZR 49/77, NJW 1978, 1432, 1434; später noch mehrfach bestätigt vgl BGH 31. 3. 1982 – VIII ZR 125/81, NJW 1982, 1747, 1748 und BGH 22. 3. 1989 – VIII ZR 155/88, NJW 1989, 1730; ebenso OLG Frankfurt 23. 6. 1987 – 5 U 184/86, DB 1987, 2195; anders für erfüllte Vollamortisations-Leasingverträge OLG Düsseldorf 27. 4. 1988 – 15 U 194/86, BB 1989, 173; einschränkend unter dem Gesichtspunkt des Äquivalenzprinzips auch OLG Köln 30. 4. 1991 – 24 U 217/88, BB 1992, 2386). Des Weiteren sollte die konkursrechtliche Sonderregelung des § 19 KO über die Kündigung von Miet- und Pachtverhältnissen im Falle des Konkurses des Sachnutzers auf Finanzierungsleasingverträge Anwendung finden (BGH 5. 4. 1978 – VIII ZR 42/77, NJW 1978, 1383; bestätigt zuletzt durch BGH 24. 11. 1993 – VIII ZR 249/92, NJW 1994, 516). Später erklärte die Rechtsprechung dann ua auch die kündigungsrechtlichen Vorschriften der §§ 542 BGB aF (BGH 1. 7. 1987 – VIII ZR 117/86, NJW 1988, 204, 205 f; BGH 7. 10. 1992 – VIII ZR 182/91, NJW 1993, 122, 123) und 554 (BGH 5. 4. 1978 – VIII ZR 42/77, NJW 1984, 2687; BGH 12. 6. 1985 – VIII ZR 148/84, NJW 1985, 2253; BGH 8. 3. 1995 – VIII ZR 313/93, NJW 1995, 1541, 1543) – beide Vorschriften sind in § 543 BGB aufgegangen – für anwendbar. Über den Bereich der Rechtsfindung hinausgehend attestierte die Rechtsprechung dem gesetzlichen Mietrecht Leitbildfunktion für die inhaltliche Überprüfung leasingvertraglicher Regelungen (BGH 8. 10. 1975 – VII ZR 81/74, NJW 1977, 195, 197; BGH 5. 4. 1978 – VIII ZR 49/77, NJW 1978, 1432, 1434). Vorschriften des Mietrechts dienten der Rechtsprechung fortan immer wieder als Mittel zur Konkretisierung des Maßstabes der Inhaltskontrolle (§ 9 Abs 2 Nr 1 AGBG aF = § 307 Abs 2 Nr 1 BGB; zB BGH 28. 10. 1981 – VIII ZR 302/80, NJW 1982, 870, 871; BGH 9. 10. 1985 – VIII ZR 217/84, NJW 1986, 179, 180; BGH 20. 9. 1989 – VIII ZR 239/99, NJW 1990, 247, 249). Schließlich wurde das gesetzliche Mietrecht konsequent zur Schließung von Lücken im Falle der Unwirksamkeit einzelner Bestimmungen des Leasingvertrages herangezogen (BGH 9. 3. 1977 – VIII ZR 192/75, NJW 1977, 1058, 1059; BGH 5. 4. 1978 – VIII ZR 49/77, 1978, 1432, 1434), etwa mit der Folge, dass beim Scheitern der leasingtypischen Abtretungskonstruktion an die Stelle der kauf- bzw werkvertraglichen Gewährleistungsansprüche die mietvertraglichen Ansprüche gemäß §§ 537, 538 BGB aF (jetzt §§ 535 und 536a BGB) treten sollen (BGH 4. 4. 1984 – VIII ZR 313/82, NJW 1984, 2687, 2688; BGH 17. 12. 1986 – VIII ZR 279/85, NJW 1987, 1072; BGH 25. 10. 1989 – VIII ZR 105/88, NJW 1990, 314, 315).

b)   Stärkere Berücksichtigung leasingtypischer Besonderheiten in der Folgezeit
War somit die Anfangsphase der gerichtlichen Auseinandersetzung mit dem neuartigen Phänomen durch eine in jeder Hinsicht – Rechtsfindung, Inhaltskontrolle und Lückenfüllung – strikt mietrechtlich orientierte Entscheidungspraxis gekennzeichnet, setzte sich doch Anfang der 80er Jahre eine nuanciertere Betrachtungs-

weise durch. Ohne von der grundsätzlichen vertragstypologischen Einordnung des Finanzierungsleasingvertrages als besondere Form des Mietvertrages abzurücken, setzte sich der BGH in mehreren Entscheidungen über die Begrenztheit des Denkens in mietrechtlichen Kategorien hinweg, um sich den leasingtypischen Besonderheiten stärker zu öffnen. Diese sieht er vor allem in der Regelung der Gewährleistungspflicht nach kaufrechtlichem Vorbild. Sie gebe dem Finanzierungsleasing sein typisches, insoweit vom Leitbild des Mietvertrages abweichendes Gepräge (BGH 16. 9. 1981 – VIII ZR 265/80, NJW 1982, 105). In mehreren Urteilen ist nunmehr vom „Leitbild des Mietvertrages in der Sonderform des Leasingvertrages" (BGH 28. 10. 1981 – VIII ZR 302/80, NJW 1982, 870, 871) oder auch nur vom „Leitbild des Leasingvertrages" (BGH 28. 10. 1981 – VIII ZR 175/80, WM 1982, 7, 9; BGH 31. 3. 1982 – VIII ZR 125/81, NJW 1982, 1747, 1748) die Rede. Zu diesem gehöre es, dass zwischen den Vertragsparteien Einigkeit über eine beiderseitige Risikobeteiligung im Falle einer Vertragsbeendigung vor Ablauf der Zeitspanne bestehe (BGH 31. 3. 1982 – VIII ZR 125/81, NJW 1982, 1747, 1748). Denn im Unterschied zu sonstigen Vermietern, erwerbe der Leasinggeber den vom Leasingnehmer nach dessen Bedürfnissen ausgesuchten Gegenstand zum Zwecke der Vermietung an den Leasingnehmer, wobei die Parteien des Leasingvertrages darüber einig seien, dass die vereinbarten Leasingraten nicht nur Entgelt für die Gebrauchsüberlassung, sondern auch dazu bestimmt seien, den Kapitaleinsatz des Leasinggebers einschließlich des kalkulierten Gewinns zu tilgen (BGH 4. 11. 2009 – XII ZR 170/07, NJW-RR 2010, 483, 484; BGH 12. 6. 1985 – VIII ZR 148/84, NJW 1985, 2253, 2256). Die volle Amortisation der vom Leasinggeber aufgewandten Gesamtkosten – kalkulatorischer Gewinn inbegriffen – wird für den kündbaren Teilamortisationsvertrag als „leasingtypisch und damit vertragsimmanent" bezeichnet (BGH 12. 6. 1985 – VIII ZR 148/84, NJW 1985, 2253, 2256). Für die Rechtsfindung bei Leasingverträgen ist bedeutsam, dass der BGH sich nun gegen eine strikte Anwendung mietrechtlicher Grundsätze ausspricht. Sie werde der Interessenlage beim Finanzierungsleasing nicht gerecht (BGH 12. 6. 1985 – VIII ZR 148/84, NJW 1985, 2253, 2255). Stattdessen biete sich eine ergänzende Vertragsauslegung an (BGH 31. 3. 1982 – VIII ZR 125/81, NJW 1982, 1747, 1748; BGH 12. 6. 1985 – VIII ZR 148/84, NJW 1985, 2253, 2256), es sei denn, der Anspruch ist schon vertragsimmanent. Eine Hinwendung zu leasingtypischen Vertragsmerkmalen lässt auch die Äußerung erkennen, dass sich die zu treffende Entscheidung mit Rücksicht auf die durch das Dreiecksverhältnis zwischen Lieferant, Leasinggeber und Leasingnehmer gekennzeichnete Rechts- und Sachlage weder allein aus dem Gesetz noch aus dem Vergleich mit anderen Vertragstypen ableiten lasse, sondern ihre Rechtfertigung in der besonderen Gestaltung des Leasingverhältnisses fände (BGH 19. 2. 1986 – VIII ZR 91/85, NJW 1986, 1744, 1745). Das neue Verständnis hat dann der BGH wie folgt zusammengefasst (BGH 30. 9. 1987 – VIII ZR 226/86, NJW 1988, 198, 200): Zwar seien Leasingverträge „in erster Linie" nach Mietrecht zu beurteilen. Gerade diese Einschränkung beruhe aber darauf, dass sich der typische Vertragsgehalt nicht in der Gebrauchsüberlassung erschöpfe, sondern zusätzliche Elemente enthalte. Dabei handele es sich sowohl um rechtliche Gestaltungen (so bei der typischen Gewährleistungsregelung) als auch um wirtschaftliche Gesichtspunkte (so die Anschaffung allein im Interesse und entsprechend den Wünschen des Leasingnehmers oder die Motivation steuerlicher und betriebswirtschaftlicher Erleichterungen, ferner die Berechnung der Vergütungsleistung fast ausschließlich aufgrund der konkreten Anschaffungs- und Kreditkosten). Diese Besonderheiten gegenüber dem allgemeinen Mietrecht gäben Veranlassung, von den §§ 535 ff BGB abweichende Klauseln für angemessen zu erklären und modifizierende Rechtsfolgen anzuerkennen. An der vertragstypologischen Grundentscheidung, der Qualifizierung des Leasingvertrages als (Sonder-)Form des Mietvertrages, hat der BGH freilich auch in dieser Zeit festgehalten. Gegen kritische Stimmen im Schrifttum, die teilweise für eine Einordnung als Geschäftsbesorgungsverhältnis eingetreten waren (Canaris NJW 1982, 305 ff; Klamroth BB 1982, 1951 f; Zinganke BB 1982, 709 f; Lieb JZ 1982, 561) hat er seinen mietrechtlichen Ansatz unter Hervorhebung der sachlichen und dauernden Zuordnung des Leasinggegenstandes zum Vermögen des Leasinggebers sogar ausdrücklich verteidigt (BGH 9. 10. 1985 – VIII ZR 217/84, NJW 1986, 179). Auch aus dieser Periode stammen im Übrigen einige mehr oder weniger streng mietrechtlich ausgerichtete Entscheidungen (zB BGH 24. 4. 1985 – VIII ZR 95/84, NJW 1985, 1539, 1544; BGH 24. 4. 1985 – VIII ZR 65/84, NJW 1985, 1547, 1550).

c) Betonung der mietrechtlichen Verwurzelung des Leasingvertrages in der jüngeren Rechtsprechung

68 Diese nehmen dann ab Mitte der 80er Jahre sogar deutlich zu. Das „Leitbild des Leasingvertrages" wird nicht mehr bemüht. Stattdessen gewinnt wieder eine engere Rückkoppelung an die Bestimmungen des gesetzlichen Mietrechts die Oberhand. Besonders deutlich drückt sich dies in der Erstreckung der in § 557 Abs 1 BGB aF (jetzt § 546a BGB) für den Fall der verspäteten Rückgabe des Mietobjekts zugunsten des Vermieters vorgesehenen Entschädigung auf entsprechende Konstellationen bei der Beendigung eines Leasingvertrages aus (BGH 22. 3. 1989 – VIII ZR 155/88, NJW 1989, 1730, 1731). Dabei kommt es nach der Ansicht des BGH weder auf die Art des Leasingvertrages noch auf das Stadium seiner Abwicklung an. § 557 Abs 1 BGB aF (jetzt § 546a BGB) gelte daher auch für den „voll erfüllten Vollamortisationsvertrag". In diesem Zusammenhang äußerte der BGH ganz allgemein Zweifel, ob die Anwendung von Mietrecht auf Finanzierungsleasingverträge Beschränkungen dahingehend unterliegt, dass dem Leasinggeber keine über eine Amortisation seiner Aufwendungen zuzüglich eines angemessenen Gewinns hinausgehenden Ansprüche zustehen dürfen. Ein anderes Beispiel aus der Rechtsprechung betrifft die Beendigung von Leasingverhältnissen. Mangels abweichender vertraglicher Regelungen will der BGH hier vom Mietrecht ausgehen (BGH 1. 7. 1987 – VIII ZR 117/86, NJW 1988, 204, 205; BGH 20. 9. 1989 – VIII ZR 239/88, NJW 1990, 247, 248). Eine Kündigungsklausel wird an den wesentlichen Grundgedanken des gesetzlichen Mietrechts gemessen und im Falle ihrer Unwirksamkeit sollen mietrechtliche Regelungen an ihre Stelle treten (BGH 8. 10. 1990 – VIII ZR 247/89, NJW 1991, 102, 104). Auch in den zuletzt ergangenen Entscheidungen betont der BGH ausdrücklich, dass Finanzierungsleasingverträge „in erster Linie nach Mietrecht zu beurteilen sind" (zB BGH 29. 10. 2008 – VIII ZR 258/07, NJW 2009, 575, 577). In mehreren Urteilen bekräftigte der BGH zudem, dass grundsätzlich von einer mietrechtlichen Einstandspflicht bzw Gewährleistungshaftung des Leasinggebers auszugehen sei (BGH 21. 12. 2005 – VIII ZR 85/05, NJW 2006, 1066, 1067; 2010, 2798, 2800; BGH 16. 6. 2010 – VIII ZR 317/09, NJW 2014, 1583, 1584).

69 Festzuhalten ist damit, dass die jüngere Judikatur des BGH wiederum stärker die – angebliche – mietrechtliche Verwurzelung des Leasingvertrages akzentuiert, ohne dabei allerdings auf den Stand der 70er Jahre zurückzufallen. Nur am Rande sei vermerkt, dass sich die Instanzgerichte der mietvertraglichen Einordnung des BGH im Grundsatz zwar weitgehend angeschlossen haben (OLG Frankfurt 23. 6. 1976 – 21 U 70/75, NJW 1977, 200; LG Hamburg 20. 9. 1995 – 317 S 306/94, WM 1996, 501), gleichwohl hier tendenziell eine zurückhaltendere Einstellung zu bemerken ist (ebenso die Bewertung von Papapostolou, Risikoverteilung beim Finanzierungsleasingvertrag 44 und Sefrin, Kodifikationsreife des Finanzierungsleasingvertrages 178, jeweils mwNw). Es lassen sich sogar Urteile nachweisen, die auf eine Emanzipation des Leasingvertrages vom gesetzlichen Mietrecht zielen (OLG Frankfurt 14. 7. 1983 – 5 U 231/82, WM 1983, 1200). Aufs Ganze gesehen handelt es sich in den weitaus meisten Fällen um punktuelle Differenzen, die nicht im Sinne einer grundsätzlichen Uneinigkeit zwischen dem BGH und der instanzgerichtlichen Rechtsprechung aufgefasst werden dürfen. Für die Rechtsfindung ergibt sich aus alledem, dass der Anteil der für anwendbar erklärten Vorschriften des gesetzlichen Mietrechts heutzutage beträchtlich ist.

2. Meinungsstand im Schrifttum

70 Das Meinungsbild in der Literatur ist ausgesprochen heterogen (guter Überblick über die teils sehr heftigen Auseinandersetzungen im Schrifttum mit vielen Nachweisen bei Martinek, Moderne Vertragstypen I § 4 64 ff und Martinek, in: Martinek/Stoffels/Wimmer-Leonhardt, Leasinghandbuch § 4). Es reicht bis zu Vorschlägen, welche die von der ganz hM im Grundsatz befürwortete Aufspaltung des Finanzierungsleasing auf zwei Verträge in Frage stellen und Direktansprüche des Leasingnehmers gegen den Lieferanten befürworten (hierfür stehen mit erheblichen Unterschieden im Detail die Arbeiten von Heermann, Drittfinanzierte Erwerbsgeschäfte [1988] S 111 ff; Rohe, Netzverträge [1998] S 53 ff; Oechsler, Gerechtigkeit im modernen Austauschvertrag [1997] S 388 ff; kritisch Sittmann-Haury, Die Auswirkung einer mangelbedingten Rückabwicklung des Liefervertrags auf den Finanzierungsleasingvertrag 83 ff und Stoffels, Gesetzlich nicht geregelte Schuldverträge [2001] 266 ff).

a) Mietvertragliche Einordnung

71 Der wohl überwiegende Teil des Schrifttums folgt der **mietrechtlichen Qualifikation** der Rechtsprechung (grundl Flume DB 1972, 4 ff und ders DB 1991, 265, allerdings unter Hinweis auf das hinzutretende Finanzierungselement; Reinicke/Tiedtke, Kaufrecht Rn 1677 ff; Tiedtke/Möllmann DB 2004, 587 f; Sannwald, Finanzierungsleasingvertrag 78 ff; Koch, Störungen beim Finanzierungs-Leasing 90 ff; Erman/Jendrek Anh § 535 Rn 15; Brunotte DRiZ 1990, 398 ff; Sonnenberger NJW 1983, 2217 ff; Emmerich JuS 1990, 3 f, allerdings unter besonderer Hervorhebung starker kaufvertraglicher Elemente; für grundsätzliche Maßgeblichkeit des Mietrechts auch Soergel/Heintzmann Vor § 535 Rn 41 ff; im Grundsatz auch vWestphalen, Leasingvertrag Kap A Rn 15 ff, der jedoch bei Teilamortisationsverträgen von einer Kombination miet- und garantievertraglicher Elemente ausgeht). Der Finanzierungsleasingvertrag wird dort mitunter sogar als „reiner" Mietvertrag (Reinicke/Tiedtke, Kaufrecht Rn 1692), überwiegend hingegen im Anschluss an die vom BGH geprägte Terminologie als „atypisch" ausgestalteter Mietvertrag (BeckOGK/Ziemssen [1. 1. 2018] § 535 Rn 748, Sannwald, Finanzierungsleasingvertrag 78 ff) oder als Mietvertrag mit „gewissen Besonderheiten" (Coester-Waltjen Jura 1980, 123, 125 f) qualifiziert. Ebenso wie bei einem Mietvertrag zahle der Leasingnehmer die einzelnen Raten für den laufenden, zeitlich aber begrenzten Gebrauch der Sache, ohne ihr Eigentümer zu werden *(pro usu rei,* nicht aber *pro re).*

b) Kaufvertragliche Qualifikation

72 Eine diesem Verständnis entgegengesetzte, heute jedoch nur noch selten vertretene Sichtweise meint, der Leasingvertrag sei zuvörderst durch **kaufvertragliche Elemente** geprägt, sodass er den §§ 433 ff BGB unterfalle (Ebenroth JuS 1978, 588 ff; relativierend ders DB 1978, 2110; Fikentscher, Schuldrecht Rn 1069; MünchKomm/Voelskow[2] vor § 535

Rn 52 f; STAUDINGER/EMMERICH[12] Vorbem 47 h zu §§ 535, 536). Worin genau der Kaufgegenstand liegen soll, wird dabei unterschiedlich beurteilt. Während manche Vertreter des kaufvertraglichen Ansatzes meinen, es gehe um einen Sachkauf (LITTMANN DStR 1970, 261 ff; STAUDINGER/EMMERICH[12] Vorbem 47 h zu §§ 535, 536; KLAAS NJW 1968, 1502, 1507), halten andere einen Rechtskauf (PLATHE BB 1970, 601, 604 ff) für gegeben (Kauf einer zeitlich begrenzten Gebrauchsberechtigung), während wieder andere einen (finanzierten) Kauf einer Nutzung (FIKENTSCHER, Schuldrecht [9. Aufl 1997] Rn 1069) annehmen. Für den kaufvertraglichen Ansatz lassen sich wohl am ehesten die dem Kaufvertrag entsprechende Verteilung der Sachgefahr sowie der Umstand anführen, dass das Finanzierungsleasing in weitem Umfang an die Stelle des finanzierten Ratenkaufs getreten ist, beide Rechtsfiguren also partiell funktionsidentisch eingesetzt werden.

c) Gemischt-typischer Vertrag mit primär geschäftsbesorgungs- und darlehensrechtlichen Zügen

73 Andere Autoren haben die Finanzierungsfunktion des Leasinggeschäfts in den Vordergrund gerückt und sich für eine **Qualifizierung als Darlehens- oder Kreditvertrag** ausgesprochen (SCHMIDT-SALZER, Allgemeine Geschäftsbedingungen [2. Aufl 1977] Rn F 178; BORGGRÄFE, Die Zwangsvollstreckung in bewegliches Leasinggut [1976] 72). Dieser Ansatz hat sich insoweit nicht durchsetzen können, als er auf eine eintypische Einordnung unter die §§ 488 ff BGB (vormals §§ 607 ff BGB) zielte. Größere Beachtung verdient hingegen der luzide begründete Vorschlag von Canaris, den Finanzierungsleasingvertrag als **Kombination kredit- und geschäftsbesorgungsrechtlicher Elemente** zu begreifen (CANARIS NJW 1982, 305 ff; ders, Bankvertragsrecht Rn 1718 ff; ders AcP 190 [1990] 411 ff; LARENZ/CANARIS, Schuldrecht II/2 106 f; MEDICUS/PETERSEN, Bürgerliches Recht [24. Aufl 2013]; weitgehend zustimmend OETKER/MAULTZSCH, Vertragliche Schuldverhältnisse [4. Aufl 2013] § 16 Rn 58; ULMER ZIP 1984, 1163, 1173; diesem Ansatz nahestehend auch SITTMANN-HAURY, Die Auswirkung einer mangelbedingten Rückabwicklung des Liefervertrags auf den Finanzierungsleasingvertrag 90 f). Der Leasinggeber kreditiert hiernach – kurz gesagt – die Aufwendungen für die Anschaffung des Leasinggutes. Mit der Anschaffung des Leasinggutes besorge der Leasinggeber ein Geschäft des Leasingnehmers. Er handele auf Rechnung des Leasingnehmers, denn wegen des Amortisationsanspruchs habe dieser für den Einstandspreis aufzukommen. Für diese Sichtweise lässt sich immerhin § 506 BGB anführen, der die Anwendung bestimmter Vorschriften über Verbraucherdarlehensverträge auf Finanzierungsleasingverträge anordnet und letztere damit jedenfalls punktuell den Darlehensverträgen gleichstellt.

d) sui generis-Ansatz

74 Eine gewichtige Strömung im Schrifttum verschließt sich letztlich allen Einordnungsvorschlägen und nennt den Finanzierungsleasingvertrag einen „**Vertrag sui generis**" (LARENZ/LEENEN, Schuldrecht II [12. Aufl 1981] 437 ff; STAUDINGER/MARTINEK [2006] § 675 Rn B 232 ff; MARTINEK, Moderne Vertragstypen I 88 ff; MARTINEK, in: MARTINEK/STOFFELS/WIMMER-LEONHARDT, Leasinghandbuch § 4 Rn 42; LIEB Anm JZ 1982, 561 ff; ders DB 1988, 951; ders DB 1988, 2498; BERNSTEIN, Tatbestand des Mobilien-Finanzierungsleasingvertrages 133 ff; GITTER, Gebrauchsüberlassungsverträge 306) bzw einen „eigenständigen Vertragstyp" (MünchKomm/KOCH Leasing Rn 32; SCHLECHTRIEM, Schuldrecht Besonderer Teil [6. Aufl 2003] Rn 304; ROLLAND, in: FS Medicus 363 f). Die Vertreter dieses Ansatzes sind der Ansicht, dass es sich bei dem typischen Rechte- und Pflichtenprogramm eines Finanzierungsleasingvertrages, nämlich der Gebrauchsüberlassung bzw der Eröffnung der Möglichkeit, von der Sache Gebrauch zu machen, ohne eine gewährleistungsrechtliche Haftung zu übernehmen, um eine Neuschöpfung der Kautelarjurisprudenz ohne Vorbild im Bürgerlichen Gesetzbuch handele. In den Einzelfragen herrscht freilich auch im Lager der sui-generis-Vertreter keine Einigkeit. So bestehen – je nachdem, welches Element als charakteristischer Zug in den Vordergrund gestellt wird – Meinungsverschiedenheiten, ob und in welchem Umfang auf mietrechtliche Vorschriften zurückgegriffen werden kann. So will beispielsweise GITTER trotz der von ihm befürworteten sui generis-Qualifikation „in erster Linie" die mietvertraglichen Bestimmungen zur Anwendung gelangen lassen, während LIEB für eine weitgehende Emanzipation vom Mietrecht eintritt.

3. Stellungnahme

a) Vorbemerkung zur Methode

75 Einer Stellungnahme zum Theorienstreit um die Rechtsnatur des Finanzierungsleasingvertrages sollte eine Vergewisserung über die Bedeutung der kodifizierten Vertragstypen und ihr Zusammenspiel mit der Freiheit der Vertragsparteien, den Inhalt ihres Vertrages selbst zu bestimmen, vorangehen. Dies kann hier nur skizzenhaft erfolgen (vgl ausführlich STOFFELS, Gesetzlich nicht geregelte Schuldverträge 103 ff, 177 ff). In aller Kürze lässt sich Folgendes sagen. Mit dem frühen Zugriff auf das dispositive Vertragsrecht kann sich der Rechtsanwender zwar unbestreitbar ein wertvolles Potential von Lösungsmustern für nicht vorhergesehene oder nicht zur Sprache gebrachte Konfliktmöglichkeiten erschließen (STAUDINGER/MAYER-MALY [1994] Einl 7 zu §§ 433 ff). Auf der anderen Seite birgt diese Vorgehensweise eine Reihe von Gefahren, die ihren rechtspraktischen Vorteil in Frage stellen. Das frühe Aufgreifen der Frage nach der Rechtsnatur und die Neigung, den zu beurteilenden Vertrag möglichst einem normativ vorgeformten Vertragstyp zu unterstellen oder doch anzunähern, läuft vor allem Gefahr, die den Parteien eines Schuldvertrages eingeräumte Gestaltungsfreiheit über Gebühr zu beschneiden und damit ein Konstituens unserer bürgerlichen Vertragsordnung zu beschädigen. Erkennt man grundsätzlich das Recht der Parteien an, ihre Rechtsverhältnisse nach ihrem Willen selbst gestalten zu können, so darf der Inhalt einer Parteivereinbarung nur in begründeten Ausnahmefällen heteronom durch Rückgriff auf ein außervertragliches Referenzsystem bestimmt werden. Ausgangspunkt müssen vielmehr stets die autonomen Festsetzungen der Parteien und ihr rechtsgestaltender Wille sein (so auch GREINER NJW 2012, 963). Wird eine vertragliche Übereinkunft hingegen ohne Rücksicht auf ihre Eigentümlichkeit in das Raster der gesetzlichen Vertragstypenordnung gepresst, so droht eine Verfälschung des Parteiwillens (so zutreffend OECHSLER, Gerechtigkeit im modernen Austauschvertrag 332). LIEB bemerkt hierzu treffend, dass dann das, was die Parteien wirklich wollten, schon im Stadium der Auslegung überlagert werde von dem, was sie (nach Auffassung des Gerichts) wollen durften (LIEB DB 1988, 946). Der rechtsverbindliche Vertrag geht damit seiner Legitimationsgrundlage verlustig. Rechtsfolgen treten ein, nicht weil die Parteien es so gewollt haben, sondern weil der Rechtsanwender einem ihm passenden, vom Gesetzgeber als bloßen Vorschlag gedachten, Entwurf zur Geltung verhelfen will.

b) Vorzugswürdigkeit einer Qualifikation als Vertrag sui generis

76 Vor diesem Hintergrund sind die Versuche, den Leasingvertrag dem Recht eines bestimmten gesetzlich geregelten Vertragstyps zu unterstellen, mit großer Skepsis zu

betrachten, und zwar auch dann, wenn der Leasingvertrag als „atypischer" Gesetzesvertrag bezeichnet wird, auf den die entsprechenden gesetzlichen Vorschriften nur „in erster Linie" Anwendung finden. Die in Rechtsprechung und Schrifttum mehr oder weniger deutlich akzentuierten gesetzestypischen Elemente können zwar zum besseren Verstehen der Struktur des Leasingvertrages beitragen; sie zu dem für die rechtliche Bewertung allein entscheidenden Qualifikationskriterium zu erheben, verfehlt jedoch den besonderen Geschäftszweck des Leasingvertrages (so zutreffend LARENZ/LEENEN, Schuldrecht II [12. Aufl 1981] 454). Von den gesetzlich geregelten Umsatz- und Überlassungsverträgen unterscheidet sich der Leasingvertrag durch seine Finanzierungsfunktion und die damit einhergehende Amortisationspflicht des Leasingnehmers. Dieses besondere Element könnte etwa vom mietvertraglichen Ansatz nicht adäquat erfasst werden, ja müsste gleichsam als Irregularität bewertet werden. Ausdruck einer schiefen Sichtweise ist es ferner, die Tatsache, dass dem Leasingnehmer nach dem Leasingvertrag keine Gewährleistungsansprüche gegen den Leasinggeber zustehen sollen, als Abbedingung der den Leasinggeber nach Mietrecht an sich treffenden Gewährleistungspflicht anzusprechen. Der Leasingvertrag setzt a priori voraus, dass den im Übrigen meist sachunkundigen Leasinggeber keine Gewährleistungspflicht trifft (vgl hierzu im Einzelnen Rn 82). Dies ist nicht etwa das Ergebnis einer Abwandlung eines Mietvertrages, sondern das originäre Modell einer finanzierten Gebrauchsüberlassung eigener Art. Dass es der Rechtsprechung in anderen Punkten durchaus gelungen ist, sich von den mietrechtlichen Vorschriften zu lösen und den leasingtypischen Besonderheiten Raum zu geben (zB durch Anerkennung eines Vollamortisationsanspruchs bei Kündigung, BGH 12. 6. 1985 – VIII ZR 148/84, NJW 1985, 2253; BGH 10. 10. 1990 – VIII ZR 296/89, NJW 1991, 221; zuletzt BGH 16. 10. 1996 – VIII ZR 45/96, NJW 1997, 452, 453), soll hier nicht bestritten werden. Nur scheint die Grundannahme eines atypischen Mietvertrages eine solche souveräne Würdigung nicht eben zu erleichtern. Wie gerade CANARIS gezeigt hat, gelingt es weitgehend, die anstehenden Sachprobleme mit Argumenten zu lösen, die unabhängig von der typologischen Qualifikation des Finanzierungsleasing sind (LARENZ/CANARIS, Schuldrecht II/2 § 66 III 111). Es spricht schon aus diesem Grunde viel dafür, den Finanzierungsleasingvertrag keinem gesetzlichen Schuldvertrag zuzuordnen und stattdessen anzuerkennen, dass die Rechtspraxis hier einen Gebrauchsüberlassungs- und Finanzierungsvertrag eigener Art, einen **„Vertrag sui generis"**, hervorgebracht hat. Dies ist nicht etwa eine Verlegenheitslösung unter Verzicht auf jegliche inhaltliche Festlegung, sondern in erster Linie Ausdruck des Respekts vor der privatautonomen Gestaltungsfreiheit der Vertragsschließenden. Die hier entfaltete Sichtweise deckt sich in weitem Umfang (Abweichungen betreffen die Inhaltskontrolle) mit dem Standpunkt von LIEB, dem im Übrigen die von CANARIS propagierte Konzeption des Leasingvertrages als eines aus Elementen des Kredit- und Geschäftsbesorgungsrechts gemischten Vertrages recht nahe steht. Nur am Rande sei schließlich darauf hingewiesen, dass auch das UNIDROIT-Übereinkommen über das internationale Finanzierungsleasing vom 28. Mai 1988 den Finanzierungsleasingvertrag (hierzu unten Rn 355 ff) als eigenständigen Vertragstyp konzipiert hat, sodass auf der Basis der hier für das deutsche Recht vertretenen sui generis-Qualifikation ein gewisser Gleichklang konstatiert werden könnte (ebenso MARTINEK/OMLOR, in: Bankrechts-Handbuch § 101 Rn 31).

Leitlinie der weiteren Darstellung des Leasingvertrages innerhalb dieser Kommentierung soll jedoch die höchstrichterliche Rechtsprechung sein, der für die Praxis größte Bedeutung zukommt. Auf Punkte, bei denen der hier vertretene Ansatz zu abweichenden Ergebnissen gelangt, wird gesondert hingewiesen. Die Konsequenzen des mietvertraglichen Ansatzes werden in diesem Zusammenhang nochmals einer eingehenden Kritik zu unterziehen sein.

78 Nun entbindet freilich auch der hier vertretene sui generis-Ansatz nicht davon, zu entscheiden, ob für die Vertragsrechtskonkretisierung und die Inhaltskontrolle auf einzelne Normen aus dem Bereich der kodifizierten Vertragstypen zurückgegriffen werden kann. Die angemessene methodische Annäherung besteht hier in der **wertenden Zuordnung auf der Stufe der gesetzlichen Einzelanordnung** (BUCHER ZSR 102 II [1983] 321 f für das schweizerische Vertragsrecht; ähnlich LANGENFELD, Vertragsgestaltung Rn 107; ausführlich STOFFELS, Gesetzlich nicht geregelte Schuldverträge 292 ff). Es ist also nicht zu fragen, ob der Leasingvertrag eher dem einen oder dem anderen gesetzlich geregelten Vertragstypus entspricht, sondern ob bezogen auf die konkrete Sachproblematik eine bestimmte Regel eines kodifizierten Vertragstypus fruchtbar gemacht werden kann. Mit dieser Vorgehensweise verbindet sich zum einen der Vorteil direkter Sach- und Problembezogenheit (so zutreffend BUCHER ZSR 102 II [1983] 321 f). Zum anderen wird so die Aufstellung eines differenzierten, ggf aus Anleihen verschiedener Vertragstypen gespeisten Rechtsfolgeprogramms erleichtert. Die Verlagerung des Wertungs-Entscheids von der Stufe der generellen Zuordnung des fraglichen Vertrages auf die untergeordnete Stufe der gesetzlichen Einzelanordnung führt dazu, dass das kodifizierte Vertragsrecht auf Regeln für Teillösungen durchmustert werden muss (ESSER/WEYERS, Schuldrecht II/1 § 24 II 203). Gefundene Teillösungen müssen sodann daraufhin überprüft werden, ob sie eine sachangemessene Lösung des konkreten Vertragsproblems ermöglichen und ob sie der Gesamtkonstellation des jeweiligen Vertrages gerecht werden. Gesteigert werden kann die Aussagekraft normativer Teillösungen, wenn es gelingt, die gesetzliche Wertung nicht nur an einer einzelnen Norm festzumachen, sondern im Wege der Gesamtanalogie aus mehreren Normen ein allgemeines Rechtsprinzip zu erschließen, das dann auf Sachverhalte angewandt wird, für die eine gleichwertige Beurteilung geboten, aber vom Gesetzgeber nicht normiert worden ist (vgl RAISCH BB 1968, 530).

VI. Das typische Pflichtenprogramm eines Finanzierungsleasingvertrages

79 Den **Ausgangspunkt** für die rechtliche Beurteilung des Leasingvertrages hat demnach das in ihm niedergelegte **Rechte- und Pflichtenprogramm** zu bilden, wobei vor allem der von den Parteien mit dem Abschluss dieses Vertrages bezweckte **wirtschaftliche Zweck** berücksichtigt werden muss (so auch H ROTH AcP 190 [1990] 307; ferner LEENEN AcP 190 [1990] 269 f; für einen problemspezifischen Zugang zur einzelnen Parteivereinbarung bzw zum Häufigkeitstypus auch OECHSLER, Gerechtigkeit im modernen Austauschvertrag 296 ff. Hierzu passt es, wenn LANGENFELD [Vertragsgestaltung Rn 87] bemerkt, der Vertragszweck sei das konstituierende Element des kautelarjuristischen Vertragstyps). Dieser liegt – so wird man mit LARENZ/LEENEN (Schuldrecht II [12. Aufl 1981] 456) sagen können – darin „das Investitionsbedürfnis des Leasingnehmers in einer Weise zu befriedigen, die es diesem ermöglicht, unter Schonung von Eigenkapital die anfallenden Kosten aus dem Ertrag, den der Einsatz des Gutes bringt, während dessen Einsatzzeit so zu decken, dass ein betriebswirtschaftlich unerwünschter Kosten- oder Ertragsvorlauf vermieden wird".

1. Pflichten des Leasinggebers

a) Pflicht zur Überlassung der Leasingsache

Die Hauptleistungspflicht des Leasinggebers besteht darin, dem Leasingnehmer den **80** von ihm ausgewählten Leasinggegenstand für die vereinbarte Zeit zum Gebrauch zu überlassen (BGH 16. 9. 1981 – VIII ZR 265/80, NJW 1982, 105, 106; Beckmann, in: Martinek/Stoffels/Wimmer-Leonhardt, Leasinghandbuch § 21 Rn 7; Larenz/Canaris, Lehrbuch des Schuldrechts II/2 111; Leenen AcP 190 [1990] 285). Wie weit diese Pflicht reicht und was sie genau beinhaltet, ist umstritten. In dieser Streitfrage kommen erneut die unterschiedlichen Vorverständnisse zur Rechtsnatur des Finanzierungsleasingvertrages zum Tragen.

aa) Verschaffung einer mangelfreien Sache als Vertragspflicht?

Die mietrechtlich orientierte Rechtsprechung des BGH und ein Teil der Literatur **81** fassen den Pflichtinhalt überaus weit. Sie halten den Leasinggeber – wie einen Vermieter – für verpflichtet, die Leasingsache dem Leasingnehmer in einem für den Vertragszweck geeigneten, also mangelfreien, Zustand zur Verfügung zu stellen (BGH 23. 2. 1977 – VIII ZR 124/75, NJW 1977, 848, 849; BGH 16. 9. 1981 – VIII ZR 265/80, NJW 1982, 105, 106; BGH 9. 10. 1985 – VIII ZR 217/84 = NJW 1986, 179; BGH 13. 3. 1991 – VIII ZR 34/90, NJW 1991, 1746, 1749; BGB 13. 11. 2013 – VIII ZR 257, 12, NJW 2014, 1583, 1584; vWestphalen, Leasingvertrag Kap A Rn 2; Reinicke/Tiedtke, Kaufrecht Rn 1693). So besteht für den *BGH* offenbar kein Zweifel, dass den Leasinggeber wie jeden Vermieter zunächst die mietvertragliche Einstandspflicht für Sachmängel nach den §§ 536 ff BGB trifft. Von dieser den „Leasinggeber (…) treffenden, *aus der entsprechenden Anwendung der mietrechtlichen Vorschriften herzuleitenden Gewährleistungspflicht (§§ 537 ff BGB)"* muss sich der Leasinggeber nach der Auffassung des *BGH* nämlich erst einmal freizeichnen. Bei der Abtretung der Gewährleistungsansprüche gegen den Lieferanten handelt es sich dann folgerichtig in den Augen des BGH nur um einen *„Ausgleich"* für den erlittenen Rechtsverlust (BGH 16. 9. 1981 – VIII ZR 265/80, NJW 1982, 105; BGH 30. 7. 1997 – VIII ZR 157/96, NJW-RR 1998, 123, 124). Die mietrechtliche Verhaftung erweist daneben auch die lückenfüllende Heranziehung der §§ 536 ff BGB im Falle der Unwirksamkeit der Gewährleistungs- und Abtretungskonstruktion nach § 306 Abs 2 BGB (BGH 4. 4. 1984 – VIII ZR 313/82, NJW 1984, 2687, 2688). Von der ihn ursprünglich treffenden Einstandspflicht kann sich der Leasinggeber, so wird man den BGH verstehen dürfen, niemals vollständig freizeichnen. In Übereinstimmung mit der mietvertragsrechtlichen Risikobewertung lastet auf ihm stets eine latente Restverantwortlichkeit für die Gebrauchsfähigkeit der Leasingsache. Rechtstechnisch kann sie sich nach Ansicht des BGH auf dem Wege des Wegfalls der Geschäftsgrundlage aktualisieren. Hierzu passt es, dass der BGH die Zahlung der Leasingraten als „Äquivalent für die Bereitstellung einer mangelfreien Leasingsache" bezeichnet (BGH 16. 9. 1981 – VIII ZR 265/80, NJW 1982, 105, 107; ähnlich Gitter, Gebrauchsüberlassungsverträge § 11 B I 329). Es trifft daher den Kern der Sache, wenn der Rechtsprechung in diesem Punkt ein „Heimwärtsstreben zum vertrauten Mietrecht" attestiert wird (H Roth AcP 190 [1990] 296. Als Konsequenz der mietvertraglichen Qualifizierung verstehen diese Rechtsprechung auch Papapostolou, Risikoverteilung beim Finanzierungsleasingvertrag 90; Lieb DB 1988, 946 ff, 2495 ff; Oechsler, Gerechtigkeit im modernen Austauschvertrag 326).

Eine originäre Einstandspflicht des Leasinggebers ist hingegen richtiger Ansicht **82** nach abzulehnen (LEENEN AcP 190 [1990] 275 ff; LARENZ/LEENEN, Lehrbuch des Schuldrechts II [12. Aufl 1981] 455; LARENZ/CANARIS, Lehrbuch des Schuldrechts II/2 111; H ROTH AcP 190 [1990] 307 f; LIEB WM 1992 Sonderbeil Nr 6 7 ff). Sie lässt sich insbesondere nicht aus der mitunter noch anzutreffenden Wendung entnehmen, Gewährleistungsansprüche nach §§ 536 ff BGB seien ausgeschlossen (so aber REINICKE/TIEDTKE, Kaufrecht Rn 1693). Derartige Formulierungen sind lediglich als Reaktion auf die mietvertraglich orientierte Rechtsprechung des *BGH* zu verstehen (wie hier MARTINEK, Moderne Vertragstypen I § 7 II 152 und OECHSLER, Gerechtigkeit im modernen Austauschvertrag 326 Fn 128). Neuere Leasingbedingungen deuten noch weniger darauf hin, dass den Leasinggeber eine originäre Verpflichtung trifft, dem Leasingnehmer eine mangelfreie Sache zu überlassen (vgl hierzu LEENEN AcP 190 [1990] 277 f). Entscheidenden Aufschluss gibt vielmehr der mit solchen Klauseln verfolgte Zweck, also die Ermittlung dessen, was die Parteien hiermit erreichen wollten. Diesen lässt der *BGH* unberücksichtigt. Stattdessen heißt es apodiktisch, der Leasinggeber erkläre, indem er sich von der Gewährleistung freizeichne und dem Leasingnehmer die kaufrechtlichen Gewährleistungsansprüche abtrete, dass er die rechtlichen Folgen, die sich aus der Geltendmachung der Gewährleistungsrechte durch den Leasingnehmer ergeben, als für sich verbindlich hinnehme. Wäre die Klausel nämlich nicht so auszulegen, so würde der Leasingnehmer in unangemessener Weise rechtlos gestellt mit der Folge der Unwirksamkeit der Freizeichnungsabrede (BGH 16. 9. 1981 – VIII ZR 265/80, NJW 1982, 105, 106). Hier werden ganz offensichtlich Gesichtspunkte der Auslegung und der Inhaltskontrolle miteinander verquickt. Es kann nicht sein, was nicht sein darf. Rechtslogisch kann jedoch nur etwas rechtlich bewertet werden, was zunächst tatbestandlich genau fixiert worden ist. Die Auslegung hat mithin an erster Stelle zu stehen und ist von Kontrollerwägungen möglichst freizuhalten. Erst in einem zweiten Schritt geht es dann um die Frage, ob die privatautonom getroffene Regelung vor den Inhaltsschranken der Rechtsordnung bestehen kann. Die Äußerung des *BGH* missachtet diese auch in der Systematik der §§ 305 ff BGB zum Ausdruck gelangte Zweistufigkeit der Rechtsanwendung im Vertragsrecht und – das wiegt am schwersten – verschleiert die tragenden Wertungen (FASTRICH, Inhaltskontrolle 21 ff; LEENEN AcP 188 [1988] 386 ff; ders AcP 190 [1990] 268 f; LARENZ/WOLF Allgemeiner Teil [9. Aufl 2004] § 43 Rn 30; STAUDINGER/SCHLOSSER [1998] § 5 AGBG Rn 5; noch weitergehender, jedoch in dieselbe Richtung zielend, der Vorwurf von CANARIS AcP 190 [1990] 419, die Bewältigung des Problems mittels Rückgriffs auf die Lehre von der Geschäftsgrundlage stelle sich insgesamt als verkappte Kassation, verbunden mit einer geltungserhaltenden Umdeutung, dar). Richtigerweise ist hingegen die zugrunde liegende typische Interessenlage in den Blick zu nehmen. Diese hat der BGH selbst prägnant – wenngleich seiner rechtlichen Beurteilung diametral zuwiderlaufend – wie folgt beschrieben: „Andererseits ist es aber typischerweise der Leasingnehmer, der nach seinen Vorstellungen die benötigte Ware beim Hersteller bzw Händler aussucht, mit diesem den Verwendungszweck erörtert und festlegt und daher in erster Linie, jedenfalls aber besser als der zumeist erst später eingeschaltete Leasinggeber, beurteilen kann, ob die ihm übergebene Sache gebrauchstauglich ist, dem besonderen Vertragszweck entspricht und ein etwaiger Mangel so gewichtig ist, dass er eine Wandelung des Kaufvertrages zwischen Leasinggeber und Hersteller bzw Händler geboten erscheinen lässt" (BGH 16. 9. 1981 – VIII ZR 265/80, NJW 1982, 105, 106; vgl auch BGH 30. 9. 1987 – VIII ZR 226/86, NJW 1988, 198, 200). Diese typische Interessenkonstellation spricht nach der Ansicht des BGH für die Sachangemessenheit und Wirksamkeit des leasingtypischen Gewährleistungsausschlusses. Tatsächlich lässt sich auf dieser Grundlage gar nicht erkennen, dass der

Leasinggeber eine genuine Einstandspflicht übernehmen will (wie hier LIEB DB 1988, 948 ff, 2497 f; LARENZ/CANARIS, Schuldrecht II/2 § 66 III 111; LARENZ/LEENEN, Schuldrecht II [12. Aufl] § 63 II 455; MARTINEK, Moderne Vertragstypen I § 4 IV 72 ff und § 7 II 162; H ROTH AcP 190 [1990] 306 ff; PAPAPOSTOLOU, Risikoverteilung beim Finanzierungsleasing 78 ff). Auch sein Vertragspartner wird eine solche Erwartung nicht hegen können. In seinen Augen ist stets der Verkäufer der kompetente und rechtlich zuständige Ansprechpartner für Probleme im Zusammenhang mit der Beschaffenheit des Leasinggutes. Der Leasinggeber, der den Leasinggegenstand vor der Überlassung an den Leasingnehmer in der Regel noch nicht einmal gesehen hat oder sogar erst später in den bereits abgeschlossenen Kaufvertrag eintritt, übernimmt lediglich die Finanzierung der Gebrauchsüberlassung. Die Investitionsentscheidung mit all ihren Folgen trifft allein der Leasingnehmer. Der sich mit der Gewährleistung befassende Passus in den Leasingverträgen kann somit nur so verstanden werden, dass der Leasinggeber sich bewusst von einer Einstandspflicht für die Gebrauchstauglichkeit des Leasinggutes fernzuhalten sucht. Dies ist letztlich eine sinnvolle und zwingende Folgerung aus wirtschaftlichen Grundlagen. Eine Interpretation, die von einer a priori bestehenden Gewährleistungsverpflichtung nach mietrechtlichem Vorbild ausgeht, die dann unter gewissen Voraussetzungen abbedungen werden darf, verfehlt mithin den Sinn und die Eigentümlichkeit eines Leasingvertrages. Das von den Parteien Gewollte wird so rechtlich nicht zutreffend umgesetzt.

bb) Sachverschaffungspflicht?
Fraglich ist sodann, ob der Leasinggeber verpflichtet ist, dem Leasingnehmer den 83 Besitz am Leasinggut zu verschaffen, ob er also – wie der Hersteller/Lieferant ihm gegenüber – die Lieferung und die Übergabe schuldet. Wollte man dies mit der vorherrschenden mietrechtlichen Sichtweise (BGH 16. 9. 1981 – VIII ZR 265/80, NJW 1982, 105, 106; BGH 9. 10. 1985 – VIII ZR 217/84, NJW 1986, 179: „... schuldet der Leasinggeber ... deren durch Übergabe der Sache herbeigeführten Erfolg"; BGH 1. 7. 1987 – VIII ZR 117/86, NJW 1988, 204, 205; BAMBERGER/ROTH//HAU/POSECK/ZEHELEIN BeckOK § 535 Rn 87; GITTER, Gebrauchsüberlassungsverträge 317; BECKMANN, in: MARTINEK/STOFFELS/WIMMER-LEONHARDT, Leasinghandbuch § 21 Rn 7; vWESTPHALEN, Leasingvertrag Kap H Rn 1; PALANDT/WEIDENKAFF Einf v § 535 Rn 50) bejahen, so hätte der Leasinggeber für Lieferstörungen aus der Sphäre des Lieferanten nach Maßgabe des § 278 BGB einzustehen (vgl hierzu Rn 193). Einer interessengerechten, an Sinn und Zweck des Finanzierungsleasingvertrages orientierten Auslegung entspricht eine solche Ausdehnung des Pflichteninhalts jedoch nicht. Es ist daran zu erinnern, dass es der Leasingnehmer ist, der sich mit einem von ihm ausgewählten Händler in Verbindung setzt, mit ihm den Liefervertrag abschlussreif aushandelt – beim Eintrittsmodell sogar abschließt – und sich in diesem Zusammenhang ein Bild von seiner Zuverlässigkeit und Leistungsfähigkeit machen kann. Die Leasinggesellschaft tritt regelmäßig erst zu einem späteren Zeitpunkt auf den Plan. Für Fragen der Anlieferung ist – für jedermann ersichtlich – nicht sie, sondern der Hersteller/Lieferant der kompetente Ansprechpartner. Vor allem aber wäre es im Vergleich zu dem als Finanzierungsalternative fungierenden finanzierten Ratenkauf wertungsmäßig nicht nachvollziehbar, aus welchem Grunde der Leasingnehmer – anders als der Abzahlungskäufer – in Person des Financiers einen selbständigen Garanten für die Leistungsfähigkeit und -bereitschaft des Lieferanten hinzugewinnen sollte. Der in der Abtretungskonstruktion zum Ausdruck gelangenden immanenten Teleologie des Finanzierungsleasingvertrages entspricht es vielmehr, dass der Leasingnehmer für rechtliche Auseinandersetzungen im Zusammen-

hang mit der (Nicht-)Lieferung der Leasingsache selbst zuständig sein soll. Eine vertragliche Verpflichtung des Leasinggebers, den Erfolg der Besitzerlangung herbeizuführen, lässt sich somit dem Finanzierungsleasingvertrag nicht entnehmen (wie hier LEENEN AcP 190 [1990] 280 ff; CANARIS AcP 190 [1990] 432 f; LARENZ/CANARIS, Lehrbuch des Schuldrechts II/2 121). Wenn man gleichwohl von einer Gebrauchsüberlassungspflicht des Leasinggebers redet, so sollte klargestellt werden, dass es sich nicht um eine originäre, sondern von der Leistungsfähigkeit und -willigkeit des Lieferanten abhängige Pflicht handelt (so zutreffend CANARIS AcP 190 [1990] 433).

cc) Pflicht zum Erwerb des Leasinggegenstandes

84 Nicht ganz unumstritten ist, ob der Leasinggeber im Leasingvertrag auch die Verpflichtung eingeht, den Leasinggegenstand durch Eingehung und Vollzug des Liefervertrages zu erwerben, um ihn sodann dem Leasingnehmer zum Gebrauch überlassen zu können. Im Schrifttum wird dies ganz überwiegend bejaht (CANARIS, in: Bankvertragsrecht Rn 1733; LARENZ/CANARIS, Lehrbuch des Schuldrechts II/2 112; GIGER, Der Leasingvertrag [1977] 74; wohl auch LIEB DB 1988, 2498). Der Klageweg wird in dieser Sache kaum je beschritten, sodass es an gerichtlichen Äußerungen fehlt. Allein die offenbar mangelnde Praktikabilität der gerichtlichen Durchsetzung spricht noch nicht gegen das Bestehen einer solchen Vertragspflicht zur Beschaffung der Sache (aA LEENEN AcP 190 [1990] 280 ff; gegen ihn LARENZ/CANARIS, Lehrbuch des Schuldrechts II/2 112). Vielmehr handelt es sich um ein der Überlassung zwingend vorgeschaltetes Schuldnerverhalten, das vom Leistungsversprechen implizit mit umfasst ist.

dd) Pflicht zur Belassung

85 Die Gebrauchsüberlassungspflicht beschränkt sich nach der Übergabe darauf, den Leasingnehmer nicht ohne rechtfertigenden Grund an der Nutzung zu hindern und ihn bei der Abwehr von Störungen durch Dritte zu unterstützen (BGH 30. 9. 1987 – VIII ZR 226/86, NJW 1988, 198, 199; PALANDT/WEIDENKAFF Einf v § 535 Rn 50). Während der Leasingzeit ist der Leasingnehmer dem Leasinggeber gegenüber zum Besitz berechtigt. Nimmt der Leasinggeber ohne vertragliches oder gesetzliches Recht die Sache vorzeitig an sich, so handelt er seiner Vertragspflicht zuwider und verliert für die Zeit der Gebrauchsentziehung den Anspruch auf die Leasingraten (BGH 30. 9. 1987 – VIII ZR 226/86, NJW 1988, 198, 199; BGH 28. 10. 1981 – VIII ZR 302/80, NJW 1982, 870; BECKMANN, in: MARTINEK/STOFFELS/WIMMER-LEONHARDT, Leasinghandbuch § 24 Rn 33; CANARIS AcP 190 [1990] 437). Bringt sich hingegen der Lieferant eigenmächtig wieder in den Besitz des Leasinggegenstandes, so muss sich dies der Leasinggeber nicht nach § 278 BGB zurechnen lassen. Denn hinsichtlich der Belassungspflicht fungiert der Lieferant nicht als Erfüllungsgehilfe des Leasinggebers (BGH 30. 9. 1987 – VIII ZR 226/86, NJW 1988, 198, 199; zust CANARIS AcP 190 [1990] 437).

86 Anders als der Vermieter (vgl § 535 Abs 1 S 2 BGB) ist der Leasinggeber nach hier vertretener Auffassung a priori nicht verpflichtet, die Leasingsache während der Laufzeit des Leasingvertrages in einem vertragsgemäßen Zustand zu erhalten (aA statt vieler vWESTPHALEN, Leasingvertrag Kap J Rn 3). In den Leasingbedingungen weisen die Leasinggesellschaften eine solche **Instandhaltungspflicht** regelmäßig explizit von sich. Eine typische Formulierung lautet: „Der Leasingnehmer ist verpflichtet, das Leasinggut auf eigene Kosten in einem ordnungsgemäßen und funktionsfähigen Zustand zu erhalten" (vgl vWESTPHALEN, Leasingvertrag Kap J Rn 5, der folgerichtig von einer „Überwälzung" spricht). Dies entspricht dem Wesen des Leasingvertrages als Finanzierungsinstrument. Dem Leasinggeber fehlt es als Financier erkennbar an der für die Übernahme von Instandhaltungspflichten notwendigen Kompetenz; eine derartige Erwartungshaltung der Leasingkunden wird dementsprechend auch nicht begründet. Insoweit kann auf die obigen Ausführungen zur Gewährleistung verwiesen werden (Rn 82).

b) Selbständige Pflicht zur Finanzierung?

Mit dem Abschluss eines Finanzierungsleasingvertrages erstrebt der Leasingnehmer die Finanzierung einer Investition, dh ihm wird die Nutzungsmöglichkeit eröffnet, ohne dass er sogleich die Anschaffungskosten in voller Höhe aufzubringen hat. Ob aus diesem, dem Leasingvertrag zugrunde liegenden Finanzierungselement der Schluss gezogen werden kann, der Leasinggeber sei zur Finanzierung verpflichtet, ist hingegen fraglich. Die „(Vor-)Finanzierung" wird im Schrifttum gleichwohl nicht selten zu den vom Leasinggeber (neben der Gebrauchsüberlassung) geschuldeten Hauptpflichten gezählt (vgl etwa PALANDT/WEIDENKAFF Einf v § 535 Rn 50; BAMBERGER/ROTH/HAU/POSECK/ZEHELEIN BeckOK § 535 Rn 87; MARTINEK, Moderne Vertragstypen I 90). Eine Rechtspflicht im engeren Sinne dürfte damit jedoch kaum gemeint sein. Die Finanzierung ist der erstrebte Effekt, vielleicht auch der wirtschaftliche Zweck des Vertrages. Die vertraglichen Festsetzungen des Leasingvertrages – insbesondere die vereinbarte Zahlungsweise (monatliche Raten) – stellen sicher, dass dieses Ziel erreicht wird. Ebenso wie man bei einem Anschaffungsdarlehen nicht von einer Pflicht zur Finanzierung, sondern von der Pflicht, einen bestimmten Geldbetrag zur Verfügung zu stellen (vgl § 488 Abs 1 BGB), sprechen würde, macht auch beim Leasingvertrag eine selbständige Finanzierungspflicht des Leasinggebers keinen rechten Sinn.

c) Nebenpflichten

Den Leasinggeber treffen je nach Ausgestaltung des Leasingvertrages weitere, die primäre Leistungspflicht ergänzende Nebenpflichten. Sie können bereits im vorvertraglichen Stadium im Zuge der Vertragsanbahnung entstehen. Es geht dann meist um Aufklärungs- und Beratungspflichten des Leasinggebers hinsichtlich des Inhalts und der wirtschaftlichen Folgen der geplanten Finanzierung für den Leasingnehmer (hierzu näher unter Rn 164 ff; zur Stellung des Lieferanten als Erfüllungsgehilfen vgl Rn 167 ff). Eine erhebliche Erweiterung erfährt das Pflichtenspektrum auf Seiten des Leasinggebers beim sog full-service- oder Brutto-Leasing. Hier übernimmt der Leasinggeber auch die Wartung des Leasingobjekts einschließlich der anfallenden Reparaturarbeiten (MARTINEK, Moderne Vertragstypen I 63). Schließlich können sich auch im Abwicklungsstadium noch Pflichten des Leasinggebers ergeben, so etwa die Pflicht zur bestmöglichen Verwertung des Leasinggegenstandes (BGH 4. 6. 1997 – VIII ZR 312/96, NJW 1997, 3166, 3167). Auf die pflichtwidrig versäumte bessere Verwertung des Leasingobjekts kann sich gem § 770 I BGB auch der Bürge des Leasingnehmers berufen (LG Hamburg 19. 7. 2016 – 303 O 286/15, BeckRS 2016, 15295). Jedoch besteht nur dann eine Pflicht des Leasinggebers eine vom Leasingnehmer gezahlte Kaution zu verzinsen, wenn dies eigens vereinbart ist (BGH 18. 11. 2009 – VIII ZR 347/08, NJW-RR 2010, 633, 633).

2. Pflichten des Leasingnehmers

a) Pflicht zur Zahlung der Leasingraten

89 Den Leasingnehmer trifft zuvörderst die Pflicht, die im Leasingvertrag vereinbarten Leasingraten an den Leasinggeber zu zahlen. Hierbei handelt es sich um die **Hauptpflicht** des Leasingnehmers. Die Leasingraten sind so kalkuliert, dass sie in ihrer Gesamtheit – beim Teilamortisationsvertrag häufig in Kombination mit einer Abschlusszahlung – folgende Kostenanteile umfassen: die Kosten des Leasinggebers für die Anschaffung des Leasinggutes beim Lieferanten, die Zinsen für die Finanzierungsleistung des Leasinggebers und die Provision des Leasinggebers (Gewinnzuschlag). Im Leasingvertrag werden diese Posten zumeist nicht weiter aufgeschlüsselt. Sofern es zu keinerlei Störungen während der Leasingzeit kommt, ist diese Differenzierung auch nicht weiter von Interesse. Bedeutung gewinnen die einzelnen Entgeltbestandteile jedoch zB dann, wenn der Leasingvertrag vorzeitig durch Kündigung sein Ende findet und die dann bestehenden Zahlungspflichten näher bestimmt werden müssen (LARENZ/CANARIS, Schuldrecht II/2 109 und CANARIS, in: Bankvertragsrecht Rn 1737).

90 Die **Fälligkeit** der ersten Leasingrate wird in den Leasingbedingungen im Allgemeinen mit dem Zeitpunkt der Auslieferung verknüpft, zB Fälligkeit der ersten Rate bis zum 3. des auf den Tag der Übergabe folgenden Monats (STOLTERFOHT, in: Münchener Vertragshandbuch Bd 2/I 982) oder Fälligkeit bei Übernahme, spätestens 14 Tage nach der Anzeige der Bereitstellung (MICHALSKI/SCHMITT, Kfz-Leasingvertrag 194). Hinsichtlich der folgenden Leasingraten entspricht es üblicher Vertragspraxis, als Fälligkeitstermin den Anfang des Kalendermonats festzulegen, zB bis zum 3. eines jeden Monats (STOLTERFOHT, in: Münchener Vertragshandbuch Bd 2/I 982). Setzt man in Anlehnung an das mietvertragliche Pflichtenprogramm die Ratenzahlungspflicht in Bezug zur Gebrauchsüberlassung, so liegt es nahe, im Hinblick auf die übliche Fälligkeitsbestimmung von einer Vorauszahlungspflicht des Leasingnehmers auszugehen. Eine unangemessene Benachteiligung des Leasingnehmers wäre hierin freilich – ebenfalls in Anlehnung an die Rechtsprechung zum Mietvertrag – nicht zu erblicken (vgl BGH 8. 3. 1995 – VIII ZR 313/93, NJW 1995, 1541, 1543 für den Leasingvertrag und BGH 26. 10. 1994 – VIII ARZ 3/94, NJW 1995, 254 f für den Mietvertrag; beachte jetzt im Übrigen § 556b Abs 1 BGB; STOLTERFOHT, in: Münchener Vertragshandbuch Bd 2/I 1026). Die Bindung der Zahlungsverpflichtung an kalendermäßig fixierte Fälligkeitsdaten führt im Übrigen dazu, dass der Leasingnehmer automatisch, also ohne vorherige Mahnung, in Verzug gerät, wenn er mit der Ratenzahlung in Rückstand gerät, § 286 Abs 2 Nr 1 BGB (vWESTPHALEN, Leasingvertrag Kap G Rn 2; zu den Konsequenzen des Verzuges vgl noch Rn 316).

91 Leasingverträge begründen eine langfristige Rechtsbeziehung zwischen den Vertragsparteien. Schon zwischen dem Abschluss des Leasingvertrages und der Auslieferung des Leasinggegenstandes können Wochen liegen. Die Dauer der Ratenzahlung bemisst sich nach Monaten und Jahren. Die zeitliche Streckung erschwert dem Leasinggeber die Kalkulation. In den gängigen Leasingvertragswerken finden sich daher **Anpassungsklauseln**, die eine einseitige Änderung des vereinbarten Leasingentgelts erlauben. Ob und inwieweit es in Allgemeinen Leasingbedingungen zulässig ist, das Risiko nachträglicher Änderungen der Kalkulationsgrundlagen auf den Kunden abzuwälzen, beurteilt sich nach § 307 BGB. § 309 Nr 1 BGB gelangt hier nicht zur Anwendung, da der Leasingvertrag ein Dauerschuldverhältnis begründet. Keine unangemessene Benachteiligung geht zunächst von Klauseln aus, die eine Preiserhöhung des Lieferanten nach Abschluss des Leasingvertrages und vor Zahlung des Anschaffungspreises durch den Leasinggeber an den Leasingnehmer weitergeben. Für die grundsätzliche Zulässigkeit spricht schon die Sachnähe des Leasingnehmers, der den Lieferanten ausgesucht und die Verhandlungen mit ihm geführt hat (SPITTLER, Leasing für die Praxis 104; STOFFELS, in: MARTINEK/STOFFELS/WIMMER-LEONHARDT, Leasinghandbuch § 18 Rn 5; SANNWALD, Finanzierungsleasingvertrag 143 f; STOLTERFOHT, in: Münchener Vertragshandbuch Bd 2/I 1028). Problematischer sind hingegen Klauseln, die auf eine Veränderung der Refinanzierungsbedingungen Bezug nehmen (für generelle Unwirksamkeit vWESTPHALEN, Leasingvertrag Kap G Rn 31; STOFFELS, in: MARTINEK/STOFFELS/WIMMER-LEONHARDT, Leasinghandbuch § 18 Rn 7; SANNWALD, Finanzierungsleasingvertrag 144 f). Sie sind jedenfalls dann unwirksam, wenn sie lediglich dem Leasinggeber für den Fall der Verteuerung der Refinanzierung ein Erhöhungsrecht, nicht aber für den umgekehrten Fall dem Leasingnehmer ein Ermäßigungsrecht einräumen (OLG Frankfurt 14. 5. 1985 – 5 U 210/84, NJW 1986, 1355; STOFFELS, in: WOLF/LINDACHER/PFEIFFER, Leasingverträge L 81). Ebenso ist für Änderungsvorbehalte in Bezug auf öffentliche Abgaben und Versicherungsprämien zu entscheiden (SPITTLER, Leasing für die Praxis 105; eingehend ferner vWESTPHALEN, Leasingvertrag Kap G Rn 37 ff und SANNWALD, Finanzierungsleasingvertrag 145 ff). Bei alledem ist zu beachten, dass individuell getroffene Abreden, hier insbesondere Festpreisabreden („unveränderlich", „fix"), nach § 305b BGB Vorrang zukommt (hierzu näher vWESTPHALEN, Leasingvertrag Kap G Rn 36) und der Klauseltext stets den Anforderungen des Transparenzgebots entsprechen muss, § 307 Abs 1 S 2 BGB. Dem aus dem Transparenzgebot abzuleitenden Gebot möglichst weitgehender Konkretisierung wird beispielsweise die Anknüpfung an eine „Veränderung der Verhältnisse am Geld- und Kapitalmarkt" nicht gerecht (OLG Frankfurt 14. 5. 1985 – 5 U 210/84, NJW 1986, 1355).

Der Anspruch auf Zahlung der Leasingraten **verjährt** gemäß § 195 BGB (zum Verjährungsbeginn vgl § 199 Abs 1 BGB) jetzt einheitlich für das Mobilien- und Immobilienleasing in drei Jahren, spätestens jedoch in zehn Jahren, § 199 Abs 4 BGB (zum alten Verjährungsrecht vgl BGH 22. 1. 1986 – VIII ZR 318/84, NJW 1986, 1335; BGH 2. 11. 2005 – VIII ZR 39/04, NJW 2006, 364, 365). **92**

b) Amortisationspflicht
Die Verpflichtung zur Zahlung der vereinbarten Leasingraten wird gleichsam überwölbt durch die den Finanzierungsleasingvertrag kennzeichnende Pflicht des **Leasingnehmers, die volle Amortisation des zur Beschaffung des Leasingobjekts eingesetzten Kapitals einschließlich des kalkulierten Gewinns zu gewährleisten** (BGH 12. 6. 1985 – VIII ZR 148/84, NJW 1985, 2253, 2256). Bei den Vollamortisationsverträgen wird die Amortisation allein durch die Zahlung der vereinbarten Leasingraten und die Rückgabe des während der Überlassungszeit benutzten Leasinggegenstandes erreicht. Bei den Teilamortisationsverträgen soll dasselbe Ziel zu einem Teil durch die Zahlung von Leasingraten und zum anderen Teil mittels der Vereinbarung eines Andienungsrechts durch Zahlung eines regelmäßig bereits bei Vertragsschluss fixierten Kaufpreises oder aber durch Erbringung einer Abschlusszahlung erreicht werden (BGH 12. 6. 1985 – VIII ZR 148/84, NJW 1985, 2253, 2256). Anders als bei einem Mietvertrag, bei dem das Mietobjekt bereits zur Verfügung steht und vielleicht schon durch einträgliche Vermietungen in der Vergangenheit seine Kosten eingespielt hat, wird die **93**

Leasingsache regelmäßig vom Leasinggeber mit einem nicht unbeträchtlichen Kapitalaufwand entsprechend den Wünschen des Leasingnehmers angeschafft, um sie ihm für eine bestimmte Zeit zum Gebrauch zu überlassen. Die Parteien begreifen das Leasinggeschäft also in erster Linie als ein Finanzierungsinstrument und sind sich folglich darüber einig, dass die eingesetzten Mittel an den Kreditgeber zurückfließen müssen. Der BGH hat die Amortisationspflicht daher zu Recht als **leasingtypisch und vertragsimmanent** bezeichnet (BGH 12. 6. 1985 – VIII ZR 148/84, NJW 1985, 2253, 2256). Die Unwirksamkeit einer vorformulierten Regelung der vom Leasingnehmer zu erbringenden Ausgleichszahlung hat daher lediglich zur Folge, dass die Klausel als Bemessungsgrundlage für die Höhe des Ausgleichsanspruchs ausscheidet, ihm jedoch nicht die Grundlage entzogen wird. Die Amortisationspflicht ist ein untrennbarer Bestandteil des durch den Leasingvertrag begründeten Pflichtenprogramms; hierin eine neben der mietvertraglichen Entgeltpflicht stehende eigenständige Garantiepflicht im Sinne des § 311 Abs 1 BGB zu erblicken (so insbesondere vWestphalen, Leasingvertrag Kap A Rn 49 und 58 und Gitter, Gebrauchsüberlassungsverträge 308 für den Teilamortisationsvertrag; auch Staudinger/Martinek [2006] § 675 Rn B 138 spricht von einem „garantievertraglichen Element"), ist hingegen wenig hilfreich und mutet als ein „Zuviel an Konstruktion" (Soergel/Heintzmann Vor § 535 Rn 55) an (ablehnend auch Larenz/Canaris, Lehrbuch des Schuldrechts II/2 105).

94 Der Vollamortisationsanspruch aktualisiert sich insbesondere in den Fällen, in denen **bei Vertragsende** die volle Amortisation auf Seiten des Leasinggebers noch nicht erreicht ist (Soergel/Heintzmann Vor § 535 Rn 55; vgl im Einzelnen hierzu die Ausführungen unter Rn 290). So wird das Vollamortisationsprinzip für einen eventuellen Schadensersatzanspruch nach verzugsbedingter Kündigung des Leasinggebers zur bestimmenden Größe (vgl nur BGH 12. 6. 1985 – VIII ZR 148/84, NJW 1985, 2253, 2255 ff).

95 Umstritten ist, ob die Amortisationspflicht des Leasingnehmers im Gegenseitigkeitsverhältnis zu der vom Leasinggeber geschuldeten Gebrauchsüberlassung steht. Entgegen der hM, die von einer **synallagmatischen Verknüpfung** beider Pflichten ausgeht (BGH 5. 4. 1978 – VIII ZR 49/77, NJW 1978, 1432, 1434; BGH 8. 10. 1990 – VIII ZR 247/89, NJW 1991, 102, 105; MünchKomm/Koch Leasing Rn 33; Soergel/Heintzmann Vor § 535 Rn 55; BeckOGK/Ziemssen [1. 1. 2018] § 535 Rn 833), dürfte dies schon deshalb **zu verneinen** sein, weil es – in den Worten des BGH (BGH 12. 6. 1985 – VIII ZR 148/84, NJW 1985, 2253, 2256) – zum Wesen jeglicher Finanzierung gehört, dass die eingesetzten Mittel an den Kreditgeber zurückfließen (wie hier Larenz/Canaris, Lehrbuch des Schuldrechts II/2 110 f; Canaris AcP 190 [1990] 440; im Ergebnis diesem Ansatz nahestehend Lieb WM 1992, Beil 6 12 ff). Ebenso wie die Rückführung einer Kreditverbindlichkeit stellt auch das Abtragen der vom Leasinggeber verauslagten Investitionskosten keine Gegenleistung im Sinne der §§ 320 ff BGB dar. Die Aufspaltung des Leasinggeschäfts in zwei formal selbständige Verträge kann die Übertragung dieses kreditrechtlichen Grundsatzes auf das Finanzierungsleasing nicht hindern. Folgerichtig steht auch die Zahlung der Leasingraten nur zu einem eher geringen Teil im Gegenseitigkeitsverhältnis zur Gebrauchsüberlassung. Lediglich die darin enthaltene Provision und der Zinsanteil stellen eine echte Gegenleistung des Leasingnehmers dar (Canaris, in: Bankvertragsrecht Rn 1737). Dies hat – wie noch zu zeigen sein wird – Rückwirkungen auf die Zahlungsverpflichtungen des Leasingnehmers bei einem Verlust der Möglichkeit, den Leasinggegenstand wie vorgesehen zu nutzen.

c) Nebenpflichten

Den Leasingnehmer treffen im Verhältnis zum Leasinggeber zahlreiche Nebenpflichten. Dabei kann es sich um nicht näher spezifizierte Schutzpflichten im Sinne des § 241 Abs 2 BGB handeln, wie die Pflicht, die im Eigentum des Leasinggebers stehende Leasingsache schonend zu behandeln und vor Beschädigung zu bewahren. Die Allgemeinen Leasingbedingungen listen im Übrigen in der Regel eine ganze Reihe teilweise sehr konkret formulierter Nebenpflichten des Leasingnehmers auf. Diese reichen von der Pflicht, das Leasinggut während der Vertragslaufzeit in einem funktionsfähigen Zustand zu halten bzw wieder in einen solchen zu versetzen (vgl hierzu auch Rn 210 ff), über die Pflicht zur Anzeige von Schadensfällen sowie die Unterrichtung über die Einleitung und den Verlauf der von ihm zu führenden Gewährleistungsauseinandersetzungen mit dem Lieferanten bis hin zur Versicherungspflicht. Die Leasingbedingungen gehen auch insoweit deutlich auf Abstand zum gesetzlichen Regelungsmodell des Mietvertrages.

96

d) Pflicht zur Zahlung eines Bearbeitungsentgelts

Im Leasinggeschäft kommt es offenbar nicht selten vor, dass die Leasinggesellschaft in ihren Bedingungswerken ihren Kunden eine Bearbeitungsgebühr auferlegen. Diese orientiert sich dann meist an dem Gesamtfinanzierungsbetrag. Diese Praxis ist bei der Kreditvergabe durch Banken und Sparkassen weit verbreitet, wird dort aber – zumindest bei Beteiligung von Verbrauchern – zunehmend kritisch gesehen. Im Anschluss an einen Aufsatz von Nobbe (WM 2008, 185) haben in letzter Zeit zahlreiche Instanzgerichte und schlussendlich auch der BGH die AGB-rechtliche Zulässigkeit solcher Bearbeitungsentgelte verneint (BGH 13. 5. 2014 – XI ZR 405/12, NJW 2014, 2420 und XI ZR 170/13, NJW-RR 2014, 1133; hierzu statt vieler Piekenbrock ZBB 2015, 13 und Koch WM 2016, 717). Dafür wird angeführt, die Bepreisung einer Tätigkeit, die keine Dienstleistung für den Kunden darstelle, sei eine unangemessene Benachteiligung des Kunden (§ 307 BGB). Die vom Begriff des Bearbeitungsentgelts umfassten Tätigkeiten der Bank, insbesondere eine Bonitätsprüfung des Kunden, lägen allein im Interesse der Bank und stellten keine entgeltfähige Leistung für den Kunden dar. Diese Argumentation dürfte die Rechtsprechung nunmehr auch auf entsprechende Gebühren für den Abschluss eines Leasingvertrages übertragen. Eine grundsätzlich anders geartete Interessenlage – wie sie etwa bei den Abschlussgebühren der Bausparkassen anerkannt worden ist (BGH 7. 12. 2010 – XI ZR 3/10, NJW 2011, 1801) – ist hier nicht erkennbar (wie hier MünchKomm/Koch Leasing Rn 47a). Solche Gebühren müssten dann künftig von vornherein in die Leasingraten eingerechnet werden.

96a

e) Pflicht zur Tragung der Überführungs- und Zulassungskosten

Der Lieferant hat, wenn er den Leasinggegenstand auf Anweisung des Leasinggebers an den Leasingnehmer ausliefert, gegenüber dem Leasingnehmer einen Anspruch aus § 354 Abs 1 HGB auf Erstattung der Kosten für die Überführung und die Zulassung. Die in einem Kfz-Leasingvertrag enthaltene Klausel, wonach der ausliefernde Betrieb die Überführungs- und Zulassungskosten separat berechnet, ist daher nicht überraschend im Sinne von § 305c Abs 1 BGB und hält auch einer Inhaltskontrolle gem § 307 Abs 1 S 1 BGB stand (BGH 23. 11. 2016 – VIII ZR 269/15, NJW 2017, 1388 mit Anm Mann NJW 2017, 1390).

96b

VII. Vertragsschluss

1. Das Zustandekommen des leasingtypischen Dreiecks

97 Die Leasingpraxis kennt verschiedene Wege, die vertraglichen Beziehungen zwischen dem Lieferanten und dem Leasinggeber einerseits sowie dem Leasinggeber und dem Leasingnehmer andererseits ins Leben zu rufen. Soweit es um die Anbahnung von Finanzierungsleasinggeschäften über bewegliche Güter geht, lassen sich zwei Modelle unterscheiden, nämlich der gleichzeitige Abschluss des Leasing- und des Liefervertrages sowie das sog Eintrittsmodell.

a) Gleichzeitiger Abschluss des Leasingvertrages und des Liefervertrages

98 In der Regel ergreift der künftige Leasingnehmer die Initiative. Er begibt sich zu einem Händler und lässt sich von diesem über die in Betracht kommenden Produkte beraten. Im Zuge der vorbereitenden Gespräche kommt sodann regelmäßig die Zahlungsverpflichtung des Kunden und die Möglichkeit einer Finanzierung zur Sprache. Hier wird es oftmals der Kunde selbst sein, der den Abschluss eines Leasinggeschäfts vorschlägt, etwa weil er schon im Vorfeld in Erfahrung gebracht hat, dass der Händler auf dieser Basis arbeitet. In manchen Fällen wird es aber auch der Händler sein, der den Kunden auf diese Möglichkeit hinweist. Üblicherweise arbeiten die Händler mit einer Leasinggesellschaft, manchmal auch mit mehreren Gesellschaften, zusammen. Die Intensität dieser Kooperation variiert in der Praxis. Regelmäßig ist der Händler dem Leasinginteressenten bei der Vertragsanbahnung behilflich, etwa indem er die Formulare der Leasinggesellschaft bereithält und zusammen mit dem Kunden ausfüllt. Über die Einzelheiten des Liefergeschäfts sind sich der künftige Leasingnehmer und der Händler zu diesem Zeitpunkt bereits einig geworden. Der Liefervertrag ist **bis zur Unterschriftsreife** ausgehandelt (BECKMANN, in: MARTINEK/STOFFELS/WIMMER-LEONHARDT, Leasinghandbuch § 5 Rn 9; MARTINEK, Moderne Vertragstypen I 119).

99 Der Händler/Lieferant wird von den Leasinggesellschaften zwar häufig mit der Akquisition und dem „Einfädeln" des Leasinggeschäfts betraut, was rechtlich auf ein Auftragsverhältnis hindeutet (BECKMANN, in: MARTINEK/STOFFELS/WIMMER-LEONHARDT, Leasinghandbuch § 5 Rn 2 und 10); die **Stellung eines Vertreters** nimmt der Lieferant hingegen regelmäßig **nicht** ein (OLG Düsseldorf 18. 1. 2010 – 24 U 116/09, BeckRS 2010, 12221; BAMBERGER/ROTH/HAU/POSECK/ZEHELEIN BeckOK § 535 Rn 91; BeckOGK/ZIEMSSEN [1. 1. 2018] § 535 Rn 781). Die Überlassung der Antragsformulare rechtfertigt ohne Hinzutreten besonderer Umstände allein auch nicht die Annahme einer Duldungs- oder Anscheinsvollmacht des Lieferanten (BGH 3. 7. 1985 – VIII ZR 102/84, BGHZ 94, 170, 174, insoweit nicht abgedruckt in NJW 1985, 2258; BGH 1. 7. 1987 – VIII ZR 117/86, NJW 1988, 204, 206; ERMAN/JENDREK Anh § 535 Rn 19; MünchKomm/KOCH Leasing Rn 40; BeckOGK/ZIEMSSEN [1. 1. 2018] § 535 Rn 781; EMMERICH JuS 1990, 4; BAMBERGER/ROTH/HAU/POSECK/ZEHELEIN BeckOK § 535 Rn 91). Einen solchen besonderen Umstand, der auf eine Bevollmächtigung schließen lässt, hat das OLG Dresden (5. 6. 2002 – 8 U 280/02, NJW-RR 2003, 269) darin gesehen, dass auf der Vorderseite des Leasingvertragsformulars unter der Überschrift „Ihr Ansprechpartner" der Lieferant mit Anschrift eingetragen war. Liegen solche besonderen Umstände hingegen nicht vor, bleibt es dabei, dass der Leasinggeber vertraglich nicht an etwaige Zusagen des Lieferanten hinsichtlich der Eigenschaften des Vertragsgegenstandes oder der Einzelheiten des Leasingvertrages, zB

Erwerbs- oder Rücktrittsrecht des Leasingnehmers, gebunden ist. Trotz dieses an sich eindeutigen Ausgangspunktes wächst in Literatur und Rechtsprechung unverkennbar die Neigung, den Leasinggeber auch bei fehlender Vertretungsmacht des Lieferanten unter unterschiedlichen Vorzeichen an dessen Zusagen zu binden (s insbesondere OLG Düsseldorf 17. 12. 1987 – 10 U 100/87, NJW 1988, 1332; 23. 6. 1988 – 10 U 285/87, MDR 1988, 1055; OLG Köln 12. 2. 1990 – 11 U 267/89, WM 1990, 1682 f; vWestphalen, Leasingvertrag Kap D Rn 95; Wolf/Eckert/Ball, Handbuch Rn 1845 ff; Emmerich JuS 1990, 4 f). Hinzuweisen ist insbesondere auf die Rechtsprechung zu den Informationspflichten im Stadium der Vertragsanbahnung und die Zurechnung des Lieferantenverhaltens nach § 278 BGB. Aus der wirtschaftlichen Einheit des Vertrages mit dem Lieferanten und dem Leasingvertrag folgert der BGH, dass der in die Verhandlungen eingeschaltete Lieferant ebenso wie der Leasinggeber auf kongruente Vertragsinhalte zu achten hätte. Auf Abweichungen oder – anders ausgedrückt – auf die fehlende Vertretungsmacht des Lieferanten muss der Leasingnehmer hingewiesen werden (BGH 3. 7. 1985 – VIII ZR 102/84, NJW 1985, 2258, 2259). Vgl hierzu die Ausführungen unter Rn 165.

Das Angebot auf Abschluss eines Leasingvertrages leitet der Lieferant nunmehr der als Partei des Leasinggeschäfts in Betracht gezogenen Leasinggesellschaft zu. Diese wird vor der Annahme dieses Angebots die im Vertragsformular enthaltenen Angaben sowie die Bonität des Kunden und ggf des Lieferanten überprüfen. Um sich hierfür eine gewisse Bearbeitungszeit zu sichern, nehmen die Leasinggesellschaften gewöhnlich bereits in ihre Antragsformulare eine Klausel auf, der zufolge der Leasinginteressent an sein Angebot bis zum Ablauf einer vorgegebenen Frist gebunden bleibt, die Leasinggesellschaft also innerhalb dieser Zeitspanne über die Annahme entscheiden kann. Solche vorformulierten **Annahmefristen** sind im nichtunternehmerischen Geschäftsverkehr an § 308 Nr 1 BGB und im unternehmerischen Verkehr an der Generalklausel des § 307 Abs 2 Nr 1 BGB zu messen. Im Schrifttum werden Annahmefristen von bis zu einem Monat für zulässig erachtet (Beckmann DStR 2007, 157, 157; vWestphalen, Leasingvertrag Kap D Rn 35; MünchKomm/Koch Leasing Rn 39; Stolterfoht, in: Münchener Vertragshandbuch Bd 2/I 1025). Eine zweimonatige Annahmefrist ist von der Rechtsprechung beanstandet worden (OLG Hamm 14. 3. 1986 – 4 U 197/85, NJW-RR 1986, 927, 928; zust Stoffels, in: Wolf/Lindacher/Pfeiffer, Leasingverträge L 59; BeckOGK/Ziemssen [1. 1. 2018] § 535 Rn 783. 1). Nach § 307 Abs 2 Nr 1 BGB unwirksam ist ferner eine Klausel, wonach der Leasingnehmer auf den Zugang der Annahme seines Leasingangebots durch den Leasinggeber im Vorhinein verzichtet (OLG Hamm 14. 3. 1986 – 4 U 197/85, NJW-RR 1986, 927, 928; OLG Düsseldorf 20. 3. 2001 – 24 U 178/00, ZMR 2002, 35; 24 30. 4. 2002 – U 154/01, NJW-RR 2003, 126; Stoffels, in: Wolf/Lindacher/Pfeiffer, Leasingverträge L 59; Soergel/Heintzmann Vor § 535 Rn 48; BeckOGK/Ziemssen [1. 1. 2018] § 535 Rn 784; **aA** MünchKomm/Koch Leasing Rn 40 und OLG Celle 21. 6. 2000 – 2 U 216/99, OLG Report 2000, 264). **100**

Spricht sich die Leasinggesellschaft nach Prüfung des Falles **gegen das** ihr **angetragene Leasinggeschäft** aus, so scheitert, wenn nicht ein anderer Finanzierungspartner gefunden wird, damit auch das Erwerbsgeschäft. Den Leasinginteressenten treffen in diesem Fall gegenüber dem Lieferanten keinerlei Verpflichtungen, sind die diesbezüglichen Verhandlungen doch lediglich bis zur Unterschriftsreife geführt worden (Beckmann, in: Martinek/Stoffels/Wimmer-Leonhardt, Leasinghandbuch § 5 Rn 39). **101**

102 In dem anderen Fall endet die Prüfung durch die Leasinggesellschaft mit einem positiven Resultat. Dann **kommt der Leasingvertrag** mit dem Zugang der Annahmeerklärung beim Leasingnehmer **zustande**. Der Leasinggeber wird sich nun an den in Aussicht genommenen Lieferanten wenden. Mit diesem hatte ja der Leasingnehmer die Vorgespräche bis zur Unterschriftsreife geführt. Das **Liefergeschäft** kommt nunmehr unmittelbar zwischen dem Lieferanten (Hersteller/Händler) und dem Leasinggeber zustande. Hierbei kann es sich je nach Art der Leistung um einen Kaufvertrag (§§ 433 ff BGB), einen Werklieferungsvertrag (§ 651 BGB) oder auch um einen Werkvertrag (§§ 635 ff BGB) handeln (MünchKomm/Koch Leasing Rn 39; BeckOGK/Ziemssen [1. 1. 2018] § 535 Rn 769). Der Vertragsinhalt ist aufgrund der leasingtypischen Drittverweisungsklausel von erheblicher Bedeutung für die Rechtsstellung des Leasingnehmers (ausführlich zu den Regelungsinhalten des Liefergeschäfts vWestphalen, Leasingvertrag Kap E Rn 19 ff; zur Sittenwidrigkeit des Liefervertrages und deren Auswirkungen auf den Leasingvertrag OLG Nürnberg 4. 7. 1995 – 3 U 63/95, WM 1996, 497; Lösekrug WM 2014, 204 f, Beckmann CR 1996, 151 und vWestphalen, Leasingvertrag Kap G Rn 85 ff; zur Rechtslage, wenn der Liefervertrag nur zum Schein geschlossen worden ist vgl OLG Frankfurt 20. 5. 2003 – 5 U 230/01, WM 2003, 1850; zur Unwirksamkeit einer formularmäßigen Rückkaufvereinbarung Rn 330a ff). Typischerweise verpflichtet sich der Lieferant gegenüber seinem Vertragspartner, dem Leasinggeber, zur Vorleistung, also zur Auslieferung des Leasinggegenstandes an den Leasingnehmer (zulässig nach § 307 BGB, vgl MünchKomm/Koch Leasing Rn 39). Sein Zahlungsanspruch gegen den Leasinggeber wird dann gemäß den Bedingungen des Liefervertrages kurze Zeit später mit Zugang der Übernahmebestätigung des Leasingnehmers fällig (zur Bedeutung der Übernahmebestätigung vgl noch Rn 182).

103 Sollte es zwischen dem Leasinggeber und dem Lieferanten wider Erwarten doch nicht zum Vertragsschluss kommen, stellt sich die Frage, welche Auswirkungen diese Entwicklung auf den bereits zuvor zustande gekommenen Leasingvertrag hat. Die Leasingbedingungen treffen hier zumeist in der Weise Vorkehrungen, als sie sowohl dem Leasingnehmer als auch dem Leasinggeber das **Recht zum Rücktritt** einräumen (vgl etwa § 3 Abs 4 des Musterleasingvertrages bei Stolterfoht, in: Münchener Vertragshandbuch Bd 2/I 983).

b) Eintritt des Leasinggebers in den Liefervertrag

104 Nicht selten (Beckmann, in: Martinek/Stoffels/Wimmer-Leonhardt, Leasinghandbuch § 5 Rn 24; BeckOGK/Ziemssen [1. 1. 2018] § 535 Rn 773; vWestphalen, Leasingvertrag Kap D Rn 122: „ausgesprochen häufig"; **anders** Martinek/Omlor, in: Bankrechts-Handbuch § 101 Rn 34: „Ausnahmefall") vollzieht sich die Anbahnung eines Leasinggeschäfts in der Weise, dass der interessierte Kunde mit dem von ihm aufgesuchten Lieferanten den Kauf- oder Werklieferungsvertrag nicht nur abschlussreif aushandelt, sondern ihn sogleich rechtsverbindlich abschließt. Die Finanzierung des Kaufpreises bzw Werklohns durch Einschaltung einer Leasinggesellschaft nehmen die Parteien zunächst nur in Aussicht. Die Realisierung dieses Vorhabens erfolgt erst nach Abschluss des Liefervertrages.

aa) Konsequenzen des Nichtzustandekommens des Leasingvertrages

105 Der Leasinginteressent geht bei dieser Vorgehensweise ein gewisses Risiko ein, bleibt er doch mangels anderweitiger Absprache grundsätzlich auch dann an den Liefervertrag gebunden, wenn das erstrebte Leasinggeschäft nicht zustande kommt. Er schuldet dann den Kaufpreis bzw Werklohn in bar (BGH 9. 5. 1990 – VIII ZR 222/89,

NJW-RR 1990, 1009, 1011; BGH 19. 12. 1979 – VIII ZR 95/79, NJW 1980, 698; Wolf/Eckert/Ball, Handbuch Rn 1865). Die Parteien des Leasingvertrages können dieser Gefahr Rechnung tragen, indem sie dem Käufer/Besteller ein Rücktrittsrecht für den Fall einräumen, dass die Leasingfinanzierung nicht zustande kommt. Häufig werden in den Liefervertrag sog **Leasingfinanzierungsklauseln** aufgenommen, zB „Finanzierung über Leasing", „Zahlung auf Leasingbasis" oder „Finanzierungsbasis per Liefervertrag" (vgl Beckmann, in: Martinek/Stoffels/Wimmer-Leonhardt, Leasinghandbuch § 5 Rn 25 f). Mit ihr bekunden die Parteien nicht nur ihre Absicht, die Investition durch Einschaltung einer Leasinggesellschaft zu finanzieren. Solche Klauseln sind vielmehr im Regelfall in der Weise auszulegen, dass durch sie auch eine rechtliche Verknüpfung beider Geschäfte hergestellt werden soll, und zwar dergestalt, dass der Liefervertrag unter der auflösenden Bedingung (§ 158 Abs 2 BGB) des Nichtzustandekommens des Leasingvertrages steht (MünchKomm/Koch Leasing Rn 41; BeckOGK/Ziemssen [1. 1. 2018] § 535 Rn 773; vgl auch vWestphalen, Leasingvertrag Kap D Rn 127 ff). Kommt es dann jedoch allein deswegen nicht zum Abschluss eines Leasingvertrages, weil es sich der Käufer/Besteller entgegen seiner Absichtsbekundung im Liefervertrag nunmehr anders überlegt hat, so kann er sich gem § 162 Abs 2 BGB auf das von ihm zu vertretende Nichtzustandekommen des Leasingvertrages nicht berufen (BGH 9. 5. 1990 – VIII ZR 222/89, NJW-RR 1990, 1009, 1011; MünchKomm/Koch Leasing Rn 41; BeckOGK/Ziemssen [1. 1. 2018] § 535 Rn 774; Beckmann, in: Martinek/Stoffels/Wimmer-Leonhardt, Leasinghandbuch § 5 Rn 42). Andererseits stellt es noch kein treuwidriges Verhalten dar, wenn der Leasingnehmer nach Abschluss eines Leasingvertrages, aber noch vor dem Eintritt des Leasinggebers in den Liefervertrag von seinem ihm als Verbraucher zustehenden Widerrufsrecht (§§ 506, 495 Abs 1, 355 BGB; vgl Rn 159) Gebrauch macht (Lieb WM 1991, 1535 Fn 25; MünchKomm/Koch Leasing Rn 41; BeckOGK/Ziemssen [1. 1. 2018] § 535 Rn 774; Beckmann, in: Martinek/Stoffels/Wimmer-Leonhardt, Leasinghandbuch § 5 Rn 42). Der Liefervertrag findet in diesem Fall sein Ende durch den Eintritt einer auflösenden Bedingung.

bb) Eintritt als Vertragsübernahme

106 Entscheidet sich die um Finanzierung des abgeschlossenen Liefergeschäfts ersuchte Leasinggesellschaft, in den Leasingvertrag „einzusteigen", so kommt es rechtlich gesehen zu einer Auswechslung der Vertragsparteien. An die Stelle des Leasingnehmers tritt im Wege der Vertragsübernahme die Leasinggesellschaft (ganz hM: BGH 20. 6. 1985 – IX ZR 173/84, WM 1985, 1172 ff; BGH 27. 11. 1985 – VIII ZR 316/84, NJW 1986, 918; BGH 24. 1. 1990 – VIII ZR 22/89, NJW 1990, 1290, 1292; MünchKomm/Koch Leasing Rn 41; BeckOGK/Ziemssen [1. 1. 2018] § 535 Rn 773; Beckmann, in: Martinek/Stoffels/Wimmer-Leonhardt, Leasinghandbuch § 5 Rn 28; Martinek/Omlor, in: Bankrechts-Handbuch § 101 Rn 34; vWestphalen, Leasingvertrag Kap D Rn 123 ff). Sie allein ist nunmehr gegenüber dem Lieferanten berechtigt und verpflichtet. Für eine solche rechtsgeschäftliche Vertragsübernahme ist die Mitwirkung aller drei Beteiligten notwendig (MünchKomm/Bydlinski vor § 414 Rn 8 mwNw). Ausreichend ist aber, dass die Übernahme des Vertrages im Leasingvertrag vereinbart wird und der Lieferant sich hiermit einverstanden erklärt (vWestphalen, Leasingvertrag Kap D Rn 123 ff). Die Anfechtung der Vertragsübernahme muss gegenüber allen an der Vertragsübernahme beteiligten und durch die Anfechtung berührten Personen erfolgen. Wurde also der Leasinggeber vom Lieferanten im Zuge der Vertragsübernahme getäuscht, so kann die Anfechtung nur durch eine sowohl dem Leasingnehmer wie auch dem Lieferanten gegenüber abgegebene Erklärung erfolgen (BGH 27. 11. 1985 – VIII ZR 316/84, NJW 1986, 918;

aA LG Stuttgart 24. 2. 2017 – 12 O 202/16, BeckRS 2017, 103439 nur Anfechtung ggü Leasinggeber).

107 In Ausnahmefällen kommen neben der Vertragsübernahme auch andere Konstruktionen in Betracht (vgl etwa Lieb WM 1991, 1535). So hatte der BGH über eine – wohl eher seltene – Konstellation zu befinden, die dadurch gekennzeichnet war, dass der Leasinggeber mit Einverständnis des Lieferanten und des Leasingnehmers in einem mit „Erfüllungsübernahme" überschriebenen Formular erklärte, der Leasingnehmer sei der alleinige Käufer und solle es auch bleiben; er, der Leasinggeber, übernehme es, die Kaufpreisschuld des Leasingnehmers zu erfüllen. Der in dieser Erklärung zum Ausdruck gekommenen Interessenlage steht – so der BGH – die Annahme entgegen, der Leasinggeber sei im Wege der Vertragsübernahme in den Kaufvertrag eingetreten. Vielmehr sei die erklärte „Erfüllungsübernahme" rechtlich als Schuldübernahme zu bewerten (BGH 25. 11. 1992 – VIII ZR 176/91, NJW-RR 1993, 307, 308).

c) Leasingrahmenverträge

108 Das einzelne Leasinggeschäft stellt sich in der Praxis häufig als Einzelakt innerhalb einer auf Dauer angelegten Geschäftsverbindung dar. Eine solche langfristige Zusammenarbeit kann zwischen dem Lieferanten und dem Leasinggeber vereinbart sein. Dann handelt es sich um eine Vertriebskooperation (hierzu Dinnendahl, in: Hagenmüller/Stoppok, Leasing-Handbuch 81 ff; Beckmann/Scharff, Leasingrecht § 2 Rn 51, 105 f; Wimmer-Leonhardt, in: Martinek/Stoffels/Wimmer-Leonhardt, Leasinghandbuch § 11 Rn 1 f; vWestphalen, Leasingvertrag Kap D Rn 2 ff). Eine dauerhafte Geschäftsverbindung besteht daneben recht häufig zwischen einzelnen Leasingnehmern und den Leasinggesellschaften (zB Flotten-Leasing durch ein größeres Unternehmen). Die rechtliche Grundlage solcher festgefügter Kooperationen bilden im Allgemeinen Rahmenverträge. In ihnen regeln die Parteien in groben Zügen die Bedingungen, die für die Einzelgeschäfte zwischen ihnen gelten sollen. Es handelt sich nicht etwa um Vorverträge (BGH 30. 4. 1986 – VIII ZR 90/85, WM 1986, 1024, 1026); vielmehr entscheiden die Parteien jeweils autonom über den Abschluss jedes Einzelgeschäfts. Im Übrigen lassen sich Inhalt und Wirkungen einer Rahmenvereinbarung nicht einheitlich und allgemein bestimmen. Von daher müssen in jedem Einzelfall im Wege der Auslegung der von den Parteien geregelte Inhalt und die gegenseitigen Ansprüche festgestellt werden (BGH 5. 11. 1986 – VIII ZR 151/85, WM 1987, 108, 109). So hat der BGH die Formulierung in einem Rahmenvertrag zwischen Leasinggeber und Leasingnehmer, „Mietscheine" würden bei Unterzeichnung Bestandteil des Rahmenvertrages, dahingehend ausgelegt, dass konkrete Einzelpflichten erst durch Einreichung der Mietscheine bei der Leasinggesellschaft und die hierauf erklärte Annahme entstehen sollen (BGH 5. 11. 1986 – VIII ZR 151/85, WM 1987, 108, 109; vgl ferner BGH 30. 4. 1986 – VIII ZR 90/85, WM 1986, 1024).

2. Wirksamkeit des Leasingvertrages und einzelner Bedingungen

109 Der Leasingvertrag unterliegt den **allgemeinen Anforderungen**, die das Bürgerliche Gesetzbuch **an das wirksame Zustandekommen von Rechtsgeschäften** im Allgemeinen formuliert. Die Parteien müssen also beispielsweise geschäftsfähig sein. Da es sich zumindest auf Seiten des Leasinggebers in aller Regel um eine juristische Person handeln wird, kommen die Regeln der Stellvertretung (§§ 164 ff BGB) ins Spiel. Der Vertragsinhalt muss sich einer Kontrolle anhand des § 138 BGB und der

AGB-rechtlichen Vorschriften (§§ 305 ff BGB) stellen. Schließlich sind ggf die besonderen Anforderungen des Verbraucherschutzrechts zu beachten.

a) AGB-Kontrolle nach den §§ 305 ff

Probleme der AGB-Konformität der Leasingvertragsbedingungen werden im Rahmen dieser Kommentierung im jeweiligen thematischen Zusammenhang angesprochen. Im Folgenden sollen einige grundsätzliche Fragen herausgegriffen und exemplarisch verdeutlicht werden. **110**

aa) Leasingrecht als Formularrecht par excellence

Leasingverträge werden nahezu ausnahmslos auf der Grundlage von Formularverträgen geschlossen. Bekannt ist die Formulierung von REICH, Leasingrecht sei „**Formularrecht par excellence**" (in: Vertragsschuldverhältnisse [1974] 51). Die von den Leasinggesellschaften ausgearbeiteten Bedingungen geben dem Leasingvertrag sein charakteristisches Gepräge und übernehmen insoweit die Typisierungsfunktion des dispositiven Gesetzesrechts. Es handelt sich um **Allgemeine Geschäftsbedingungen im Sinne des § 305 Abs 1 S 1 BGB**, die nur dann ihre AGB-Qualität verlieren, wenn sie zwischen den Parteien ausgehandelt worden sind (§ 305 Abs 1 S 2 BGB). Das setzt voraus, dass der Leasinggeber sie inhaltlich ernsthaft zur Disposition gestellt hat (vgl im Einzelnen zu den Voraussetzungen des AGB-Begriffs im Hinblick auf Leasingvertragsbedingungen vWESTPHALEN, Leasingvertrag Kap D Rn 2 ff). AGB-Charakter weisen darüber hinaus regelmäßig auch die Vertragsbedingungen auf, die dem **Beschaffungsvertrag** zwischen dem Leasinggeber und dem Hersteller/Händler zugrunde liegen. Häufig ist es hier der Hersteller/Händler, der in seinen Lieferbedingungen die Modalitäten des Liefergeschäfts vorgibt. Da die Ansprüche aus diesem Vertrag in weitem Umfang an den Leasingnehmer abgetreten werden, wird seine Rechtsposition sowohl zum Leasinggeber als auch zum Hersteller/Händler durch Allgemeine Geschäftsbedingungen geprägt. Insoweit treten die AGB-rechtlichen Vorschriften der §§ 305 ff BGB auf den Plan. **111**

bb) Unternehmer und Verbraucher als Leasingnehmer

Für die Reichweite und den Kontrollmaßstab der AGB-Kontrolle von Leasingverträgen kommt es darauf an, ob es sich bei dem Leasingnehmer um einen Unternehmer (§ 14 BGB) oder um einen Verbraucher (§ 13 BGB) handelt. **112**

In der überwiegenden Zahl werden Leasingverträge von **Unternehmern** abgeschlossen, die sich von diesem Finanzierungsinstrument vor allem steuerliche Vorteile versprechen. Unter den Begriff des Unternehmers im Sinne des § 14 BGB fallen nicht nur Kaufleute, sondern auch Landwirte und freiberuflich Tätige wie beispielsweise Ärzte, Rechtsanwälte und Steuerberater, wenn sie bei Abschluss des Leasingvertrages in Ausübung ihrer gewerblichen oder selbständigen Tätigkeit handeln. Nach **§ 310 Abs 1 BGB** findet die Vorschrift des § 305 Abs 2 und 3 BGB über die Einbeziehungsvoraussetzungen keine Anwendung. Das bedeutet im Ergebnis eine erleichterte Einbeziehung der Allgemeinen Leasingbedingungen. Vor allem genügt auch eine stillschweigend erklärte Willensübereinstimmung. Sodann finden die besonderen Klauselverbote der §§ 308 und 309 BGB keine Anwendung. Möglich bleibt jedoch die Überprüfung der Leasingbedingungen anhand der Generalklausel des § 307 BGB. § 310 Abs 1 S 2 BGB stellt in diesem Zusammenhang klar, dass die in den besonderen Klauselverboten zum Ausdruck kommenden Wertungen über § 307 **113**

Abs 1 und 2 BGB in die Inhaltskontrolle einfließen können, also keine absolute Anwendungssperre statuiert werden soll. Dies ermöglicht eine flexible Rechtsanwendung unter Beachtung der im Handelsverkehr geltenden Gewohnheiten und Gebräuche.

114 Anders stellt sich die Rechtslage im Privatleasinggeschäft dar. Der Leasingkunde tätigt das Rechtsgeschäft hier als **Verbraucher**, sodass die der Umsetzung der Klauselrichtlinie 93/13/EWG dienende Sondervorschrift des **§ 310 Abs 3 BGB** zu beachten ist. Diese Norm erweitert in Nr 1 und 2 den Gegenstand der AGB-Kontrolle, indem auch Dritt- und Einzelvertragsbedingungen erfasst werden. Darüber hinaus ergänzt § 310 Abs 3 Nr 3 BGB den überindividuell-generalisierenden Beurteilungsmaßstab insoweit, als nun auch die den Vertragsschluss begleitenden Umstände zu berücksichtigen sind (vgl hierzu STOFFELS, AGB-Recht [3. Aufl 2015] Rn 477).

115 Eine „**AGB-rechtliche Deckungslücke**" (MünchKomm/KOCH Leasing Rn 72) kann sich beim Privatleasing dadurch ergeben, dass der Leasinggeber im Verhältnis zum Leasingnehmer auch an die Sondervorschriften über den Verbrauchsgüterkauf (§§ 475 ff BGB) und die besonderen Klauselverbote der §§ 308 und 309 BGB gebunden ist, während die vom Lieferanten verwendeten Bedingungen lediglich am Maßstab der Generalklausel gemessen werden können. Die diesbezüglichen Lösungsvorschläge werden hier unter Rn 225 erörtert.

cc) Einbeziehung der Leasingvertragsbedingungen

116 Ist die AGB-Qualität der zu überprüfenden Leasingvertragsklausel festgestellt und im Hinblick auf den Leasingkunden der persönliche Anwendungsbereich der §§ 305 ff BGB bestimmt, so sind in einem nächsten Schritt die **Einbeziehungsvoraussetzungen** zu prüfen. Nach **§ 305 Abs 2 BGB** werden Allgemeine Geschäftsbedingungen nur Vertragsbestandteil, wenn der Verwender – hier der Leasinggeber – bei Vertragsschluss auf sie ausdrücklich hinweist, der anderen Vertragspartei – dem Leasingnehmer – die Möglichkeit verschafft, in zumutbarer Weise von ihrem Inhalt Kenntnis zu nehmen und wenn die andere Vertragspartei – also wiederum der Leasingnehmer – mit ihrer Geltung einverstanden ist. Diesen Anforderungen wird in der Praxis regelmäßig entsprochen, basiert doch der Vertragsschluss auf einem die Bedingungen enthaltenden Formular, das der Kunde unterzeichnet. Die besonderen Einbeziehungsvoraussetzungen des § 305 Abs 2 BGB gelten im Übrigen nicht, wenn der Leasingnehmer ein Unternehmer im Sinne des § 14 BGB ist.

117 Uneingeschränkte Geltung beansprucht hingegen das **Überraschungsverbot des § 305c Abs 1 BGB**. An diesem Hindernis hat die Rechtsprechung in der Vergangenheit die ein oder andere Klausel scheitern lassen. Bei einem Kfz-Leasingvertrag auf Kilometerabrechnungsbasis kann beispielsweise der unvermittelten **Umstellung auf Restwertabrechnung** im Fall der ordentlichen Kündigung durch den Leasingnehmer überraschender Charakter im Sinne des § 305c Abs 1 BGB zukommen (BGH 15. 10. 1986 – VIII ZR 319/85, NJW 1987, 377, 379). Als Verstoß gegen das Überraschungsverbot wird man ferner die Abrede in einem **Übernahmevertrag** bewerten müssen, derzufolge der frühere Leasingnehmer neben dem Übernehmer weiterhin für die Leasingraten bzw die Vollamortisation haften soll (vgl vWESTPHALEN NJW 1997, 2906 f).

118 Schließlich ist noch zu beachten, dass **individuelle Abreden** der Leasingvertragsparteien **nach § 305b BGB** den **Vorrang** vor den Allgemeinen Leasingbedingungen haben, letztere also insoweit nicht Vertragsbestandteil werden. Als Problem erweisen sich in diesem Zusammenhang die sog **Schriftformklauseln**. In den gängigen Leasingvertragsformularen finden sie sich in unterschiedlichen Ausgestaltungen. Regelmäßig zielen sie darauf ab, mündlichen Abreden die Anerkennung zu versagen oder sie doch jedenfalls nur unter erschwerten Bedingungen wirksam werden zu lassen (vgl etwa STOLTERFOHT, in: Münchener Vertragshandbuch Bd 2/I, 988 und 1052). Hierzu hat sich die Ansicht durchgesetzt, dass die auf Geltung des mündlich Vereinbarten angelegte Individualabrede der auf Geltungsverneinung zielenden AGB-Regelung vorgeht (vgl statt vieler ULMER/SCHÄFER, in: ULMER/BRANDNER/HENSEN § 305b Rn 33). Abgesehen davon scheitern Schriftformklauseln vielfach auch am Angemessenheitsmaßstab des § 307 BGB. Anders ist nur dann zu entscheiden, wenn die Schriftformklausel zugleich die Vertretungsmacht des Personals einschränkt, dessen sich der Verwender zur Herbeiführung des Vertragsschlusses bedient (näher hierzu STOFFELS, AGB-Recht [3. Aufl 2015] Rn 352 f).

dd) Schranken der Inhaltskontrolle
Die Inhaltskontrolle Allgemeiner Geschäftsbedingungen setzt nach **§ 307 Abs 3 BGB** voraus, dass mit ihnen **von Rechtsvorschriften abweichende oder diese ergänzende Regelungen** vereinbart werden. Für gesetzlich nicht geregelte Verträge – wie den Leasingvertrag – lässt sich das nicht ohne Weiteres feststellen, da es an rechtsnormativen Vorgaben weithin mangelt (JOOST ZIP 1996, 1685 ff nimmt dies zum Anlass, die Reichweite des Schrankenvorbehalts eng abzustecken). **119**

Der BGH vertritt im Hinblick auf gesetzlich nicht strukturierte Verträge einen „kontrollfreundlichen" Standpunkt. Diesen hat er in einem Urteil vom 6. 2. 1985 verdeutlicht (BGH 6. 2. 1985 – VIII ZR 61/84, NJW 1985, 3013, 3014). In dieser Entscheidung führt das Gericht aus, es sei eine Interpretation des § 8 AGBG (jetzt § 307 Abs 3 BGB) zu vermeiden, die dazu führe, dass alle diejenigen Verträge von vornherein aus dem Schutzbereich der §§ 9 bis 11 AGBG (jetzt §§ 307 bis 308 BGB) herausfielen, die gesetzlich nicht besonders geregelt seien. Das wäre mit dem Zweck der Inhaltskontrolle nicht zu vereinbaren, der dahin gehe, den Vertragspartner des Verwenders vor einer einseitig vorgeschriebenen, unangemessenen Verkürzung derjenigen Rechte zu schützen, die er nach Gegenstand und Zweck des Vertrages zu erwarten berechtigt sei. Dieser Schutzzweck ergebe sich namentlich aus § 9 Abs 2 Nr 2 AGBG (jetzt § 307 Abs 2 Nr 2 BGB), wonach auch solche Rechte und Pflichten den Maßstab für die Inhaltskontrolle geben könnten, die aus der Natur des jeweiligen Vertrags folgten. § 8 AGBG (jetzt § 307 Abs 3 BGB) gestatte daher – insbesondere beim Fehlen dispositivgesetzlicher Normen – eine Inhaltskontrolle auch solcher AGB-Klauseln, die vertragsnatürliche wesentliche Rechte und Pflichten zum Nachteil des Vertragspartners einschränkten oder sonst gegen allgemein anerkannte Rechtsgrundsätze verstießen. Eine bald darauf ergangene weitere Entscheidung fasste sodann dieses Ergebnis in dem Satz zusammen, auch Vertragstypen, die im Gesetz ungeregelt geblieben seien, könnten am Maßstab der §§ 9 bis 11 AGBG (jetzt §§ 307 bis 309 BGB) gemessen werden (BGH 23. 3. 1988 – VIII ZR 58/87, NJW 1988, 1726, 1728; ebenso sodann BGH 23. 4. 1991 – XI ZR 128/90, NJW 1991, 1886, 1887). **120**

Auch für den Finanzierungsleasingvertrag versucht der BGH der durch den Ausfall **121** des dispositiven Gesetzesrechts drohenden Kontrollfreiheit entgegenzuwirken. Dies geschieht insbesondere dadurch, dass der Leasingvertrag als atypisch ausgestalteter Mietvertrag eingeordnet wird. Dies lässt dann verschiedene Bestandteile des Leasingvertrages als der Inhaltskontrolle unterworfene Abweichungen vom gesetzlichen Leitbild der Miete erscheinen; die Sperre des § 307 Abs 3 BGB wird hierdurch tendenziell zurückgedrängt (vgl zB BGH 16. 9. 1981 – VIII ZR 265/80, NJW 1982, 105, 106; BGH 9. 10. 1985 – VIII ZR 217/84, NJW 1986, 179, 180; BGH 8. 10. 1990 – VIII ZR 247/89, NJW 1991, 102, 104). Mitunter – jedoch eher selten – zeitigt die rechtstypologische Einordnung die gegenteilige Wirkung. Als Beispiel hierfür lässt sich ein Urteil des BGH anführen, das eine Inhaltskontrolle einer mit § 557 BGB – jetzt § 546a BGB – übereinstimmenden Klausel in einem Leasingvertrag im Hinblick auf § 8 AGBG – jetzt § 307 Abs 3 BGB – ablehnt (BGH 22. 3. 1989 – VIII ZR 155/88, NJW 1989, 1730, 1731 f; zu Recht ablehnend unter Verwahrung gegen das mietrechtliche Leitbild H Roth AcP 190 [1990] 317 f).

122 Im Ergebnis sollte Einigkeit bestehen, dass eine **Privilegierung** moderner, gesetzlich nicht oder nur rudimentär geregelter Vertragswerke **nicht angezeigt** ist, hat sich doch in der Vergangenheit gezeigt, dass gerade hier die Gefahr einer unangemessenen Benachteiligung des Kunden besonders groß ist. Die Kontrollunterworfenheit lässt sich auch auf der Grundlage des hier vertretenen sui-generis-Ansatzes schlüssig begründen. Das zutreffende Normverständnis des § 307 Abs 3 BGB knüpft die Kontrollfreiheit nämlich nicht an den – zudem häufig nur vordergründig angenommenen – Ausfall rechtsnormativer Vorgaben, sondern gründet in den Prinzipien der Gesetzesgebundenheit des Richters und im Vorrang der Marktregulierung (eingehend Stoffels JZ 2001, 843 ff). **Kontrollfrei** bleiben daher – wie bei normierten Vertragstypen auch – neben den **deklaratorischen Klauseln** lediglich die **leistungsbeschreibenden** und **preisbestimmenden Klauseln**. Die Kontrollfähigkeit der Leasingvertragsbedingungen, für die es häufig an einem unmittelbar übertragbaren Vergleichsmaßstab im dispositiven Recht fehlt, ergibt sich nach hier vertretener Ansicht schlicht aus der Qualifizierung als Regelungen, die das fragmentarische Vertragstypenrecht des Bürgerlichen Gesetzbuches und die dort versammelten Rechtsvorschriften **ergänzen** (näher hierzu Stoffels, Gesetzlich nicht geregelte Schuldverträge 380 ff).

ee) Maßstab der Inhaltskontrolle

123 Auch im Rahmen der Inhaltskontrolle wird nun wiederum vielfach die Frage in den Mittelpunkt gerückt, welchem normierten Vertragstyp der Leasingvertrag zugeordnet werden kann. Das Kriterium der Leitbildabweichung in § 307 Abs 2 Nr 1 BGB zwinge hier den Rechtsanwender zu einer Subsumtion unter einen gesetzestypischen Vertrag (statt vieler AGB-Klauselwerke vWestphalen Leasing Rn 28). Dem ist zu widersprechen (zutreffend Fastrich, Inhaltskontrolle 282). Denn diese Verknüpfung suggeriert, die einen Vertragstyp ausgestaltenden gesetzlichen Regeln konstituierten ein einheitliches Leitbild eines Vertrages, ein *Vertrags*leitbild, das in seiner Ganzheit der Inhaltskontrolle nutzbar gemacht werden könnte. Das Ziel muss es hingegen sein, eine als Gerechtigkeitsmodell verwendbare **Teillösung** für eine begrenzte, durch den Vertrag aufgeworfene Thematik zu begründen. Dabei darf freilich der rechtliche und wirtschaftliche Gesamtzusammenhang des Vertrages nicht aus den Augen verloren werden.

124 Im Rahmen des vorrangig zur Anwendung berufenen **§ 307 Abs 2 Nr 1 BGB** lassen sich leitbildfähige Problemlösungen dem allgemeinen Schuldrecht entnehmen. In Betracht kommen ferner Analogien zu einzelnen Vorschriften aus dem Recht der gesetzlich geregelten Verträge (Einzel- oder Gesamtanalogien). Die Rechtsprechung stützt sich bei der Inhaltskontrolle vorformulierter Leasingvertragsbedingungen sogar in erster Linie auf das Kriterium der Leitbildabweichung. Dass dieser Ansatz mitunter eine verbale Abschwächung erfährt – etwa in der Weise, der typische Gehalt des Leasingvertrages müsse in der betreffenden Frage mit demjenigen eines normalen Mietvertrages übereinstimmen, ändert nichts an der grundsätzlichen Mietvertragsbezogenheit der leasingrechtlichen Kontrollrechtsprechung. Diese verkennt, dass es sich bei den im besonderen Schuldrecht geregelten Austauschbeziehungen um modellhafte Vorschläge eines gerechten Pflichtenarrangements handelt. Es wäre vermessen und lag auch nicht in der Absicht des Gesetzgebers, diese Regelungsmodelle als im Lichte der Gerechtigkeitsidee einzig denkbare Interessenausgleiche zu konzipieren. Meist handelt es sich lediglich um eine von mehreren vertretbaren Ausgleichsmöglichkeiten (STAUDINGER/COESTER [1998] § 9 AGBG Rn 168). Greifen die Parteien eines schuldrechtlichen Vertrages auf diesen Vorschlag nicht zurück und entscheiden sie sich, ihre Austauschbeziehung in einer dem Gesetz nicht bekannten Weise zu koordinieren, so darf diese alternative Vertragsgestaltung nicht schon wegen der Abwahl des Gesetzesmodells unter den Generalverdacht einer unangemessenen Benachteiligung gestellt werden. Vielmehr sollte stets die Möglichkeit in Rechnung gestellt werden, dass die Vertragspartner eine gleichermaßen gerechte, nur eben anders strukturierte Leistungsordnung geschaffen haben. Diese verstünde sich denn auch weniger als eine Abweichung vom gesetzlichen Regelungsmodell, sondern eher als ein aliud zu diesem. Die vorschnelle und unkritische Aktivierung des gesetzlichen Dispositivrechts im Rahmen der inhaltlichen Kontrolle eigengearteter Verträge läuft somit Gefahr, die Parteien unter einen mit dem Prinzip der Vertragsfreiheit nicht zu vereinbarenden Rechtfertigungsdruck zu setzen (so auch OECHSLER, Gerechtigkeit im modernen Austauschvertrag 284). Jedes Abgehen vom gesetzlichen Vertragsmodell muss vor diesem Hintergrund als rechtfertigungsbedürftige Ausnahme erscheinen. Den Parteien wird es auf diese Weise erschwert, „willkürlich" ihr Pflichtenprogramm in bewusster Abkehr vom gesetzlichen Vertragstypenrecht zu formulieren. Auch wenn die Gerichte sich bemühen, die Besonderheiten des jeweiligen Vertrages zu erfassen und zu berücksichtigen, trägt dieser Ansatz doch die latente Gefahr in sich, die Maßstabsfunktion des dispositiven Rechts zu übersteigern und die Gestaltungsfreiheit der Parteien über Gebühr zu verkürzen. Dass sich der Versuchung einer unkritischen Übertragung der Maßstäbe des dispositiven Rechts so auf Dauer nicht widerstehen lässt, zeigt wiederum sehr deutlich die Rechtsprechung zum Finanzierungsleasing (wie hier H ROTH AcP 190 [1990] 299 und LIEB DB 1988, 951 ff). Als Beispiel sei nur auf die missbilligende Stellungnahme der hM zu sog Nichtlieferungs- und Verspätungsklauseln hingewiesen, in denen der Leasinggeber – meist gegen Abtretung seiner Ansprüche gegen den Lieferanten – die Folgen einer unterbliebenen oder nicht rechtzeitigen Lieferung des Leasinggutes durch den Lieferanten von sich zu weisen sucht (hierzu näher unter Rn 196). Überwiegend hält man nicht nur uneingeschränkte Haftungsklauseln für unwirksam; selbst eine Kompensation des Haftungsausschlusses durch Abtretung der Haftungsansprüche wird vielfach nicht anerkannt (MARTINEK, Moderne Vertragstypen I 137 f; ULMER/BRANDNER/HENSEN/H SCHMIDT Anh §§ 9–11 AGBG Rn 464). Dies zeigt, dass sich der Regelungsspielraum der Parteien eines Leasingvertrages auf der Grundlage einer am Leitbild der Miete orientierten Pflichtenbestimmung deutlich verengt.

125 Als Auffangbecken für die mangels eines gesetzlichen Vorbildes nicht unter § 307 Abs 2 Nr 1 BGB fallenden Abreden fungiert das **Aushöhlungsverbot des § 307 Abs 2 Nr 2 BGB**. Mit diesem Kontrolltatbestand bezweckt der Gesetzgeber, den Schutz des Vertragspartners auch dort sicherzustellen, wo es an einem ausgeführten gesetzlichen Gerechtigkeitsmodell fehlt. Der Regelungsgehalt des Aushöhlungsverbots des § 307 Abs 2 Nr 2 BGB ist freilich nicht unumstritten. Lieb vertritt beispielsweise die Meinung, § 307 Abs 2 Nr 2 BGB wolle nur die innere Stimmigkeit des für sich kontrollfrei vorgegebenen Vertrags gewährleisten (Lieb DB 1988, 953 f). Die Überprüfung des Vertragswerks selbst, einschließlich seiner Hauptpflichten, auf Übereinstimmung mit einem vorausgehenden, vom Richter aus der Natur des Vertrages zu gewinnenden Leitbild werde dagegen von Nummer 2 nicht abgedeckt. Unter „Stimmigkeit des Vertrages" will Lieb ein ausgewogenes und angemessenes Verhältnis von vertraglicher Leistungszusage im Bereich der Hauptpflicht und anschließenden einschränkenden Zusatzbestimmungen verstehen (kritisch bis ablehnend insbesondere Fastrich, Inhaltskontrolle 282; Staudinger/Coester [1998] § 9 AGBG Rn 203; Soergel/Stein § 9 AGBG Rn 43; Oechsler, Gerechtigkeit im modernen Austauschvertrag 316; Martinek, Moderne Vertragstypen I § 5 III 115 f; Sefrin, Kodifikationsreife des Finanzierungsleasingvertrages 134; vHoyningen-Huene § 9 AGBG Rn 283). Gegen diesen Ansatz ist neben der mangelnden Konkretheit (Oechsler, Gerechtigkeit im modernen Austauschvertrag 316) des Bewertungsmaßstabs der „inneren Stimmigkeit" vor allem und zu Recht die nicht gerechtfertigte Ausblendung außervertraglicher Gerechtigkeitsvorstellungen vorgebracht worden. Im Grunde genommen handelt es sich um eine überzogene Reaktion auf einen zutreffend konstatierten Missstand. Dieser besteht in der von Lieb prägnant am Beispiel des Finanzierungsleasing beschriebenen Tendenz, die Inhaltskontrolle atypischer oder gesetzesfremder Verträge durch eine gewaltsame, das spezifisch Neue der Vereinbarung missachtende, Rechtsnaturbestimmung auf einen Leitbildvergleich mit einem gesetzlich geregelten Vertragstyp festzulegen. Die in bewusster Abgrenzung von dieser Praxis aufgestellte These, § 307 Abs 2 Nr 2 BGB gewährleiste nur die innere Stimmigkeit des Vertrages, erscheint jedoch zu gewagt. Denn wenn die Angemessenheitsprüfung nach § 307 Abs 2 Nr 2 BGB Rechtskontrolle bleiben soll, so bedarf die Überprüfung vertraglicher Abreden eines objektiv-normativen, von außen an den Vertrag herangetragenen Maßstabs. Lieb ist insoweit zuzustimmen, dass diese Annäherung ein komplexer, mit statischen Leitbildern schwerlich zu bewältigender Vorgang ist und der normative Vergleichsmaßstab in enger Wechselbeziehung zu dem von den Parteien angestrebten Austauschzweck und den hierauf bezogenen vertraglichen Setzungen entwickelt werden muss. Mit der Reduzierung des Bewertungsmaßstabs auf die „innere Stimmigkeit" des Vertrages begibt man sich jedoch ohne Not normativer Entscheidungshilfen, insbesondere solcher, die sich aus grundlegenden Wertentscheidungen der Rechtsordnung gewinnen lassen (Martinek, Moderne Vertragstypen I § 5 III 116). Welche Handhabe bliebe im Übrigen, um einer in sich stimmigen Benachteiligung des Kunden durch die ihm diktierten Vertragsbedingungen entgegenzuwirken? Insgesamt führt Liebs Vorschlag zu einer nicht akzeptablen Absenkung des Kontrollniveaus für gesetzlich nicht geregelte Verträge. Die innere Rechtfertigung dieser Privilegierung gegenüber den gesetzestypischen Verträgen ist nicht zu erkennen.

126 Eine nähere Analyse zeigt, dass der Kontrolltatbestand des § 307 Abs 2 Nr 2 BGB letztlich auf dem Verbot widersprüchlichen Verhaltens beruht, das seinerseits eine Ausprägung des Vertrauensgedankens ist (eingehend Stoffels, Gesetzlich nicht geregelte

Schuldverträge 471 ff). Der Blick ist daher zunächst auf den Erwartungshorizont des Vertragspartners zu richten. Mit den Worten „wesentliche Rechte oder Pflichten aus der Natur des Vertrages" umschreibt das Gesetz den schützenswerten, vom Verwender zurechenbar veranlassten, Vertrauenstatbestand. Die zentralen Leistungs- und Schutzerwartungen speisen sich aus mehreren heterogenen Quellen, nämlich der Parteivereinbarung, den typischen Erwartungen der beteiligten Verkehrskreise (zB beeinflusst durch Werbung, die verkehrsübliche Vertragspraxis und gerichtliche Entscheidungen) und den mit jeweils unterschiedlichem Geltungsanspruch auftretenden Grundsätzen und Wertungen der Rechtsordnung. Durch die Inbezugnahme außervertraglicher, normativ begründeter Gerechtigkeitserwartungen wird sichergestellt, dass sich die inhaltliche Überprüfung einer Vereinbarung nach § 307 Abs 2 Nr 2 BGB nicht auf eine bloße vertragsimmanente Stimmigkeitskontrolle beschränkt. Konkretere normative Kriterien, die zu einer vertragsspezifischen Abgrenzung der Risikosphären der Parteien und zur Bestimmung des zentralen Vertragsinteresses des Vertragspartners beitragen können, sind zB die Risikobeherrschung, die Versicherbarkeit und das Rationalisierungsinteresse des Verwenders. Besonderes Augenmerk verdient die Art des zu beurteilenden Vertrages. Im Hinblick auf den Leasingvertrag ist besonders zu berücksichtigen, dass durch ihn ein Dauerschuldverhältnis begründet und – im Verein mit dem Beschaffungsvertrag – das leasingtypische Dreiecksverhältnis aufgespannt wird. In einem zweiten Arbeitsschritt ist sodann die Enttäuschung des geweckten Vertrauens festzustellen. Die Vorschrift des § 307 Abs 2 Nr 2 BGB nimmt diesen Gedanken auf, wenn sie die Unwirksamkeit einer AGB-Bestimmung an die „Einschränkung" wesentlicher Rechte und Pflichten, die sich aus der Natur des Vertrages ergeben, knüpft. Ist eine solche Einschränkung im Wege des Rechtslagenvergleichs dargetan, so ist die Vertragszweckgefährdung gleichsam indiziert. Im Rahmen dieser abschließenden Wertungsstation gilt es lediglich noch (negativ) festzustellen, ob es sich nicht um einen dem Bagatellbereich zuzuordnenden Eingriff handelt und ob der Vertragszweck nicht ausnahmsweise durch anderenorts gewährte Vergünstigungen erreicht werden kann (Einbeziehung kompensatorischer Effekte).

ff) Transparenzgebot

Allgemeine Geschäftsbedingungen müssen gem **§ 307 Abs 1 S 2 BGB** die Rechte und **127** Pflichten der Vertragsparteien durch eine entsprechende Ausgestaltung und geeignete Formulierung **klar und verständlich** darstellen. Diese zusammenfassend als **„Transparenzgebot"** bezeichnete Direktive ist erst im Zuge der Schuldrechtsmodernisierung in der Generalklausel verankert worden. Schon vor seiner Normierung war es auf der Grundlage einiger bemerkenswerter höchstrichterlicher Entscheidungen (grundlegend BGH 24. 11. 1988 – III ZR 188/87, NJW 1989, 222 – Zinsberechnung bei Hypothekendarlehen – und BGH 17. 1. 1989 – XI ZR 54/88, NJW 1989, 582 – Wertstellungspraxis im Giroverhältnis; sodann ständige Rechtsprechung) zu einem tragenden Prinzip des AGB-Rechts avanciert. Aus dem Transparenzgebot folgt zunächst und in erster Linie, dass der Verwender von Allgemeinen Geschäftsbedingungen verpflichtet ist, die Rechte und Pflichten seines Vertragspartners möglichst klar und durchschaubar darzustellen. Insbesondere die wirtschaftlichen Nachteile und Belastungen muss die Klausel so weit erkennen lassen, wie dies nach den Umständen gefordert werden kann (Verbot der Verschleierung kundenbelastender Folgen BGH NJW 1989, 222, 224; 2001, 2635, 2636; 2006, 2545, 2547). Abzustellen ist auf die Verständnismöglichkeiten des typischerweise bei Verträgen der geregelten Art zu erwartenden **Durchschnittskunden** (BGH 24. 11. 1988 –

III ZR 188/87, NJW 1989, 222, 224; BGH 24. 3. 1999 – IV ZR 90/98, NJW 1999, 2279, 2280; BGH 15. 4. 2010 – Xa ZR 89/09, NJW 2010, 2942, 2944; Fuchs, in: Ulmer/Brandner/Hensen § 307 Rn 344; Pfeiffer, in: Wolf/Lindacher/Pfeiffer § 307 Rn 244). Je weniger ein Kunde mit einer bestimmten Regelung rechnen muss, umso höher sind die Anforderungen an die Verständlichkeit der Regelung zu stellen. Im Privatleasinggeschäft sind die Transparenzanforderungen daher tendenziell höher. Intransparent in diesem Sinne sind nicht nur einzelne Klauseln, die aus sich heraus schwer verständlich, unklar und in ihren Folgen nicht überschaubar sind, sondern auch AGB-Gesamtregelungen, deren nachteilige Effekte deshalb nicht erkennbar werden, weil die einzelnen Teile an versteckten Stellen oder an schwer miteinander in Zusammenhang zu bringenden Stellen geregelt sind. In letzter Zeit betont der BGH allerdings auch die Grenzen des Transparenzgebots. Dieses dürfe den AGB-Verwender nicht überfordern. Insbesondere bestehe die Verpflichtung, den Klauselinhalt klar und verständlich zu formulieren, nur im Rahmen des Möglichen und Zumutbaren (BGH 10. 7. 1990 – XI ZR 275/89, NJW 1990, 2383, 2384; BGH 10. 3. 1993 – VIII ZR 85/92, NJW 1993, 2052, 2054; BGH 3. 6. 1998 – VIII ZR 317/97, NJW 1998, 3114, 3116; BGH 3. 11. 1998 – XI ZR 346/97, ZIP 1999, 103, 104; BGH 20. 7. 2005 – VIII ZR 121/04, NJW-RR 2005, 1496, 1498).

128 Der Hauptanwendungsbereich der Transparenzkontrolle bei Leasingvertragsbedingungen liegt in den Bestimmungen, in denen sich die vom Leasingnehmer zu übernehmende Vollamortisationspflicht spiegelt. Das sind die Regelungen zur **Restwertgarantie** beim Teilamortisationsvertrag mit Andienungsrecht und die **Berechnung einer Abschlusszahlung** bei Kündigung vor Ablauf der kalkulierten Amortisationszeit (näher hierzu die Ausführungen unter Rn 305 u 302 mit Hinweisen zur Rechtsprechung).

b) Sittenwidrigkeit nach § 138 Abs 1

129 Es entspricht gefestigter höchstrichterlicher Rechtsprechung, dass Leasingverträge – wie sonstige gegenseitige Verträge auch – als sog wucherähnliche Rechtsgeschäfte dem **Sittenwidrigkeitsverdikt des § 138 Abs 1 BGB** unterfallen können (grundlegend BGH 11. 1. 1995 – VII ZR 82/94, NJW 1995, 1019 und BGH 30. 1. 1995 – VIII ZR 316/93, NJW 1995, 1146; zuvor bereits BGH 2. 6. 1976 – VIII ZR 204/74, unveröffentl; BGH 1. 3. 1978 – VIII ZR 183/76, WM 1978, 406, 407; BGH 24. 1. 1979 – VIII ZR 16/78, NJW 1979, 758). Der Wuchertatbestand des § 138 Abs 2 BGB dürfte in der Praxis nur äußerst selten erfüllt sein, sodass sich das Kontrollgeschehen insoweit auf den allgemeinen Sittenwidrigkeitsmaßstab des § 138 Abs 1 BGB (Fallgruppe „wucherähnliches Geschäft") verlagert. Dieser setzt zunächst ein **auffälliges Missverhältnis zwischen Leistung und Gegenleistung** voraus. In subjektiver Hinsicht verlangt man darüber hinaus eine **verwerfliche Gesinnung** des begünstigten Teils.

aa) Objektiv auffälliges Missverhältnis

130 Schwierigkeiten bereitet die Bestimmung des Maßstabes für die im Streitfall von den Gerichten vorzunehmende Beurteilung, ob bei einem Finanzierungsleasingvertrag die beiderseitigen Leistungen in einem auffälligen Missverhältnis zueinander stehen. Der BGH hat in drei Urteilen aus dem Jahre 1995 zu dieser Problematik Stellung genommen (grundlegend BGH 11. 1. 1995 – VIII ZR 82/94, NJW 1995, 1019; im Anschluss hieran BGH 30. 1. 1995 – VIII ZR 316/93, NJW 1995, 1146 und BGH 30. 1. 1995 – VIII ZR 328/93, CR 1995, 527; ferner OLG Dresden 8. 12. 1999 – 8 U 2462/99, NJW-RR 2000, 1305; die zuvor ergangene Rechtsprechung war sehr einzelfallbezogen und hatte keine verallgemeinerungsfähigen Prüfungskriterien hervorgebracht, vgl insoweit BGH 2. 6. 1976 – VIII ZR 204/74 unveröffentl; BGH 1. 3.

1978 – VIII ZR 183/76, WM 1978, 406, 407; BGH 24. 1. 1979 – VIII ZR 16/78, NJW 1979, 758; aus der Instanzrechtsprechung: OLG München 28. 1. 1981 – 27 U 516/80, NJW 1981, 1104; OLG München 1. 12. 2006 – 15 U 1758/06, DAR 2007, 155; OLG Saarbrücken 10. 11. 1987 – 7 U 22/86, NJW-RR 1988, 243; OLG Hamm 28. 6. 1994 – 7 U 53/93, NJW-RR 1994, 1467). Der BGH akzeptiert zwei auf unterschiedlichen Ansätzen basierende Prüfungsmodelle, nämlich ein mietrechtliches und ein an die Grundsätze zur Feststellung der Sittenwidrigkeit von Ratenkreditverträgen angelehntes Modell.

α) Mietrechtliches Prüfungsmodell

Einen grundsätzlich geeigneten Ausgangspunkt sieht der BGH zunächst in der Verhältnisbestimmung zwischen dem Wert der Nutzungsmöglichkeiten und dem vom Leasingnehmer aufzubringenden Leasingentgelt. Dies entspricht den Beurteilungsgrundsätzen bei Mietverhältnissen. Feststellungen zu diesem Äquivalenzverhältnis will der BGH aus einem **Vergleich der konkret vereinbarten Leasingrate mit den üblichen Leasingraten** treffen (BGH 11. 1. 1995 – VIII ZR 82/95, NJW 1995, 1019, 1020 f). Voraussetzung hierfür sei jedoch, dass sich auf dem Leasingmarkt erkennbar „Vergleichsmieten" gebildet hätten oder ein übliches Entgelt für den konkreten Leasinggegenstand durch einen Sachverständigen ermittelt werden könne (zum Sachverständigengutachten auch OLG Hamm 28. 6. 1994 – 7 U 53/93, NJW-RR 1994, 1467). Ein auffälliges Missverhältnis sei in diesem Falle dann anzunehmen, wenn das vertraglich vereinbarte Entgelt, also die Gesamtleistung des Leasingnehmers, das ermittelte übliche Entgelt um das **Doppelte** überschreite (kritisch in diesem Punkt Martinek/Omlor, in: Bankrechts-Handbuch § 101 Rn 39). **131**

Ausdrücklich und zu Recht verworfen hat der BGH (BGH 11. 1. 1995 – VIII ZR 82/94, NJW 1995, 1019, 1021) ein im Schrifttum vertretenes Lösungskonzept, das auf einen **Vergleich des konkret erstrebten Gewinns mit dem üblichen Gewinn abstellt** (Reinking/Niessen NZV 1993, 49, 55; ablehnend auch Martinek/Omlor, in: Bankrechts-Handbuch § 101 Rn 39 und Krebs NJW 1996, 1177). Dieser Ansatz erweist sich zum einen als nicht praktikabel, weil sich der übliche Gewinn nicht zuverlässig oder jedenfalls nur unter größten Schwierigkeiten ermitteln lässt. Zum anderen würde er zu nicht vertretbaren Ergebnissen führen, da sich die Verhältnisse branchenspezifisch sehr verschieden darstellen können (näher zu diesem Kritikpunkt Krebs NJW 1996, 1177 f). **132**

β) Ratenkreditmodell

Ist der Weg über das „mietrechtliche Prüfungsmodell" nicht gangbar, weil sich ein übliches Entgelt mangels aussagekräftiger Vergleichsverträge oder -objekte nicht feststellen lässt, so **wendet** der BGH die **Prüfungskriterien zur Sittenwidrigkeit von Ratenkreditverträgen auf den Finanzierungsleasingvertrag**, jedenfalls soweit sie die Überlassung **von Mobilien** zum Gegenstand haben, **entsprechend an** (BGH 11. 1. 1995 – VIII ZR 82/94, NJW 1995, 1019, 1021 f; BGH 30. 1. 1995 – VIII ZR 316/93, NJW 1995, 1146, 1147). Ob für das Immobilienleasing etwas anderes gilt, hat der BGH ausdrücklich offen gelassen (BGH 11. 1. 1995 – VIII ZR 82/94, NJW 1995, 1019, 1021). Für die Übertragung des für Ratenkredite entwickelten Schemas stützt sich das Gericht auf die funktionelle Vergleichbarkeit des Mobilienleasing und des drittfinanzierten Kaufs (BGH 11. 1. 1995 – VIII ZR 82/94, NJW 1995, 1019, 1021). Dies zeige sich schon daran, dass das Finanzierungsleasing als alternative Finanzierungsform neben den bzw anstatt der herkömmlichen Formen der Kauffinanzierung angeboten werde. Vor allem das leasingtypische Vollamortisationsprinzip und die damit einhergehende kreditähnliche **133**

Kalkulation und Art der Tilgungsleistung erlaube es, sich trotz der primären Zuordnung des Leasing zur Miete in Bezug auf die Feststellung eines auffälligen Missverhältnisses an den zur Sittenwidrigkeit von Ratenkrediten entwickelten Grundsätzen zu orientieren (kritisch zur Vergleichbarkeit von Finanzierungsleasing und Ratenkredit Krebs NJW 1996, 1177 und Assies WiB 1995, 497; zustimmend hingegen vWestphalen, Leasingvertrag Kap G Rn 53; Beckmann Anm CR 1996, 149 ff; Bülow Anm JZ 1995, 624; Erman/Jendrek Anh § 535 Rn 17).

134 Für die Vergleichsrechnung muss der effektive Jahreszins errechnet und mit dem marktüblichen **effektiven Jahreszins eines entsprechenden Kredits** in Beziehung gesetzt werden (zum Folgenden vgl BGH 11.1.1995 – VIII ZR 82/94, NJW 1995, 1019, 1020). Letzterer setzt sich zusammen aus dem in den Monatsberichten der Deutschen Bundesbank ausgewiesenen Schwerpunktzins und einer durchschnittlichen Bearbeitungsgebühr von derzeit 2,5 %.

135 Zur Bestimmung des **effektiven Jahreszinses bei Vollamortisationsverträgen mit einer Laufzeit von nicht länger als 48 Monaten** greift die Rechtsprechung auf die sog **Uniformmethode** zurück (aus der Rechtsprechung zu Ratenkrediten BGH 13.3.1990 – XI ZR 254/89, NJW 1990, 1599 und BGH 11.12.1990 – XI ZR 69/90, NJW 1991, 834, 835). Hiernach gilt folgende Formel:

$$\text{Effektiver Jahreszins} = \frac{2400 \times \text{Gesamtkosten}}{\text{Nettokredit} \times (\text{Laufzeit} + 1)}$$

136 Bei **Vollamortisationsverträgen** mit einer **längeren Laufzeit** führt diese Berechnungsmethode zu ungenauen, nämlich zu hohen Zinssätzen. Der BGH geht daher in diesen Fällen auf das finanzmathematisch genauere **Tabellenwerk** von Sievi/Gillardon/Sievi (Effektivzinssätze für Ratenkredite mit monatlichen Raten [4. Aufl 1988]) über (BGH 11.1.1995 – VIII ZR 82/94, NJW 1995, 1019, 1022). Aus diesem lässt sich anhand der auf 1000 DM (= 511,29 Euro) umgerechneten monatlichen Durchschnittsrate

$$\frac{\text{Rate} \times 1000}{\text{Nettokreditbetrag}}$$

der effektive Jahreszins ablesen.

137 Für die Berechnung der relativen Differenz zwischen Vertragszins und Vergleichszins gilt sodann folgende Formel:

$$\frac{(\text{effektiver Vertragszins} - \text{effektiver Marktzins}) \times 100}{\text{effektiver Marktzins}}$$

138 Ein auffälliges Missverhältnis zwischen Leistung und Gegenleistung ist regelmäßig zu bejahen, wenn der effektive Vertragszins den effektiven Vergleichszins **relativ** um rund **100 %** oder **absolut** um **12 %** übersteigt, wobei zwischen reinen Privatleasingverträgen und Leasingverträgen mit gewerblichen Kunden nicht unterschieden wird (vWestphalen, Leasingvertrag Kap G Rn 65 ff). **Höhere Aufwendungen des Leasinggebers** gegenüber einem Geldkreditgeber werden im Rahmen der Vergleichsrechnung nur dann berücksichtigt, wenn der Leasinggeber solche erhöhten Aufwendungen geltend macht und im Streitfall auch beweist. Hier ist vor allem an höhere Refinanzierungskosten und eine Gewerbesteuerzahlungspflicht zu denken, denen mit einem Zuschlag zum einschlägigen Schwerpunktzins Rechnung getragen werden kann. Höhere Verwaltungskosten können zu einer Heraufsetzung des marktüblichen Bearbeitungssatzes von 2,5 % auf etwa 3 % oder 3,5 % Veranlassung geben. Ob diese Zuschläge der gegenüber Kreditinstituten höheren Gesamtbelastung der Leasinggesellschaften, die zudem nach der Rechtsprechung auch das Risiko der Insolvenz des Lieferanten zu tragen haben, gerecht werden, lässt sich bezweifeln (vgl Martinek/Omlor, in: Bankrechts-Handbuch § 101 Rn 45; **entgegengesetzt** vWestphalen, Leasingvertrag Kap G Rn 58, der sogar von niedrigeren Refinanzierungskosten der Leasinggesellschaften ausgeht).

Für **Teilamortisationsverträge** muss der Berechnungsvorgang in verschiedener Hinsicht verändert werden, erfolgt doch hier die Tilgung nicht ausschließlich in gleichbleibenden Raten. Der BGH verweist insoweit auf die von Schmidt/Schumm (DB 1989, 2109, 2112) vorgeschlagene Berechnungsmethode (BGH 11. 1. 1995 – VIII ZR 82/94, NJW 1995, 1019, 1022; BGH 30. 1. 1995 – VIII ZR 316/93, NJW 1995, 1146, 1147). Die **Uniformmethode** wird hiernach in der Weise **modifiziert**, dass anstelle der Vertragskosten der Betrag X eingesetzt wird, der wie folgt determiniert ist: **139**

$$X = \frac{\text{Vertragskosten} \times 0{,}5 \times (\text{Ratenzahl} + 1) \times a}{0{,}5 \times (\text{Ratenzahl} + 1) \times a + \text{Ratenzahl} \times b}$$

Dabei steht „a" für das zur Verfügung gestellte Kapital abzüglich des Restwertes sowie einer eventuellen Sonderzahlung und „b" für den Restwert zuzüglich einer eventuellen Sonderzahlung. Sind dem Leasinggeber hinsichtlich des Betrages der Sonderzahlung keine Kapitalkosten entstanden, so ist diese bei „b" unberücksichtigt zu lassen und lediglich der Restwert anzusetzen. Ein praktisches Beispiel findet sich in Gestalt des Urteils des BGH v 30. 1. 1995 (NJW 1995, 1146), das einen Teilamortisationsvertrag mit Sonderzahlung und kalkuliertem Restwert zum Gegenstand hatte. Die abgewandelte Uniformmethode ist auch bei einem **Vollamortisationsvertrag** heranzuziehen, wenn bei dessen Abschluss eine **sichere Restwerterwartung** besteht (OLG Dresden 8. 12. 1999 – 8 U 2462/99, NJW-RR 2000, 1305). **140**

bb) Verwerfliche Gesinnung des Leasinggebers
Sind die objektiven Voraussetzungen des § 138 Abs 1 BGB nach der Feststellung eines auffälligen Missverhältnisses zwischen Leistung und Gegenleistung erfüllt, so ist ein Leasingvertrag aus diesem Grunde allein aber noch nicht als nichtig anzusehen. Vielmehr muss als **subjektives Erfordernis** der Sittenwidrigkeit hinzukommen, dass bei Abschluss des Vertrages eine verwerfliche Gesinnung des Leasinggebers hervorgetreten ist. Dies ist insbesondere dann der Fall, wenn der Leasinggeber die wirtschaftlich schwächere Lage des anderen Teils, dessen Unterlegenheit bei der Festlegung der Vertragsbedingungen, bewusst zu seinem Vorteil ausgenutzt oder sich zumindest leichtfertig der Erkenntnis verschlossen hat, dass sich der andere Teil nur aufgrund seiner schwächeren Lage auf die ihn beschwerenden Bedingungen eingelassen hat (BGH 12. 3. 1981 – III ZR 92/79, NJW 1981, 1206, 1207; BGH 11. 1. 1995 – VIII ZR 82/94, NJW 1995, 1019, 1020; Palandt/Heinrichs § 138 Rn 25; Larenz/Wolf, Allgemeiner Teil des Bürgerlichen Rechts [8. Aufl 1997] § 41 Rn 44 ff). **141**

cc) Beweislast

142 Für die Umstände, aus denen sich das **objektive Missverhältnis** zwischen Leistung und Gegenleistung ergibt, trägt nach der allgemeinen Beweislastregel (ZÖLLER/GREGER [23. Aufl 2002] Vor § 284 ZPO Rn 17a) derjenige die Beweislast, der die Nichtigkeit als eine ihn begünstigende Rechtsfolge für sich reklamiert, also der Leasingnehmer (ERMAN/JENDREK Anh § 535 Rn 17).

143 Auch die **subjektiven Voraussetzungen der Sittenwidrigkeit** sind nach der allgemeinen Beweislastregel grundsätzlich vom Leasingnehmer darzulegen und notfalls zu beweisen. Das gilt uneingeschränkt, wenn es sich beim Leasingnehmer um einen **Unternehmer** im Sinne des § 14 BGB handelt, also insbesondere um einen Kaufmann oder um eine Person, die einer selbständigen freiberuflichen Tätigkeit nachgeht, vorausgesetzt die Person oder Personengesellschaft schließt den Leasingvertrag in Ausübung ihrer gewerblichen oder selbständigen beruflichen Tätigkeit. Eine wirtschaftliche Schwäche und/oder Geschäftsunerfahrenheit auf Seiten des Leasingnehmers ist in diesen Fällen zwar nicht ausgeschlossen, jedoch nicht eben naheliegend (vgl BGH 11. 1. 1995 – VIII ZR 82/94, NJW 1995, 1019, 1022, wonach bei vollkaufmännischen Leasingnehmern sogar zu vermuten sei, dass die persönlichen Voraussetzungen der Sittenwidrigkeit beim Leasinggeber nicht erfüllt seien; vgl ferner OLG Düsseldorf 22. 2. 1996 – 10 U 54/95, BB 1996, 1687, 1688). Dasselbe wird für **juristische Personen des öffentlichen Rechts** zu gelten haben, die in letzter Zeit zunehmend Leasinggeschäfte abschließen (arg e § 310 Abs 1 BGB). Handelt es sich bei dem Leasingnehmer hingegen um einen **privaten Endverbraucher**, so ist in Übereinstimmung mit der Rechtsprechung zur Sittenwidrigkeit von Ratenkrediten (BGH 10. 7. 1986 – III ZR 133/85, NJW 1986, 2564, 2565; BGH 24. 3. 1988 – III ZR 30/87, NJW 1988, 1659, 1661) eine **verwerfliche Gesinnung zu vermuten**. Es ist dann Sache des Leasinggebers, darzulegen und notfalls zu beweisen, dass der Leasingnehmer sich auf den ihn objektiv übermäßig belastenden Vertrag nicht nur wegen seiner wirtschaftlich schwächeren Lage, Rechtsunkundigkeit oder mangelnder Geschäftsgewandtheit eingelassen hat oder dass er, der Leasinggeber, dies jedenfalls nicht erkannt oder ohne Leichtfertigkeit verkannt hat (BGH 11. 1. 1995 – VIII ZR 82/94, NJW 1995, 1019, 1022). Die **Kenntnis des Lieferanten** muss sich der Leasinggeber jedenfalls dann entsprechend § 166 Abs 1 BGB zurechnen lassen, wenn der Lieferant als sein Erfüllungsgehilfe zu qualifizieren ist (STOFFELS, in: MARTINEK/STOFFELS/WIMMER-LEONHARDT, Leasinghandbuch § 18 Rn 13; vWESTPHALEN, Leasingvertrag Kap G Rn 85, der dies sogar unabhängig von der Stellung des Lieferanten als Verhandlungsgehilfe annehmen will).

dd) Missachtung des Haushaltsrechts bei Beteiligung der öffentlichen Hand

143a Daneben können nach der Rechtsprechung des BGH auch sittenwidrige Geschäfte vorliegen, wenn durch sie Dritte gefährdet oder geschädigt werden oder im Falle einer Beteiligung der öffentlichen Hand diese in krassem Widerspruch zum Gemeinwohl stehen, sofern alle an dem Geschäft Beteiligten sittenwidrig handeln, das heißt die Tatsachen, die die Sittenwidrigkeit begründen, kennen oder sich zumindest ihrer Kenntnis grob fahrlässig verschließen (BGH 23. 2. 2005 – VIII ZR 129/04, NJW 2005, 1490, 1491). Der krasse Widerspruch zum Gemeinwohl kann auch in einer Missachtung des öffentlichen Haushaltsrechts begründet liegen. So hat der BGH einen Immobilienleasingvertrag wegen besonders grober Verletzung des Grundsatzes der Sparsamkeit und Wirtschaftlichkeit kommunaler Haushaltsführung für sittenwidrig erklärt (BGH 25. 1. 2006 – VIII ZR 398/03, WM 2006, 1110, 1113).

c) Leasingverträge und Verbraucherschutz

Soweit Leasingverträge zwischen Unternehmern und Verbrauchern abgeschlossen werden (Verbraucher- oder Privatleasing), sind die Vorschriften des gesetzlichen Verbraucherschutzes zu beachten. Dies betrifft sowohl die Phase der Vertragsanbahnung als auch diejenige der Vertragsdurchführung und -beendigung. In Umsetzung der Verbraucherrechterichtlinie 2011/83/EU hat der Gesetzgeber mit Wirkung ab 13. 6. 2014 das Verbraucherschutzrecht im Bürgerlichen Gesetzbuch neu geordnet (**Gesetz zur Umsetzung der Verbraucherrechterichtlinie** und zur Änderung des Gesetzes zur Regelung der Wohnungsvermittlung vom 20. 9. 2013, BGBl 2013 I 3642; hierzu WENDEHORST NJW 2014, 577). Für vor dem 13. 6. 2014 abgeschlossene Leasingverträge bleibt es grundsätzlich bei dem bisher geltenden Recht (Art 229 § 32 Abs 1 EGBGB mit Ausnahmen in den Abs 2 bis 4). **143b**

aa) Grundsätze bei Verbraucherverträgen und besondere Vertriebsformen

Voraussetzung für die Anwendbarkeit der verbraucherschützenden Vorschriften auf den Leasingvertrag ist, dass dieser zwischen einem Unternehmer und einem Verbraucher abgeschlossen worden ist. Auf Seiten des **Leasinggebers** ist von der **Unternehmereigenschaft** (§ 14 BGB) ohne Weiteres auszugehen. Zu beachten ist, dass mit dem Gesetz zur Umsetzung der Verbraucherrechterichtlinie die **Verbraucherdefinition des § 13 BGB** modifiziert worden ist. Verbraucherschützende Vorschriften können im Hinblick auf den Leasingvertrag nach der Neufassung schon dann zur Anwendung gelangen, wenn der Leasingvertrag (nur) „überwiegend" zu einem Zweck abgeschlossen wird, der weder der gewerblichen noch der selbständigen beruflichen Tätigkeit des Leasingnehmers zugerechnet werden kann. Zu denken ist hier an die sog dual-use-Fälle, also beispielsweise an den Fall, dass ein Freiberufler einen Leasingvertrag über ein Kfz abschließt, das er zu einem Teil privat und zu einem anderen Teil beruflich nutzen möchte. Hier gilt es, die überwiegende Zwecksetzung zu ermitteln. Beim Abschluss eines Leasingvertrags kann sich ein Verbraucher auch durch einen Unternehmer **vertreten** lassen. In solchen Situationen kommt es auf die Verhältnisse des Vertretenen an, weil die Vorschriften, die auf § 13 BGB Bezug nehmen, darauf abstellen, wer verpflichtet wird (BAMBERGER/ROTH/HAU/POSECK/BAMBERGER BeckOK § 13 Rn 25). **143c**

Aus § 312a Abs 2 BGB folgt nunmehr eine **vorvertragliche Informationspflichtung**, die mehrere Punkte umfasst und grundsätzlich für alle Verbraucherverträge gilt, sofern diese nicht einem speziellen Informationsregime unterfallen (außerhalb von Geschäftsräumen geschlossene Verträge und Fernabsatzverträge). Die Vorschrift kann somit auch für Leasingverträge relevant werden. Der genaue Umfang der Informationsverpflichtung ist Art 246 EGBGB zu entnehmen. Ferner statuiert § 312a BGB in Abs 2 S 2 sowie in den Abs 3 bis 5 **Grenzen für die Vereinbarungen von Zusatzentgelten in Verbraucherverträgen**. Das Bearbeitungsentgelt (vgl Rn 96a) fällt hierunter allerdings nicht. Die Grenzziehung für Zusatzentgelte dürfte ebenso wie die Anwendbarkeitseinschränkung für Finanzdienstleistungen in § 312 Abs 5 BGB – worunter grundsätzlich auch Finanzierungsleasingverträge fallen (PALANDT/GRÜNEBERG § 312 Rn 26) – kaum praktische Bedeutung entfalten. **143d**

Auf einen mit einem Verbraucher abgeschlossenen Finanzierungsleasingvertrag ist die Vorschrift des § 312b BGB anwendbar, wenn der **Vertrag außerhalb von Geschäftsräumen** geschlossen worden ist. Dies könnten beispielsweise Finanzierungs- **143e** leasingverträge sein, die in der Privatwohnung des Verbrauchers oder an seinem Arbeitsplatz abgeschlossen werden. Das dürften wohl eher singuläre Abschlusssituationen sein. Häufiger wird es hingegen vorkommen, dass der Abschluss von Finanzierungsleasingverträgen unter ausschließlicher Verwendung von Fernkommunikationsmitteln im Rahmen eines für den **Fernabsatz** organisierten Vertriebs- oder Dienstleistungssystems erfolgt. Diese Verträge unterfallen – wie schon nach altem Recht (Matusche-Beckmann, in: Martinek/Stoffels/Wimmer-Leonhardt, Leasinghandbuch § 54 Rn 3) – der Sondervorschrift über Fernabsatzverträge (jetzt § 312c BGB). Für beide besondere Vertriebsformen gelten gem § 312d Abs 1 BGB gesteigerte vorvertragliche **Informationspflichten**. Im Hinblick auf Finanzierungsleasingverträge ist hier allerdings § 312d Abs 2 BGB zu beachten, demzufolge sich bei Verträgen über Finanzdienstleistungen die Informationsverpflichtung abweichend aus Art 246b EGBGB ergibt. In diesem Sektor gilt mithin ein eigenständiges Informationsregime. Bei Leasingverträgen, die außerhalb von Geschäftsräumen oder im Fernabsatz geschlossen worden sind, steht dem Verbraucher ein 14-tägiges **Widerrufsrecht** zu (§ 312g BGB). Hervorzuheben ist, dass das Widerrufsrecht nicht bei Verträgen besteht, bei denen dem Verbraucher bereits aufgrund der §§ 495, 506 bis 512 BGB ein Widerrufsrecht nach § 355 BGB zusteht (§ 312g Abs 3 BGB). Die Bedeutung dieser Ausnahme hängt davon ab, wie man den Anwendungsbereich der Verbraucherdarlehensvorschriften in Bezug auf Finanzierungsleasingverträge absteckt. Nach hier vertretener Ansicht (hierzu sogleich unter Rn 144 ff) bleibt für das Widerrufsrecht nach § 312g BGB nur ein sehr schmal bemessenes Anwendungsfeld (etwa im Hinblick auf Operating-Leasingverträge).

bb) Schutzvorschriften des Verbraucherdarlehensrechts

144 Im Privatleasinggeschäft mit Verbrauchern muss bei Vertragsschluss verschiedenen Vorgaben des Verbraucherdarlehensrechts Rechnung getragen werden. Die Einbeziehung des Finanzierungsleasingvertrages in den Regelungskomplex der §§ 488 ff BGB über Darlehensverträge, Finanzierungshilfen und Ratenlieferungsverträge zeigt, dass der Gesetzgeber das Kreditelement als einen diese Vertragsform prägenden Faktor einstuft. Soweit die gesetzlichen Vorgaben den Abschluss und den Inhalt des Finanzierungsleasingvertrages betreffen, werden sie sogleich unter Rn 148 bis 153 näher erläutert. Von großer Bedeutung für den Finanzierungsleasingvertrag sind ferner die Regelungen zum Einwendungsdurchgriff (§§ 358, 359 BGB) und zur Gesamtfälligstellung wegen Zahlungsverzuges (§ 498 BGB). Die hiermit einhergehenden Probleme werden im jeweiligen Gesamtzusammenhang erörtert (zum Einwendungsdurchgriff vgl Rn 262 ff; zur Gesamtfälligstellung wegen Zahlungsverzuges vgl Rn 318).

α) Abzahlungsgesetz und Verbraucherkreditgesetz

145 Ob auf Leasingverträge die speziellen Schutzvorschriften angewendet werden können, die zugunsten von Personen bestehen, die längerfristige Zahlungsverpflichtungen eingehen, um sich in den Genuss eines begehrten Gegenstandes zu bringen, wurde sowohl unter der Geltung des Abzahlungsgesetzes von 1894 als auch unter dem Regime des 1991 an seine Stelle getretenen Verbraucherkreditgesetzes kontrovers diskutiert.

146 Unter der Geltung des **Abzahlungsgesetzes** nahm die Rechtsprechung ein Umgehungsgeschäft nach § 6 AbzG an, wenn der Inhalt des Leasingvertrages darauf abzielte, die Leasingsache ihrer Substanz nach auf Dauer auf den Leasingnehmer zu übertragen (seit BGH 23. 2. 1977 – VIII ZR 124/75, NJW 1977, 848 ständige Rechtsprechung; vgl zB BGH 24. 5. 1982 – VIII ZR 105/81, NJW 1982, 2249 f; BGH 24. 4. 1985 – VIII ZR 95/84, NJW 1985, 1539, 1540; BGH 24. 4. 1985 – VIII ZR 73/84, NJW 1985, 1544, 1545; BGH 11. 3. 1987 – VIII ZR 215/86, NJW 1987, 2082, 2083; zuletzt BGH 28. 11. 1994 – VIII ZR 315/93, NJW 1995, 519, 520; guter Überblick über den damaligen Meinungsstand im Schrifttum bei MARTINEK, Moderne Vertragstypen I S 99 ff). Folge der Anwendung der Vorschriften zum Abzahlungskauf war insbesondere, dass dem Leasingnehmer ein – damals einwöchiges – Widerrufsrecht zustand (§ 1b AbzG).

Das Abzahlungsgesetz ist sodann in dem am 1. 1. 1991 in Kraft getretenen **Verbraucherkreditgesetz** aufgegangen, das in Umsetzung der Verbraucherkredit-Richtlinie 87/102/EWG, nunmehr – anders noch als das Abzahlungsgesetz – als ein reines Verbraucherschutzgesetz konzipiert war. Der Finanzierungsleasingvertrag wurde jetzt als sonstige Finanzierungshilfe (§ 1 Abs 2 VerbrKrG) qualifiziert und in § 3 Abs 2 Nr 1 VerbrKrG auch ausdrücklich erwähnt. Die Anwendbarkeit bestimmter Normen des VerbrKrG auf das Finanzierungsleasing sollte indes ausgeschlossen sein. Der Schwerpunkt der Diskussion verlagerte sich jetzt auf die Anwendbarkeit der Vorschrift des § 9 VerbrKrG über verbundene Geschäfte auf Finanzierungsleasingverträge. Ob und unter welchen Voraussetzungen dem Leasingnehmer gegenüber dem Leasinggeber ein Widerrufsrecht (Abs 2) und ein Einwendungsdurchgriff (Abs 3) zustanden, war umstritten und höchstrichterlich noch nicht geklärt (zu einem besonders gelagerten Fall BGH 12. 9. 2001 – VIII ZR 109/00, NJW 2002, 133; vgl im Übrigen zum damaligen Diskussionsstand statt vieler vWESTPHALEN, Leasingvertrag Rn 1762 f [5. Aufl 1998]). 147

β) Die neue Gesetzeslage
Das Verbraucherkreditgesetz ist im Zuge der Schuldrechtsmodernisierung – wie zahlreiche andere Nebengesetze auch – aufgehoben und in das Bürgerliche Gesetzbuch integriert und durch die Umsetzung der Verbraucherkreditrichtlinie (RL 2008/48/EG v 23. 4. 2008, ABlEU Nr L 133/66) noch einmal modifiziert worden. Die meisten Regelungen des ehemaligen Verbraucherkreditgesetzes finden sich jetzt in den **§§ 491 bis 509 BGB**. Zu einer konzeptionellen Neugestaltung dieses Rechtsbereichs ist es bei dieser Translokation nicht gekommen. Vielmehr hat es punktuelle Änderungen und redaktionelle Anpassungen gegeben, die jedoch für den Finanzierungsleasingvertrag durchaus von Bedeutung sein können. 148

Finanzierungsleasingverträge werden im BGB nicht mehr ausdrücklich genannt. In § **506 Abs 2 BGB nF** werden allerdings drei Vertragsarten des Leasing beschrieben und als sonstige **entgeltliche Finanzierungshilfe** bestimmt. Auf diese sonstigen Finanzierungshilfen finden nach § 506 Abs 1 BGB zahlreiche wichtige **Vorschriften für den Verbraucherdarlehensvertrag entsprechende Anwendung**. Hierbei handelt es sich um Rechtsgrundverweisungen, sodass der Tatbestand der jeweiligen Vorschrift, auf die verwiesen wird, im Einzelfall festzustellen ist (BT-Drucks 16/11643, 91). Gemäß dem Vorbehalt des § 499 Abs 2 BGB aF wurden durch Verweis auf § 500 BGB aF diejenigen Vorschriften von der Anwendbarkeit ausgenommen, die nach Ansicht des Gesetzgebers nicht auf Finanzierungsleasingverträge passen. § 500 BGB aF wurde jedoch ersatzlos gestrichen, Sonderregelungen nur für Finanzierungsleasingverträge gibt es nicht mehr. 149

γ) Persönlicher Anwendungsbereich

150 Der **persönliche Anwendungsbereich** ist durch § 506 BGB in der Weise abgesteckt, als die dort genannten Vorschriften nur auf Finanzierungsleasingverträge **zwischen einem Unternehmer und einem Verbraucher** entsprechende Anwendung finden. Ebenfalls in den Genuss der in § 506 BGB aufgelisteten, verbraucherschützenden Vorschriften gelangen nach § 512 BGB **Existenzgründer** (vgl auch OLG Rostock 13. 2. 1996 – 4 U 1/95, DZWir 1996, 425, 426; Francke/Strauss FLF 2010, 256, 258 f; zur zeitlichen Grenze der Existenzgründungsphase bei einem Leasingvertrag vgl OLG Düsseldorf 22. 11. 2005 – I-24 U 44/05, ZGS 2006, 119; zur Berechnung der Widerrufswertgrenze vgl OLG Brandenburg 31. 8. 2005 – 3 U 17/05, NJW 2006, 159 und Peters WM 2016, 630 f). Dies sind nach § 512 BGB natürliche Personen, die sich ua eine sonstige Finanzierungshilfe – hier in Form eines Finanzierungsleasingvertrages – für die Aufnahme einer gewerblichen oder selbständigen beruflichen Tätigkeit gewähren lassen, es sei denn, der Nettodarlehensbetrag oder Barzahlungspreis übersteigt 75 000 Euro.

δ) Sachlicher Anwendungsbereich

151 Der **sachliche Anwendungsbereich** der Vorschriften des Verbraucherdarlehensrechts war bislang – in dem durch § 500 BGB aF eingeschränktem Umfang – eröffnet, wenn ein Finanzierungsleasingvertrag vorlag. Dieser war allerdings nicht gesetzlich definiert. Aus der Gesetzgebungsgeschichte zum Verbraucherkreditgesetz ergab sich lediglich, dass alle Leasingverträge einbezogen werden sollten, bei denen der Leasingnehmer für die Amortisation der vom Leasinggeber für die Anschaffung der Leasingsache gemachten Aufwendungen und Kosten einzustehen hat. Ein Erwerbs- oder Behaltensrecht des Leasingnehmers sollte nicht zur Voraussetzung erhoben werden, um einen Finanzierungsleasingvertrag als sonstige Finanzierungshilfe zu qualifizieren (BT-Drucks 11/8274, 20 f). Allerdings erfolgte hier eine Modifikation durch Umsetzung der Verbraucherkreditrichtlinie (RL 2008/48/EG v 23. 4. 2008, ABlEU Nr L 133/66). Danach wurden in **§ 506 Abs 2 BGB** drei Fallgruppen gebildet, wobei die beiden ersten die Richtlinienvorgaben umsetzen, die letzte darüber hinausgeht. Abzugrenzen sind die in diesen Ziffern genannten Finanzierungshilfen insbesondere von der reinen Gebrauchsüberlassung (Begr RegE BT-Drucks 16/11643, 92; MünchKomm/Koch Leasing Rn 62; BeckOGK/Ziemssen [1. 1. 2018] § 535 Rn 1174). Nach Nr 1 gilt die entgeltliche Nutzung eines Gegenstandes dann als entgeltliche Finanzierungshilfe, wenn vertraglich eine Erwerbsverpflichtung des Verbrauchers geregelt ist. Allerdings kommt es nach der Gesetzesbegründung nicht darauf an, ob diese Erwerbspflicht im Gebrauchsüberlassungsvertrag selbst oder in einem gesonderten Vertrag vereinbart ist (BT-Drucks 16/11643, 92). Jedenfalls reicht für § 506 Abs 2 S 1 Nr 1 BGB ein bloßes Erwerbsrecht nicht aus (Reinking DAR 2010, 252, 254). Auch Nr 2 knüpft nun an ein *Erwerbsrecht* an und erfasst diejenigen Fälle, in denen der Unternehmer die Möglichkeit hat, von dem Verbraucher den Erwerb des Vertragsgegenstandes zu verlangen. Hierunter fällt der Leasingvertrag mit Andienungsrecht (BT-Drucks 16/11643, 92; Reinking DAR 2010, 252, 254; Schwintowski, in: jurisPK-BGB Bd 2, § 506 Rn 10). Selbst wenn der Unternehmer während der Vertragslaufzeit vom Vertrag zurücktreten kann und dadurch eine vertragliche Kaufverpflichtung seines Vertragspartners auslöst, gilt ein solcher Vertrag als entgeltliche Finanzierungshilfe (OLG Hamm 3. 8. 2007 – 12 U 158/06, WM 2007, 2012; Schwintowski, in: jurisPK-BGB Bd 2, § 506 Rn 10). Erfasst wird in Nr 3 – der Erwerbsverpflichtung gleichgesetzt – der Fall, dass eine Einstandspflicht für den Restwert der Sache vereinbart wurde (zur bewusst überschießenden Umsetzung BT-Drucks 16/11643, 92). Die in § 506 Abs 2 BGB aufgezählten Va-

rianten der entgeltlichen Finanzierungshilfe in Bezug auf Verträge über die entgeltliche Nutzung eines Gegenstandes beschreiben Erscheinungsformen des Teilamortisationsvertrags. Es kann aber nicht davon ausgegangen werden, dass der Gesetzgeber Vollamortisationsverträge nicht einbezogen wissen wollte. Letztlich zielen beide Spielarten des Finanzierungsleasingvertrags auf vollständige Amortisation (für Erstreckung auf Vollamortisationsverträge daher zu Recht MünchKomm/KOCH Leasing Rn 62; MünchKomm/SCHÜRNBRAND § 506 Rn 31; BeckOGK/ZIEMSSEN [1. 1. 2018] § 535 Rn 1177; PALANDT/WEIDENKAFF § 506 Rn 3; aA FRANKE/STRAUSS FLF 2010, 260; REINKING DAR 2010, 254; MünchKomm/HABERSACK § 359 Rn 10 ff). Unter Rn 37 ff wurde bereits dargelegt, dass auch **Kfz-Leasingverträge mit Kilometerabrechnung** als Finanzierungsleasingverträge einzustufen sind – auch nach der Neufassung des § 506 Abs 2 BGB – und dem Verbraucherdarlehensrecht unterfallen. Das **Operatingleasing** stellt keine Finanzierungshilfe iSd § 506 BGB dar und unterfällt aus diesem Grunde auch nicht den Verbraucherdarlehensregeln (MünchKomm/KOCH Leasing Rn 5; BeckOGK/ZIEMSSEN [1. 1. 2018] § 535 Rn 1240; PWW/FRENSCH [11. Aufl 2016] Anhang zu §§ 488–515 Finanzierungsleasing Rn 6, 17). Die in der Praxis durchaus häufig anzutreffende **Vermittlung von Finanzierungsleasingverträgen** unterliegt nach der Schuldrechtsreform mangels eines entsprechenden Verweises auf die §§ 655a ff BGB nicht mehr den besonderen Vorschriften des Verbraucherschutzes (NK-BGB/WICHERT § 655a Rn 5; J WEBER NJW 2003, 2349).

Die Vorschriften über den Verbraucherdarlehensvertrag regeln die **Beteiligung Dritter auf Seiten des Leasingnehmers** nicht. Klärungsbedürftig ist daher, ob vom sachlichen Anwendungsbereich der verbraucherschützenden Vorschriften des Darlehensrechts auch solche Verträge erfasst werden, mit denen ein Dritter sich verpflichtet, für die Verbindlichkeiten des Leasingnehmers aufzukommen. Als praxisrelevant hat sich hier insbesondere die Konstellation erwiesen, dass ein Finanzierungsleasingvertrag mit einer GmbH abgeschlossen wird und der Gesellschafter/Geschäftsführer dem Leasinggeber verspricht, für die leasingvertraglichen Verpflichtungen der Gesellschaft einzustehen. Das kann beispielsweise in Form eines **Schuldbeitritts** geschehen (zu den AGB-rechtlichen Anforderungen im Hinblick auf § 309 Nr 11 Buchst a BGB vgl BGH 4. 9. 2002 – VIII ZR 251/01, NJW 2002, 3464). Der Gesellschafter/Geschäftsführer ist hier als Verbraucher im Sinne des § 13 BGB einzustufen, da er das konkrete Rechtsgeschäft, den Schuldbeitritt, zu einem Zweck abschließt, der weder seiner gewerblichen noch seiner selbständigen beruflichen Tätigkeit zugerechnet werden kann (BGH 5. 6. 1996 – VIII ZR 151/95, NJW 1996, 2156, 2158). Vielmehr gilt dies nur für die GmbH selbst. Der Schuldbeitritt zu einem Darlehensvertrag bzw zu einem Finanzierungsleasingvertrag ist nach der zum Verbraucherkreditgesetz ergangenen Rechtsprechung, die insofern unverändert Gültigkeit beansprucht, wie der unmittelbare Abschluss dieser Verträge durch den Beitretenden zu behandeln (BGH 5. 6. 1996 – VIII ZR 151/95, NJW 1996, 2156). Denn das Schutzbedürfnis des Beitretenden ist in diesem Falle nicht geringer, sondern eher größer als das des Leasingnehmers, weil der Beitretende trotz voller Mitverpflichtung keine Rechte gegenüber dem Leasinggeber erlangt. Vor diesem Hintergrund ist es konsequent, für die entsprechende Anwendung der verbraucherschützenden Vorschriften nicht zu verlangen, dass neben dem Beitretenden auch der Leasingnehmer Verbraucher ist. Der den Leasingverpflichtungen einer GmbH beitretende Gesellschafter/Geschäftsführer kann also beispielsweise ein Widerrufsrecht für sich reklamieren. Dem hat der BGH trotz konstruktiver Unterschiede den Fall gleichgestellt, dass der Gesellschafter und Geschäftsführer von vornherein **als weiterer Leasingnehmer an einem**

Finanzierungsleasingvertrag beteiligt ist (BGH 28. 6. 2000 – VIII ZR 240/99, NJW 2000, 3133, 3135 f). Anders hat der BGH wiederum für eine **Bürgschaft** entschieden, die ein Geschäftsführer und Gesellschafter einer GmbH & Co KG zugunsten der Gesellschaft gegenüber einer Leasinggesellschaft abgab (BGH 21. 4. 1998 – IX ZR 258/97, NJW 1998, 1939). Dies gelte jedenfalls dann, wenn die Bürgschaft für einen Kredit übernommen werde, der für eine bereits ausgeübte gewerbliche oder selbständige berufliche Tätigkeit bestimmt sei. Während die Belange des Mitschuldners nur über die analoge Heranziehung der Vorschriften des Verbraucherdarlehensrechts gesondert berücksichtigt werden könnten, sei der Bürge schon durch die Formvorschrift des § 766 S 1 BGB vor einer übereilten Haftungsvereinbarung gewarnt. Auf dieser Linie liegt auch eine Entscheidung des EuGH, derzufolge ein Bürgschaftsvertrag selbst dann nicht unter die Verbrauchsgüterkaufrichtlinie 87/102/EWG fällt, wenn weder der Bürge noch der Kreditnehmer im Rahmen ihrer Erwerbstätigkeit gehandelt haben (EuGH 23. 3. 2000 – C-208/98 *Berliner Kindl Brauerei AG v Andreas Siepert*, NJW 2000, 1323).

ε) **Richtlinienkonformität des Verweisungsumfangs in § 506**

153 Schon unter der Geltung des Verbraucherkreditgesetzes, aber auch unter der Ägide des § 500 BGB aF ist moniert worden, dass die dort angeordnete Nichtgeltung einiger Schutzvorschriften für den Finanzierungsleasingvertrag mit der Verbraucherkreditrichtlinie nicht zu vereinbaren war. Der BGH (BGH 12. 9. 2001 – VIII ZR 109/00, NJW 2002, 133, 135 f) hatte daher die damaligen Regelungen erweiternd ausgelegt. Für Finanzierungsleasingverträge, die einen Eigentumserwerb des Leasingnehmers vorsehen, musste der Mindeststandard der Verbraucherkredit-Richtlinie gewährleistet sein. Das bedeutete insbesondere, dass der effektive Jahreszins (vgl Art 4 Abs 2 S 1 lit a VerbrKrRL) anzugeben war, wie dies etwa in den von der Anwendung auf Leasingverträge ausgenommenen Vorschriften des § 492 Abs 1 S 4 Nr 5 BGB aF und § 502 Abs 1 Nr 4 BGB aF vorgesehen war (Bülow NJW 2002, 1150). Durch die Umsetzung der neu gefassten Verbraucherkreditrichtlinie (RL 2008/48/EG v 23. 4. 2008, ABlEU Nr L 133/66) ist § 500 BGB aF, der lediglich bestimmte Vorschriften auf Finanzierungsleasingverträge für anwendbar erklärte, umgekehrt worden (vgl dazu Peters WM 2011, 865, 867). Es gelten sämtliche in § 506 Abs 1 BGB benannten Verbraucherdarlehensvorschriften für Verträge im Sinne des § 506 Abs 2 S 1 BGB, bis auf diejenigen, die durch § 506 BGB ausdrücklich ausgenommen werden. Die Neufassung des § 506 BGB, der nunmehr auch § 494 Abs 3 BGB einbindet, lässt den damaligen Streit um eine richtlinienkonforme Auslegung obsolet werden (Nachweise siehe Voraufl Rn 153). Denn nach Art 3 lit i der neugefassten VerbrKrRL soll nun die Angabe des effektiven Jahreszinses dem Verbraucher einen Angebotsvergleich anhand eines klaren und verständlichen Parameters erlauben (Omlor NJW 2010 2694, 2696), was durch den Verweis in § 506 BGB deutlich wird. Zudem ist nach Art 247 § 2 Abs 1 EGBGB zwingend die Unterrichtung unter Verwendung der Europäischen Standardinformation durchzuführen. Zu diesem Zweck hat der Gesetzgeber ein den Richtlinienvorgaben folgendes Muster (SECCI: Standard European Consumer Credit Information) bereitgestellt. Im Rahmen dieser Unterrichtung, ebenso im Leasingvertrag selbst, sind der effektive Jahreszins sowie der Sollzinssatz anzugeben (kritisch wird dies von Strauss betrachtet, da gerade die Einbeziehung der Leasingverträge mit Restwertgarantie des Leasingnehmers nach § 506 Abs 2 S 1 Nr 3 BGB bei der Angabe des effektiven Jahreszinssatzes zu Verzerrungen führen würden, da ungleiche Sachverhalte mathematisch miteinander verglichen werden; damit scheitere die Vergleichbarkeit der Effektivzinsberechnung bei Leasingverträgen, bei denen im Normalfall ein Erwerb des Leasingobjekts durch den Leasingnehmer am Vertragsende nicht vorgesehen sei, STRAUSS SVR 2011, 206, 210; FRANCKE/STRAUSS FLF 2010, 256, 262).

153a Als problematisch erweist sich auch weiterhin, dass **§ 508 S 5 BGB** von § 506 Abs 1 BGB nicht in Bezug genommen wird. Nach dieser Bestimmung begründet die Rücknahme der Sache die unwiderlegliche Vermutung der Ausübung des Rücktrittsrechts. Im Schrifttum (MARTINEK/OMLOR, in: Bankrechts-Handbuch § 101 Rn 106) wird zu Recht darauf hingewiesen, dass jedenfalls dann, wenn der Finanzierungsleasingvertrag (auch) auf die „Übertragung der Sachsubstanz" gerichtet ist, die Nichtanwendung der Rücktrittsfiktion gegen Richtlinienrecht verstößt. Hier liegt daher eine richtlinienkonforme Erstreckung des Verweisungsumfangs auf § 508 Abs 2 S 5 BGB nahe. Gleiches gilt im Übrigen für das nicht vom Verweisungsumfang umfasste **Fernabsatzprivileg des § 507 Abs 1 S 2 BGB** im Hinblick auf die Art 9 der E-Commerce-Richtlinie 2000/31/EWG (so MARTINEK/OMLOR, in: Bankrechts-Handbuch § 101 Rn 89a im Anschluss an HABERSACK BB-Beilage 6/03, 2f zu § 502 Abs 2 aF).

bb) Schriftformerfordernis

154 Aus § 506 Abs 1 iVm § 492 Abs 1 S 1 BGB folgt, dass ein Finanzierungsleasingvertrag mit einem Verbraucher der Schriftform bedarf.

α) Anforderungen

155 Die Anforderungen dieses Formerfordernisses ergeben sich aus **§ 126 BGB**. Hieraus folgt, dass der gesamte Vertragsinhalt inklusive aller Nebenabreden in der Vertragsurkunde schriftlich niedergelegt sein muss. Zudem verweist § 506 Abs 1 BGB auf § 492 BGB und dieser in Abs 2 auf Art 247, §§ 6 bis 13 EGBGB, wonach die genannten Pflichtangaben in den Vertragstext mit aufzunehmen sind (detaillierte Darstellung bei REINKING DAR 2010, 252, 253 f, 255).

156 Wird eine vorformulierte Vertragsurkunde in zeitlichem Abstand zunächst vom Leasingnehmer und sodann vom Leasinggeber unterzeichnet, so ist zur Wahrung der Schriftform erforderlich, dass die **Urkunde dem antragenden Leasingnehmer nach Unterzeichnung zugeht**. Geschieht das nicht, so kann sich der Leasinggeber auch nicht auf eine Klausel in seinen Leasingbedingungen berufen, derzufolge der Leasingnehmer auf den Zugang der vom Leasinggeber unterzeichneten Vertragsurkunde verzichtet. Denn diese ist richtiger Ansicht nach jedenfalls in Verbraucherverträgen nach § 307 BGB unwirksam (vgl hierzu oben Rn 100).

157 Das Gesetz sieht aus Praktikabilitätserwägungen zwei **Erleichterungen der gesetzlichen Schriftform** vor. Zum einen genügt es abweichend von § 126 Abs 2 BGB, dass der Antrag und die Annahme durch die Vertragsparteien jeweils getrennt schriftlich erklärt werden (§ 492 Abs 1 S 2 BGB); und zum anderen bedarf die Erklärung des Leasinggebers abweichend von dem in § 126 BGB statuierten Erfordernis der eigenhändigen Unterschrift gem § 492 Abs 1 S 3 BGB keiner Unterzeichnung, wenn sie mit Hilfe einer automatischen Einrichtung (zB EDV-Anlage) erstellt wird. Nach § 506 iVm § 492 Abs 3 S 1 BGB ist der Leasinggeber schließlich verpflichtet, dem Leasingnehmer eine Abschrift der Vertragserklärungen zur Verfügung zu stellen. § 492 Abs 4 BGB nimmt § 506 BGB ausdrücklich von der Verweisung aus, sodass eine Vollmacht, die der künftige private Leasingnehmer einem Dritten zum Abschluss eines Leasingvertrages erteilt, nicht der Schriftform bedarf.

β) Rechtsfolgen von Formverstößen

158 Aufgrund des Verweises in § 506 Abs 1 BGB auf §§ 358 bis 360 und 491a bis 502 BGB gelangt die Sonderbestimmung des **§ 494 BGB** über die **Rechtsfolgen von Formmängeln** bei Verbraucherdarlehensverträgen nun – entgegen der alten Fassung des § 500 BGB – zur Anwendung.

Da damit auch die in Abs 2 dieser Vorschrift vorgesehene Heilungsmöglichkeit eingreift, führt ein Verstoß gegen das Schriftformerfordernis nicht mehr nach der allgemeinen Vorschrift des § 125 BGB zur unheilbaren Nichtigkeit des Leasingvertrages (zu § 500 aF AnwKom/Reiff § 500 Rn 2; ebenso noch zum Verbraucherkreditgesetz BGH 26. 5. 1999 – VIII ZR 141/98, ZIP 1999, 1169, 1172 f). Kommt hingegen der Leasinggeber der Pflicht nicht nach, dem Leasingnehmer eine Abschrift der Vertragserklärungen (Zusammenfassung in einer Vertragsurkunde ist selbstverständlich zulässig) zur Verfügung zu stellen (§ 492 Abs 3 BGB), so bleibt der Leasingvertrag hiervon unberührt; in diesem Fall wird lediglich die Widerrufsfrist nicht in Gang gesetzt (§§ 506, 495 Abs 1, 356b BGB).

cc) Widerrufsrecht des Leasingnehmers

159 Schließlich steht dem Leasingnehmer, so er den Leasingvertrag als Verbraucher abgeschlossen hat, ein Widerrufsrecht zu (§ 506 Abs 1 iVm § 495 Abs 1 BGB). Der Leasingnehmer hat damit das Recht, sich durch Widerruf seiner auf den Abschluss des Vertrages gerichteten Willenserklärung von dem eingegangenen Leasingvertrag wieder zu lösen (§ 355 Abs 1 BGB). Bei mehreren Verbrauchern besteht das Widerrufsrecht ohne Rücksicht auf das Schicksal der Vertragserklärung des anderen Darlehensnehmers (BGH 11. 10. 2016 – XI ZR 482/15, NJW 2017, 243 Rn 15).

Der Widerruf bedarf keiner Begründung; das Gesetz räumt dem Verbraucher hier eine zusätzliche Überlegungsfrist ein. Die Widerrufserklärung ist seit dem Inkrafttreten des Gesetzes zur Umsetzung der Verbraucherrechterichtlinie nicht mehr an eine Form gebunden (bislang Textform nach § 355 Abs 1 S 2 BGB aF). Einzige Wirksamkeitsvoraussetzung ist die Beachtung der 14-tägigen **Widerrufsfrist** (§ 355 Abs 2 S 1 BGB). Wird der Vertrag nicht innerhalb der Widerrufsfrist widerrufen, so ist er – vorbehaltlich anderweitiger Wirksamkeitshindernisse – endgültig wirksam. Die Frist beginnt grundsätzlich mit Vertragsschluss (§ 355 Abs 2 S 2 BGB). Der Fristbeginn ist jedoch bei Verbraucherdarlehensverträgen, deren Vorschriften im Umfang der Verweisung des § 506 BGB auf Finanzierungsleasingverträge anwendbar sind, zusätzlich an eine der beiden in § 356b Abs 1 BGB genannten Voraussetzungen geknüpft. Dem Leasingnehmer muss demnach entweder eine für ihn bestimmte Vertragsurkunde bzw eine Abschrift hiervon oder aber sein schriftlicher Antrag bzw eine Abschrift hiervon zur Verfügung gestellt werden. Die dem Leasingnehmer zur Verfügung gestellte Urkunde muss zudem die Pflichtangaben nach § 492 Abs 2 BGB enthalten. Fehlen die Pflichtangaben nach § 492 Abs 2 BGB in der Urkunde, so beginnt die Widerrufsfrist erst mit der Nachholung (§ 356b Abs 2 S 1 BGB). Dem ist der Fall gleichzustellen, dass die Pflichtangaben unrichtig sind. In diesen Fällen beträgt die Widerrufsfrist dann einen Monat (§ 356b Abs 2 S 3 BGB). Zur Wahrung der Widerrufsfrist genügt in allen Fällen die rechtzeitige Absendung des Widerrufs (§ 355 Abs 1 S 5 BGB). Kommt es nicht zu einer fristgerechten Nachholung, so besteht das Widerrufsrecht des Verbrauchers grundsätzlich unbefristet fort. In Ausnahmefällen kann allerdings eine **Verwirkung** (§ 242 BGB) des Widerrufsrechts in Betracht zu ziehen sein. So hat das KG entschieden, dass der Ausübung des Widerrufsrechts jedenfalls dann der Einwand der Verwirkung entgegen steht, wenn der Leasingnehmer mehr als sechs Jahre verstreichen lässt und die beiderseitigen Pflichten aus dem Leasingvertrag bereits vier Jahre vor Geltendmachung des Widerrufsrechtes vollständig erfüllt worden sind (KG 16. 8. 2012 – 8 U 101/12, BeckRS 2012, 21953; beachte in diesem Zusammenhang auch OLG Frankfurt 26. 8. 2014 – 17 U 202/14, NJW-RR 2015, 1460; OLG Dresden 23. 10. 2014 – 8 U 450/14, BeckRS 2014, 123557; OLG Brandenburg 21. 8. 2013 – 4 U 202/11, BeckRS 2015, 05108).

Bis zum Ablauf der Frist ist der Leasingvertrag (schwebend) wirksam. Erfolgt der **160** Widerruf binnen zwei Wochen durch den Verbraucher (Leasingnehmer), so sind dieser und der Unternehmer (Leasinggeber) an ihre auf den Abschluss des Leasingvertrages gerichteten Willenserklärungen nicht mehr gebunden. Die gegenseitigen Erfüllungspflichten finden damit ihr Ende. Der Leasingnehmer kann also die weitere Zahlung der Leasingraten berechtigterweise einstellen. Der zunächst wirksame, nun aber unwirksam gewordene Leasingvertrag wandelt sich ex nunc in ein **Rückabwicklungsverhältnis** um. Die bereits empfangenen Leistungen sind nach § 355 Abs 3 S 1 BGB unverzüglich zurückzugewähren. Die im bislang geltenden Recht vorgesehene Verweisung auf die Rücktrittsvorschriften der §§ 346 ff BGB ist gestrichen worden. Im Übrigen ergeben sich die weiteren Folgen des Widerrufs bei Finanzierungsleasingverträgen aus § 357a BGB.

Über den Verweis in § 506 BGB findet auch § 358 BGB entsprechende Anwendung. **161** Nach **§ 358 Abs 2 BGB** ist der Verbraucher, wenn er seine auf den Abschluss des Finanzierungsleasingvertrages gerichtete Willenserklärung widerrufen hat, auch an den Vertrag über die Lieferung der Ware nicht mehr gebunden. Da der Leasingnehmer regelmäßig nicht Partei des Beschaffungsvertrages ist, besteht für diesen **Widerrufsdurchgriff** in der Leasingpraxis allerdings vielfach kein Bedürfnis. Anders verhält es sich hingegen, wenn der Verbraucher zunächst selbst einen Kaufvertrag mit dem Lieferanten abschließt und im nächsten Schritt – wie von vornherein in Aussicht genommen – der korrespondierende Leasingvertrag über das Kaufobjekt geschlossen wird und der Leasinggeber in den Kaufvertrag eintritt **(Eintrittsmodell)**. Meist wird der Leasingnehmer zugleich aus seiner kaufvertraglichen Verpflichtung entlassen. Zwar fehlt es bei einer solchen Vertragsgestaltung streng genommen an der typischen Aufspaltung eines einheitlichen Vertragsverhältnisses in zwei gleichzeitig nebeneinander bestehende Vertragsverhältnisse und der Leasingnehmer ist zur selben Zeit immer nur aus einem Vertrag verpflichtet, nämlich zunächst aus dem Kaufvertrag und dann aus dem an dessen Stelle tretenden Leasingvertrag. Wird aber ein derartiger Leasingvertrag widerrufen, dann sollen nach allgemeiner Meinung (OLG Düsseldorf 17. 5. 2013 – I-17 U 187/11, BeckRS 2013, 17540; STAUDINGER/KESSAL-WULF [2011] § 358 Rn 43) die kaufvertraglichen Pflichten des Leasingnehmers wieder aufleben, da mit dem Widerruf des Leasingvertrages auch der Eintritt des Leasinggebers in den Kaufvertrag hinfällig werde. Der Verbraucher bliebe damit an einen Vertrag gebunden, den er allein im Hinblick auf das von den Parteien des Kaufvertrages vorgesehene Zustandekommen des Leasingvertrages abgeschlossen hat. Das Schutzbedürfnis des Leasingnehmers ist daher in einem derartigen Fall demjenigen bei einer Aufspaltung in zwei zeitgleich geschlossene Verträge vergleichbar, sodass die Vorschrift des § 358 BGB doch zumindest auf den hier in Rede stehenden Fall des sog „Eintrittsmodells" anzuwenden ist (so überzeugend OLG Düsseldorf 17. 5. 2013 – I-17 U 187/11, BeckRS 2013, 17540; STAUDINGER/KESSAL-WULF [2011] § 358 Rn 43; PETERS WM 2006, 1191 f; WOITKEWITSCH, in: vWESTPHALEN, Leasingvertrag Kap M Rn 415 ff; **aA** OLG Düsseldorf 2. 3. 2010 – I-24 U 136/09, WM 2010, 2258; OLG Brandenburg 23. 4. 2008 – 3 U 115/07, BeckRS 2008, 10218; BÜLOW LMK 2014, 357062; SITTMANN-HAURY JZ 2014, 798; MünchKomm/ HABERSACK § 358 Rn 17 unter Aufgabe der entgegengesetzten Ansicht in der Voraufl). Dass auch der Gesetzgeber die Anwendbarkeit des § 358 BGB in den Fällen der Finanzierungshilfe – und damit auch im Falle des Finanzierungsleasing – jedenfalls in denjenigen Konstellationen in Betracht gezogen hat, in denen die Voraussetzungen dieser Vorschrift im Einzelfall erfüllt sind, kommt im Übrigen bereits in der Begründung des Gesetzentwurfes für das Gesetz zur Umsetzung der Verbraucherkreditrichtlinie, des zivilrechtlichen Teils der Zahlungsdiensterichtlinie sowie zur Neuordnung der Vorschriften über das Widerrufs- und Rückgaberecht vom 29. 7. 2009 (BT-Drucks 16/11643, 91) zum Ausdruck (so zutreffend OLG Düsseldorf 17. 5. 2013 – I-17 U 187/ 11, BeckRS 2013, 17540). Erst recht gilt die hier befürwortete Anwendung des § 358 BGB, wenn es der Leasinggeber (lediglich) übernimmt, die Kaufpreisschuld des Leasingnehmers aus dem mit dem Lieferanten geschlossenen und aufrechterhaltenen Kaufvertrag über das Leasinggut zu erfüllen, der Verbraucher also nicht aus seiner kaufvertraglichen Bindung entlassen wird (STAUDINGER/KESSAL-WULF [2011] § 358 Rn 43; zu einer solchen Konstellation BGH 25. 11. 1992 – VIII ZR 176/91, NJW-RR 1993, 307). Voraussetzung ist freilich bei alledem, dass sich der Beschaffungsvertrag und der Finanzierungsleasingvertrag als verbundene Verträge im Sinne des § 358 Abs 3 BGB darstellen (vgl hierzu Rn 267). Der **BGH** hat in einer neueren Entscheidung (BGH 22. 1. 2014 – VIII ZR 178/13, NJW 2014, 1519 mit insoweit zust Anm BÜLOW LMK 2014, 357062 und SITTMANN-HAURY JZ 2014, 798) die hier vertretene Ansicht zur **analogen Anwendung des § 358 BGB auf das Eintrittsmodell unter Beteiligung eines Verbrauchers abgelehnt**. Die Entscheidung ist zwar zu §§ 499, 500, 358 BGB aF ergangen, dürfte aber auf die §§ 506, 358 BGB in ihrer heutigen Fassung übertragbar sein. Die knappe Begründung des BGH ist eher formaler Natur (Erfordernis einer Bindung des Verbrauchers an zwei rechtlich selbständige Verträge). Die materiellen Überlegungen, die ein Schutzbedürfnis des Verbrauchers im Hinblick auf die Rechtsprechung zur leasingtypischen Abtretungskonstruktion (samt Geschäftsgrundlagenlösung) in Abrede stellen, vermögen schon deshalb nicht zu überzeugen, da sich diese Rechtsprechung ihrerseits erheblichen Einwänden ausgesetzt sieht. Folgt man der Linie des BGH, läuft die gesetzliche Verweisung in § 506 BGB weitgehend leer. Für den Widerrufsdurchgriff bleibt dann nur der bereits erwähnte – sehr seltene – Fall, dass der Leasinggeber dem Liefervertrag gesamtschuldnerisch beitritt, der Leasingnehmer also nicht ausscheidet. Zu beachten ist allerdings, dass die Rechtsprechung noch auf Grundlage der alten Gesetzeslage ergangen ist. Das am 13. 6. 2014 in Kraft getretene Gesetz zur Umsetzung der Verbraucherrechte-Richtlinie zwingt den BGH seinen (hier ohnehin abgelehnten) Standpunkt zu überdenken. Denn mit **§ 360 BGB nF** hat der Gesetzgeber neben die verbundenen Verträge eine weitere Rechtsfigur, die sog **zusammenhängenden Verträge**, gestellt. § 360 Abs 1 S 1 BGB sieht nunmehr vor, dass der Verbraucher seine auf den Abschluss eines Vertrages gerichtete Willenserklärung auch dann wirksam widerrufen kann, wenn die Voraussetzungen für einen verbundenen Vertrag nicht vorliegen, es sich aber um zusammenhängende Verträge handelt. Auch hier gewährt das Gesetz nunmehr einen

Widerrufsdurchgriff. Es ist in der Tat naheliegend, bei der Gestaltungsform des Eintrittsmodells vom Vorliegen eines zusammenhängenden Vertrags (§ 360 Abs 2 BGB) auszugehen (ebenso HARRIEHAUSEN NJW 2014, 1519; zurückhaltender SITTMANN-HAURY JZ 2014, 798, 800). Sollte der BGH weiterhin auf seinem Standpunkt beharren, wäre wohl im Hinblick auf die Vorgaben der Verbraucherkredit-Richtlinie (2008/48/EG) und der Verbraucherrechte-Richtlinie (2011/83/EU) eine Vorlage an den EuGH geboten (HARRIEHAUSEN NJW 2014, 1519).

dd) Einwendungsdurchgriff des Leasingnehmers
Siehe hierzu die Ausführungen unter Rn 262 ff. **161a**

3. Verschulden bei Vertragsschluss

Ein Leasinggeschäft kommt – wie bereits dargelegt (vgl o Rn 98) – im Regelfall **162** dadurch zustande, dass der spätere Leasingnehmer die Initiative ergreift, auf einen Händler zugeht und mit ihm die Vorverhandlungen bis zur Unterschriftsreife führt. Der spätere Leasinggeber ist an den Verhandlungen über das Geschäft meist nicht beteiligt. Soweit in diesem Stadium bereits vorvertragliche Pflichten – etwa Auskunfts-, Beratungs-, Hinweis- und Sorgfaltspflichten – bestehen, wird der Verletzungstatbestand daher in aller Regel unmittelbar vom Händler/Lieferanten verwirklicht werden. Es stellt sich dann die Frage, ob und gegen wen der Leasingnehmer Schadensersatzansprüche geltend machen kann. Es hat sich gezeigt, dass dieser Haftungsfall in der Praxis eine beachtliche Rolle spielt.

a) Haftung des Leasinggebers
Gegen den Leasinggeber kommt ein Anspruch aus culpa in contrahendo, jetzt in **163** §§ 280 Abs 1, 311 Abs 2 normiert, iVm § 278 BGB in Betracht. Klärungsbedürftig ist zunächst, welche Pflichten den Leasinggeber gegenüber dem Leasingnehmer in der Phase der Vertragsanbahnung treffen können. Im Anschluss hieran wird auf die Erfüllungsgehilfeneigenschaft des Lieferanten im Hinblick auf diese Pflichten einzugehen sein.

aa) Pflichten des Leasinggebers im Verhandlungsstadium
Aus dem Kreise der den Leasinggeber aus §§ 241 Abs 2, 242 iVm § 311 Abs 2 BGB **164** treffenden Nebenpflichten interessieren hier vor allem die Pflicht zur Aufklärung und Beratung über Finanzierungsangelegenheiten und über die Eignung der Ware für die Zwecke des Leasingnehmers (vgl BECKMANN, in: MARTINEK/STOFFELS/WIMMER-LEONHARDT, Leasinghandbuch § 24 Rn 1 ff, 31 ff).

Am ehesten wird man **Aufklärungs- und Beratungspflichten des Leasinggebers hinsichtlich des Inhalts und der wirtschaftlichen Folgen**, einschließlich der Risiken der **165** geplanten Finanzierung für den Leasingnehmer, annehmen können. Die Pflicht zur korrekten Information kann zunächst dadurch verletzt werden, dass dem Leasingnehmer gegenüber im Stadium der Vertragsanbahnung Zusagen abgegeben werden, die über den Leasingvertrag hinausreichen, ihm also beispielsweise vom Lieferanten ein Erwerbs- oder Rücktrittsrecht eingeräumt wird oder zusätzliche Serviceleistungen versprochen werden, obwohl das Leasingvertragsformular diese Rechte nicht vorsieht (vWESTPHALEN, Leasingvertrag Kap D Rn 95). Darüber hinaus folgt der BGH aus der wirtschaftlichen Einheit, die der Erwerb der Leasingsache durch den Leasinggeber einerseits und die Gebrauchsüberlassung und Finanzierung im Leasingvertrag andererseits darstelle, dass der in die Verhandlungen eingeschaltete Lieferant ebenso wie der Leasinggeber auf kongruente Vertragsinhalte zu achten hätte. Auf Abweichungen muss der Leasingnehmer hingewiesen werden (BGH 3. 7. 1985 – VIII ZR 102/84, NJW 1985, 2258, 2259). Im Übrigen ist nicht nur bei Leasinggeschäften mit kaufmännischen Kunden Zurückhaltung geboten, soweit es um die Pflicht des Leasinggebers geht, von sich aus – also ungefragt – den Leasingnehmer aufzuklären. Auch im Privatleasinggeschäft gilt die Grundregel, dass derjenige, der einen Vertrag schließt, sich selbst über dessen rechtlichen und wirtschaftlichen Gehalt zu informieren hat. Eine Pflicht des Leasinggebers, seinen Vertragspartner ungefragt über den Inhalt und die wirtschaftlichen Folgen des Leasingvertrages aufzuklären, besteht daher nach Ansicht des BGH (BGH 11. 3. 1987 – VIII ZR 215/86, NJW 1987, 2082, 2084) im Allgemeinen nicht. Eine Aufklärungspflicht lasse sich nur aus besonderen Gründen anhand der Umstände des Einzelfalles feststellen. Ein solcher Fall liege etwa vor, wenn der Leasinggeber davon ausgehen muss, dass der Leasingnehmer sich falsche Vorstellungen über Art, Inhalt oder Bedeutung des Vertrages bzw einzelner Punkte macht und dass diese Vorstellung für seine Entscheidung über den Abschluss des Vertrages maßgeblich ist (BGH 11. 3. 1987 – VIII ZR 215/86, NJW 1987, 2082, 2084; BGH 4. 11. 1987 – VIII ZR 313/86, NJW-RR 1988, 241).

166 Die gegenständliche Reichweite möglicher Aufklärung- und Beratungspflichten ist auf das Finanzprodukt „Leasing" begrenzt. Sie erfasst insbesondere **nicht** die Information über die **Eigenschaften der Leasingsache und ihre Eignung** für die Zwecke des Leasingnehmers (so vWestphalen, Leasingvertrag Kap D Rn 141; aA Soergel/Heintzmann Vor § 535 Rn 50). Der Leasinggeber ist weder willens noch – mangels eigener Sachkunde – in der Lage, den Leasingnehmer bei der Auswahl des Leasinggegenstandes zu beraten. Dies wird auch der Leasingnehmer nicht von ihm erwarten. Als kompetenter Ansprechpartner und Adressat originärer Aufklärungs- und Beratungspflichten im Stadium der Vertragsanbahnung kommt daher allein der Lieferant/Händler in Betracht (zur Eigenhaftung des Händlers Rn 172 f). Für den Fall, dass der Leasinggeber erst nach Abschluss des Kaufvertrages eingeschaltet wird (Eintrittsmodell), liegt dies ohnehin unabweisbar auf der Hand (Reinking/Eggert, Der Autokauf L273).

bb) Erfüllungsgehilfeneigenschaft des Lieferanten

167 Der Lieferant, der mit Wissen und Wollen des Leasinggebers die Vorverhandlungen über den Abschluss des Leasingvertrages führt und aufgrund des ihm zur Verfügung gestellten Materials die Höhe der Leasingraten für die vorgesehene Laufzeit errechnet sowie ggf andere Modalitäten bespricht und aushandelt, ist nach der Rechtsprechung des BGH im Rahmen der im Verhandlungsstadium entstehenden Sorgfalts- und Aufklärungspflichten **Erfüllungsgehilfe des Leasinggebers** (grundl BGH 3. 7. 1985 – VIII ZR 102/84, NJW 1985, 2258, 2260; BGH 28. 9. 1988 – VIII ZR 160/87, NJW 1989, 287, 288; BGH 15. 6. 2011 – VIII ZR 279/10, NJW 2011, 2877 f; BGH 18. 9. 2013 – VIII ZR 281/12, NJW-RR 2014, 622 Rn 18; BGH 26. 8. 2014 – VIII ZR 335/13 Rn 11 u 15, BeckRS 2014, 17609; der Rechtsprechung zustimmend MünchKomm/Koch Leasing Rn 50; BeckOGK/Ziemssen [1. 1. 2018] § 535 Rn 812; Soergel/Heintzmann Vor § 535 Rn 50; vWestphalen, Leasingvertrag Kap D Rn 91; Bamberger/Roth/Hau/Poseck/Zehelein BeckOK § 535 Rn 91; Lösekrug WM 2014, 203 f; größtenteils abweichend Lieb DB 1988, 2502 f; beachte auch OLG München DB 2002, 2373). Dies folgt in der Tat daraus, dass der Leasinggeber im Interesse der Vereinfachung der Vertragsanbahnung und Vertragsabwicklung einen Dritten – den Verkäufer/ Lieferanten – mit Aufgaben betraut, die in seinem Verantwortungsbereich liegen. Für die Erfüllungsgehilfeneigenschaft spricht es, wenn der Leasinggeber sich durch das Tätigwerden des Lieferanten eigenes Handeln erspart. Dies ist regelmäßig anzunehmen, wenn der Leasinggeber dem Lieferanten Vertragsvordrucke überlässt und später ausgefüllt von ihm zurückerhält (BGH 18. 9. 2013 – VIII ZR 281/12, BeckRS 2013, 18173 Rn 18). Einer ständigen oder engen Verbindung zwischen Leasinggeber und Leasingnehmer und Lieferant bedarf es nicht unbedingt. Der BGH betont, dass auch beim „reinen" Finanzierungsleasing der Lieferant konkrete Vertragsvorverhandlungen für den Leasinggeber führen kann (BGH 3. 7. 1985 – VIII ZR 102/84, NJW 1985, 2258, 2260). Im Streitfall ist entsprechend konkreter Sachvortrag notwendig. Die pauschale Behauptung, der Leasinggeber sei „ständiger Finanzierungspartner" des Lieferanten, ersetzt einen solchen Vortrag nicht (BGH 30. 1. 1995 – VIII ZR 316/93, NJW 1995, 1146, 1147). Von dieser sich auch auf eine falsche Auskunfts- oder Ratserteilung erstreckenden Verantwortlichkeit kann der Leasinggeber sich in Allgemeinen Geschäftsbedingungen **nicht vollständig freizeichnen**, wenn er in seinem auf eine Vereinfachung der Vertragsabwicklung abzielenden Interesse den Lieferanten mit Aufgaben betraut hat, die in seinem Verantwortungsbereich liegen. Für eine Zurechnung des Lieferantenverhaltens ist es deshalb unerheblich, dass der Leasinggeber im vorformulierten Vertragstext darauf hinweist, der Lieferant oder sonstige Dritte seien nicht berechtigt, vom Vertragstext abweichende Vereinbarungen oder Zusagen zu treffen oder den Leasinggeber in anderer Weise zu vertreten (so zuletzt BGH 26. 8. 2014 – VIII ZR 335/13 Rn 15, BeckRS 2014, 17609).

Eine Zurechnung von Erklärungen des Lieferanten scheidet allerdings dann aus, **168** wenn der Lieferant mit dem Leasingnehmer **völlig atypische Sondervereinbarungen** schließt. Der Lieferant bewegt sich dann nicht mehr im Rahmen des ihm vom Leasinggeber erteilten Auftrags, sondern handelt lediglich bei Gelegenheit von dessen Ausführung (OLG München 12. 4. 2002 – 21 U 4262/00, DB 2002, 2373 f). Ihm sind grundsätzlich nur die notwendigen Vertragsvorbereitungen übertragen. Nicht hingegen ist es seine Aufgabe, durch die Vermittlung von Geschäften mit Dritten Anreize für den Abschluss von Leasingverträgen zu schaffen (Erfüllungsgehilfeneigenschaft des Lieferanten daher abgelehnt für die Vermittlung eines „Werbevertrags" mit einer Agentur von BGH 30. 3. 2011 – VIII ZR 94/10, NJW 2011, 2874). Zu verneinen ist die Stellung des Lieferanten als Erfüllungsgehilfe des Leasinggebers ferner, wenn der Liefervertrag zwischen dem Lieferanten und dem Leasingnehmer abgeschlossen wird und sich der Käufer erst im Anschluss hieran – ggf unter Mithilfe des Lieferanten – um eine Finanzierung des Geschäfts durch Abschluss eines Leasingvertrages bemüht **(Eintrittsmodell)**. Der Leasinggeber tritt hier im Vertragsanbahnungsstadium nicht in Erscheinung. Daher können ihn in dieser Phase auch keine vorvertraglichen Pflichten treffen (wie hier BGH 15. 6. 2011 – VIII ZR 279/10, NJW 2011, 2877, 2878; OLG Dresden 26. 4. 1995 – 8 U 1551/94, NJW-RR 1996, 625 und PALANDT/WEIDENKAFF Einf v § 535 Rn 54; LIEB DB 1988, 2502 f; MARTINEK, Moderne Vertragstypen I 120 f). Der BGH führt zu Recht aus, dass es an einer tragfähigen tatsächlichen Grundlage für die Annahme fehle, der Leasinggeber habe sich zur Anbahnung des Leasingvertrags der Hilfe des Lieferanten bedient, wenn der Leasinggeber erst nach Abschluss des Kaufvertrags mit der Anfrage, den Kauf durch einen Leasingvertrag zu finanzieren, konfrontiert werde. Allein die von einem Lieferanten bei dem Käufer erzeugte Bereitschaft, den Kauf durch einen Leasingvertrag mit einem noch auszuwählenden Leasinggeber finanzieren zu lassen, sowie die nach Abschluss des Kaufvertrags erfolgte Vermittlung eines Kontakts des Käufers zu dem späteren Leasinggeber durch den Lieferanten führe ohne das Hinzutreten weiterer Umstände nicht gem § 278 BGB zur Haftung des Leasinggebers für schuldhafte Aufklärungspflichtverletzungen des Lieferanten (BGH 15. 6. 2011 – VIII ZR 279/10, NJW 2011, 2877, 2878; auf dieser Linie auch BGH 18. 9. 2013 – VIII ZR 281/12, NJW-RR 2014, 622 Rn 21 f). Überhaupt muss sich der Leasinggeber nicht jegliches Fehlverhalten des Lieferanten zurechnen lassen. Eine Zurechnung nach § 278 BGB setzt voraus, dass das Fehlverhalten in einem inneren und sachlichen Zusammenhang zu den übertragenen Aufgaben steht. Bahnt der Lieferant neben der Vorbereitung des Leasingvertrags zugleich einen weiteren Vertrag in eigener Sache an und macht er dabei unzutreffende Angaben zur Verbindung der beiden Geschäfte, fehlt es in einem solchen Fall an dem erforderlichen Zusammenhang (BGH 18. 9. 2013 – VIII ZR 281/12, NJW-RR 2014, 622 Rn 19 ff).

169 Eine **Haftungsausschlussklausel** in den Leasingbedingungen hält der AGB-Kontrolle gem § 307 BGB jedenfalls dann nicht stand, wenn die Freizeichnung umfassend formuliert ist und sich demgemäß auch auf grob fahrlässige und vorsätzliche Pflichtverletzungen des Erfüllungsgehilfen bezieht (BGH 3. 7. 1985 – VIII ZR 102/84, NJW 1985, 2258, 2261). Für den nichtunternehmerischen Verkehr folgt dies unmittelbar aus § 309 Nr 7 Buchst b BGB; für den unternehmerischen Geschäftsverkehr ergibt sich das Unwirksamkeitsverdikt aus § 307 Abs 2 Nr 2 BGB. Entsprechendes gilt für eine Klausel, in der es heißt, der Leasingnehmer sei unterrichtet, dass der Lieferant in keiner Weise als Vertreter oder ähnliches des Leasinggebers fungiere (BGH 4. 11. 1987 – VIII ZR 313/86, NJW-RR 1988, 241, 242). Noch nicht höchstrichterlich entschieden ist, ob sich der Leasinggeber von der Haftung für leicht fahrlässige Pflichtverletzungen des Lieferanten bei der Vertragsanbahnung freizeichnen kann (dagegen Martinek, Moderne Vertragstypen I 121).

170 Die **Rolle des Lieferanten als Erfüllungsgehilfe** des Leasinggebers **endet** hinsichtlich der Aufklärungs- und Hinweispflichten regelmäßig mit Vertragsabschluss, im Hinblick auf die Übergabe des Leasingguts nach der Rechtsprechung mit deren Durchführung (BGH 31. 5. 1989 – VIII ZR 97/88, NJW-RR 1989, 1140, 1142; OLG Düsseldorf 17. 6. 2004 – 10 U 185/03, NJW-RR 2005, 700; Bamberger/Roth/Hau/Poseck/Zehelein BeckOK § 535 Rn 91; Soergel/Heintzmann Vor § 535 Rn 50; BeckOGK/Ziemssen [1. 1. 2018] § 535 Rn 821; für Fortdauer während der Durchführung und Rückabwicklung MünchKomm/Koch Leasing Rn 52). Dies hat zur Folge, dass der Lieferant in der Folgezeit nicht mehr in dieser Eigenschaft für den Leasinggeber tätig werden kann. Die Erfüllungsgehilfenstellung lebt auch nicht etwa dadurch wieder auf, dass der Lieferant ohne Auftrag des Leasinggebers einem eintrittswilligen Dritten Auskünfte über den Inhalt des abgeschlossenen Leasingvertrages erteilt (BGH 31. 5. 1989 – VIII ZR 97/88, NJW-RR 1989, 1140; BGH 30. 9. 1987 – VIII ZR 226/86, NJW 1988, 198, 199. Hier fehlt es freilich schon am Wissenselement auf Seiten des Leasinggebers, aus diesem Grunde zum gleichen Ergebnis gelangend MünchKomm/Koch Leasing Rn 52).

171 Die Schadensersatzpflicht des wegen eines Verschuldens des Lieferanten bei der Vertragsanbahnung (§§ 280, 311 Abs 2, 278 BGB) in Anspruch genommenen Leasinggebers kann darauf hinauslaufen, den Leasingnehmer von den Verpflichtungen aus dem Leasingvertrag freizustellen (BGH 3. 7. 1985 – VIII ZR 102/84, NJW 1985, 2258, 2261; Erman/Jendrek Anh § 535 Rn 20).

b) Eigenhaftung des Lieferanten

172 Im leasingtypischen Dreieck bestehen unmittelbare vertragliche Beziehungen nur zwischen dem Leasinggeber und dem Leasingnehmer einerseits und zwischen dem Leasinggeber und dem Lieferanten andererseits. Im Verhältnis zwischen Lieferant und Leasingnehmer kommt es zwar regelmäßig zu einem persönlichen Kontakt und zur Auslieferung der ausgesuchten Sache. Zu einer vertraglichen Verbindung führt diese tatsächliche Interaktion jedoch regelmäßig nicht (GITTER, Gebrauchsüberlassungsverträge 290). Für die Annahme eines selbständigen Beratungsvertrages bedarf es besonderer Anhaltspunkte wie etwa der Vereinbarung einer gesonderten Beratungsvergütung (vWESTPHALEN, Leasingvertrag Kap D Rn 148; WOLF/ECKERT/BALL, Handbuch Rn 1865 ff; allgemein zur Abgrenzung zwischen kaufvertraglicher Nebenpflicht und selbständigem Beratungsvertrag vgl BGH 23. 7. 1997 – VIII ZR 238/96, NJW 1997, 3227; WIMMER-LEONHARDT, in: MARTINEK/STOFFELS/WIMMER-LEONHARDT, Leasinghandbuch § 10 Rn 41 ff). Für die Verletzung vorvertraglicher Nebenpflichten (insbesondere Aufklärungspflichten) kann der Leasingnehmer den Lieferanten aus abgetretenem Recht in Anspruch nehmen.

173 Daneben kommen jedoch auch originäre Ansprüche des Leasingnehmers aus Verschulden bei Vertragsschluss in Betracht (allgemeine Meinung: BGH 6. 6. 1984 – VIII ZR 83/83, NJW 1984, 2938; GITTER, Gebrauchsüberlassungsverträge 290; CANARIS, Bankvertragsrecht Rn 1798; MARTINEK, Moderne Vertragstypen I 121 f; BECKMANN, in: MARTINEK/STOFFELS/WIMMER-LEONHARDT, Leasinghandbuch § 24 Rn 31; SOERGEL/HEINTZMANN Vor § 535 Rn 50; MünchKomm/KOCH Leasing Rn 49; BeckOGK/ZIEMSSEN [1. 1. 2018] § 535 Rn 809). Denn nach § 311 Abs 3 S 1 BGB kann ein vorvertragliches Schuldverhältnis auch zu solchen Personen entstehen, die nicht selbst Vertragspartei werden sollen. Dies ist nach § 311 Abs 3 S 2 BGB insbesondere der Fall, wenn der Dritte in besonderem Maße Vertrauen für sich in Anspruch nimmt und dadurch die Vertragsverhandlungen oder den Vertragsschluss erheblich beeinflusst. Namentlich beim Abschluss eines Vertrages über EDV-Anlagen wird der Händler dem Interessenten als Fachmann gegenübertreten (BGH 6. 6. 1984 – VIII ZR 83/83, NJW 1984, 2938). Auf seine Angaben zu den Leistungsmerkmalen der Anlage und der Verwendbarkeit für den in Aussicht genommenen Einsatz wird sich der Interessent in aller Regel verlassen müssen. Im Übrigen begründet nach der Rechtsprechung auch ein eigenes wirtschaftliches Interesse des Dritten ein Schuldverhältnis mit Nebenpflichten nach § 241 BGB. Durch § 311 Abs 2 S 2 BGB ist diese Rechtsprechung zwar nicht ausdrücklich rezipiert, aber auch nicht derogiert worden (vgl den Wortlaut „insbesondere"). An ihr ist festzuhalten mit der Folge, dass der Lieferant angesichts des meist sehr ausgeprägten Absatzinteresses als Adressat solcher Pflichten anzusehen ist (BECKMANN, in: MARTINEK/STOFFELS/WIMMER-LEONHARDT, Leasinghandbuch § 24 Rn 31). Sie können sich auf den Finanzierungsaspekt, aber auch auf die Beschaffenheit des Leasinggegenstandes beziehen. Im letzteren Falle stellt sich allerdings die Frage, wie sich der Anspruch aus §§ 280 Abs 1, 311 Abs 3 BGB zu den dem Leasingnehmer abgetretenen Mängelgewährleistungsrechten verhält. Der BGH meinte hierzu unter der Geltung des alten Rechts (für grundsätzliche Fortführung im neuen Recht HUBER/FAUST, Schuldrechtsmodernisierung 388 ff), die Vorschriften über die Gewährleistung schlössen eine Haftung aus dem Gesichtspunkt des Verschuldens bei Vertragsschluss für fahrlässig unzutreffende Erklärungen über die Eigenschaften des Liefergegenstandes zwar grundsätzlich aus (BGH 6. 6. 1984 – VIII ZR 83/83, NJW 1984, 2938, 2939). Etwas anderes gelte aber in den Fällen, in denen der Verkäufer auf Befragen des Käufers jeweils einen ausdrücklichen Rat erteile. Hier könne die Haftung aus culpa in contrahendo neben den

Gewährleistungsansprüchen bestehen, auch wenn sich das Verschulden auf Angaben über Eigenschaften der Kaufsache beziehe. Die Ansprüche verjähren dann einheitlich nach den Sondervorschriften im Mängelgewährleistungsrecht, jetzt § 438 BGB bzw § 634a BGB. Der gegen den Lieferanten gerichtete Anspruch aus §§ 280 Abs 1, 311 Abs 3 BGB kann äußerstenfalls auf Befreiung des Leasingnehmers von seinen Verpflichtungen aus dem Leasingvertrag gegenüber dem Leasinggeber gehen (MARTINEK, Moderne Vertragstypen I 122; MünchKomm/KOCH Leasing Rn 49; BeckOGK/ZIEMSSEN [1. 1. 2018] § 535 Rn 810).

4. Anfechtung des Leasingvertrages

174 In der Praxis kommt es immer wieder vor, dass der Leasingnehmer zum Geschäftsabschluss durch ein Verhalten des Lieferanten bewogen wird, das den Tatbestand der arglistigen Täuschung erfüllt. Hier stellt sich die Frage, ob der getäuschte Leasingnehmer sich vom Leasingvertrag mittels Anfechtung nach § 123 BGB lösen kann. Dabei kommt es entscheidend darauf an, ob der **Lieferant als „Dritter" im Sinne des § 123 Abs 2 BGB** anzusehen ist. Würde man dies bejahen, so wäre eine Anfechtung nur möglich, wenn der Leasinggeber bei Vertragsschluss von der Täuschung des Lieferanten Kenntnis hatte oder seine Unkenntnis doch zumindest auf Fahrlässigkeit beruhte. Diese einschränkende Voraussetzung entfiele, wenn man den Lieferanten von vornherein nicht als „Dritten" im Sinne des § 123 Abs 2 BGB qualifizierte. Zu dieser Frage hat der BGH in seinem Urteil vom 28. 9. 1988 Stellung genommen. Es stärkt im Ergebnis die Anfechtungsmöglichkeiten des Leasingnehmers (BGH 28. 9. 1988 – VIII ZR 160/87, NJW 1989, 287, 288; BGH 30. 3. 2011 – VIII ZR 94/10, NJW 2011, 2874, 2875; ebenso OLG Düsseldorf 23. 12-2010 – I-24 127/10, BB 2011, 2242 und OLG Frankfurt 28. 1. 2009 – 17 U 241/08, BeckRS 2009, 10685). Als „Dritter" gelte nicht, wer bei Abgabe der täuschenden Erklärung mit Wissen und Wollen des Anfechtungsgegners als dessen Vertrauensperson oder Repräsentant auftrete. Dieser Tatbestand sei dann erfüllt, wenn die Erfüllungsgehilfeneigenschaft des Lieferanten und seine Verantwortlichkeit aus Verschulden bei Vertragsschluss zu bejahen seien. Beides nimmt der BGH unter den oben (Rn 163 ff) näher dargelegten Voraussetzungen an. Der Leasinggeber muss sich dann eine arglistige Täuschung des Lieferanten zurechnen lassen. Der BGH hat es auch hier ausdrücklich abgelehnt, zwischen dem (absatzfördernden) Händlerleasing und dem reinen Finanzierungsleasing zu unterscheiden (zustimmend BECKMANN, in: MARTINEK/STOFFELS/WIMMER-LEONHARDT, Leasinghandbuch § 6 Rn 84; BeckOGK/ZIEMSSEN [1. 1. 2018] § 535 Rn 800; CANARIS NJW 1982, 311 f und ihm folgend PALANDT/WEIDENKAFF Einf v § 535 Rn 51 wollen diese Sichtweise nur für das „absatzfördernde" Finanzierungsleasing gelten lassen. Zu anderen, weniger häufigen Anfechtungskonstellationen vgl BECKMANN, in: MARTINEK/STOFFELS/WIMMER-LEONHARDT, Leasinghandbuch § 6 Rn 82 ff und vWESTPHALEN, Leasingvertrag Kap D Rn 154 ff). Der Ausgangspunkt des BGH, dass nämlich die Stellungnahme zur Erfüllungsgehilfeneigenschaft des Lieferanten nach § 278 BGB die im Rahmen des § 123 Abs 2 BGB zu treffende Entscheidung präjudiziert, ist zutreffend. Denn § 123 BGB erweist sich bei näherer Hinsicht als gesetzliche Spezialbestimmung für die Haftung wegen culpa in contrahendo (SCHUBERT AcP 168 [1968] 470, 511). Daraus folgt, dass der Lieferant zumindest dann nicht Dritter im Sinne des § 123 Abs 2 BGB ist, wenn er im Hinblick auf die den Leasinggeber im Vorfeld treffenden Pflichten als dessen Erfüllungsgehilfe einzustufen ist. Ist der Lieferant als Vertrauensperson in die Vorbereitung des Leasinggeschäfts eingeschaltet, so wird man dem Leasinggeber darüber hinaus auch solche Täuschungshandlungen zurechnen müssen, die sich auf Eigenschaften der Leasingsache und ihre Verwendbarkeit für die Zwecke des Leasingnehmers beziehen. Beim Eintrittsmodell ist der Lieferant hingegen grundsätzlich Dritter im Sinne des § 123 Abs 2 BGB.

VIII. Vertragsdurchführung

1. Lieferung der Leasingsache

Der leasingtypische Beschaffungsvorgang zeichnet sich in der Regel dadurch aus, dass der Leasinggeber mit einem Lieferanten in vertragliche Beziehungen tritt, die Auslieferung des gekauften oder bestellten Gegenstandes jedoch unmittelbar an den Leasingnehmer an einem von diesem angegebenen Bestimmungsort erfolgen soll. Mit der Lieferung an den Leasingnehmer erfüllt der Lieferant zunächst seine Hauptleistungsverpflichtung aus dem Kauf- oder Werklieferungsvertrag gegenüber dem Leasinggeber. Der Leasingnehmer erlangt die tatsächliche Gewalt über die Sache (§ 854 BGB) und fungiert zugleich als Besitzmittler für den Leasinggeber. Dies ermöglicht es dem Leasinggeber, mit der Auslieferung des Leasingobjekts an den Leasingnehmer unmittelbar vom Lieferanten nach §§ 929 S 1 iVm 868 BGB das Eigentum an der Sache zu erwerben (Martinek, Moderne Vertragstypen I 123). Im Hinblick auf die aus dem Liefervertrag resultierende Abnahmeverpflichtung (§ 433 Abs 2 aE BGB bzw § 640 BGB) ist der **Leasingnehmer** darüber hinaus **Erfüllungsgehilfe des Leasinggebers** (BGH 14. 3. 1984 – VIII ZR 284/82, NJW 1984, 2034, 2036; BGH 24. 1. 1990 – VIII ZR 22/89, NJW 1990, 1290, 1292; Wolf/Eckert/Ball, Handbuch Rn 1910; Bamberger/Roth/Hau/Poseck/Zehelein BeckOK § 535 Rn 91; BeckOGK/Ziemssen [1. 1. 2018] § 535 Rn 908). Es gehört zu den prägenden Zügen des Leasinggeschäfts, dass der Leasinggeber mit der tatsächlichen Leistung des Lieferanten regelmäßig nicht in Berührung kommt, da er dieses Geschäft in erster Linie abschließt, um dem Leasingnehmer die Gebrauchsmöglichkeit zu eröffnen. Aus dieser mangelnden tatsächlichen Beteiligung des Leasinggebers resultieren spezifische Probleme. Soweit sie im Zusammenhang mit dem Liefervorgang stehen, sollen sie im Folgenden näher behandelt werden.

a) Handelsrechtliche Rügeobliegenheit

Im Zusammenhang mit der Auslieferung des vom Leasinggeber gekauften Leasinggegenstandes an den Leasingnehmer stellt sich die Frage, ob den Leasinggeber im Verhältnis zum Lieferanten die **kaufmännische Rügeobliegenheit nach § 377 HGB** trifft. Dies ist höchst umstritten, wenn es sich bei dem Leasingnehmer um einen Nichtkaufmann handelt.

aa) Uneingeschränkte Rügelast des Leasinggebers gegenüber dem Lieferanten (BGH)

Auf der Grundlage eines formalen, bipolar strukturierten Vertragsverständnisses ließe sich argumentieren: Die von § 377 Abs 1 HGB vorausgesetzte Kaufmannseigenschaft ist in der Person des Leasinggebers in aller Regel gegeben, und zwar zumeist schon nach § 6 HGB, da das Leasinggeschäft üblicherweise von in Form von Handelsgesellschaften organisierten Kredit- oder Finanzierungsinstituten betrieben wird. Ferner stellt der Kauf- oder Werklieferungsvertrag für beide Seiten in aller Regel auch ein Handelsgeschäft (§ 343 HGB) dar. Führt man diesen Gedanken weiter, so obläge es dem Leasinggeber, das Leasinggut zu untersuchen und etwaige

Mängel zu rügen. Auf eine Nachlässigkeit seines Leasingnehmers könnte er sich nicht berufen, da dieser insoweit als sein Erfüllungsgehilfe (genauer Obliegenheitsgehilfe) angesehen werden müsste. Die verabsäumte Rüge hätte den **Verlust der Mängelgewährleistungsansprüche gegenüber dem Lieferanten** zur Folge (§ 377 Abs 2 HGB). Der Leasingnehmer könnte mit den ihm abgetretenen Gewährleistungsrechten gegenüber dem Lieferanten nicht mehr durchdringen. Den hier skizzierten Weg ist der **BGH** in seiner Entscheidung vom 24. 1. 1990 in der Tat gegangen (BGH 24. 1. 1990 – VIII ZR 22/89, NJW 1990, 1290). Sein Grundverständnis der Problematik offenbaren einige Formulierungen im Urteilstext. So heißt es an einer Stelle, es gehe nicht darum, ob der Leasingvertrag unter § 377 HGB falle, sondern allein um die Anwendbarkeit der §§ 377, 378 HGB auf die Leasinggeberin und auf den von ihr mit dem Lieferanten geschlossenen Kaufvertrag (BGH 24. 1. 1990 – VIII ZR 22/89, NJW 1990, 1290, 1291 f). Einige Zeilen später findet sich dann der Hinweis, die Pflichten und Obliegenheiten eines Schuldners beurteilten sich grundsätzlich in seiner Person und seiner vertraglichen Beziehung zum Gläubiger (BGH 24. 1. 1990 – VIII ZR 22/89, NJW 1990, 1290, 1292). Im Hinblick auf eine von Vertretern der Wissenschaft für diese Fallgestaltung erwogene, von ihm jedoch nachdrücklich abgelehnte, teleologische Reduktion des § 377 HGB heißt es sodann, die Vertragsbeziehung zwischen dem Lieferanten und dem Leasinggeber unterscheide sich in nichts von einem gewöhnlichen Handelskauf. Dass der kaufmännische Käufer mit der Kaufsache einen Vertrag mit einem Nichtkaufmann erfüllen wolle, sei nichts Besonderes und rechtfertige nicht die Beurteilung, die Vorschrift des § 377 HGB „passe" hier nicht (BGH 24. 1. 1990 – VIII ZR 22/89, NJW 1990, 1290, 1292 f). Der BGH judiziert mithin erkennbar auf der Basis einer strikten Trennung der beiden, für die Rechtsfigur des Finanzierungsleasing typischen, Vertragsverhältnisse, die er in die Kategorien des Bürgerlichen Gesetzbuches (Kauf und atypische Miete) einzuordnen bestrebt ist.

178 Folgt man diesem Ansatz, so wäre noch die Frage zu klären, wem im Innenverhältnis der Leasingvertragspartner die Folgen der Rügeversäumnis aufgebürdet werden müssen. Auf der Linie der Rechtsprechung läge es nahe, hier dem Leasinggeber die Berufung auf den Gewährleistungsausschluss zu versagen, da dem Leasingnehmer die Abtretung der Gewährleistungsrechte gegen den Lieferanten infolge der Versäumung der Rügelast im Ergebnis keinen adäquaten Ausgleich verschafft hat. Der Leasingnehmer könnte also seine Gewährleistungsrechte unmittelbar gegenüber dem Leasinggeber geltend machen. Es würde sich dann die mietvertragliche Restverantwortlichkeit des Leasinggebers aktualisieren (AGB-Klauselwerke/vWestphalen Leasing Rn 83). Der BGH (BGH 24. 1. 1990 – VIII ZR 22/89, NJW 1990, 1290), hat es im Ergebnis offen gelassen, ob die Inanspruchnahme mit einem Wiederaufleben der mietvertraglichen Eigenhaftung des Leasinggebers oder mit einem Anspruch des Leasingnehmers aus positiver Vertragsverletzung zu begründen ist. Das KG (KG 27. 3. 2013 – 25 U 59/12, BeckRS 2013, 07406) betont, der Leasinggeber habe entweder dafür Sorge zu tragen, dass die Rügeobliegenheit gegenüber dem Lieferanten ausgeschlossen wird, oder er müsse den Leasingnehmer über die Rügeobliegenheit unterrichten. Anderenfalls mache er sich dem Leasingnehmer gegenüber schadensersatzpflichtig und müsse diesen so stellen, wie er bei Beachtung der Unterrichtungs- und Rügeobliegenheit stehen würde.

179 Dies wiederum legt die Frage nahe, ob sich das Problem aus der Sicht des Leasinggebers nicht dadurch lösen lässt, dass er in seinen Leasingbedingungen zusätzlich eine Rügeobliegenheit des Leasingnehmers statuiert. Die AGB-rechtliche Zulässigkeit einer solchen Klausel ist jedoch, wenn sie gegenüber einem nichtkaufmännischen Leasingnehmer verwendet wird, zweifelhaft (offen gelassen in BGH 24. 1. 1990 – VIII ZR 22/89, NJW 1990, 1290, 1293). Die wohl herrschende Meinung ist hier eher restriktiv und will eine formularmäßig begründete Rügelast des nichtkaufmännischen Leasingnehmers nur hinnehmen, wenn sie sich entsprechend § 309 Nr 8 Buchst b Doppelbuchst bb BGB auf offensichtliche und damit in der Regel schon unter § 536b BGB fallende Mängel beschränkt (MünchKomm/Koch Leasing Rn 81; Ulmer/Brandner/Hensen/Schmidt Bes Vertragstypen, Leasingverträge Rn 9; vWestphalen BB 1990, 1, 5; für generelle Unwirksamkeit Reinicke/Tiedtke, Kaufrecht Rn 1798; für generelle Wirksamkeit hingegen Lieb DB 1988, 2501 und Martinek, Moderne Vertragstypen I 125). Die formularmäßige Überbürdung der Rügeobliegenheit auf den kaufmännischen Leasingkunden wird dagegen allgemein für zulässig gehalten (vgl Reinicke/Tiedtke, Kaufrecht Rn 1797).

Schließlich könnte der Leasinggeber versuchen, seinen Lieferanten zur Abbedingung des § 377 HGB zu bewegen (BeckOGK/Ziemssen [1. 1. 2018] § 535 Rn 910.1). Abgesehen davon, dass dies nicht ohne Weiteres durchsetzbar sein wird, ist die AGB-rechtliche Zulässigkeit wiederum unklar. Der BGH hat sie ausdrücklich offen gelassen (BGH 24. 1. 1990 – VIII ZR 22/89, NJW 1990, 1290, 1293; die Zulässigkeit bejahend – sofern offensichtliche Mängel ausgenommen werden – MünchKomm/Koch Leasing Rn 81; Ulmer/Brandner/Hensen/Schmidt, Bes Vertragstypen, Leasingverträge Rn 9). Damit wird dem Leasinggeber – so die Schlussfolgerung des BGH – zur Vermeidung des aus § 377 Abs 2 HGB folgenden Rechtsnachteils häufig nichts anderes übrig bleiben, als „die Kaufsache selbst zu untersuchen oder notfalls unter Inanspruchnahme sachverständiger Hilfe untersuchen zu lassen" (BGH 24. 1. 1990 – VIII ZR 22/89, NJW 1990, 1290, 1293). **180**

bb) Kritik
Dieses Ergebnis kann kaum befriedigen, ist doch der Leasinggeber mangels eigener technischer Kompetenz kaum je in der Lage, die Mangelfreiheit des Leasinggegenstandes festzustellen. Die Einschaltung eines Sachverständigen verteuert das Leasinggeschäft beträchtlich. Die Deduktionen des BGH überzeugen vor allem deshalb nicht, weil sie den Gesamtzusammenhang des komplexen Vertragsgefüges „Leasing" aus den Augen verlieren (vgl das Parallelproblem des Maßstabs der Kontrolle der Lieferanten-AGB, wenn der Leasingnehmer Verbraucher ist. Hier lässt man das formale Argument, der Liefervertrag sei allein zwischen Lieferant und Leasinggeber geschlossen worden, nicht gelten. Vgl hierzu ausführlich Rn 225; auf diesen Zusammenhang hinweisend Canaris AcP 190 [1990] 430). Dies führt zu erheblichen Wertungswidersprüchen. So fällt auf, dass es dem Lieferanten, dem es ja in der Regel gleichgültig ist, ob er den Beschaffungsvertrag unmittelbar mit dem nichtkaufmännischen Interessenten oder einem Leasinggeber schließt, nach der Lösung des BGH rechtlich zum Vorteil gereichen würde, wenn es zur Zwischenschaltung eines Financiers in Gestalt eines Leasinggebers käme. Eine solche Privilegierung lässt sich wertungsmäßig nicht rechtfertigen, ist es doch der Lieferant, der den Vertrag mit dem Leasingnehmer abschlussreif aushandelt (beim Eintrittsmodell sogar abschließt) und damit einen Nichtkaufmann als Abnehmer der Ware akzeptiert (Canaris AcP 190 [1990] 429 bezeichnet die Anwendbarkeit des § 377 HGB als „blankes Zufallsgeschenk" für den Lieferanten, und Tiedtke JZ 1991, 910 spricht von einem „Geschenk des Himmels". Kritisch auch Reinicke/Tiedtke, Kaufrecht Rn 1800; Lieb Anm JZ 1990, 977). Dem Leasinggeber im Verhältnis zum **181**

Lieferanten eine Rügeobliegenheit aufzuerlegen, erscheint im Übrigen nachgerade lebensfremd, denn zum einen gelangt das Leasinggut entsprechend der leasingtypischen Vertragsgestaltung, also bestimmungsgemäß, gar nicht in die Hand des Leasinggebers, und zum anderen ist der Leasinggeber mangels eigener Kompetenz oftmals nicht in der Lage, die angelieferte Ware zu begutachten (LARENZ/CANARIS, Schuldrecht II/2 § 64 IV 120; LIEB Anm JZ 1990, 977; KNOPS JuS 1994, 109). Zudem müsste er bei einer solchen Prüfung den vertraglichen Erwartungshorizont des Leasingnehmers zugrunde legen, mithin die Eignung der Sache (zB Hardwarekonfiguration oder Softwareeigenschaften beim Computerleasing) für die speziellen Bedürfnisse des Leasingnehmers untersuchen. Die Kritik an diesem Diktum hat FLUME prägnant auf den Punkt gebracht (FLUME DB 1991, 269; dem BGH im Ergebnis widersprechend ferner CANARIS AcP 190 [1990] 428 ff; LARENZ/CANARIS, Schuldrecht II/2 § 64 IV 120; OECHSLER, Gerechtigkeit im modernen Austauschvertrag 392 ff; REINICKE/TIEDTKE, Kaufrecht Rn 1796 ff; LIEB Anm JZ 1990, 976 ff; HAGER AcP 190 [1990] 350; KNOPS JuS 1994, 109; TIEDTKE JZ 1991, 907 ff; WIMMER-LEONHARDT, in: MARTINEK/STOFFELS/WIMMER-LEONHARDT, Leasinghandbuch § 14 Rn 7; im Sinne des BGH haben sich dagegen geäußert WANK JR 1990, 426 f; WOLF/ECKERT/BALL, Handbuch Rn 1848; vWESTPHALEN, Leasingvertrag Kap F Rn 6 ff; ders BB 1990, 4 f; AGB-Klauselwerke/ vWESTPHALEN Leasing Rn 81; MARTINEK, Moderne Vertragstypen I § 6 II 124; MünchKomm/KOCH Leasing Rn 80; BeckOGK/ZIEMSSEN [1. 1. 2018] § 535 Rn 910). Der Kauf und der Leasingvertrag bildeten, so führt er aus, zusammen die Rechtsfigur des Finanzierungsleasing, und diese Zusammengehörigkeit gehe auch den Lieferanten an. Die Entscheidung verleugne letztlich die besondere Rechtsfigur des Finanzierungsleasing, die sich aus dem Dreiecksverhältnis Lieferant, Leasinggeber, Leasingnehmer ergebe. FLUME wird man auf der anderen Seite nicht dahin verstehen dürfen, dass die rechtliche Beurteilung nur auf der Grundlage eines einheitlichen dreigliedrigen Vertragsgebildes erfolgen dürfe (in diese Richtung tendierend jedoch OECHSLER, Gerechtigkeit im modernen Austauschvertrag 392 ff; noch weiter geht HEERMANN, Drittfinanzierte Erwerbsgeschäfte 111, der auf der Basis einer trilateral-synallagmatischen Leistungsverknüpfung von einer Lieferpflicht des Verkäufers/Lieferanten gegenüber dem Leasingnehmer ausgeht). Dies wäre sicherlich eine bedenkliche Übersteigerung in die entgegengesetzte Richtung, die der Vertragsanlage ebenfalls nicht gerecht würde. Wohl aber bedarf eine an den bipolaren Grundstrukturen des Bürgerlichen Gesetzbuches ausgerichtete Betrachtungsweise der Korrektur durch eine größere Beachtung des Sinnzusammenhangs des gesamten Vertragsgefüges. Für **§ 377 HGB** folgt daraus, dass diese Vorschrift **aufgrund einer teleologischen Reduktion keine Anwendung findet**, wenn der Leasingnehmer Nichtkaufmann ist und der Lieferant den Kaufvertrag in Kenntnis des Leasinggeschäfts eingeht (eingehend begründet durch CANARIS AcP 190 [1990] 428 ff; ihm folgend HAGER AcP 190 [1990] 350; TIEDTKE JZ 1991, 907, 909 f; WIMMER-LEONHARDT, in: MARTINEK/ STOFFELS/WIMMER-LEONHARDT, Leasinghandbuch § 14 Rn 7). Auf der anderen Seite lässt sich auf der Grundlage der hier vorgestellten methodischen Überlegungen durchaus erwägen, § 377 HGB entgegen der ganz hM im Verhältnis Leasinggeber – Leasingnehmer anzuwenden, wenn letzterer Kaufmann ist (wie hier nur CANARIS AcP 190 [1990] 431 f; im Sinne der hM dagegen etwa REINICKE/TIEDTKE, Kaufrecht Rn 1796 ff und SOERGEL/ HEINTZMANN Vor § 535 Rn 72, der eine vertragliche Abwälzung der Untersuchungs- und Rügeobliegenheit verlangt).

b) Übernahme- oder Abnahmebestätigung

182 Anders als etwa der Vermieter einer Sache hat der Leasinggeber ein besonderes Interesse daran, dass der Leasingnehmer das für ihn beschaffte Leasingobjekt vom

Lieferanten auch tatsächlich übernimmt. Kommt es hier zu Problemen, läuft der Leasinggeber Gefahr, seine Abnahmeverpflichtung aus dem Liefervertrag zu verletzen. Aus diesem Grund und wegen zumeist fehlender eigener Lagermöglichkeiten verpflichten die üblichen Leasingvertragsformulare den Leasingnehmer, die Sache vom Lieferanten abzunehmen und den ordnungsgemäßen Empfang dem Leasinggeber in Form einer Übernahmebestätigung (bei Software tritt an ihre Stelle eine Abnahmebestätigung, vgl vWESTPHALEN BB 1990, 1, 6) mitzuteilen. Die Auferlegung der Abnahmepflicht ist vor diesem Hintergrund sachlich gerechtfertigt und stellt keinen Verstoß gegen § 307 BGB dar (so zutreffend WIMMER-LEONHARDT, in: MARTINEK/STOFFELS/WIMMER-LEONHARDT, Leasinghandbuch § 13 Rn 2). Auch die Verpflichtung zur Erteilung einer Übernahmebestätigung kann in den Leasingbedingungen begründet werden; der Leasinggeber hat allerdings nach Ansicht des BGH keinen Anspruch auf eine Bestätigung mittels eines von ihm konzipierten Formulars, wenn der Inhalt der Übernahmeerklärung der Sache nach demjenigen entspricht, den der Leasinggeber in seinem Formular vorgegeben hatte (BGH 17. 2. 1993 – VIII ZR 37/92, NJW 1993, 1381, 1383 f; BGH 10. 10. 1994 – VIII ZR 295/93, NJW 1995, 187, 188; ebenso WOLF/ECKERT/BALL, Handbuch Rn 1910; vWESTPHALEN, Leasingvertrag Kap F Rn 24; WIMMER-LEONHARDT, in: MARTINEK/STOFFELS/WIMMER-LEONHARDT, Leasinghandbuch Rn 16; zu Recht kritisch MünchKomm/HABERSACK [4. Aufl 2004] Leasing Rn 62).

aa) Klauselbeispiele

Im Leasingvertrag wird diese Verpflichtung üblicherweise wie folgt formuliert (entnommen aus STOLTERFOHT, in: Münchener Vertragshandbuch Bd 3/I [4. Aufl 1998] 152 f): **183**

„Der Mieter ist zur Abnahme des Mietgegenstandes verpflichtet und hat dem Vermieter den ordnungsgemäßen Empfang des Mietgegenstandes schriftlich in einer Übernahmebestätigung zu bescheinigen. Der Mieter darf die Abnahme nur verweigern, wenn der Vermieter gegenüber dem Lieferanten ein Abnahmeverweigerungsrecht hat. Das in der Übernahmebestätigung genannte Datum gibt den Beginn der Mietzeit an. Enthält die Übernahmebestätigung keine Einschränkungen, so ist der Vermieter berechtigt und angewiesen, den geschuldeten Preis an den Lieferanten zu zahlen."

Darüber hinaus findet die Übernahme mitunter auch in den **Beschaffungsvertrag zwischen dem Leasinggeber und dem Lieferanten** Eingang:

„Wir beauftragen Sie, an den gemeinsamen Kunden termingemäß zu liefern. Ferner bitten wir Sie, bei Auslieferung die ordnungsgemäße Übernahme der Ware durch den gemeinsamen Kunden für uns auf dem beigefügten Formular bestätigen zu lassen. Solange uns die Übernahmebestätigung des Kunden nicht ohne Einschränkung und rechtsverbindlich unterzeichnet vorgelegt wird, bleiben wir Ihnen gegenüber von allen Verbindlichkeiten und Verpflichtungen frei. Die Übernahmebestätigung muss uns spätestens innerhalb einer Frist von sechs Monaten, beginnend mit dem Datum dieses Schreibens, vorgelegt werden. Danach gilt dieser Auftrag ohne weitere Erklärung als einvernehmlich aufgehoben. Wir zahlen sofort nach Eingang Ihrer auf unser Haus ausgestellten Rechnung ... und der vom Kunden rechtsverbindlich unterzeichneten Übernahmebestätigung ..." (BGH 10. 3. 2010 – VIII ZR 182/08, NJW 2010, 2503).

bb) Rechtliche Bedeutung und Wirksamkeitsgrenzen

184 Derartige Übernahmebestätigungen enthalten zunächst eine Bestimmung des Zeitpunkts, zu dem der unbedingt (davon ist im Zweifel auszugehen, MünchKomm/Koch Leasing Rn 74) abgeschlossene Leasingvertrag in Vollzug gesetzt wird (s obige Beispielsklausel: „Beginn der Mietzeit"). Bedeutsam ist die Fixierung des Zeitpunkts für die **Fälligkeit der Leasingraten**. Die AGB-rechtliche Zulässigkeit solcher Fälligkeitsregelungen ist zu bejahen (Stoffels, in: Wolf/Lindacher/Pfeiffer, Leasingverträge L 75; Wimmer-Leonhardt, in: Martinek/Stoffels/Wimmer-Leonhardt, Leasinghandbuch § 13 Rn 8). Ob der Leasingvertrag unter die aufschiebende Bedingung einer Übernahmebestätigung gestellt werden kann – vorausgesetzt, dies wird zweifelsfrei vereinbart –, ist noch nicht geklärt (dafür Martinek, Moderne Vertragstypen I 122; Martinek/Omlor, in: Bankrechts-Handbuch § 101 Rn 49). Auf das von ihm zu vertretende Ausbleiben des Bedingungseintritts kann sich der Leasinggeber jedenfalls gem § 162 Abs 1 BGB nicht berufen (wie hier BeckOGK/Ziemssen [1. 1. 2018] § 535 Rn 795; MünchKomm/Koch Leasing Rn 74; Ulmer/Brandner/Hensen/Schmidt Bes Vertragstypen Leasing Rn 15).

185 Auch im **Verhältnis zwischen Leasinggeber und Lieferant** kommt der Übernahmebestätigung regelmäßig kraft einer dahingehenden Abrede im Liefervertrag eine fälligkeitsauslösende Bedeutung zu (zum sofortigen Rücktrittsrecht des Leasinggebers bei unrichtiger Übernahmebestätigung des Lieferanten BGH 10. 3. 2010 – VIII ZR 182/08, NJW 2010, 2503, 2505; Beckmann FLF 2010, 268 ff). Der Lieferant kann nunmehr die Zahlung des vereinbarten **Kaufpreises** vom Leasinggeber verlangen. Auch die Formulierung, derzufolge der Leasinggeber von allen Verpflichtungen frei bleibt, solange die Übernahmebestätigung für die vom Lieferanten zu erbringende Leistung nicht vorliegt, hat der BGH in diesem Sinne ausgelegt. Dass der Liefervertrag als solcher hierdurch unter eine aufschiebende Bedingung gestellt werden sollte, sei im Zweifel nicht anzunehmen (BGH 17. 2. 1993 – VIII ZR 37/92, NJW 1993, 1381, 1382).

186 Im Übrigen, also abgesehen von der Fälligstellung der Leasingraten und des Kaufpreises, ist der Sinn der dem Leasingnehmer abverlangten Erklärung lediglich, die Tatsache der Übernahme der Leasingsache zu bestätigen und die Übereinstimmung mit den Vereinbarungen zu bescheinigen. Eine Anerkennung der Vertragsmäßigkeit oder einen Verzicht auf etwaige Einwendungen begründet die Übernahmebestätigung hingegen nicht. Es handelt sich bei ihr folglich nicht um ein Schuldanerkenntnis im Sinne des § 781 BGB, sondern um eine **Quittung** (§ 368 BGB) für die empfangene Leistung (BGH 1. 7. 1987 – VIII ZR 117/86, NJW 1988, 204, 206; BGH 17. 2. 1993 – VIII ZR 37/92, NJW 1993, 1381, 1383; Wolf/Eckert/Ball, Handbuch Rn 1912). Sie zwingt den Leasingnehmer als Aussteller zum Beweis, wenn er später dennoch Gewährleistungsrechte geltend macht und damit inzident die sachliche Richtigkeit der Erklärung bestreitet. Die Umkehrung der Darlegungs- und Beweislast folgt im Übrigen bei der hier regelmäßig gegebenen Annahme der angebotenen Leistung als Erfüllung unabhängig von der Erteilung einer Übernahmebestätigung bereits aus § 363 BGB. Den Einwand, die Leasingsache sei nicht, unvollständig oder in schlechter Qualität geliefert worden, kann der Leasingnehmer also durchaus vorbringen, nur ist er insoweit beweisbelastet (BGH 1. 7. 1987 – VIII ZR 117/86, NJW 1988, 204, 206; BGH 5. 7. 1989 – VIII ZR 334/88, NJW 1989, 3222, 3223). Eine Klausel in den Leasingbedingungen, nach der ab Zugang einer uneingeschränkten Übernahmebestätigung beim Leasinggeber eine unbedingte Verpflichtung des Leasingnehmers zur Zahlung der vereinbarten Leasingraten besteht, hat der BGH wegen Verstoßes gegen den Grundgedanken der vertraglichen Äquivalenz nach § 9 Abs 1 und Abs 2 Nr 1 AGBG (= § 307 Abs 1 und Abs 2 Nr 1 BGB) für unwirksam erklärt (BGH 1. 7. 1987 – VIII ZR 117/86, NJW 1988, 204, 206). Dass der Fall der erfolgreichen Inanspruchnahme des Lieferanten durch den Leasingnehmer ausgenommen wird, änderte nichts am Unwirksamkeitsverdikt. Zur Begründung führte der BGH an, dass der Leasinggeber „seine Hauptleistung – die Gebrauchserfüllung – nicht erfüllt" habe. Auch bezog sich der BGH in dieser Entscheidung auf ein Mitverschulden des Lieferanten (unterbliebener Hinweis auf die Notwendigkeit einer Einschränkung der Übernahmebestätigung), welches sich der Leasinggeber nach § 278 BGB anrechnen lassen müsse. Hiervon nimmt der BGH in einer neueren Entscheidung Abstand (BGH 20. 10. 2004 – VIII ZR 36/03, NJW 2005, 365, 366). Vom hier vertretenen Grundverständnis des Finanzierungsleasingvertrages konnte bereits der ersten Aussage nicht gefolgt werden (ablehnend auch Canaris AcP 190 [1990] 433; Larenz/Canaris, Schuldrecht II/2 121 f; Lieb DB 1988, 1501 ff; Wimmer-Leonhardt, in: Martinek/Stoffels/Wimmer-Leonhardt, Leasinghandbuch § 13 Rn 4f). Denn die Rechtsprechung wurde auch hier dem leasingtypischen Beschaffungsvorgang nicht gerecht. Dieser verläuft gerade nicht übers Eck. Der Leasinggeber erlangt keinen Zwischenbesitz; ihn können daher auch keine Untersuchungs- und Hinweispflichten gegenüber dem Leasingnehmer treffen. Dies erkennt jetzt der BGH und macht deutlich, dass die Erteilung der Übernahmebestätigung dem Umkreis des Aufgabenbereichs der Gebrauchsüberlassung nicht zuzuordnen ist (BGH 20. 10. 2004 – VIII ZR 36/03, NJW 2005, 365, 367); denn dies ist mit der typischen Interessenlage beim Finanzierungsleasing nicht zu vereinbaren, da der Leasingnehmer in aller Regel das Leasingobjekt nicht aus der Hand seines Vertragspartners, des Leasinggebers, entgegennimmt, sondern es direkt vom Lieferanten an den Leasingnehmer ausgeliefert wird. Weiter rechnet der BGH dem Leasinggeber ein Verschulden des Lieferanten nicht mehr nach § 278 BGB zu, da die Abgabe einer Übernahmebestätigung durch den Leasingnehmer keine Verbindlichkeit des Leasinggebers, sondern eine solche des Leasingnehmers gegenüber dem Leasinggeber ist. Eine Verpflichtung des Leasinggebers, dem Leasingnehmer die Haftungsfolgen aus der Abgabe einer unrichtigen Übernahmebestätigung in geeigneter Weise aufzuzeigen, würde den Pflichtenkreis des Leasinggebers überdehnen. Dies gilt nicht nur im kaufmännischen Verkehr (BGH 24. 3. 2010 – VIII ZR 122/08, NJW-RR 2010, 1436, 1437). Auch einem Verbraucher als Leasingnehmer ist es zuzumuten, sich über die Konsequenzen etwaiger Pflichtverletzungen zu informieren (MünchKomm/Koch Leasing Rn 78; Beckmann/Scharff, Leasingrecht § 7 Rn 62).

Auch erkennt der BGH an, dass der Leasingnehmer durch die Erteilung einer **187** **unrichtigen Übernahmebestätigung** seine Verpflichtung, bei der Abwicklung des Leasingvertrages die Interessen des Leasinggebers hinreichend zu berücksichtigen, verletzt und sich **schadensersatzpflichtig** (§§ 280 Abs 1, 241 Abs 2 BGB) machen kann (BGH 1. 7. 1987 – VIII ZR 117/86, NJW 1988, 204, 207; BGH 20. 10. 2004 – VIII ZR 36/03, NJW 2005, 365, 366; BGH 24. 3. 2010 – VIII ZR 122/08, NJW-RR 2010, 1436; ferner OLG Düsseldorf 22. 2. 1990 – 10 U 142/89, NJW-RR 1990, 666; OLG Bremen 17. 1. 1989 – 3 U 10/88, ZIP 1989, 579). Mitunter werden zugleich die Voraussetzungen der §§ 823 Abs 2 und 826 BGB erfüllt sein. Der zu ersetzende Schaden (hierzu näher MünchKomm/Koch Leasing Rn 77; BeckOGK/Ziemssen [1. 1. 2018] § 535 Rn 824) kann unter anderem in dem Nachteil bestehen, der dem Leasinggeber daraus erwächst, dass der Lieferant nach Zahlung des Kaufpreises Insolvenz anmeldet, Gewährleistungsrechte also nicht mehr realisiert werden können. Ferner ist an den Fall zu denken, dass der Leasinggeber infolge der unrichtigen Übernahmebestätigung seiner handelsrechtlichen Rügeobliegenheit (vgl hierzu o Rn 176 ff) nicht nachkommt und aus diesem Grunde keine Ansprüche gegen den Lieferanten geltend gemacht werden können (näher zum kollusiven Zusammenwirken des Lieferanten und des Leasingnehmers zum Nachteil des Leasinggebers BeckOGK/ZIEMSSEN [1. 1. 2018] § 535 BGB Rn 794).

2. Leistungsstörungen und Gefahrtragung

188 Die planmäßige Durchführung des Leasinggeschäfts setzt voraus, dass der Leasinggegenstand dem Leasingnehmer pünktlich geliefert wird, keine Mängel aufweist und auch nach Übergabe in einem gebrauchsfähigen Zustand verbleibt. Praktisch bedeutsam ist nun, welche rechtlichen Konsequenzen Störungen in diesem Bereich nach sich ziehen und wie in diesem Zusammenhang die typischen Abreden in Leasingverträgen zu bewerten sind. Dies soll im Folgenden näher dargestellt werden, wobei die Mangelhaftigkeit des Leasinggutes zunächst ausgeklammert wird (vgl hierzu Rn 213 ff).

a) Lieferstörungen

189 Wird das Leasingobjekt dem Leasingnehmer nicht oder verspätet bzw unvollständig geliefert, stellt sich die Frage, welche Auswirkung eine solche Lieferstörung auf den Leasingvertrag hat und gegen wen der Leasingnehmer ggf Schadensersatzansprüche richten kann.

aa) Nichtlieferung der Leasingsache

190 Hauptleistungspflicht des Leasinggebers ist es nach verbreiteter Ansicht, die Sache dem Leasingnehmer zur Verfügung zu stellen und ihn anschließend nicht im Gebrauch zu stören (BGH 23. 2. 1977 – VIII ZR 124/75, NJW 1977, 848, 849; BGH 16. 9. 1981 – VII ZR 265/80, NJW 1982, 105, 106; BGH 9. 10. 1985 – VIII ZR 217/84, NJW 1986, 179; BGH 13. 3. 1991 – VIII ZR 34/90, NJW 1991, 1746, 1749; vWESTPHALEN, Leasingvertrag Kap F Rn 1; kritisch LEENEN AcP 190 [1990] 280; LIEB DB 1988, 948 ff, 2497 f; LARENZ/CANARIS, Schuldrecht II/2 § 66 III 111; LARENZ/LEENEN, Schuldrecht II § 63 II 455; MARTINEK, Moderne Vertragstypen I § 4 IV 72 ff und § 7 II 162; H ROTH AcP 190 [1990] 306 ff; PAPAPOSTOLOU, Risikoverteilung beim Finanzierungsleasing 78 ff; CANARIS AcP 190 [1990] 432 ff; vgl ferner die Kritik dieser These unter Rn 82). Das Ausbleiben der Lieferung durch den – vertraglich dem Leasinggeber verpflichteten – Hersteller/Lieferanten stellt hiernach – durchaus folgerichtig – im Verhältnis der Leasingvertragsparteien einen Fall der Nichterfüllung dar mit der weiteren Folge, dass der Leasingnehmer dem Ratenzahlungsanspruch jedenfalls sofort die **Einrede des nichterfüllten Vertrages (§ 320 BGB)** entgegenhalten kann (BGH 30. 7. 1997 – III ZR 157/96, ZMR 1997, 630, 632; PALANDT/WEIDENKAFF Einf v § 535 Rn 55). Die Vertreter der hM bürden das **Risiko des Scheiterns des Liefergeschäfts** auch im Übrigen **dem Leasinggeber** auf. Nach Ansicht des BGH soll der Leasingnehmer dann, wenn die Lieferung der Leasingsache aus von ihm nicht zu vertretenden Gründen endgültig unterbleibt, berechtigt sein, sich auf den **Wegfall der Geschäftsgrundlage** – mit Wirkung ex tunc – zu berufen (BGH 9. 10. 1985 – VIII ZR 217/84, NJW 1986, 179; BGH 30. 7. 1997 – III ZR 157/96, ZMR 1997, 630, 632; zustimmend ERMAN/JENDREK Anh § 535 Rn 25; AGB-Klauselwerke/vWESTPHALEN Leasing Rn 67; SPITTLER, Leasing für die Praxis 101; kritisch WOLF/ECKERT/BALL, Handbuch Rn 1835: „kein Bedürfnis"). Das hieße nach dem reformierten Schuldrecht, dass ihm nach § 313 Abs 3 S 2 BGB ein **Kündigungsrecht** zustünde. (Die Frage, ob es sich um ein Kündigungs- oder Rücktrittsrecht handelt, stellt sich hier in gleicher Weise wie bei der Konstellation der Mangelhaftigkeit des Leasinggegenstandes; vgl hierzu Rn 245) Nach Ansicht des BGH ist dies eine Konsequenz daraus, dass der Erwerb der Leasingsache einerseits und die Gebrauchsüberlassung und Finanzierung im Leasingvertrag andererseits sich wirtschaftlich als Einheit darstellten. Einige Entscheidungen des BGH rekurrieren hingegen auf § 543 Abs 2 Nr 1 BGB, der dem Mieter das Recht zur außerordentlichen Kündigung für den Fall der Vorenthaltung des vertragsgemäßen Gebrauchs zuspricht (BGH 1. 7. 1987 – VIII ZR 117/86, NJW 1988, 204; BGH 7. 10. 1992 – VIII ZR 182/91, NJW 1993, 122 ohne das Konkurrenzverhältnis zu den Grundsätzen über die Störung der Geschäftsgrundlage zu erörtern). Im **Schrifttum** plädiert man teilweise ebenfalls für eine Analogie zu § 543 Abs 2 Nr 1 BGB (zB Palandt/Weidenkaff Einf v § 535 Rn 55); andere wiederum treten für ein Freiwerden des Leasingnehmers von seiner Gegenleistungspflicht nach Unmöglichkeitsrecht (jetzt § 326 Abs 1 BGB) ein (MünchKomm/Koch Leasing Rn 82; BeckOGK/Ziemssen [1. 1. 2018] § 535 Rn 852; Wolf/Eckert/Ball, Handbuch Rn 1835).

191 Einer **AGB-Klausel**, die dem Leasinggeber in dieser Konstellation einen Anspruch auf Erstattung der von ihm an seine Refinanzierungsbank zu zahlenden Bereitstellungsprovision und Nichtabnahmeentschädigung gibt, hat der BGH als gegen § 307 BGB verstoßend verworfen (BGH 9. 10. 1985 – VIII ZR 217/84, NJW 1986, 179, 180; Erman/Jendrek Anh § 535 Rn 25; AGB-Klauselwerke/vWestphalen Leasing Rn 68; Bamberger/Roth/Hau/Poseck/Zehelein BeckOK § 535 Rn 92; **aA** Larenz/Canaris, Lehrbuch des Schuldrechts II/2 122). Der BGH führt hierzu aus, die Äquivalenz im Leasingvertrag wäre schwer gestört, wenn infolge der Nichtbeschaffung der Leasingsache und damit zugleich Nichterfüllung der dem Leasinggeber obliegenden Hauptpflicht der Gebrauchsgewährung zwar der Leasinggeber von allen Verpflichtungen befreit wäre, der Leasingnehmer aber im praktischen Ergebnis einen Teil seiner Gegenleistungen (Leasingraten) erbringen müsste (BGH 9. 10. 1985 – VIII ZR 217/84, NJW 1986, 179, 180). Unwirksam soll ferner eine Klausel sein, derzufolge der Leasingnehmer verpflichtet sein soll, dem Leasingnehmer eine (von diesem an den Lieferanten gezahlte) **Anzahlung** zu erstatten, sofern die Abnahme des Leasingobjekts, aus welchen Gründen auch immer, nicht innerhalb einer bestimmten Frist erfolgt ist (OLG Düsseldorf 23. 11. 2009 – 24 U 60/09, BeckRS 2010, 12227). Hierin liegt nach Ansicht des OLG Düsseldorf eine unzulässige Verlagerung des dem Leasinggeber als Kardinalpflicht obliegenden Beschaffungsrisikos und des damit verbundenen Risikos der fehlgeschlagenen Gebrauchsüberlassung auf den Leasingnehmer.

192 Denkbar ist weiter, dass der Leasingnehmer **aus abgetretenem Recht gegen den Lieferanten** vorgeht. An das Ergebnis der unter dem Gesichtspunkt der Leistungsstörung geführten Auseinandersetzung des Leasingnehmers mit dem Lieferanten soll der Leasinggeber dann allerdings gebunden sein (BGH 7. 10. 1992 – VIII ZR 182/91, NJW 1993, 122, 124; Erman/Jendrek Anh § 535 Rn 25; Palandt/Weidenkaff Einf v § 535 Rn 55). Dies beruhe auf einer „interessengerechten Auslegung der mit der Abtretung verbundenen Freizeichnung" (BGH 7. 10. 1992 – VIII ZR 182/91, NJW 1993, 122, 124; Beckmann DB 2006, 320 ff). Sobald die Klage des Leasingnehmers gegen den Lieferanten wegen (teilweiser) Nichterfüllung, gestützt auf abgetretene Erfüllungsansprüche des Leasinggebers, rechtskräftig abgewiesen ist, hat der Leasingnehmer hiernach auch keine Rechte mehr gegen den Leasinggeber (OLG München 10. 1. 1992 – 23 U 3803/91, NJW-RR 1993, 123; Palandt/Weidenkaff Einf v § 535 Rn 55). Anders soll hingegen zu entscheiden sein, wenn die Erfüllungsansprüche des Leasinggebers gegen den Lieferanten nicht wirksam an den Leasingnehmer abgetreten waren, weil der Leasingnehmer dann den Erfüllungsanspruch gegen den Leasinggeber behalte und bei Nichterfüllung immer noch kündigen könne (BGH 7. 10. 1992 – VIII ZR 182/91, NJW 1993, 122, 124).

193 Die Nichtlieferung des Leasinggegenstandes durch den Lieferanten stellt sich nach dieser Konzeption im Verhältnis der Leasingvertragsparteien zugleich als eine Pflichtverletzung des Leasinggebers im Sinne des § 280 BGB dar. **Schadensersatz statt der Leistung** (§§ 280 Abs 1 und 3, 281 bzw 283 BGB) kann der Leasingnehmer jedoch nur verlangen, wenn der Leasinggeber das Ausbleiben der Leistung zu vertreten hat. Hierfür kommt es regelmäßig darauf an, ob der **Lieferant** insoweit als **Erfüllungsgehilfe** (§ 278 BGB) des Leasinggebers angesehen werden kann. Die Rechtsprechung und ein Großteil des Schrifttums bejahen dies auf der Grundlage der von ihnen angenommenen Gebrauchsverschaffungs- und -überlassungspflicht des Leasinggebers (BGH 3. 7. 1985 – VIII ZR 102/84, NJW 1985, 2258, 2260; BGH 30. 9. 1987 – VIII ZR 226/86, NJW 1988, 198, 199; BGH 1. 7. 1987 – VIII ZR 117/86, NJW 1988, 204, 206; BGH 27. 4. 1988 – VIII ZR 84/87, NJW 1988, 2465, 2468; ebenso OLG Hamm 3. 8. 2007 – 12 U 158/06, WM 2007, 2015 für Projektleasing; vWestphalen ZIP 1985, 1436 ff; ders, Leasingvertrag Kap G Rn 4; Ulmer/Brandner/Hensen/Schmidt Anh §§ 9–11 AGBG Rn 464; MünchKomm/Koch Leasing Rn 82; BeckOGK/Ziemssen [1. 1. 2018] § 535 Rn 871; Gitter, Gebrauchsüberlassungsverträge § 11 B I 317; Martinek, Moderne Vertragstypen I § 6 III 128; Papapostolou, Risikoverteilung beim Finanzierungsleasingvertrag 104 f; Sannwald, Finanzierungsleasingvertrag 124; ablehnend Martinek/Omlor, in: Bankrechts-Handbuch § 101 Rn 58; Canaris AcP 190 [1990] 432 f; Larenz/Canaris, Lehrbuch des Schuldrecht II/2 121; Flume DB 1991, 269 f). Soweit den Lieferanten also ein Verschulden am Ausbleiben der Leistung trifft, hat der Leasinggeber hierfür gegenüber dem Leasingnehmer einzustehen.

bb) Unvollständige Lieferung

194 Die für das gänzliche Ausbleiben der Lieferung soeben dargestellten Regeln sollen grundsätzlich auch auf den Fall einer bloß unvollständigen Lieferung Anwendung finden (MünchKomm/Koch Leasing Rn 85; BeckOGK/Ziemssen [1. 1. 2018] § 535 Rn 855), vorausgesetzt, die rückständige Leistung überschreitet die aus Treu und Glauben folgende Schwelle der Geringfügigkeit. Dies gilt jedenfalls dann, wenn dem Leasingnehmer vom Leasinggeber nicht ausnahmsweise auch dessen Erfüllungsansprüche gegen den Lieferanten abgetreten worden sind (offenlassend BGH 1. 7. 1987 – VIII ZR 117/86, NJW 1988, 204, 205; BGH 7. 10. 1992 – VIII ZR 182/91, NJW 1993, 122, 124; BGH 27. 4. 1988 – VIII ZR 84/87, NJW 1988, 2465, 2468). Der Leasingnehmer kann demnach im Allgemeinen die **Zahlung der Leasingraten** in vollem Umfang **zurückhalten** (vgl § 320 Abs 1 BGB und die in Abs 2 verankerte Geringfügigkeitsschwelle). Das Gesetz sieht eine Beschränkung des Leistungsverweigerungsrechts auf einen dem Wert der noch ausstehenden Teilleistung entsprechenden Betrag nicht vor (BGH 13. 7. 1970 – VII ZR 176/68, NJW 1970, 2019, 2021; Palandt/Grüneberg § 320 Rn 8). Unter den Voraussetzungen der §§ 280, 281, 283, 286 BGB haftet der Leasinggeber auf **Schadensersatz**. Voraussetzung für die Lösung vom Vertrag ist in den Fällen der Teilleistung nach der allgemeinen Vorschrift des § 323 Abs 5 BGB, dass der Gläubiger an der Teilleistung kein Interesse hat. Für den Leasingvertrag hat der BGH jedoch bislang auf § 542 BGB aF (jetzt **§ 543 Abs 2 Nr 1 BGB)** abgestellt (BGH 1. 7. 1987 – VIII ZR 117/86, NJW 1988, 204, 205; BGH 27. 4. 1988 – VIII ZR 84/87, NJW 1988, 2465, 2468). Hiernach liegt ein wichtiger, zur **außerordentlichen Kündigung** berechtigender Grund vor, wenn dem Mieter der vertragsgemäße Gebrauch der Mietsache ganz oder zum Teil nicht rechtzeitig gewährt oder wieder entzogen wird, wobei eine unerhebliche Gebrauchsbehinderung nicht ausreicht (zu letzterem Palandt/Weidenkaff § 543 Rn 19). Schwierigkeiten bereitet mitunter die **Abgrenzung der Teilleistung vom Sachmangel**. Für das Kaufrecht stellt § 434 Abs 3 BGB eine Quantitätsabweichung einem Sachmangel gleich. Gedacht ist hierbei an Mengenabweichungen, die sich in Stück und Gewicht angeben lassen. Diese Wertung wird man übertragen können mit der Folge, dass auch bei Leasingsachverhalten entsprechend zu differenzieren ist. Wird dem Leasingnehmer bei einem Leasingvertrag über Computer-Hard- und Software hingegen nur die Hardware übergeben, so richten sich die Rechtsfolgen nach der Ansicht des BGH nicht nach Sachmängelgewährleistungsrecht (§§ 536 ff BGB), sondern nach den Bestimmungen über Teilleistungen einschließlich der Kündigung nach § 543 Abs 2 Nr 1 BGB (BGH 1. 7. 1987 – VIII ZR 117/86, NJW 1988, 204, 205; BGH 27. 4. 1988 – VIII ZR 84/87, NJW 1988, 2465, 2467; ebenso Erman/Jendrek Anh § 535 Rn 27). Gleiches soll für den Fall gelten, dass dem Leasingnehmer die zum Betrieb einer EDV-Anlage notwendigen Hard- oder Softwarehandbücher nicht ausgehändigt werden (BGH 4. 11. 1992 – VIII ZR 165/91, NJW 1993, 461).

cc) Verspätete Lieferung
Wird dem Leasingnehmer das Leasingobjekt nicht zum vereinbarten Zeitpunkt zur Verfügung gestellt und ist die Lieferung noch möglich, so wird dem Leasingnehmer auch hier das Recht zugestanden, die **Zahlung der Leasingraten** einstweilen **zu verweigern** (§ 320 BGB). Ferner wird der Leasingnehmer für berechtigt gehalten, unter den Voraussetzungen der §§ 280 Abs 1 und 2, 286 BGB **Ersatz seines Verzugsschadens** vom Leasinggeber zu verlangen. Das Verschulden des Lieferanten soll sich der Leasinggeber auch hier nach § 278 BGB zurechnen lassen müssen. Bleibt die Lieferung auf Dauer – insbesondere auch nach Fristsetzung im Sinne des § 281 BGB – aus, so soll sich der Leasingnehmer **vom Leasingvertrag lösen** und **Schadensersatz statt der Leistung** verlangen können. Es gilt das soeben zu aa) Gesagte (vgl Martinek, Moderne Vertragstypen I 130 f; vWestphalen, Leasingvertrag Kap H Rn 32 ff; Wolf/Eckert/Ball, Handbuch Rn 1846; Soergel/Heintzmann Vor § 535 Rn 63).

195

dd) Nichtlieferungs-, Verspätungs- und Drittverweisungsklauseln
In den Leasingbedingungen finden sich bisweilen sog **Nichtlieferungs- und Verspätungsklauseln**. Sie zielen darauf, den Leasinggeber von einer Haftung für eine ausbleibende oder verspätet erfolgende Lieferung des Leasingobjekts durch den Lieferanten freizustellen, ohne dem Leasingnehmer im Gegenzug eine Kompensation zu verschaffen. Ein solcher uneingeschränkter Haftungsausschluss **hält** nach ganz überwiegender Ansicht der **Inhaltskontrolle nach den §§ 307 ff BGB nicht stand** (tendenziell BGH 16. 9. 1981 – VIII ZR 265/80, NJW 1982, 105, 106 und BGH 9. 10. 1985 – VIII ZR 217/84, NJW 1986, 179, 180; ausdrücklich OLG Hamm 4. 12. 1979 – 4 U 244/79, DB 1980, 393, 394, OLG Koblenz 6. 7. 1984 – 2 U 571/83, WM 1984, 1259 und LG Mannheim 8. 10. 1984 – 24 O 62/83, BB 1985, 144 f; Martinek, Moderne Vertragstypen I § 6 III 127 f; MünchKomm/Koch Leasing Rn 86; BeckOGK/Ziemssen [1. 1. 2018] § 535 Rn 874; Autenrieth JA 1980, 412; R Beckmann, in: Martinek/Stoffels/Wimmer-Leonhardt, Leasinghandbuch § 22 Rn 56; Gitter, Gebrauchsüberlassungsverträge § 11 B I 315 ff; AGB-Klauselwerke/vWestphalen Leasing Rn 70–73; Papapostolou, Risikoverteilung beim Finanzierungsleasingvertrag 106 f; Ulmer/Brandner/Hensen/Schmidt Bes Vertragstypen Rn 15; differenzierend zwischen kaufmännischem und nichtkaufmännischem Bereich Ebenroth DB 1978, 2112; **aA** Flume DB 1972, 55 f; Hagenmüller-Stoppok, Leasing [4. Aufl 1981] 21; Coester-Waltjen Jura 1980, 186 f; sowie diejenigen Autoren, die eine Pflicht des Lea-

196

singgebers zur Sachverschaffung negieren, vgl o Rn 83). Auch die Vereinbarung eines auf diese Fälle bezogenen Rücktrittsrechts zugunsten des Leasinggebers wird vom BGH beanstandet (BGH 29. 10. 2008 – VIII ZR 258/07, NJW 2009, 575, 576). Das alles ist durchaus folgerichtig, wenn man den Leasinggeber mit der Rechtsprechung für verpflichtet hält, dem Leasingnehmer den Leasinggegenstand zu verschaffen und hierin sogar eine Hauptpflicht des Leasingnehmers sieht. Es liegt dann nahe, von einer Kardinalpflicht auszugehen, von der sich der Leasinggeber selbst im unternehmerischen Geschäftsverkehr nicht freizeichnen kann (§ 307 Abs 2 Nr 2 BGB). Im nichtunternehmerischen Bereich stehen mit § 309 Nr 7 Buchst b und Nr 8 Buchst a BGB zusätzlich noch besondere Klauselverbote bereit, an denen Nichtlieferungs- und Verspätungsklauseln zu messen wären. Wegen des Kardinalpflichtcharakters der Sachverschaffungspflicht wird überwiegend auch der formularmäßige Ausschluss der Haftung für leichte Fahrlässigkeit für unwirksam erachtet (AGB-Klauselwerke/ vWestphalen Leasing Rn 71 f; MünchKomm/Koch Leasing Rn 86; BeckOGK/Ziemssen [1. 1. 2018] § 535 Rn 873; aA Martinek/Omlor, in: Bankrechts-Handbuch § 101 Rn 62). Teilt man den von der hM eingenommenen Standpunkt zum Pflichteninhalt des Finanzierungsleasingvertrags, so wird man mit vWestphalen konstatieren können, dass der Leasinggeber das gesamte Nichterfüllungsrisiko zu tragen hat (AGB-Klauselwerke/vWestphalen Leasing Rn 74).

197 Fraglich ist, ob sich der Leasinggeber von seiner ihn nach hM treffenden Einstandspflicht für Leistungshindernisse aus der Sphäre des Lieferanten (§§ 280, 281, 283, 286 BGB jeweils iVm § 278 BGB) in der Weise freizeichnen kann, dass er dem Leasingnehmer im Gegenzug den liefervertraglichen Erfüllungsanspruch sowie die aus seiner Verletzung resultierenden Schadensersatzansprüche abtritt. Die Wirksamkeit derartiger **Drittverweisungsklauseln** ist im Schrifttum umstritten (für Unzulässigkeit Martinek, Moderne Vertragstypen I § 6 III 137 f; Papapostolou, Risikoverteilung beim Finanzierungsleasingvertrag 107 f; Ulmer/Brandner/Hensen/Schmidt Bes Vertragstypen Leasingverträge Rn 15; für Zulässigkeit hingegen teils mit Einschränkungen MünchKomm/Koch Leasing Rn 87; BeckOGK/Ziemssen [1. 1. 2018] § 535 Rn 878. 4; vWestphalen ZIP 1985, 1439; Koch, Störungen beim Finanzierungs-Leasing 152; R Beckmann, in: Martinek/Stoffels/Wimmer-Leonhardt, Leasinghandbuch § 22 Rn 59 sowie diejenigen Autoren, die bereits den uneingeschränkten Ausschluss der Unmöglichkeits- und Verzugshaftung für wirksam halten; beschränkt auf den kaufmännischen Bereich Jauernig/Teichmann Vor § 535 Rn 8). Der BGH hat sich noch nicht abschließend geäußert (offen gelassen zuletzt in BGH 7. 10. 1992 – VIII ZR 182/91, NJW 1993, 122, 124). Selbst wenn man entgegen der hier vertretenen Ansicht den Leasinggeber für verpflichtet hielte, dem Leasingnehmer den Besitz der Sache zu verschaffen, würde man einer Drittverweisungsklausel die Anerkennung wohl kaum versagen können. Denn es wäre wertungsmäßig nicht gerechtfertigt, hier anders zu entscheiden als im Falle der Mängelgewährleistung. Die Rechtsprechung zur leasingtypischen Abtretungskonstruktion (Gewährleistungsausschluss gegen Abtretung der Gewährleistungsrechte aus dem Liefervertrag) zeigt deutlich, dass die vertragliche Zuweisung des Risikos an den Leasinggeber aus der Sicht der Rechtsprechung nur im Ergebnis nicht angetastet werden darf. Dass sie sich erst nach Inanspruchnahme des Lieferanten über die Bindung an den Ausgang dieses Rechtsstreits und den Wegfall der Geschäftsgrundlage realisiert, entspricht nur dem leasingtypischen Beschaffungsvorgang und begründet keine AGB-rechtliche Intervention (wie hier insbesondere MünchKomm/Koch Leasing Rn 87).

ee) Kritik

Die **Konzeption der hM ist** bereits im Hinblick auf ihre Grundprämisse, der Lea- **198** singgeber schulde dem Leasingnehmer die Verschaffung des Besitzes an der Leasingsache, also ihre Lieferung und Übergabe, **abzulehnen** (wie hier insbesondere LARENZ/ CANARIS, Lehrbuch des Schuldrechts II/2 121 f; CANARIS AcP 190 [1990] 432 f). Der begrenzte Pflichteninhalt des Leasinggebers, der eine solche Sachverschaffungspflicht richtiger Ansicht nach gerade nicht umfasst, ist hier bereits eingehend erörtert worden. Auf diese Ausführungen wird verwiesen (vgl Rn 83). Die wichtigste Konsequenz des hier vertretenen abweichenden Ansatzes ist es, dass der Leasinggeber für ein Verschulden des Lieferanten, welches das Fehlschlagen des Liefergeschäfts oder seine unvollständige oder verspätete Ausführung zur Folge hat, nicht nach § 278 BGB einzustehen hat. Der Lieferant handelt insoweit nicht in Erfüllung einer Verbindlichkeit des Leasinggebers gegenüber dem Leasingnehmer. In diesem Punkt stimmt mit dem hier vertretenen Ansatz auch MARTINEK/OMLOR (in: Bankrechts-Handbuch § 101 Rn 58) überein. Seiner Ansicht nach wäre es unbillig, wenn der Leasingnehmer, der den Lieferanten im Stadium der Vertragsanbahnung ausgesucht habe, nachträglich die Risiken der Unzuverlässigkeit und der Vertragsuntreue des Lieferanten auf den später hinzugetretenen Leasinggeber über § 278 BGB abwälzen dürfe. Damit bleibt MARTINEK jedoch auf halber Strecke stehen. Denn diese zutreffende Erwägung spricht nicht nur gegen eine Zurechnung nach § 278 BGB, sondern schon gegen die Begründung einer Pflicht des Leasinggebers zur Sachverschaffung.

Das Fehlschlagen des Liefergeschäfts begründet zwar richtiger Ansicht nach keine **199** Haftung des Leasinggebers. Es kann den Leasingnehmer jedoch zur außerordentlichen Kündigung des Leasingvertrages nach § 314 BGB berechtigen bzw – beim lieferantennahen Finanzierungsleasing – einen Einwendungsdurchgriff gegenüber dem Leasinggeber begründen. Die hier noch näher darzulegenden Grundsätze zur Lösung der Gewährleistungsproblematik lassen sich mutatis mutandis auf die vorliegende Konstellation übertragen (vgl Rn 249 ff und Rn 262 ff).

b) Gefahrtragung nach Übergabe der Leasingsache

Die **Pflichten des Leasingnehmers im Hinblick auf den ihm übergebenen Leasinggegen- 200 stand** und insbesondere die **Rechtsfolgen einer eventuellen Vernichtung oder Verschlechterung der Sache** werden üblicherweise zum **Gegenstand vertraglicher Vereinbarungen der Leasingparteien** gemacht. Da diese Abreden in aller Regel AGB-Charakter aufweisen, müssen sie einer Kontrolle anhand der **§§ 305 ff BGB** unterzogen werden.

aa) Gegenleistungsgefahr

In den Leasingverträgen wird üblicherweise mit der Sachgefahr auch die Preis- oder **201** Gegenleistungsgefahr **auf den Leasingnehmer abgewälzt**, sodass dieser auch bei einer von ihm nicht zu vertretenden Verschlechterung oder Vernichtung der Sache zur Fortzahlung der Leasingraten verpflichtet bleibt, ohne Lieferung eines neuen Gegenstandes verlangen zu können (im Falle einer vom Leasingnehmer zu vertretenden, also nicht zufälligen Beeinträchtigung des Leasinggegenstandes haftet der Leasingnehmer ohnehin schon nach § 280 BGB und § 823 BGB; vgl CANARIS, in: Bankvertragsrecht Rn 1754; STOLTERFOHT, in: Münchener Vertragshandbuch 2/I 1031 f). **Beispiel**: „Der Kunde trägt die Gefahr des Untergangs, Verlustes, des vorzeitigen Verschleißes oder der Beschädigung des Leasinggegenstandes. Derartige Umstände sind ohne

Einfluss auf die Verpflichtung des Kunden aus diesem Vertrag ..." (vgl BGH 30. 9. 1987 – VIII ZR 226/86, NJW 1988, 198). Trotz der hierin liegenden Abweichung von den §§ 320, 326 Abs 1 und 536 BGB wird diese Regelung von der ganz hM **grundsätzlich gebilligt** (BGH 15. 10. 1986 – VIII ZR 319/85, NJW 1987, 377, 378; BGH 30. 9. 1987 – VIII ZR 226/86, NJW 1988, 198; BGH 6. 3. 1996 – VIII ZR 98/95, NJW 1996, 1888; OLG Frankfurt 1. 3. 1983 – 5 U 134/82, BB 1983, 1812 f; MARTINEK, Moderne Vertragstypen I 145 ff; STOFFELS, in WOLF/LINDACHER/PFEIFFER, Leasingverträge L 92; vWESTPHALEN, Leasingvertrag Kap J Rn 6 ff; ACKERMANN, in: MARTINEK/STOFFELS/WIMMER-LEONHARDT, Leasinghandbuch § 31 Rn 6; MünchKomm/KOCH Leasing Rn 88; BeckOGK/ZIEMSSEN [1. 1. 2018] § 535 Rn 880; GITTER, Gebrauchsüberlassungsverträge 320 ff; **zweifelnd** OLG Köln 2. 12. 1992 – 13 U 144/92, NJW 1993, 1273, 1274; **kritisch** auch EMMERICH JuS 1990, 5 und KOCH, Störungen beim Finanzierungs-Leasing 170 ff). Die von ihrem mietrechtlichen Ansatz aus operierende Rechtsprechung hat freilich einige Mühe, diese signifikante Abweichung vom mietrechtlichen Regelungsmodell zu rechtfertigen. Der BGH hat zuletzt darauf abgehoben, dass der Leasinggeber das Leasinggut im Interesse des Leasingnehmers – wenn auch zugleich im eigenen – erwerbe und das Interesse an der Sache und ihrer Benutzung weit überwiegend beim Leasingnehmer liege. Deshalb erscheine es gerechtfertigt, in Bezug auf die Sach- und Gegenleistungsgefahr den Leasingnehmer in Allgemeinen Geschäftsbedingungen wie einen Käufer zu behandeln. Die sich für den Leasingnehmer daraus ergebende Belastung sei erträglich, weil er die Leasingsache versichern lassen könne und ihm eine dem Leasinggeber ausgezahlte Versicherungssumme zugutekommen müsse (BGH 30. 9. 1987 – VIII ZR 226/86, NJW 1988, 198, 200). Vor dem Hintergrund der weit verbreiteten und von ihm im Grundsatz gebilligten Gefahrtragungsabreden konstatiert der BGH, dass sich die Gebrauchsüberlassungspflicht des Leasinggebers nach Übergabe des Leasinggegenstandes darauf beschränke, den Leasingnehmer nicht in der Nutzung zu stören und ihn allenfalls gegenüber Störungen durch Dritte zu unterstützen (BGH 30. 9. 1987 – VIII ZR 226/86, NJW 1988, 198, 199; ebenso MünchKomm/KOCH Leasing Rn 88 und ERMAN/JENDRECK Anh § 535 Rn 23).

202 Die Rechtsprechung hat die Zulässigkeit entsprechender Abreden allerdings von einigen **einschränkenden Voraussetzungen** abhängig gemacht. Ihre Nichtbeachtung soll die Unwirksamkeit der Klausel nach sich ziehen mit der **Folge**, dass der Leasinggeber nach den für einschlägig gehaltenen gesetzlichen Vorschriften (§§ 535, 536, 326 Abs 1 BGB) die Preisgefahr trägt (der Sache nach BGH 11. 12. 1991 – VIII ZR 31/91, NJW 1992, 683, 685 und OLG Köln 2. 12. 1992 – 13 U 144/92, NJW 1993, 1273; ebenso ausdrücklich ACKERMANN, in: MARTINEK/STOFFELS/WIMMER-LEONHARDT, Leasinghandbuch § 31 Rn 24 f; BeckOGK/ZIEMSSEN [1. 1. 2018] § 535 Rn 880; MünchKomm/KOCH Leasing Rn 91).

203 Zunächst soll der Leasingnehmer nur dann in Anspruch genommen werden können, wenn die Leasingsache sich im Zeitpunkt des Untergangs oder der Verschlechterung überhaupt in **seinem Einflussbereich befunden** hat. Sei dieser hingegen berechtigt oder verpflichtet, die Sache zB zwecks Reparatur – etwa im Rahmen eines Nacherfüllungsverlangens – einem Dritten zu übergeben, so bleibe es bei der gesetzlichen Regel des § 326 Abs 1 BGB, wenn die Leasingsache dort zu Schaden komme (BGH 27. 2. 1985 – VIII ZR 328/83, NJW 1985, 1535, 1537; ebenso MünchKomm/KOCH Leasing Rn 89; BeckOGK/ZIEMSSEN [1. 1. 2018] § 535 Rn 882; PALANDT/WEIDENKAFF Einf v § 535 Rn 59; **kritisch** CANARIS AcP 190 [1990] 437 f; ACKERMANN, in: MARTINEK/STOFFELS/WIMMER-LEONHARDT, Leasinghandbuch § 31 Rn 8). Dieses Ergebnis dürfte sich im Allgemeinen im Wege einer restriktiven Auslegung der Gefahrtragungsklausel erreichen lassen (so auch BGH 27. 2. 1985 – VIII ZR 328/83, NJW 1985, 1535, 1537).

204 Die Wirksamkeit der Abwälzung der Sach- und Preisgefahr in den Allgemeinen Geschäftsbedingungen des Leasinggebers setzt nach der Rechtsprechung des BGH (BGH 8. 10. 2003 – VIII ZR 55/03, NJW 2004, 1041, 1042 und zuvor bereits KG 15. 4. 1993 – 22 U 2960/92, BB 1994, 818, 819; zust ACKERMANN, in: MARTINEK/STOFFELS/WIMMER-LEONHARDT § 31 Rn 17) **keine ausdrückliche Regelung** voraus, **dass die Ansprüche des Leasinggebers** aus einer von dem Leasingnehmer abgeschlossenen Versicherung sowie die Ersatzansprüche des Leasinggebers aus der Verletzung seines Eigentums an der Leasingsache bzw die entsprechenden Leistungen an den Leasinggeber dem Leasingnehmer zugute kommen. Ersatzansprüche müsse der Leasinggeber selbst ohne besondere Vereinbarung dem Leasingnehmer **abtreten** oder sonst in Anrechnung bringen, wenn er gegen diesen aufgrund der Abwälzung der Sach- und Preisgefahr den leasingtypischen Ausgleichsanspruch geltend macht. Das folge aus dem Rechtsgedanken des § 255 BGB, der Ausdruck des schadensersatzrechtlichen Bereicherungsverbots sei. Gleiches gelte für Versicherungsleistungen, bei denen dies auf der leasingvertraglichen Zweckbindung der Versicherung beruhe. Diese Verpflichtung zur Abtretung bedürfe zur Vermeidung von Missverständnissen auch keiner ausdrücklichen Wiedergabe in den Allgemeinen Geschäftsbedingungen des Leasinggebers. Soweit damit ein Verstoß gegen das Transparenzgebot abgelehnt wird, passt dies nicht zu den ansonsten in vergleichbaren Fällen formulierten Transparenzanforderungen (zweifelnd aus diesem Grunde auch MARTINEK/OMLOR, in: Bankrechts-Handbuch § 101 Rn 72; MünchKomm/KOCH Leasing Rn 89 hält dies zwar für nicht unbedenklich, im Ergebnis jedoch für nachvollziehbar; dem BGH zustimmend hingegen ACKERMANN, in: MARTINEK/STOFFELS/WIMMER-LEONHARDT, § 31 Rn 17; BeckOGK/ZIEMSSEN [1. 1. 2018] § 535 Rn 883). Die Gegenansicht erlaubt die Überwälzung der Sach- und Preisgefahr generell nur gegen ausdrückliche Abtretung der Ersatzansprüche gegen Dritte (OLG Düsseldorf 22. 6. 1983 – 15 U 168/82, ZIP 1983, 1092; OLG Hamburg 30. 10. 1998 – 14 U 97/98, MDR 1999, 420).

205 Besonderheiten gelten für **Kraftfahrzeugleasingverträge**. Die Abwälzung der Sach- und Gegenleistungsgefahr in Allgemeinen Geschäftsbedingungen wird hier nur dann für angemessen erachtet, wenn dem Leasingnehmer für den Fall des völligen Verlustes oder einer nicht unerheblichen Beschädigung des Fahrzeuges ausdrücklich ein **kurzfristiges Kündigungsrecht** eingeräumt wird (BGH 15. 10. 1986 – VIII ZR 319/85, NJW 1987, 377, 378; BGH 11. 12. 1991 – VIII ZR 31/91, NJW 1992, 683, 685; BGH 6. 3. 1996 – VIII ZR 98/95, NJW 1996, 1888 f; BGH 25. 3. 1998 – VIII ZR 244/97, NJW 1998, 2284, 2285; BGH 15. 7. 1998 – VIII ZR 348/97, NJW 1998, 3270, 3271; BGH 8. 10. 2003 – VIII ZR 55/03, NJW 2004, 1041, 1042; BGH 27. 9. 2006 – VIII ZR 217/05, NJW 2007, 290, 292; OLG Köln 2. 12. 1992 – 13 U 144/92, NJW 1993, 1273, 1274; OLG Düsseldorf 19. 6. 2012 – I-24 U 157/11, BeckRS 2012, 17723; zust MünchKomm/KOCH Leasing Rn 90; ERMAN/JENDREK Anh § 535 Rn 24; BeckOGK/ZIEMSSEN [1. 1. 2018] § 535 Rn 885). Ein dem Leasingnehmer eingeräumtes Lösungsrecht, das einem kurzfristigen, mit der Verpflichtung zur Leistung einer Ausgleichszahlung verbundenen Kündigungsrecht gleichkommt, hat der BGH ebenfalls akzeptiert (BGH 15. 7. 1998 – VIII ZR 348/97, NJW 1998, 3270, 3271). Dieser Rechtsprechung liegt die Erwägung zugrunde, dass für den Leasingnehmer beim Abschluss eines Leasingvertrages über ein bei Vertragsbeginn in aller Regel fabrikneues Fahrzeug die Erwartung im Vordergrund steht, dieses während der zumeist dreijährigen Vertragslaufzeit nutzen zu können, ohne mit Reparaturkosten, Ausfallzeiten und einer möglicherweise geminderten Verkehrs- und Betriebssicherheit des Fahrzeuges belastet zu werden oder gar die Nutzungsmöglichkeit durch Diebstahl oder Totalschaden ganz zu verlieren (BGH 15. 10. 1986 – VIII ZR 319/85, NJW 1987, 377, 378; BGH 25. 3. 1998 – VIII ZR 244/97, NJW 1998, 2284; BGH 15. 7. 1998 – VIII ZR 346/97, NJW 1998, 3270, 3271). Dieses besondere Interesse des Leasingnehmers soll sich nach Ansicht des BGH nicht auf Neufahrzeuge beschränken. Auch bei einem Leasingvertrag über ein gebrauchtes Kfz sei eine Abwälzung der Sach- und Gegenleistungsgefahr auf den Leasingnehmer in Allgemeinen Geschäftsbedingungen nur dann wirksam, wenn dem Leasingnehmer zumindest **bis zum Ablauf des dritten auf die Erstzulassung** des Leasingfahrzeugs folgenden Jahres für die Fälle des völligen Verlustes und einer nicht unerheblichen Beschädigung ein kurzfristiges Kündigungsrecht eingeräumt werde (BGH 15. 7. 1998 – VIII ZR 348/97, NJW 1998, 3270, 3271). Klärungsbedürftig ist noch, wo die Grenze zur **erheblichen Beschädigung** verläuft, die einem völligen Untergang gleichzustellen ist. Ob eine Begrenzung des Kündigungsrechts auf Fälle, in denen die Reparaturkosten mehr als zwei Drittel des Zeitwerts des beschädigten Fahrzeuges betragen, zulässig ist, hat der BGH ausdrücklich offen gelassen (BGH 15. 10. 1986 – VIII ZR 319/85, NJW 1987, 377, 378). In einem anderen Urteil hat der BGH betont, eine nicht unerhebliche Beschädigung des Leasingfahrzeugs sei jedenfalls nicht erst dann zu bejahen, wenn der Reparaturkostenaufwand mehr als 80 % des Zeitwertes betrage (BGH 25. 3. 1998 – VIII ZR 244/97, NJW 1998, 2284, 2285). Übt der Leasingnehmer in den bezeichneten Fällen sein Kündigungsrecht aus, so schuldet er dem Leasinggeber Ausgleich des zum Kündigungszeitpunkt noch nicht amortisierten Gesamtaufwands (BGH 15. 10. 1986 – VIII ZR 319/85, NJW 1987, 377, 378; BGH 15. 7. 1998 – VIII ZR 348/97, NJW 1998, 3270, 3271; BGH 8. 10. 2003 – VIII ZR 55/03, NJW 2004, 1041, 1042; BGH 27. 9. 2006 – VIII ZR 217/05, NJW 2007, 290, 292; Martinek/Omlor, in: Bankrechts-Handbuch § 101 Rn 71). Da der Leasinggeber Eigentümer der Leasingsache ist und als solcher ein berechtigtes Interesse an deren Erhaltung hat, begegnet es auch keinen Bedenken, wenn ihm stattdessen ein Anspruch auf Erstattung eines höheren Zeitwerts des Leasingfahrzeugs als Ersatz für den Verlust seines Eigentums zugebilligt wird (BGH 27. 9. 2006 – VIII ZR 217/05, NJW 2007, 290, 292). Unangemessen ist jedoch eine Regelung, nach der der Leasingnehmer bei Verlust der Leasingsache zur **sofortigen Zahlung aller noch ausstehenden – nicht abgezinsten – Leasingraten** verpflichtet sein soll und der in den Folgeraten enthaltene Gewinnanteil beansprucht wird (BGH 30. 9. 1987 – VIII ZR 226/86, NJW 1988, 198, 200). Die Vertragslösung darf den Leasingnehmer nicht so teuer zu stehen kommen, dass sein Kündigungsrecht nur noch auf dem Papier steht (zur Berechnung dieses Ausgleichsanspruchs Martinek/Omlor, in: Bankrechts-Handbuch § 101 Rn 71).

206 Der BGH hat diese Rechtsprechung bislang **nicht** auf Leasingverträge über **andere Wirtschaftsgüter** als Kraftfahrzeuge erstreckt. Den Grund für diese Differenzierung sieht er darin, dass die besonderen, ein sofortiges Kündigungsrecht fordernden Verhältnisse beim Kfz-Leasing in den übrigen Fällen nicht in gleicher Weise vorlägen. Insbesondere fehle es im Allgemeinen an dem für Kfz-Leasingnehmer typischen Interesse, während der zumeist kurzen Vertragszeit ein weitgehend risikofreies, weil neues Fahrzeug zu fahren und vor der Gefahr versteckter Schäden und Reparaturausfallzeiten geschützt zu sein (BGH 30. 9. 1987 – VIII ZR 226/86, NJW 1988, 198, 200). Diese **Differenzierung** ist im Schrifttum **zu Recht auf verbreitete Kritik gestoßen** (vWestphalen, Leasingvertrag Kap J Rn 40 ff, 43; MünchKomm/Koch Leasing Rn 90; Soergel/ Heintzmann Vor § 535 Rn 123; Stoffels, in: Wolf/Lindacher/Pfeiffer, Leasingverträge L 97; Wolf/Eckert/Ball, Handbuch Rn 1925; Ackermann, in: Martinek/Stoffels/Wimmer-Leon-

HARDT, Leasinghandbuch § 31 Rn 22; dem BGH folgend hingegen ULMER/BRANDNER/HENSEN/ SCHMIDT Bes Vertragstypen Rn 16; ERMAN/JENDREK Anh § 535 Rn 24). Die Begründung des BGH überzeugt nicht, denn es ist nicht zu erkennen, weshalb die auf Erhaltung der Sachsubstanz gerichtete Erwartung eines störungsfreien Vertragsverlaufs beim Fahrzeugleasing – etwa im Vergleich zum Computerleasing – eine solch hervorgehobene Rolle spielen soll. Hinzu kommt, dass dem Leasinggeber durch eine Kündigung des Leasingnehmers kein Schaden entsteht, da er ja stets im Wege eines Ausgleichsanspruchs seinen Vollamortisationsanspruch geltend machen kann (so zutreffend Münch Komm/KOCH Leasing Rn 90; BeckOGK/ZIEMSSEN [1. 1. 2018] § 535 Rn 888. 1). Vielmehr handelt es sich bei dem Kündigungsrecht um ein notwendiges Instrument, um den nach Untergang oder wesentlicher Verschlechterung der Leasingsache sinnlos gewordenen Leasingvertrag auch rechtlich zu beenden (in diesem Sinne auch LARENZ/CANARIS, Lehrbuch des Schuldrechts II/2 112). Das spricht dafür, in diesen Fällen **auch** dem **Leasinggeber** ein **Recht zur außerordentlichen Kündigung** zuzugestehen (BeckOKG/ ZIEMSSEN [1. 1. 2018] § 535 Rn 889; MARTINEK, Moderne Vertragstypen I 150 f; CANARIS, in: Bankvertragsrecht Rn 1755; LARENZ/CANARIS, Lehrbuch des Schuldrechts II/2 112; PAPAPOSTOLOU, Risikoverteilung beim Finanzierungsleasingvertrag über bewegliche Sachen 116; vWESTPHALEN, Leasingvertrag Kap J Rn 40). Ihm ist die weitere Fortführung des Leasingvertrages schon deshalb nicht zuzumuten, da er mit dem Leasingobjekt seine Kreditgrundlage eingebüßt hat. Das außerordentliche Kündigungsrecht des Leasinggebers muss nicht ausdrücklich im Vertragstext verankert sein, es folgt schon aus § 314 BGB (ACKERMANN, in: MARTINEK/STOFFELS/WIMMER-LEONHARDT, Leasinghandbuch § 31 Rn 22; **aA** insoweit vWESTPHALEN, Leasingvertrag Kap J Rn 47).

bb) Abrechnung des Leasingvertrags bei Verlust des Leasinggegenstandes

206a In den Allgemeinen Geschäftsbedingungen, die dem Kfz-Leasing zugrunde gelegt werden, finden sich vielfach Klauseln, nach denen der Leasinggeber bei Verlust (insbesondere Diebstahl) des Leasingfahrzeugs berechtigt ist, den Vertrag zu kündigen und vom Leasingnehmer den **Ablösewert, vermindert um die von der Kaskoversicherung erstatteten Beträge**, zu **verlangen**. Dabei handelt es sich um eine leasingtypische und daher grundsätzlich nicht überraschende Klausel (§ 305c Abs 1 BGB). Auch benachteiligt sie den Leasingnehmer nicht unangemessen iSv § 307 BGB. Wenn die Klausel dem Leasinggeber nämlich einen Anspruch auf den Rest seiner Primäransprüche als Schadensersatz – vermindert um die Versicherungsleistung – zuerkennt, dann steht der Leasingnehmer genauso, wie wenn ihm ein eigenes Fahrzeug entwendet worden wäre. Auch dann hätte er nämlich eine eventuelle Differenz zwischen dem Wert des Fahrzeugs und einer Versicherungsleistung zu tragen (OLG München 30. 11. 2016 – 7 U 2038/16, NJW-RR 2017, 437). Zur Absicherung dieses Risikos durch eine GAP-Versicherung vgl Rn 209b.

cc) Versicherungspflicht

207 Es entspricht weit verbreiteter formularvertraglicher Praxis, die skizzierte Gefahrtragungsregelung mit der **Verpflichtung des Leasingnehmers zu verbinden, den Leasinggegenstand gegen Untergang, Verlust und Beschädigung zu versichern**. Dem Leasingnehmer wird häufig auferlegt, diese Versicherung im eigenen Namen, aber zugunsten des Leasinggebers abzuschließen, sodass Letzterer im Falle des Eintritts des Versicherungsfalles anspruchsberechtigt ist (Versicherung für fremde Rechnung im Sinne des § 43 VVG). Die Verfügungsbefugnis über den Entschädigungsanspruch verbleibt dann nach § 45 Abs 1 VVG beim Versicherungsnehmer (Leasingnehmer).

Die Auszahlung der Versicherungssumme an den Leasingnehmer stellt sich daher als Erfüllung der Leistungsverpflichtung des Versicherers dar (vgl OLG Hamm 28. 9. 2001 – 20 U 48/01, NJW-RR 2002, 534). Im Falle der Insolvenz des Leasingnehmers kann der Leasinggeber auf die Versicherungsleistung der Vollkaskoversicherung im Wege der Aussonderung zugreifen (OLG Frankfurt 7. 8. 2001 – 7 U 30/01, NZV 2002, 44). Die Wahl einer Fremdversicherung hat im Übrigen zur Folge, dass es bei einem Totalschaden des Fahrzeugs für die Frage der Erstattungsfähigkeit der Mehrwertsteuer allein auf die Verhältnisse des Leasinggebers ankommt. Ist dieser vorsteuerabzugsberechtigt, so bleibt bei der Berechnung der Wiederherstellungskosten die Mehrwertsteuer außer Betracht (OLG Hamm 1. 2. 2012 – I-20 U 207/11, NJW-RR 2012, 989). Die Alternative zu einer Fremdversicherung besteht in einer Eigenversicherung verbunden mit einer in den Leasingbedingungen vorgesehenen Abtretung der Ansprüche gegen die Versicherung an den Leasinggeber.

207a Strenge Anforderungen stellt der BGH für die Inanspruchnahme einer Neupreisentschädigung nach einem Totalschaden des versicherten Leasing-Fahrzeugs. Wenn in den AKB als Voraussetzung die „Sicherstellung der Ersatzbeschaffung" postuliert werde, dann müsse gerade der bisherige Leasinggeber ein neues Fahrzeug erwerben, um den Leasingvertrag fortzusetzen oder unter Ersetzung des abgerechneten Vertrags neu zu begründen (BGH 26. 10. 2016 – IV ZR 193/15, NJW 2017, 2034).

208 Die Auferlegung einer solchen Versicherungspflicht ist **AGB-rechtlich (§ 307 BGB) nicht zu beanstanden** (Martinek, Moderne Vertragstypen I 148 f; Beckmann/Scharff, Leasingrecht § 25 Rn 26; Ackermann, in: Martinek/Stoffels/Wimmer-Leonhardt, Leasinghandbuch § 31 Rn 26; AGB-Klauselwerke/vWestphalen Leasing Rn 176; Stoffels, in: Wolf/Lindacher/Pfeiffer, Leasingverträge L 99; Bamberger/Roth/Hau/Poseck/Zehelein BeckOK § 535 Rn 104). Sie liegt im wohlverstandenen Interesse beider Parteien. Der Leasingnehmer kann durch den Abschluss einer solchen Versicherung die ihm zugewiesene Gegenleistungsgefahr eindämmen, während sich für den Leasinggeber das Risiko einer Insolvenz oder mangelnden Liquidität des Leasingnehmers verringert. Auch im Innenverhältnis zwischen Leasinggeber und Leasingnehmer gebühren die Leistungen des Kaskoversicherers grundsätzlich dem Leasinggeber. Soweit allerdings die Leistungen den Finanzierungsaufwand des Leasinggebers übersteigen, stehen sie dem Leasingnehmer zu, wenn ihm zum Vertragsablauf ein Erwerbsrecht eingeräumt worden ist (OLG Düsseldorf 14. 1. 2003 – 24 U 13/02, NJW-RR 2003, 775). Überraschend und eine unangemessene Benachteiligung darstellend ist allerdings die Klausel, dass der Leasingnehmer eine Vollkaskoversicherung seiner Wahl zu nehmen hat, bei der sichergestellt ist, dass ihre Berufung auf § 81 VVG ausgeschlossen wird (OLG Düsseldorf 23. 11. 2004 – 24 U 168/04, NJW-RR 2005, 1289).

209 Bei einer Beschädigung der Leasingsache muss der Leasinggeber die Versicherungsleistungen stets zur Bezahlung der Reparaturkosten verwenden, während sie bei Untergang der Sache zwingend mit den noch offenen Leasingraten und etwaigen Schadensersatzansprüchen des Leasinggebers zu verrechnen sind. Eine andere Verwendung der Versicherungsleistungen scheidet aus (BGH 12. 2. 1985 – X ZR 31/84, NJW 1985, 1537, 1538; BGH 11. 12. 1991 – VIII ZR 31/91, NJW 1992, 683, 684; BGH 8. 3. 1995 – VIII ZR 313/93, NJW 1995, 1541, 1542; Soergel/Heintzmann Vor § 535 Rn 60). Vor allem gilt: Wird der Leasingvertrag wegen des Untergangs oder einer erheblichen Beschädigung der Leasingsache außerordentlich gekündigt, so ist die Versicherungsleistung auf den

Vollamortisationsanspruch des Leasinggebers anzurechnen. Solange der Leasinggeber keinen ernsthaften Versuch unternommen hat, den Anspruch gegen die Versicherung zu realisieren, ist der Rückgriff auf den Leasingnehmer gestundet (OLG Koblenz 31. 10. 1995 – 6 U 690/94, NJW-RR 1996, 174). Die **Zweckbindung der Versicherungsleistung** schließt es insbesondere aus, die Versicherungsleistung auf andere Ansprüche (etwa wegen rückständiger Leasingraten) anzurechnen (AGB-Klauselwerke/vWestphalen Leasing Rn 179). Hat der Leasingnehmer den Reparaturauftrag im eigenen Namen erteilt, so kann er von dem Leasinggeber verlangen, dass dieser die Entschädigungsleistung des Versicherers an den mit der Reparatur beauftragten Unternehmer auszahlt (näher BGH 12. 2. 1985 – X ZR 31/84, NJW 1985, 1537 ff).

209a Mitunter kommt es vor, dass die Versicherungssumme den nach dem Leasingvertrag geschuldeten Restbetrag übersteigt. Hier stellt sich die Frage, wem dieser **Übererlös** gebührt. Dies richtet sich in erster Linie nach den Vereinbarungen der Parteien des Leasingvertrages (MünchKomm/Koch Leasing Rn 94). Eine Zuweisung des Mehrerlöses an eine Partei kann sich aber auch in anderer Weise aus der Vertragsgestaltung ergeben. So steht nach Ansicht des BGH bei vorzeitiger Beendigung eines Leasingvertrages mit Andienungsrecht und ohne Mehrerlösbeteiligung eine wegen Beschädigung, Untergangs, Verlusts oder Diebstahls des Leasingobjekts gezahlte Versicherungsentschädigung insoweit dem Leasinggeber zu, als sie seinen zum Zeitpunkt der vorzeitigen Beendigung des Leasingvertrages noch nicht amortisierten Gesamtaufwand einschließlich des kalkulierten Gewinns übersteigt (BGH 31. 10. 2007 – VIII ZR 278/05, NJW 2008, 989, 991; vgl auch BGH 21. 9. 2011 – VIII ZR 184/10, NJW 2011, 3709; vWestphalen BB 2008, 128 erstreckt dies auch auf kündbare Teilamortisationsverträge). Diese Entscheidung hat erhebliche Kritik erfahren, da die Leasinggesellschaften jetzt sicherlich sehr bald erkennen werden, dass ihnen die Kombination aus einseitiger Mehrerlöszuweisung und hoher Leasingsonderzahlung die Möglichkeit verschafft, im Falle einer vorzeitigen Vertragsbeendigung erheblich über der Vollamortisationsgrenze liegende Erträge zu erwirtschaften (Reinking DAR 2011, 125, 128; Müller-Sarnowski DAR 2008, 147). Letztlich hängt danach die auf die Leasingnehmer zukommende und bei Vertragsbeginn weder durchschaubare noch vorhersehbare Belastung davon ab, ob und in welchem Umfang der Leasinggeber das Entgelt für die Überlassung der Leasingsache in eine Sonderzahlung und in Leasingraten aufgeteilt hat. Im Ergebnis spricht daher viel für eine Begrenzung der über der Vollamortisationsgrenze liegenden Einnahmen des Leasinggebers (näher dazu Reinking DAR 211, 128; Martinek/Omlor JZ 2008, 413 ff; Dötsch WM 2009, 1349 ff).

209b In den von den Leasingnehmern abgeschlossenen Kaskoversicherungsverträgen findet sich nicht selten ein erweitertes Leistungsversprechen für den Fall der Zerstörung oder des Verlustes des Fahrzeugs. Die typische Formulierung lautet: „Bei Totalschaden, Zerstörung oder Verlust des geleasten Pkw erhöht sich in der Vollkasko die ... Leistung auf den Ablösewert des Fahrzeugs, der sich aus der Abrechnung des Leasinggebers ergibt" (vgl BGH 8. 10. 2014 – IV ZR 16/13, NJW 2015, 339). Dieser sog **Differenzkaskoschutz** (oder auch GAP-Deckung) deckt das Versicherungslückenrisiko ab, welches sich daraus ergeben kann, dass der Leasingnehmer bei Verlust des geleasten Fahrzeugs dem Leasinggeber die Ablösesumme schuldet, während der Kaskoversicherungsschutz nur den Sachverlust abdeckt und daher lediglich auf Ersatz des in aller Regel niedrigeren Wiederbeschaffungswertes gerichtet ist. Die Differenzkasko-Klausel enthält damit eine nur den Leasing- und Versicherungsnehmer schützende Bestimmung. Erleidet hingegen der Leasing- und Versicherungsnehmer keinen Differenzschaden, weil er vom Leasinggeber nicht auf den Ablösewert in Anspruch genommen wird (etwa weil sich in den Leasing-AGB ein Verzicht auf die Differenz zwischen Ablösewert und Wiederbeschaffungswert findet), so kann die Differenz auch nicht als Versicherungsleistung gefordert werden. Es gibt in diesem Falle mithin keinen an den Leasinggeber abtretbaren Anspruch auf eine GAP-Versicherungsleistung (so zutreffend jetzt BGH 8. 10. 2014 – IV ZR 16/13, NJW 2015, 339).

209c Auch ein Schadensersatzanspruch des Leasingnehmers gegen den Versicherer wegen mangelnder Beratung über die Möglichkeit einer sog GAP-Versicherung speziell für Leasingfahrzeuge kommt in Betracht. Nach Auffassung des BGH vermag allein der Hinweis hierauf in den Verbraucherinformationen weder die von § 6 Abs 1 S 1 VVG geforderte Bedarfsermittlung noch die nach § 6 Abs 1 S 2 VVG erforderliche Beratungsdokumentation zu ersetzen (BGH 26. 10. 2016 – IV ZR 193/15 Rn 33, NJW 2017, 2034,).

dd) Instandhaltung, Instandsetzung, Ersatzbeschaffung

210 Nach den gängigen Leasingbedingungen übernimmt es der Leasingnehmer, die Leasingsache während der Vertragslaufzeit in einem ordnungsgemäßen und insbesondere funktionsfähigen Zustand zu erhalten (**Instandhaltung**). Mitunter wird der Leasingnehmer sogar angehalten, zu diesem Zweck einen **Wartungsvertrag** abzuschließen (Martinek, Moderne Vertragstypen I 147). Letzteres kommt vor allem bei besonders hochwertigen und betreuungsaufwendigen Leasingobjekten (zB EDV-Anlagen, Maschinen) vor (grundsätzlich zulässig; zu den Grenzen MünchKomm/Koch Leasing Rn 95; ausführlich auch vWestphalen, Leasingvertrag Kap J Rn 53).

211 Weiter obliegt es dem Leasingnehmer, eingetretene Schäden am Leasinggut auf eigene Kosten beseitigen zu lassen (**Instandsetzung**). Insofern eine Instandsetzung nicht mehr möglich oder unwirtschaftlich oder der Leasinggegenstand abhanden gekommen ist, begründen die Leasingbedingungen vielfach eine Verpflichtung des Leasingnehmers, eine gleichartige und gleichwertige Sache auf eigene Kosten zu beschaffen. Diese soll dann an die Stelle des bisherigen Leasinggegenstandes treten (**Ersatzbeschaffung**).

212 All diese Klauseln sind leasingtypisch und tragen dem **berechtigten Werterhaltungs- und Sicherungsinteresse** des Leasinggebers Rechnung. Vor dem Hintergrund der dem Leasingnehmer zulässigerweise übertragenen Sach- und Gegenleistungsgefahr ist es nur konsequent, ihm auch die mit der Sorge für das Leasinggut verbundenen finanziellen Lasten aufzuerlegen. Eine vertragszweckgefährdende Einschränkung wesentlicher Rechte und Pflichten (§ 307 Abs 2 Nr 2 BGB) ist hierin nicht zu sehen (einhellige Ansicht, vgl Martinek, Moderne Vertragstypen I 148; MünchKomm/Koch Leasing Rn 95; BeckOGK/Ziemssen [1. 1. 2018] § 535 Rn 838; vWestphalen, Leasingvertrag Kap J Rn 51 f). Im Übrigen zeigt sich hier nochmals sehr deutlich die Wesensverschiedenheit des gesetzlichen Leitbildes des Mietvertrages (vgl dort § 535 Abs 1 S 2 BGB) und des typischen Interessenarrangements eines Finanzierungsleasingvertrages.

ee) Zerstörung oder Beschädigung des Leasinggegenstandes durch Verschulden des Leasingnehmers

212a Ist die Zerstörung oder Beschädigung des Leasingobjekts vom Leasingnehmer zu vertreten (§§ 276, 278 BGB), realisiert sich also nicht die nach den Regeln der Sach- und Preisgefahr zu beurteilende Gefahr des zufälligen Untergangs, gelten folgende Grundsätze. Zunächst bleibt der Leasingnehmer nach § 326 Abs 2 BGB zur Entrichtung der vereinbarten Raten und der Abschlusszahlung verpflichtet (ACKERMANN, in: MARTINEK/STOFFELS/WIMMER-LEONHARDT, Leasinghandbuch § 32 Rn 7; vWESTPHALEN, Leasingvertrag Kap J Rn 32; MünchKomm/KOCH Leasing Rn 96; BeckOGK/ZIEMSSEN [1. 1. 2018] § 535 Rn 980). Allerdings ist der Leasingnehmer – richtiger Ansicht nach auch außerhalb des Kfz-Leasing (vgl oben Rn 206) – berechtigt, den Leasingvertrag außerordentlich zu kündigen. Sein Verschuldensanteil steht dem nicht entgegen (ACKERMANN, in: MARTINEK/STOFFELS/WIMMER-LEONHARDT, Leasinghandbuch § 32 Rn 7; MünchKomm/KOCH Leasing Rn 96; BeckOGK/ZIEMSSEN [1. 1. 2018] § 535 Rn 981). Ein solches außerordentliches Kündigungsrecht steht in diesem Fall auch dem Leasinggeber zu (vgl auch unten Rn 312). Wird die außerordentliche Kündigung von einer der beiden Parteien des Leasingvertrages erklärt, so erlischt die Zahlungspflicht des Leasingnehmers. Dem Leasinggeber steht dann ein auf Vollamortisation gerichteter Ausgleichsanspruch zu (ACKERMANN, in: MARTINEK/STOFFELS/WIMMER-LEONHARDT, Leasinghandbuch § 32 Rn 7). Darüber hinaus kann der Leasinggeber den Leasingnehmer aus § 823 Abs 1 BGB wegen Eigentumsverletzung auf Schadensersatz in Anspruch nehmen. Der Inhalt des Schadensersatzanspruchs richtet sich nach den §§ 249 ff BGB (näher hierzu vWESTPHALEN, Leasingvertrag Kap J Rn 34 ff). Eine ihm anlässlich des Schadensfalles zufließende Versicherungsleistung muss sich der Leasinggeber auf den Schadensersatzanspruch anrechnen lassen (vWESTPHALEN, Leasingvertrag Kap J Rn 33). Auf Ansprüche aus dem StVG wird es vor allem dann ankommen, wenn ein Verschulden des Leasingnehmers bei einem Verkehrsunfall mit dem geleasten Fahrzeug nicht beweisbar ist. Hier hat der BGH vor Kurzem entschieden, dass der Leasinggeber und gleichzeitige Eigentümer eines Kraftfahrzeuges gegen den Leasingnehmer und gleichzeitigen Halter des Kraftfahrzeugs bei einer Beschädigung dieses Fahrzeugs keinen Anspruch aus Gefährdungshaftung (§ 7 Abs 1 StVG) hat (BGH 7. 12. 2010 – VI ZR 288/ 09, NJW 2011, 996, 997; dazu auch NUGEL NJW-Spezial 2011, 265 und OECHSLER, Vertragliche Schuldverhältnisse [2. Aufl 2017] Rn 742). Denn für eine darauf gestützte Haftung ist nicht allein ausreichend, dass sich eine vom Kraftfahrzeug ausgehende Betriebsgefahr auf das Schadensgeschehen auswirkt, sondern vielmehr, dass das Schadensereignis dem Betrieb des Kraftfahrzeugs zugerechnet werden kann. Dies ist jedoch gerade im Innenverhältnis zwischen Halter und Eigentümer nicht gegeben, da der Schutzzweck des § 7 Abs 1 StVG darauf gerichtet ist, Dritte vor den vom Fahrzeug ausgehenden Gefahren zu schützen, nicht jedoch das Leasinggut selbst. Andererseits muss sich der Leasinggeber, der Eigentümer jedoch nicht Halter des Leasingfahrzeugs ist, im Rahmen der Geltendmachung eines Schadensersatzanspruches nach § 823 BGB wegen Verletzung seines Eigentums am Leasingfahrzeug bei einem Verkehrsunfall weder ein Mitverschulden des Leasingnehmers oder des Fahrers des Leasingfahrzeugs, noch dessen Betriebsgefahr anspruchsmindernd zurechnen lassen (BGH 7. 3. 2017 – VI ZR 125/16, NJW 2017, 2352; BGH 10. 7. 2007 – VI Z 199/06, NJW 2007, 3120, 3121). Eine solche Zurechnung ist nicht aus § 17 Abs 2 StVG angebracht, denn dieser normiert lediglich die Haftungsverteilung der Halter untereinander. Auch § 9 StVG, der sich auf Ansprüche aus der Gefährdungshaftung bezieht, lässt sich nicht für deliktische Schadensersatzansprüche fruchtbar machen. Für eine Anwendung von § 254 BGB fehlt es ebenfalls an der erforderlichen Sonderverbindung zwischen Leasinggeber und -nehmer. Dies gilt auch dann, wenn der Schadensersatzanspruch des Leasinggebers vom Leasingnehmer im Wege der gewillkürten Prozessstandschaft geltend gemacht wird (BGH 7. 3. 2017 – VI ZR 125/16, NJW 2017, 2352; LG München I 9. 10. 2017 – 19 O 18193/16, BeckRS 2017, 130152). In der Literatur wird hier legislatorischer Handlungsbedarf gesehen (ARMBRÜSTER JZ 2008, 154, 155; BECKER ZGS 2008, 415, 423; HESS/BURMANN NJW-Spezial 2007, 441, 442; dies NJW 2008, 808, 811; REINKING DAR 2011, 125, 127; auch der Arbeitskreis IV des 49. Deutschen Verkehrsgerichtstags 2011 stellt diese Forderung, siehe BORN NZV 2011, 12, 122).

ff) Zerstörung oder Beschädigung des Leasinggegenstandes durch Verschulden eines Dritten

212b Wird das Leasinggut von einem Dritten schuldhaft zerstört, so kann der **Leasinggeber** als Eigentümer nach § 823 Abs 1 BGB **Ersatz des entstandenen Schadens verlangen**. Da der Leasinggeber regelmäßig nicht Halter des verleasten Fahrzeugs ist, finden § 7 StVG und die Anrechnungsregeln der §§ 9, 17 StVG und § 254 BGB im Verhältnis zwischen dem Leasinggeber und dem unfallverursachenden Dritten keine Anwendung (LG Stuttgart 24. 2. 2016 – 13 S 46/15, BeckRS 2016, 04843; ACKERMANN, in: MARTINEK/STOFFELS/WIMMER-LEONHARDT, Leasinghandbuch § 32 Rn 2). Der Schadensersatzanspruch ist im Falle der Zerstörung der Leasingsache auf den Wiederbeschaffungswert begrenzt. Ob eine Schadensabrechnung auf Neuwagenbasis unter erleichterten Voraussetzungen gestattet werden kann, ist in der Instanzrechtsprechung ungeklärt (dazu zuletzt OLG Celle 29. 2. 2012 – 14 U 181/11, NJW-RR 2012, 990, 991). Dafür könnte das bei Leasingfahrzeugen typischerweise geringere Integritätsinteresse sprechen. Der Schadensersatzanspruch unterliegt der dreijährigen Regelverjährung (§§ 195, 199 BGB) und nicht der kurzen mietrechtlichen Verjährung nach § 548 BGB (offen gelassen in BGH 23. 10. 1990 – VI ZR 310/89, NJW-RR 1991, 280, 281; wie hier MünchKomm/KOCH Leasing Rn 98; ACKERMANN, in: MARTINEK/STOFFELS/WIMMER-LEONHARDT, Leasinghandbuch, § 32 Rn 6). Macht der Leasinggeber dem Leasingnehmer gegenüber seinen Anspruch auf die Gegenleistung geltend, so ist er ihm gegenüber allerdings zur Abtretung des Schadensersatzanspruchs verpflichtet (vWESTPHALEN, Leasingvertrag Kap J Rn 25). Trifft den Leasingnehmer an der Zerstörung oder Beschädigung ein Mitverschulden, so haftet auch er dem Leasinggeber. Leasingnehmer und Drittschädiger sind in diesem Falle Gesamtschuldner. Nach dem Maß des jeweiligen Verschuldens richtet sich die Ausgleichsverpflichtung im Innenverhältnis nach § 426 BGB. Ein Mitverschulden des Leasingnehmers muss sich der Leasinggeber hingegen nicht anrechnen lassen (MünchKomm/KOCH Leasing Rn 98; BeckOGK/ZIEMSSEN [1. 1. 2018] § 535 Rn 982. 1; ACKERMANN, in: MARTINEK/STOFFELS/WIMMER-LEONHARDT, Leasinghandbuch § 32 Rn 6).

212c Weiterhin können auch dem **Leasingnehmer** gegen den Drittschädiger eigene Ansprüche zustehen. Hier ist in erster Linie an einen deliktischen Anspruch aus § 823 Abs 1 BGB zu denken. Anknüpfungspunkt ist insoweit das Besitzrecht des Leasingnehmers, das aus dem Leasingvertrag fließt und als sonstiges Recht im Sinne des § 823 Abs 1 BGB anerkannt ist. Zu ersetzen ist allerdings nicht der sog „Haftungsschaden" des Leasingnehmers, also die fortwährende Belastung mit den Leasingraten, sondern der „Nutzungsschaden" (zuletzt BGH 5. 11. 1991 – VI ZR 145/91, NJW 1992, 553; MünchKomm/KOCH Leasing Rn 99; BeckOGK/ZIEMSSEN [1. 1. 2018] § 535 Rn 982. 2). Das ist der Schaden, der dem Leasingnehmer durch den Entzug der Sachnutzung entsteht.

Allerdings soll der Leasingnehmer auch den Substanz-Schaden im eigenen Namen geltend machen können, sofern er dem Eigentümer gegenüber für die eingetretene Beschädigung einzustehen hat (OLG Düsseldorf 21. 6. 2016 – I-1 U 158/15, BeckRS 2016, 15556). Erleidet das Leasingfahrzeug durch einen Unfall einen Totalschaden, so kann die Sachnutzung sowohl durch den Abschluss eines neuen Leasingvertrags als auch den Kauf eines gleichwertigen Fahrzeugs wiederhergestellt werden. Dem Leasingnehmer steht insoweit ein Wahlrecht zu. Der Anspruch auf Nutzungsentschädigung ist jedoch nur für den Zeitraum zu gewähren, der für die Wiederbeschaffung durch Kauf eines Ersatzfahrzeugs notwendig ist. Nimmt die Ersatzbeschaffung durch Abschluss eines neuen Leasingfahrzeugs längere Zeit in Anspruch, sind dadurch entstehende Mehrkosten nur dann ersatzfähig, wenn dem Geschädigten die Gebrauchsvorteile durch ein schuldhaftes Verhalten des Schädigers (zB Verzug oder zögerliches Regulierungsverhalten der einstandspflichtigen Versicherung) entgehen (LG Bonn 31. 5. 2016 – 8 S 15/16, BeckRS 2016, 18847).

3. Gewährleistung bei Mangelhaftigkeit der Leasingsache

Zu den zentralen Diskussionspunkten des Leasingrechts gehört die Frage, welche **213** Rechte dem Leasingnehmer zustehen, wenn sich die ihm gelieferte Sache als mangelhaft erweist. An wen muss er sich in diesem Fall wenden und wie gestaltet sich die Durchsetzung dieser Rechte? Es hat sich gezeigt, dass die Aussagen zu diesem praktisch eminent wichtigen Fragenkreis in erheblichem Maße von der rechtlichen Einordnung des Finanzierungsleasingvertrages (hierzu o Rn 64 ff) beeinflusst werden. Es verwundert daher nicht, dass auch die Gewährleistungsproblematik Gegenstand heftiger Auseinandersetzungen ist.

a) Die leasingtypische Gewährleistungs- und Abtretungskonstruktion
aa) Klauselbeispiel

Ausgangspunkt sind die vorformulierten Vertragswerke der Leasingbranche, die **214** eine Gewährleistungshaftung des Leasinggebers ausschließen, dem Leasingnehmer im Gegenzug jedoch die Gewährleistungsrechte gegenüber dem Lieferanten aus dem Beschaffungsgeschäft (Kauf- oder Werkvertrag) übertragen. Seltener wird der Leasingnehmer lediglich zur Geltendmachung im eigenen Namen ermächtigt (sog „**Ermächtigungskonstruktion**"; vgl hierzu im Einzelnen vWestphalen, Leasingvertrag Kap H Rn 28 ff); prozessual handelt sich dann um einen Fall der gewillkürten Prozessstandschaft (BGH 11. 3. 2014 – VIII ZR 31/13, BeckRS 2014, 07309 Rn 12). Der **leasingtypischen Gewährleistungs- und Abtretungskonstruktion** begegnet man in der Praxis etwa in folgender Gestalt (dem Tatbestand des Urteils BGH 13. 3. 1991 – VIII ZR 34/90, NJW 1991, 1746 entnommen); vgl ferner die bei Martinek/Stoffels/Wimmer-Leonhardt, Leasinghandbuch § 104 BGB abgedruckte unverbindliche Empfehlung des Verbandes der Automobilindustrie eV (VDA) aus dem Jahre 2003:

„Gewährleistung

Für Sach- und Rechtsmängel des Leasingobjektes leistet W nur in der Weise Gewähr, dass sie mit Abschluss des Leasingvertrages ihre Gewährleistungs- und Schadensersatzansprüche gegen den Lieferanten, den Vorlieferanten, den Hersteller oder einen sonstigen Dritten an den Leasingnehmer abtritt. Der Leasingnehmer nimmt die Abtretung dieser Ansprüche an. (...)

Es ist Sache des Leasingnehmers, die ihm abgetretenen Ansprüche unter fortlaufender Unterrichtung fristgerecht geltend zu machen.

Weitergehende Ansprüche und Rechte des Leasingnehmers gegen W – insbesondere solche gemäß §§ 536 ff BGB sind ausgeschlossen."

bb) Abtretbarkeit von Gestaltungsrechten?

215 Mit der Schuldrechtsreform sind die Rechtsbehelfe des Käufers bei Mangelhaftigkeit des Kaufgegenstandes in mehreren Punkten gegenüber dem bisherigen Recht verändert worden. Neben der Implementierung eines vorrangigen Nacherfüllungsanspruchs und der Ersetzung der Wandelung durch den Rücktritt ist vor allem darauf hinzuweisen, dass die nachgelagerten Rechtsbehelfe des Rücktritts und der Minderung nunmehr keinen Anspruchscharakter mehr aufweisen, sondern zu Gestaltungsrechten geworden sind (MünchKomm/WESTERMANN § 437 Rn 4). Die leasingtypischen Drittverweisungsklauseln (s obiges Beispiel) sprechen zwar zumeist noch von „Ansprüchen", doch sollte eine interessengerechte Auslegung das wirklich Gewollte zur Geltung bringen, also zur Einbeziehung von Rücktritt und Minderung führen. Im Schrifttum sind darüber hinaus grundsätzliche Zweifel angemeldet worden, ob die leasingtypische Abtretungskonstruktion nicht künftig durch die Ermächtigungsvariante ersetzt werden muss, da die Abtretbarkeit von Gestaltungsrechten problematisch sei (vWESTPHALEN ZIP 2001, 2263). Zwar ist die Problematik der Übertragbarkeit von Gestaltungsrechten in der Tat noch nicht abschließend geklärt (eingehend hierzu zuletzt STEINBECK, Die Übertragbarkeit von Gestaltungsrechten [1994] passim). Legt man die bisherige höchstrichterliche Rechtsprechung zugrunde, so erscheinen diese Zweifel jedoch nicht begründet. Zu § 326 BGB aF, also einem gleichgelagerten Fall, hat der BGH nämlich immerhin entschieden, dass das Rücktrittsrecht zusammen mit der Forderung abgetreten werden kann (BGH 21. 6. 1985 – V ZR 134/84, NJW 1985, 2640, 2641 f; zuvor schon BGH 1. 6. 1973 – V ZR 134/72, NJW 1973, 1793 f). Das Schrifttum hat sich in dieser Frage dem Rechtsstandpunkt des BGH angeschlossen (STAUDINGER/BUSCHE [2017] § 413 Rn 13; PALANDT/GRÜNEBERG § 413 Rn 5; SOERGEL/SCHREIBER § 413 Rn 4). Klarstellend wird mitunter hinzugefügt, dass es nicht erforderlich ist, dass sämtliche Rechte und Pflichten aus dem Vertrag auf den Zessionar übergehen müssen (STAUDINGER/BUSCHE [2017] § 413 Rn 13; PALANDT/GRÜNEBERG § 413 Rn 5). Dies zugrunde gelegt, bestehen keine Bedenken, es den Leasingvertragsparteien zu gestatten, mit dem Nacherfüllungsanspruch auch das Kündigungs- und Minderungsrecht gem §§ 398, 413 BGB auf den Leasingnehmer zu übertragen (ebenso REINKING ZGS 2002, 230; BECKMANN FLF 2002, 46, 48; ZAHN DB 2002, 985 f; ARNOLD, Das neue Schuldrecht in der Praxis 605; OETKER/MAULTZSCH, Vertragliche Schuldverhältnisse [4. Aufl 2013] § 16 Rn 65; JAGGY BB 2002 Beilage 5 zu Heft 27, 16; GODEFROID BB 2002 Beilage 5 zu Heft 27, 5; BAYERLE JA 2013, 662 f).

cc) AGB-rechtliche Zulässigkeit

216 Die leasingtypische Gewährleistungs- und Abtretungskonstruktion, die einen kardinalen Bestandteil der leasingvertraglichen Vereinbarung bildet, hat der BGH ausdrücklich für **mit dem AGB-Gesetz (jetzt §§ 305 ff BGB) vereinbar** befunden, und zwar sowohl im unternehmerischen Verkehr als auch im Privatleasinggeschäft (BGH 16. 9. 1981 – VIII ZR 265/80, NJW 1982, 105; BGH 27. 2. 1985 – VIII ZR 328/83, NJW 1985, 1535; BGH 24. 4. 1985 – VIII ZR 65/84, NJW 1985, 1547; BGH 19. 2. 1986 – VIII ZR 91/85, NJW 1986, 1744; BGH 25. 10. 1989 – VIII ZR 105/88, NJW 1990, 314; vor Geltung des AGB-Gesetzes bereits BGH 23. 2. 1977 – VIII ZR 124/75, NJW 1977, 848; ebenso im Ergebnis STOFFELS, in: WOLF/

LINDACHER/PFEIFFER, Leasingverträge L 107; ERMAN/JENDREK Anh § 535 Rn 28; SOERGEL/HEINTZMANN Vor § 535 Rn 69). Der Leasingnehmer werde dann, wenn ihm sämtliche kaufrechtlichen Gewährleistungsansprüche unter Einschluss der Wandlungsbefugnis (jetzt Rücktrittsrecht) übertragen würden, durch den mietrechtlichen Gewährleistungsausschluss jedenfalls so lange nicht rechtlos gestellt, als er sich wegen vorhandener Mängel der Leasingsache bei dem Lieferanten schadlos halten könne (BGH 23. 2. 1977 – VIII ZR 124/75, NJW 1977, 848, 850). Die Auferlegung der Prozesslast und der Prozessrisiken stellt für den Leasingnehmer keine unzumutbare Belastung dar, ist er es doch im Allgemeinen, der die Mangelhaftigkeit der von ihm selbst ausgesuchten Leasingsache am besten beurteilen kann und daher ein Interesse daran hat, den Prozess gegen den Hersteller oder Händler selbst zu führen (GITTER, Gebrauchsüberlassungsverträge 325). Für den nichtkaufmännischen Verkehr ergab sich in diesem Punkt nach Ansicht des BGH keine Abweichung. Insbesondere war noch unter der Geltung des AGB-Gesetzes ein Verstoß gegen § 11 Nr 10 Buchst a AGBG verneint worden, da diese Vorschrift nach Ansicht des BGH (BGH 24. 4. 1985 – VIII ZR 65/84, NJW 1985, 1547, 1549) auf Leasingverträge nicht anwendbar war.

Auch **nach Inkrafttreten des Schuldrechtsmodernisierungsgesetzes** wird die Vertrags- **217** praxis im Grundsatz an der den Leasingvertrag kennzeichnenden Gewährleistungs- und Abtretungskonstruktion festhalten können (vgl BGH 21. 12. 2005 – VIII ZR 85/05, NJW 2006, 1066, 1068; BGH 29. 10. 2008 – VIII ZR 258/07, NJW 2009, 575, 576; BGH 13. 11. 2013 – VIII ZR 257/12, NJW 2014, 1583, 1584; ebenso ARNOLD, in: Das neue Schuldrecht in der Praxis [2003] 601; BECKMANN DB 2006, 320 ff; ZAHN DB 2002, 985; JAGGY BB 2002 Beilage 5 zu Heft 27, 16; GEBLER/MÜLLER ZBB 2002, 110 ff). Die Grunddeterminanten für die nunmehr auf der Grundlage des § 307 BGB durchzuführende Inhaltskontrolle haben sich auch unter Berücksichtigung der Änderungen im Kaufrecht nicht entscheidend verändert. Diese zielen sogar tendenziell auf eine Verstärkung der Käuferrechte (Gewährung eines Nacherfüllungsanspruchs §§ 437 Nr 1, 439 BGB; Verlängerung der Verjährungsfrist von sechs Monaten auf zwei Jahre § 438 Abs 1 Nr 3 BGB), von der auch der Leasingnehmer profitiert. Ferner hat der Gesetzgeber die Schuldrechtsreform zum Anlass genommen, den auf einem Redaktionsversehen beruhenden, zu weit geratenen Wortlaut des § 11 Nr 10 AGBG in der Nachfolgevorschrift des § 309 Nr 8 Buchst b BGB auf „Werkleistungen" einzugrenzen. Damit ist jetzt explizit klargestellt, dass der Drittverweisungsklausel auch im Privatkundengeschäft die Wirksamkeit nicht versagt werden kann.

Für die Kautelarpraxis gibt es gleichwohl in einem Punkt Veranlassung, über eine **218** Änderung der gängigen Vertragswerke nachzudenken. Zu beachten ist nämlich, dass der Gesetzgeber die **Klauselverbote betreffend Haftungsausschlüsse und -begrenzungen in § 309 Nr 7 BGB** in der Weise neu gefasst hat, dass nunmehr solche Haftungsklauseln unwirksam sind, die sich auf Schäden aus der fahrlässigen Verletzung des Lebens, des Körpers oder der Gesundheit beziehen (Buchst a) bzw die Einstandspflicht für Schäden aufgrund einer grobfahrlässigen Pflichtverletzung tangieren (Buchst b). Die bislang üblichen Klauseln nehmen die in § 309 Nr 7 BGB aufgeführten Tatbestände nicht ausdrücklich vom Ausschluss der Eigenhaftung aus. Zwar mögen entsprechende Pflichtverletzungen des Leasinggebers mangels ihn treffender Pflichten im Zusammenhang mit der Lieferung der Leasingsache sehr selten sein. Ob das allein global formulierte Haftungsklauseln rechtfertigt, ist aber zweifelhaft (für Unwirksamkeit HARRIEHAUSEN NJW 2013, 3393). Wegen des Verbots der geltungserhaltenden Reduktion droht hier die Gesamtnichtigkeit der Gewährleistungs- und Abtretungskonstruktion. Der Vertragspraxis ist daher anzuraten, künftig entsprechend den Vorgaben des § 309 Nr 7 BGB zu differenzieren (wie hier Arnold, in: Das neue Schuldrecht in der Praxis [2003] 602; Zahn DB 2002, 985; MünchKomm/Koch Leasing Rn 104; BeckOGK/Ziemssen [1. 1. 2018] § 535 Rn 900. 6; Harriehausen NJW 2013, 3397). Folgende Ergänzung der üblichen Gewährleistungsausschlussklauseln bietet sich an: „Diese Haftungsbeschränkung gilt nicht für Schäden aus der Verletzung von Leben, Körper und Gesundheit, die auf einem fahrlässigen oder vorsätzlichen Handeln des Leasinggebers oder seiner Erfüllungsgehilfen beruhen sowie nicht für sonstige Schäden, die auf einem vorsätzlichen oder grob fahrlässigen Handeln des Leasinggebers oder seiner Erfüllungsgehilfen beruhen" (Harriehausen NJW 2013, 3397).

219 **Voraussetzung für die Angemessenheit** und damit Wirksamkeit (§ 307 BGB) der leasingtypischen Drittverweisungsklauseln ist nach der Rechtsprechung des BGH, die auch nach der Schuldrechtsreform unverändert Geltung beansprucht, dass der Leasingnehmer Gewährleistungsrechte nach kaufrechtlichem Vorbild unmittelbar gegenüber dem Lieferanten geltend machen kann. Dies kann durch deren Abtretung oder durch Ermächtigung des Leasingnehmers zu ihrer Geltendmachung geschehen. Die Interessen des Leasingnehmers hält der BGH nur dann für gewahrt, wenn ihm die kaufrechtlichen Mängelansprüche **unbedingt und endgültig** übertragen werden (BGH 17. 12. 1986 – VIII ZR 279/85, NJW 1987, 1072, 1073; BGH 27. 4. 1988 – VIII ZR 84/87, NJW 1988, 2465, 2467; BGH 21. 12. 2005 – VIII ZR 85/05, NJW 2006, 1066, 1068; BGH 13. 11. 2013 – VIII ZR 257/12, NJW 2014, 1583, 1584; ebenso MünchKomm/Koch Leasing Rn 104; BeckOGK/Ziemssen [1. 1. 2018] § 535 Rn 900; Soergel/Heintzmann Vor § 535 Rn 70; vWestphalen, Leasingvertrag Kap I Rn 3; zur subsidiären und nachrangigen Eigenhaftung des Leasinggebers Beckmann/Scharff, Leasingrecht § 3 Rn 310 ff; ders MDR 2005, 1207).

220 Unwirksam ist demnach grundsätzlich eine Klausel, durch die sich der Leasinggeber das Recht vorbehält, die Abtretung oder Ermächtigung jederzeit zu **widerrufen** und die Gewährleistungsrechte im eigenen Namen gegenüber dem Lieferanten geltend zu machen (BGH 17. 12. 1986 – VIII ZR 279/85, NJW 1987, 1072, 1073; BGH 11. 3. 2014 – VIII ZR 31/13, BeckRS 2014, 07309). Keine durchgreifenden Bedenken bestehen jedoch gegen eine Klausel, die die Abtretung oder Ermächtigung auflösend bedingt an den Fortbestand des Leasingvertrages knüpft oder im Falle der vorzeitigen Vertragsbeendigung eine aufschiebend bedingte Rückabtretung vorsieht und damit vorbehaltlich bereits eingeleiteter Prozessführungsmaßnahmen erst in einer Zeit zum Tragen kommt, in der der vertragliche Leistungsaustausch und die Verpflichtung des Leasinggebers zur Gewährung des Gebrauchs bereits ihr Ende gefunden haben (so BGH 11. 3. 2014 – VIII ZR 31/13 NJW 2014, 1970 Rn 9).

221 An einer unbedingten und endgültigen Übertragung fehlt es, wenn die im Vertrag vorgesehene Abtretung dadurch eingeschränkt wird, dass sich der Leasinggeber unabhängig von der Abtretung die „eigene Rechtsverfolgung" vorbehält (BGH 27. 4. 1988 – VIII ZR 84/87, NJW 1988, 2465, 2467; BGH 9. 7. 2002 – X ZR 70/00, NJW-RR 2003, 51, 52). Der Leasingnehmer wird ferner dadurch rechtlos gestellt, dass er die Abtretung sämtlicher Gewährleistungsrechte gegen den Lieferanten nur Zug um Zug gegen Zahlung sämtlicher noch ausstehender Leasingraten, des Restwertes sowie sonstiger mit der Auslieferung verbundener Kosten verlangen kann (BGH 4. 4. 1984 – VIII ZR 313/82, NJW 1984, 2687, 2688). Andererseits wird der Leasingnehmer nicht allein dadurch unangemessen benachteiligt, dass die Abtretung nicht schon im Leasingvertrag selbst enthalten ist, sondern erst auf Verlangen des Leasingnehmers zu erfolgen hat (vWestphalen, Leasingvertrag Kap I Rn 6). Zweifelhaft ist es, ob der Leasinggeber die Abtretung der kaufrechtlichen Gewährleistungsrechte dadurch einschränken kann, dass er den **Nachlieferungsanspruch von der Abtretung ausnimmt**. Der Leasingnehmer wäre dann im Verhältnis zum Lieferanten zunächst auf die Geltendmachung des Nachbesserungsanspruchs verwiesen; erst nach Fehlschlagen der Nachbesserung könnte er auf Rücktritt und Schadensersatz übergehen. Für die Zulässigkeit einer solchen Verkürzung lässt sich die bisherige Rechtsprechung zu § 480 BGB anführen, die eine Verbesserung auf ein vorrangiges Nachbesserungsrecht zuließ (vgl BGH 23. 2. 1977 – VIII ZR 124/75, DB 1977, 813, 814). Beim Werkvertrag, der mitunter auch beim Leasing an die Stelle des Kaufvertrages treten kann, liegt das Recht, zwischen Neuherstellung und Nachbesserung wählen zu können, ohnehin beim Unternehmer (wie hier für Wirksamkeit der Beschränkung auf Nachbesserung auch nach der Schuldrechtsmodernisierung Rainer/Kaune WM 2002, 2320; Zahn DB 2002, 990 ff; aA vWestphalen ZIP 2001, 2259; ders ZGS 2007, 219; Reinking ZGS 2002, 232 f).

Entspricht eine Drittverweisungsklausel nicht den an sie zu stellenden Anforderungen, so ist der **Gewährleistungsausschluss unwirksam** (§ 307 BGB). Der Leasingvertrag im Übrigen bleibt hiervon unberührt (§ 306 Abs 1 BGB). An die Stelle der unwirksamen Klausel tritt das dispositive Recht (§ 306 Abs 2 BGB). Das bedeutet nach der – auch insoweit dem mietvertraglichen Ansatz verhafteten – Rechtsprechung, dass dem Leasingnehmer wieder uneingeschränkt die **Gewährleistungsrechte eines Mieters** zustehen (BGH 25. 10. 1989 – VIII ZR 105/88, NJW 1990, 314, 315; BGH 17. 12. 1986 – VIII ZR 279/85, NJW 1987, 1072, ebenso vWestphalen, Leasingvertrag Kap I Rn 5; kritisch MünchKomm/Koch Leasing Rn 123; BeckOGK/Ziemssen [1. 1. 2018] § 535 Rn 905). Auf die Aktivlegitimation des Leasingnehmers in einem Rechtsstreit mit dem Lieferanten soll sich die Unwirksamkeit der leasingtypischen Abtretungskonstruktion, bestehend aus dem Gewährleistungsausschluss und der Abtretung, nicht auswirken. Die unwirksame Abtretung könne in eine rechtswirksame Ermächtigung des Leasingnehmers umgedeutet werden, die betreffenden Ansprüche gegen den Lieferanten im eigenen Namen geltend zu machen (BGH 9. 7. 2002 – X ZR 70/00, NJW-RR 2003, 51, 52). **222**

Beim **Hersteller- oder Händlerleasing** (vgl hierzu o Rn 27) fehlt es an dem leasingtypischen Dreiecksverhältnis. Ein Ausschluss der Gewährleistung verbunden mit einer Drittverweisungsklausel ist nicht sinnvoll und in den Vertragswerken auch nicht vorgesehen. Den mit dem Hersteller identischen Leasinggeber soll hier von vornherein eine **mietrechtliche Einstandspflicht** für etwaige Mängel der Leasingsache treffen (MünchKomm/Koch Leasing Rn 122; BeckOGK/Ziemssen [1. 1. 2018] § 535 Rn 745; AGB-Klauselwerke/vWestphalen Leasing Rn 166). Eine Reduktion auf ein Zweipersonenverhältnis kennzeichnet auch das **sale-and-lease-back-Verfahren** (vgl hierzu o Rn 30 ff). Hier kann – unabhängig von entsprechenden Vereinbarungen – eine Risikobelastung des Leasinggebers schon deshalb nicht in Betracht kommen, weil ihm die Sache zuvor vom Leasingnehmer verkauft worden ist mit der Folge, dass den Leasingnehmer selbst die kaufrechtliche Gewährleistungspflicht trifft. Allein der Umstand, dass diese Veräußerung in ein sale-and-lease-back-Verfahren eingebettet ist, rechtfertigt es noch nicht, die Verantwortlichkeit für Mängel der vom Leasingnehmer eingebrachten Sache dem Leasinggeber aufzuerlegen (wie hier Lieb WM 1992, 13 f; im Ergebnis **223** ebenso MünchKomm/Koch Leasing Rn 122; BeckOGK/Ziemssen [1. 1. 2018] § 535 Rn 764; **abw** vWestphalen BB 1991, 149 ff).

dd) Inhaltskontrolle der Lieferanten-AGB

224 Aufgrund der leasingtypischen Abtretungskonstruktion wird die Rechtsstellung des Leasingnehmers nicht allein durch die Bestimmungen des Leasingvertrages ausgeformt. Soweit es um die Rechte des Leasingnehmers bei Mangelhaftigkeit der Leasingsache geht, müssen die **Allgemeinen Lieferbedingungen des Herstellers/Lieferanten** in den Blick genommen werden. In diesen Bedingungswerken wird das kaufrechtliche Gewährleistungsrecht – meist zugunsten des Herstellers/Lieferanten – modifiziert. In diesem Zusammenhang stellen sich zwei Fragen.

225 Zunächst stellt sich die Frage nach dem **Maßstab der Inhaltskontrolle**. Die Lieferbedingungen werden im Liefervertrag zwar gegenüber einem Unternehmer verwendet. Ob das zur Folge hat, dass allein § 307 BGB als Kontrollmaßstab zum Tragen kommt (vgl § 310 Abs 1 BGB), ist jedoch durchaus zweifelhaft. Denn nach der Abtretung der Gewährleistungsrechte ist es der Leasingnehmer – also unter Umständen ein Verbraucher –, der mit den in den Bedingungen enthaltenen Restriktionen konfrontiert wird. Ist der Leasingnehmer nicht selbst als Unternehmer zu qualifizieren, so ist zu erwägen, ob die Lieferbedingungen sich nicht vielmehr am zwingenden Recht des Verbrauchsgüterkaufs (§§ 475 ff BGB) messen lassen müssen. Die Frage stellte sich bislang ähnlich für das besondere Klauselverbot des § 11 Nr 10 AGBG (jetzt § 309 Nr 8 Buchst b BGB), das nun jedoch gegenüber den §§ 475 ff BGB in den Hintergrund getreten ist. Nach allgemeiner Meinung war für die AGB-rechtliche Würdigung der Lieferantenbedingungen die Person des Leasingnehmers maßgeblich (Martinek, Moderne Vertragstypen I 165; Martinek/Omlor, in: Bankrechts-Handbuch [2. Aufl 2001] § 101 Rn 80; Canaris, Bankvertragsrecht Rn 1766; Hager AcP 190 [1990] 344 f; Heermann, Drittfinanzierte Erwerbsgeschäfte 288 f; H Beckmann, in: Praxishandbuch Leasing [1998] § 6 Rn 78). In der Tat wäre es nicht gerechtfertigt gewesen, den Lieferanten besser zu stellen, als wenn er direkt mit dem Leasingnehmer den Vertrag geschlossen hätte. Dieser für die AGB-rechtliche Beurteilung entwickelte Ansatz ist verallgemeinerungsfähig. Im Interesse eines effektiven Verbraucherschutzes und im Hinblick auf das in § 475 Abs 1 S 2 BGB verankerte Umgehungsverbot wird man daher von einem Lieferanten, der mit einer Leasinggesellschaft im Privatleasinggeschäft kooperiert, verlangen müssen, dass er seine **Gewährleistungsbedingungen** am Letztverbraucher, also **am Leasingnehmer, ausrichtet**. Hier anders zu entscheiden als für das AGB-Recht, also eine gespaltene Lösung zu verfechten, kann nicht befriedigen. Daraus folgt, dass die Bedingungen in diesem Punkt nicht den durch die §§ 475 ff BGB definierten, unantastbaren Mindeststandard unterschreiten dürfen.

225a Die Rechtsprechung hingegen sieht dies anders: Nach der Ansicht des **BGH** stellt es **kein Umgehungsgeschäft** im Sinne des § 475 Abs 1 S 2 BGB dar, wenn der Leasingvertrag zwischen einem Leasinggeber und einem Leasingnehmer mit Verbrauchereigenschaft, der im Rahmen der leasingtypischen Abtretungskonstruktion die Abtretung der kaufrechtlichen Gewährleistungsansprüche des Leasinggebers gegen den Lieferanten an den Leasingnehmer vorsieht und sich dieser auf den mit dem Leasinggeber als Käufer der Leasingsache vereinbarten Gewährleistungsausschluss beruft (BGH 21. 12. 2005 – VIII ZR 85/05, NJW 2006, 1066; gegen eine Anwendung der §§ 475 ff auch

BECKMANN DStR 2006, 1334; LORENZ NJW 2007, 7; TIEDTKE/PETEREK DB 2008, 335; MünchKomm/ KOCH Leasing Rn 69; BeckOGK/ZIEMSSEN [1. 1. 2018] § 535 Rn 1205; **aA** also für eine Anwendung der §§ 475 ff vWESTPHALEN/AGB-Klauselwerke Leasing Rn 110; MATUSCHE-BECKMANN, in: MARTINEK/STOFFELS/WIMMER-LEONHARDT, Leasinghandbuch § 52 Rn 93; HÖPFNER ZBB 2006, 200). Denn eine Gesetzesumgehung liege nur vor, wenn die Gestaltung eines Rechtsgeschäfts objektiv den Zweck habe, den Eintritt einer Rechtsfolge zu verhindern, die das Gesetz für derartige Geschäfte vorsieht; wenn die gewählte Gestaltung dazu diene, die Anwendung der in § 475 Abs 1 S 1 BGB aufgeführten Vorschriften entgegen dem damit bezweckten Verbraucherschutz auszuschließen oder einzuschränken (BGH 21. 12. 2005 – VIII ZR 85/05, NJW 2006, 1066, 1067). Nach diesen Grundsätzen läge kein Umgehungsgeschäft vor, da der Leasingvertrag nicht den **Zweck** habe, den Lieferanten in deren Kaufvertrag mit dem Leasinggeber zu Lasten des Leasingnehmers den Ausschluss der Gewährleistung für das Leasingfahrzeug zu ermöglichen. Der Abschluss des Leasingvertrages beruhe vielmehr allein darauf, dass der Leasingnehmer – aus wirtschaftlichen Gründen – keinen Kaufvertrag mit dem Lieferanten schließen könne oder wolle. In einem solchen Fall diene das Finanzierungsleasing, bei dem der Leasingnehmer dem Leasinggeber die volle Amortisation des für den Erwerb der Leasingsache eingesetzten Kapitals einschließlich des kalkulierten Gewinns schuldet, als Finanzierungshilfe, die dem Leasingnehmer wie einem Mieter die zeitlich begrenzte Nutzung der Leasingsache ermögliche (BGH 21. 12. 2005 – VIII ZR 85/05, NJW 2006, 1066). Dass der Leasinggeber dem Leasingnehmer im Rahmen der leasingtypischen Abtretungskonstruktion seine kaufrechtlichen Gewährleistungsansprüche gegen den Lieferanten abtritt, rechtfertigt nach dem BGH keine andere Beurteilung. Denn dies diene allein dem Zweck, den vom Leasinggeber angestrebten Ausschluss seiner mietrechtlichen Gewährleistung auszugleichen und damit in rechtlicher Hinsicht zu ermöglichen. Vielmehr spricht die Rechtsprechung dem Leasingnehmer dann mietrechtliche Gewährleistungsansprüche gegen den Leasinggeber zu.

Ob aus dieser im Mietrecht verwurzelten Qualifikation des Finanzierungsleasingvertrages zwingende Rückschlüsse auf die Anwendbarkeit des § 475 Abs 1 S 2 BGB gezogen werden können, erscheint indes zweifelhaft. Der BGH judiziert erneut auf der Grundlage eines formalen, bipolar strukturierten Vertragsverhältnisses, das dem Wesen des Leasinggeschäftes nicht gerecht wird. Bereits FLUME hat darauf hingewiesen, dass der Kauf und der Leasingvertrag zusammen die Rechtsfigur des Finanzierungsleasing bildeten und diese Zusammengehörigkeit auch den Lieferanten anginge (FLUME DB 1991, 269). Zudem zeigt der zutreffender Ansicht nach dem Leasingnehmer einzuräumende Einwendungsdurchgriff sehr deutlich, dass der Leasingnehmer gleich einem Abzahlungskäufer, gestützt auf seine Verbrauchereigenschaft, Rechte geltend machen kann, die über die bilateralen Rechtsverhältnisse hinausgreifen. Wertungsmäßig vermag die Entscheidung ebenfalls nicht zu überzeugen, insofern sie es Gebrauchtwagenhändlern, die eine dauerhafte und enge Verbindung zu einer im Privatleasinggeschäft tätigen Leasinggesellschaft eingehen, erlaubt, ihre Gewährleistungsbedingungen nicht an dem ersichtlich als Endkunden vorgesehenen Leasingnehmer, sondern an der als Käufer auftretenden Leasinggesellschaft auszurichten (weitere Angriffspunkte STOFFELS LMK 2006, 170499; WOLF/ECKERT/ BALL, Handbuch Rn 1880; MÜLLER-SARNOWSKI DAR 2007, 72, 73 ff; OMLOR ZGS 2008, 221 ff; WOITKEWITSCH VuR 2006, 440, 440 f). Schließlich vermisst man in den Entscheidungsgründen der BGH-Entscheidung Überlegungen zur Vereinbarkeit des gefundenen **225b**

Ergebnisses mit unionsrechtlichen Vorgaben, nämlich der Richtlinie über missbräuchliche Klauseln in Verbraucherverträgen RL 93/13/EWG und der Verbrauchsgüterkaufrichtlinie RL 1999/44/EG (die Richtlinienkonformität bejahend Lorenz NJW 2007, 7). Auch beim **Eintrittsmodell entstehen Ungereimtheiten**: Handelt es sich bei dem Interessenten, der den Kaufvertrag mit dem Lieferanten gleich rechtsverbindlich abschließt, um einen Verbraucher, so kann ein Gewährleistungsausschluss nicht wirksam vereinbart werden. Denn allein die in Aussicht genommene Leasingfinanzierung vermag den Verstoß gegen §§ 475 Abs 1, 437 BGB nicht ausräumen; ebensowenig kommt eine Konvaleszenz bei Zustandekommen des Leasinggeschäfts in Betracht. Der Praxis dürfte dieser Unterschied kaum begreiflich zu machen sein (vgl dazu auch Omlor JuS 2011, 310; Stagl ZIP 2009, 847).

225c Für zulässig wird man jedoch die in den Lieferbedingungen mitunter vorgesehene Beschränkung der Gewährleistungsrechte auf Nachbesserung (unter Vorbehalt der nachgelagerten Rechte im Falle des Fehlschlagens der Nachbesserung) erachten müssen (wie hier Arnold, in: Das neue Schuldrecht in der Praxis 605; Zahn DB 2002, 988 ff; zweifelnd Jaggy BB 2002 Beilage 5 zu Heft 27, 15; aA wohl Godefroid BB 2002 Beilage 5 zu Heft 27, 6). Die Ausnahme ist gerechtfertigt, da auch der Leasinggeber im Verhältnis zum Leasingnehmer die Abtretung entsprechend beschränken könnte (hierzu Rn 221).

226 Die zweite Frage zielt darauf, welche **Folgen sich aus der AGB-rechtlichen Unzulässigkeit der Lieferbedingungen bzw aus einem Verstoß gegen die §§ 475 ff BGB** ergeben. Von einem mietvertraglichen Vorverständnis ausgehend, ließe sich erwägen, die Unwirksamkeitssanktion im Verhältnis der Parteien des Leasingvertrages eintreten zu lassen. Es aktualisiert sich dann sozusagen die subsidiäre mietrechtliche Eigenhaftung des Leasinggebers (so in der Tat Assies, Leasingvertrag Kap D Rn 42 mit dem Argument, materiellrechtlich betrachtet sei der Leasinggeber Verwender; ebenso ders ZGS 2002, 66 f). Nach der hier zur Rechtsnatur des Finanzierungsleasingvertrages vertretenen Meinung geben die Leasingvertragsparteien durch die Ausgestaltung des Vertrages eindeutig zu erkennen, dass eine Gewährleistungshaftung des Leasinggebers nicht – auch nicht subsidiär – begründet werden soll (wie hier Martinek, Moderne Vertragstypen I 165 f). Im Übrigen ist auch ein Bedürfnis für diese Sprengung der Vertragsbeziehungen nicht erkennbar. An die Stelle der unwirksamen Abreden in den Lieferanten-AGB tritt nach § 306 Abs 2 BGB das dispositive Gesetzesrecht. Hierauf kann sich auch der Leasingnehmer berufen und seine wohlbegründeten Ansprüche gegenüber dem Lieferanten durchsetzen (Arnold, in: Das neue Schuldrecht in der Praxis 603; J Weber NJW 2003, 2349).

b)   Anzeige, Geltendmachung der Gewährleistungsrechte und Auswirkungen auf den Leasingvertrag

227 Zeigt sich nach Übernahme der Leasingsache ein Mangel, so hat der Leasingnehmer dies dem Leasinggeber **anzuzeigen**. Der BGH rekurriert insoweit auf **§ 536c Abs 1 BGB analog** (BGH 24. 1. 1990 – VIII ZR 22/89, NJW 1990, 1290, 1293). Für die sodann zu treffende Entscheidung, ob der Lieferant auf Gewährleistung in Anspruch genommen werden soll, ist jedoch allein der Leasingnehmer als Inhaber der Gewährleistungsrechte zuständig. Über seine Entscheidung hat er nach den Allgemeinen Leasingbedingungen den Leasinggeber in Kenntnis zu setzen.

228 Macht der Leasingnehmer gegenüber dem Lieferanten die ihm vom Leasinggeber abgetretenen Mängelrechte aus § 437 BGB geltend, so ist zu beachten, dass die Abtretung dieser Rechte nicht etwa mit einer Vertragsübernahme verbunden ist. Die Stellung des Lieferanten und des Leasinggebers als Parteien des Beschaffungsvertrages wird mithin durch die Abtretung der Gewährleistungsrechte an den Leasingnehmer nicht berührt. Die Abtretung zugunsten des Leasingnehmers legitimiert diesen also nicht, die Leistungen aus dem Beschaffungsvertrag für sich zu beanspruchen. Diese **immanente Begrenzung der Befugnisse des Leasingnehmers** hat zur Folge, dass sich die Abwicklung nach erfolgreicher Geltendmachung der Gewährleistungsrechte zwischen den Parteien des Beschaffungsvertrages, also im Rechtsverhältnis Lieferant – Leasinggeber, zu vollziehen hat (BGH NJW 1977, 848, 850; MünchKomm/Koch Leasing Rn 108; BeckOGK/Ziemssen [1.1.2018] § 535 Rn 922; Oetker/Maultzsch, Vertragliche Schuldverhältnisse [4. Aufl 2013] § 16 Rn 65). Die Befugnis des Leasingnehmers, sich über die Gewährleistungsrechte mit dem Lieferanten zu vergleichen, umfasst folgerichtig nicht das Recht, auf den Anspruch des Leasinggebers auf Rückzahlung des Kaufpreises ganz oder teilweise zu verzichten (BGH 24.6.1992 – VIII ZR 188/91, WM 1992, 1609 ff). Ein derartiger Erlass ist unwirksam und zieht nach § 139 BGB idR die des Vergleichs nach sich (BGH 24.6.1992 – VIII ZR 188/91, WM 1992, 1609 ff).

Besonders bedeutsam und seit jeher umstritten ist, **ob und in welcher Weise sich die** 229 **Durchsetzung der Mängelrechte auf die vertragliche Verbindung zwischen Leasinggeber und Leasingnehmer auswirkt.**

aa) Nacherfüllung

Als primären Rechtsbehelf des von einer mangelhaften Lieferung betroffenen Käu- 230 fers sieht das reformierte Kaufrecht nunmehr den Nacherfüllungsanspruch vor (§§ 437 Nr 1, 439 BGB). Für den Leasingnehmer bedeutet dies, dass er den Lieferanten aus abgeleitetem Recht nach seiner Wahl entweder auf Nachlieferung oder Nachbesserung in Anspruch nehmen kann. Dogmatisch handelt es sich bei dem Nacherfüllungsanspruch um eine modifizierte Form des ursprünglichen Erfüllungsanspruchs des Käufers (Huber/Faust, Schuldrechtsmodernisierung 319); das Gesetz geht jetzt also davon aus, dass der Verkäufer durch die Lieferung einer mangelhaften Sache seine kaufvertragliche Leistungspflicht (noch) nicht erfüllt hat. Vor diesem Hintergrund hat vWestphalen (ZIP 2001, 2258 ff und DB 2001, 1292 f) die Ansicht vertreten, der Leasingnehmer könne dem Anspruch des Leasinggebers auf Zahlung der vereinbarten Leasingraten die **Einrede des nicht erfüllten Vertrages (§ 320 BGB)** entgegenhalten – und dies, sobald sich ein Mangel der Leasingsache zeige. Eine solche Vorverlagerung ist durch die Neuordnung des Gewährleistungsrechts jedoch nicht zwingend geboten, gibt dieses doch nicht zu erkennen, dass die Lieferung einer mangelhaften Sache gerade auch im Verhältnis zu einem Dritten, hier dem Leasinggeber, als Nichterfüllung zu bewerten ist. Die gesetzgeberische Wertung weist sogar in die entgegengesetzte Richtung, kann doch nach § 359 Abs 1 S 3 BGB der Nacherfüllung begehrende Verbraucher selbst bei verbundenen Verträgen erst dann ein Leistungsverweigerungsrecht gegenüber dem Darlehensgeber geltend machen, wenn die Nacherfüllung fehlgeschlagen ist. Abgesehen hiervon würde die Zuerkennung eines Leistungsverweigerungsrechts im Verhältnis zum Leasinggeber die mit dem leasingtypischen Gewährleistungsausschluss intendierte Verlagerung des Gewährleistungsstreits auf die sachlich kompetenten Parteien, nämlich den Lieferanten und den Leasingnehmer, missachten (vgl dazu auch Tavakoli NJW 2010, 2768, 2769). Schließlich ist darauf hinzuweisen, dass die Lieferbedingungen zahlreicher Lieferanten schon seit langem dem Käufer – hier also dem Leasinggeber – ein Nacherfüllungsrecht eingeräumt haben, der BGH aber auch in solchen Fällen allein das Bestehen des vertraglichen Nacherfüllungsanspruchs niemals als Grundlage für ein Leistungsverweigerungsrecht im Verhältnis zum Leasinggeber hat ausreichen lassen (vgl zB BGH 19. 2. 1986 – VIII ZR 91/85, NJW 1986, 1744; zustimmend und Martinek/Omlor, in: Bankrechts-Handbuch § 101 Rn 82a). An dieser Rechtsprechung ist festzuhalten (wie hier MünchKomm/Koch Leasing Rn 106; BeckOGK/Ziemssen [1. 1. 2018] § 535 Rn 916; H Schmidt, in: Ulmer/Brandner/Hensen, Bes Vertragstypen Leasingverträge Rn 7; Zahn DB 2002, 986 f; Reinking ZGS 2002, 232; Palandt/Weidenkaff Einf v § 535 Rn 58; Arnold, in: Das neue Schuldrecht in der Praxis 604; Rainer/Kaune WM 2002, 2321; Jaggy BB 2002 Beilage 5 zu Heft 27, 17 f; Godefroid BB 2002 Beilage 5 zu Heft 27, 5; Gebler/Müller ZBB 2002, 114; ebenso auch BGH 16. 6. 2010 – VIII ZR 317/09, NJW 2010, 2798, 2800 im Zusammenhang mit einem erklärten Rücktritt, vgl im Übrigen auch Rn 244).

231 Nimmt der Leasingnehmer den Lieferanten auf **Nachlieferung** in Anspruch, so ist der Austausch der Leasingsache rechtlich gesehen eine die Parteien des Beschaffungsvertrages betreffende Angelegenheit. Die den Lieferanten treffende Eigentums- und Besitzverschaffungspflicht besteht gegenüber dem Leasinggeber (Rainer/Kaune WM 2002, 2317; Godefroid BB 2002 Beilage 5 zu Heft 27, 6). Allerdings wird der Leasinggeber den Lieferanten in der Regel anweisen, die Ersatzsache direkt an den Leasingnehmer auszuliefern, der sie dann aufgrund des Leasingvertrages für die restliche Vertragslaufzeit benutzen darf. Der Leasinggeber hat umgekehrt dafür Sorge zu tragen, dass der Lieferant wieder in den Besitz des mangelhaften Kaufgegenstandes gelangt (§§ 439 Abs 4, 346 BGB). Hierfür bedient er sich des Leasingnehmers, der aufgrund des Leasingvertrages zur Mitwirkung verpflichtet ist (Oetker/Maultzsch, Vertragliche Schuldverhältnisse S 744 Rn 66; BGH 22. 9. 2004 – VIII ZR 203/03, NJW-RR 2005, 357, 360). Ferner schuldet er – und nicht der Leasingnehmer – dem Lieferanten die in der Zwischenzeit gezogenen Nutzungen (§§ 439 Abs 4, 346 BGB). Dies durchkreuzt die auf Vollamortisation angelegte Kalkulation des Leasinggebers. Im Schrifttum ist die Frage aufgeworfen worden, ob und in welcher Weise dieses Risiko im Leasingvertrag auf den Leasingnehmer abgewälzt werden kann (vgl hierzu Zahn DB 2002, 987 f; Beckmann FLF 2002, 46, 51; Reinking ZGS 2002, 232; Arnold, in: Das neue Schuldrecht in der Praxis 604 f; Jaggy BB 2002 Beilage 5 zu Heft 27, 17 ff; Godefroid BB 2002 Beilage 5 zu Heft 27, 6 f; vWesthalen ZGS 2007, 223 ff; Martinek/Omlor, in: Bankrechts-Handbuch § 101 Rn 82a; Oechsler, Vertragliche Schuldverhältnisse [2013] Rn 713). Richtiger Ansicht nach ist es dem Leasinggeber erlaubt, den Nacherfüllungsanspruch im Leasingvertrag von vornherein auf die Nachbesserung zu beschränken (vgl oben Rn 221). Keinen AGB-rechtlichen Bedenken begegnet ferner der Verzicht des Leasinggebers auf den Nachlieferungsanspruch gegenüber dem Lieferanten im Liefervertrag (vgl hierzu schon Rn 225c). In beiden Fällen entgeht der Leasinggeber den mit der Nachlieferung verbundenen Risiken (wie hier MünchKomm/Koch Leasing Rn 107; BeckOGK/Ziemssen [1. 1. 2018] § 535 Rn 1203).

232 Die Erfüllung des Anspruchs auf Ersatzlieferung einer mangelfreien Sache führt – wie gesehen – zu einer partiellen **Rückabwicklung**, nämlich **der erbrachten mangelhaften Leistung, nicht aber des Kaufvertrages insgesamt**. Eine Parallele zur vollzogenen Wandelung des Kaufvertrages, die nach der bisherigen Rechtsprechung den Wegfall der Geschäftsgrundlage für den Leasingvertrag zur Folge haben sollte, kommt daher nicht in Betracht (so schon BGH 30. 7. 1997 – III ZR 157/96, ZMR 1997, 630,

631 zum Umtausch einer mangelhaften Leasingsache; verkannt von vWestphalen ZIP 2001, 2260; zutreffend hingegen Arnold, in: Das neue Schuldrecht in der Praxis 604; Zahn DB 2002, 987; Oetker/Maultzsch, Vertragliche Schuldverhältnisse [4. Aufl 2013] § 16 Rn 67 Fn 138; Gebler/Müller ZBB 2002, 112 f; Palandt/Weidenkaff Einf v § 535 Rn 58; Jaggy BB 2002 Beilage 5 zu Heft 27, 17; Godefroid BB 2002 Beilage 5 zu Heft 27, 6; Tiedtke/Möllmann DB 2004, 586 f; in diesem Sinne auch BGH ZIP 1997, 1703, 1704 zur Geltendmachung eines Nachlieferungsverlangens durch den Leasingnehmer, wenn zwischen Lieferant und Leasinggeber ein Gattungskauf vorliegt § 480 Abs 1 aF). Das Pendant zur Wandelung ist nach dem neuen Schuldrecht der Rücktritt und mit Einschränkungen der sog große Schadensersatz. Im Übrigen besteht für eine Rückabwicklung des Leasingvertrages nach erfolgreichem Austausch des Leasinggegenstandes ersichtlich auch kein Bedürfnis.

Zu widersprechen ist schließlich auch der von vWestphalen geäußerten Auffassung, der Leasingnehmer erlange auf der Grundlage des neu gestalteten Kaufrechts „auf der Ebene des Erfüllungsanspruchs uneingeschränkt die Stellung eines Käufers", während dem Leasinggeber allein die Finanzierungsfunktion verbleibe, mit der weiteren Folge, dass die Position des Leasinggebers als wirtschaftlicher Eigentümer ins Wanken geriete (vWestphalen DB 2001, 1292 f; ders ZIP 2001, 2263). Diese für das Finanzierungsleasing im Übrigen wohl doch verheerende Konsequenz kann jedoch weder vor dem Hintergrund des § 39 AO noch der Leasingerlasse (vgl zu ertragssteuerrechtlichen Fragen auch Rn 47 ff) aus den Neuerungen der Schuldrechtsreform abgeleitet werden. Für das wirtschaftliche Eigentum kommt es nicht auf die Position des Leasingnehmers als Zessionar im Verhältnis zum Lieferanten an – soweit es sich um einen Gattungskauf handelte, wurde ihm im Übrigen schon nach altem Recht der Nacherfüllungsanspruch (§ 480 BGB aF) abgetreten, ohne dass hieran jemand Anstoß genommen hätte. Entscheidend für die Zurechnung des Leasinggegenstandes sind vielmehr andere Gesichtspunkte, nämlich insbesondere die Vertragslaufzeit und die Restwertregelung. Eine **Neubewertung der bilanz- und steuerrechtlichen Folgen** des Finanzierungsleasing ist somit **nicht erforderlich** (wie hier Reiner/Kaune WM 2002, 2324; Godefroid Beilage 5 zu BB Heft 27/2002, 4; Arnold DStR 2002, 1050; Tiedtke/Möllmann DB 2004, 587). **233**

bb) Schadensersatz
Die leasingtypische Drittverweisungsklausel umfasst regelmäßig auch die Abtretung der gewährleistungsrechtlichen Schadensersatzansprüche (wie hier Schmalenbach/Sester WM 2002, 2187 „typischerweise"). Eher selten (nach Martinek, Moderne Vertragstypen I 160 jedoch „regelmäßig") werden „Zahlungsansprüche" ausdrücklich ausgenommen; dabei geht es dann oftmals nur um die aus einem Rücktritt oder einer Minderung resultierenden Zahlungsansprüche und nicht um Schadensersatzansprüche (vgl zB BGHZ 132, 320, 321). **234**

Soweit es um den **Ersatz eines Schadens geht, den der Leasinggeber** als Käufer infolge der Nichterfüllung an seinem eigenen Vermögen **erlitten** hat (§§ 437 Nr 3, 281, 283 BGB), gebührt ihm selbst die Ersatzleistung. Der Leasingnehmer kann diese Forderung zwar geltend machen, darf aber vom Lieferanten nur Zahlung an den Leasinggeber verlangen (Oetker/Maultzsch, Vertragliche Schuldverhältnisse [4. Aufl 2013] § 16 Rn 66). Soweit der sog **„große Schadensersatz"** geltend gemacht wird, gelten für die Auswirkungen auf das Leasingverhältnis die nachfolgenden Ausführungen zum Rücktritt entsprechend (vgl Gebler/Müller ZBB 2002, 112). **235**

236 Problematisch gestaltet sich die Rechtslage, wenn der Leasingnehmer einen **eigenen Schaden** gegenüber dem Lieferanten geltend machen will (hierzu ausführlich REINER/ KAUNE WM 2002, 2316 f). Ein vertraglicher Schadensersatzanspruch setzt hier voraus, dass der Lieferant eine dem Leasingnehmer gegenüber bestehende vertragliche Pflicht verletzt hat. Vertragliche Beziehungen zwischen Leasingnehmer und Lieferant bestehen jedoch grundsätzlich nur im Gewährleistungsfall aufgrund der abgetretenen Rechte. Hier lässt sich für manche Fallgestaltungen an die Nacherfüllungsverpflichtung (§§ 437 Nr 1, 439 BGB) anknüpfen, die den Lieferanten im Falle der Lieferung einer mangelhaften Sache trifft (so zutreffend ARNOLD, in: Das neue Schuldrecht in der Praxis 611). Kommt der Lieferant dem Nacherfüllungsbegehren beispielsweise nicht rechtzeitig nach, so kann der Leasinggeber unter den Voraussetzungen der §§ 280 Abs 2, 286 BGB Ersatz seines eigenen Verspätungsschadens verlangen. Kommt es bereits im Zusammenhang mit der erstmaligen Lieferung des Leasinggegenstandes durch den Lieferanten zu Schäden an den Rechtsgütern des Leasingnehmers, so fällt die Begründung für einen gegen den Lieferanten gerichteten vertraglichen Anspruch auf Ersatz dieses Eigenschadens schwer; der ursprüngliche Erfüllungsanspruch verbleibt ja beim Leasinggeber und scheidet insoweit als Anknüpfungspunkt aus (ARNOLD, in: Das neue Schuldrecht in der Praxis 611). Im Schrifttum (MARTINEK, Moderne Vertragstypen I 159 f) wird daher vorgeschlagen, solche Schadensersatzansprüche als von der Abtretung ausgenommen anzusehen und dem Leasingnehmer hinsichtlich seiner Eigenschäden vertragliche Ansprüche gegen seinen Vertragspartner, den Leasinggeber, zuzugestehen. Das Lieferantenverschulden sei dem Leasinggeber insoweit nach § 278 BGB zuzurechnen. Vorzugswürdig erscheint es demgegenüber, es dem Leasinggeber zu gestatten, den Schaden des Leasingnehmers – also einen Drittschaden – zu liquidieren und den Leasingnehmer infolge der Abtretung dieses Anspruchs als aktivlegitimiert zu betrachten. Hierfür lässt sich an die anerkannte Fallgruppe „Handeln für fremde Rechnung" anknüpfen, denn auch dem Leasingvertrag wohnt ein Element der Geschäftsbesorgung inne (so CANARIS, in: Bankvertragsrecht Rn 1794; ders NJW 1982, 307; unter Berufung auf CANARIS auch OETKER/ MAULTZSCH, Vertragliche Schuldverhältnisse [4. Aufl 2013] § 16 Rn 56 f).

cc) Rücktritt

237 Der Leasingnehmer kann nach erfolglosem Ablauf einer angemessenen Frist zur Nacherfüllung bzw im Falle ihrer Entbehrlichkeit (§§ 323 Abs 2 und 440 BGB) auch ohne Fristsetzung den Rücktritt vom Kaufvertrag erklären (vgl auch BGH 10. 3. 2010 – VIII ZR 182/08, NJW 2010, 2503, 2505 zum sofortigen Rücktrittsrecht des Leasinggebers, wenn der vorleistungspflichtige Lieferant den Leasinggeber über eine in Wirklichkeit noch nicht erfolgte Lieferung des Leasinggegenstandes an den Leasingnehmer täuscht). Es handelt sich hierbei um ein Gestaltungsrecht, das durch Erklärung gegenüber dem Lieferanten auszuüben ist (§ 349 BGB) und mit Zugang wirksam wird. Der Rücktritt gestaltet – so die tatbestandlichen Voraussetzungen erfüllt sind – das Vertragsverhältnis zwischen dem Lieferanten und dem Leasinggeber in ein Abwicklungsschuldverhältnis um (§ 346 BGB). Trotz Abtretung der Gewährleistungsrechte bleibt der Leasinggeber alleiniger Käufer, sodass die Rückabwicklung des Kaufvertrages nach Erklärung des Rücktritts nur zwischen ihm und dem Lieferanten zu erfolgen hat (so BGH 24. 6. 1992 – VIII ZR 188/91, WM 1992, 1609 für den Anspruch aus Wandelung). Selbst wenn der Leasingnehmer berechtigt ist, sich über die Gewährleistungsrechte mit dem Lieferanten zu vergleichen, darf er daher nicht über den Rückzahlungsanspruch des Leasinggebers verfügen (BGH 24. 6. 1992 – VIII ZR 188/91). Außerdem muss er, wenn er die Leasingsache jetzt unmittelbar an den Lieferanten zurückgibt, auf das Interesse des Leasinggebers Rücksicht nehmen und darauf achten, Zug um Zug den Kaufpreis vom Lieferanten zurückzuerhalten, widrigenfalls er sich schadensersatzpflichtig macht (BGH 27. 2. 1985 – VIII ZR 328/83, NJW 1985, 1535; BGH 20. 6. 1984 – VIII ZR 131/83, NJW 1985, 129; BGH 17. 12. 1986 – VIII ZR 279/85, NJW 1987, 1072).

Den neuralgischen Punkt der Diskussion bildet die Frage, wie sich diese Vorgehensweise des Leasingnehmers auf seine Vertragsbeziehungen zum Leasinggeber auswirkt. Hier besteht seit Langem ein tiefgreifender Dissens zwischen der höchstrichterlichen Rechtsprechung und Teilen der Literatur. Die Schuldrechtsreform hat die Unsicherheit durch den Übergang von der Wandelung zum Rücktritt und die Kodifizierung der Grundsätze über den Wegfall der Geschäftsgrundlage eher noch verstärkt. **238**

α) **Die Geschäftsgrundlagenlösung der Rechtsprechung**
Der BGH ist bislang in ständiger Rechtsprechung davon ausgegangen, dass die Umgestaltung des zwischen dem Lieferanten und dem Leasinggeber abgeschlossenen Kaufvertrages in ein Abwicklungsschuldverhältnis wegen eines Mangels der Leasingsache eo ipso **auf den Leasingvertrag durchschlägt**. Konstruktiv-dogmatisch liegt dem die Vorstellung zugrunde, dass der Erwerb einer gebrauchsfähigen Sache die **Geschäftsgrundlage** des Leasingvertrages bildet, die mit der Umwandlung des Kaufvertrages in ein Rückabwicklungsverhältnis mit ex-tunc-Wirkung entfällt (ständige Rechtsprechung seit BGH 23. 2. 1977 – VIII ZR 124/75, NJW 1977, 848; zB BGH 16. 9. 1981 – VIII ZR 265/80, NJW 1982, 105; BGH 27. 2. 1985 – VIII ZR 328/83, NJW 1985, 1535; BGH 25. 10. 1989 – VIII ZR 105/88, NJW 1990, 314; BGH 13. 3. 1991 – VIII ZR 34/90, NJW 1991, 1746; BGH 10. 11. 1993 – VIII ZR 119/92, NJW 1994, 576, 577. Vorgedacht war die Geschäftsgrundlagenlösung schon bei FLUME DB 1972, 55 und REICH, in: Vertragsschuldverhältnisse 77 f. Zustimmend auch weite Teile des heutigen Schrifttums: zB vWESTPHALEN, Leasingvertrag Kap I Rn 76 ff; WOLF/ECKERT/BALL, Handbuch Rn 1890; ERMAN/JENDREK Anh § 535 Rn 31; PWW/FRENSCH [11. Aufl 2016] Anhang zu §§ 488–515 Rn 147; PALANDT/WEIDENKAFF Einf v § 535 Rn 58; im Ergebnis auch MARTINEK, Moderne Vertragstypen I § 7 III 172 und FLUME DB 1991, 268 f). Dies gelte auch dann, wenn der Leasinggegenstand schon zeitweilig benutzt worden ist (BGH 4. 10. 1984 – 6 A 131/82, NJW 1985, 1796, 1797; BGH 13. 3. 1991 – VIII ZR 34/90, NJW 1991, 1746, 1747). **239**

Der **Leasinggeber hat das Ergebnis eines** zwischen Leasingnehmer und Lieferant geführten **Gewährleistungsprozesses** nach der Rechtsprechung grundsätzlich (Ausnahme: kollusives Zusammenwirken zwischen Leasingnehmer und Lieferant zum Nachteil des Leasinggebers; vgl hierzu BGH 27. 2. 1985 – VIII ZR 328/83, NJW 1985, 1535, 1536; BGH 13. 3. 1991 – VIII ZR 34/90, NJW 1991, 1746, 1748) **als für sich verbindlich hinzunehmen** und kann nicht unabhängig davon im Leasingverhältnis die Mangelhaftigkeit der Leasingsache erneut in Abrede stellen (BGH 16. 9. 1981 – VIII ZR 265/80, NJW 1982, 105, 106; BGH 27. 2. 1985 – VIII ZR 328/83, NJW 1985, 1535; BGH 13. 3. 1991 – VIII ZR 34/90, NJW 1991, 1746, 1747). Hierfür bedarf es im Gewährleistungsrechtsstreit zwischen Leasingnehmer und Leasinggeber keiner Streitverkündung. Bei der Bindungswirkung handelt sich nämlich – so der BGH (BGH 16. 9. 1981 – VIII ZR 265/80, NJW 1982, 105, 106; BGH 13. 3. 1991 – VIII ZR 34/90, NJW 1991, 1746, 1747) – nicht um einen Fall der Rechtskrafterstreckung, sondern um das Ergebnis einer interessengerechten Auslegung der Freizeichnungsklausel. Der Leasinggeber erklärt hiernach mit der Vereinbarung der **240** leasingtypischen Gewährleistungs- und Abtretungskonstruktion zugleich, dass er die rechtlichen Folgen, die sich aus der Geltendmachung der Gewährleistungsrechte durch den Leasingnehmer ergeben, als für sich verbindlich hinnimmt. AGB-Klauseln, die die Verbindlichkeit des Ausgangs des Gewährleistungsrechtsstreits für das Leasingverhältnis in Frage stellen, sind nach Ansicht des BGH auch im kaufmännischen Verkehr nach § 307 BGB unwirksam (BGH 13. 3. 1991 – VIII ZR 34/90, NJW 1991, 1746, 1748). Die Bindungswirkung kommt nicht nur einem aufgrund streitiger Verhandlung ergangenen Urteil, sondern auch einem Versäumnisurteil zu (BGH 13. 3. 1991 – VIII ZR 34/90, NJW 1991, 1746, 1747; OLG Düsseldorf 23. 11. 1989 – 10 U 178/88, BB 1990, 953 f). Umgekehrt, also bei einem für den Leasingnehmer negativen Ausgang der gewährleistungsrechtlichen Auseinandersetzung, ist auch der Leasingnehmer an das Urteil und damit an den Leasingvertrag gebunden (BGH 7. 10. 1992 – VIII ZR 182/91, NJW 1993, 122, 124; OLG München 10. 1. 1992 – 23 U 3803/91, NJW-RR 1993, 123; OLG Köln 16. 7. 2002 – 15 U 30/02, MDR 2003, 212). Ferner hat der BGH entschieden, dass die Bindungswirkung des Gewährleistungsrechtsstreits für das Leasingverhältnis nicht dadurch in Frage gestellt wird, dass die Haftungsfreizeichnung des Leasinggebers mangels vorbehaltloser Abtretung der kaufrechtlichen Gewährleistungsansprüche unwirksam ist. Entscheidend sei, dass der Leasinggeber den Leasingnehmer formularvertraglich zur Geltendmachung von Gewährleistungsansprüchen gegen den Lieferanten veranlasst habe und infolgedessen das Ergebnis eines solchen Vorgehens hinnehmen müsse (BGH 10. 11. 1993 – VIII ZR 119/92, NJW 1994, 576, 577).

240a Nach Ansicht des BGH (BGH 20. 6. 1984 – VIII ZR 131/83, NJW 1985, 129; BGH 25. 10. 1989 – VIII ZR 105/88, NJW 1990, 314, 315; BGH 13. 3. 1991 – VIII ZR 34/90, NJW 1991, 1746, 1749) muss einem der Gewährleistungsklage stattgebenden Urteil der Fall gleichgestellt werden, dass sich die erstrebte Rückgängigmachung des Kaufvertrages wegen **Vermögensverfalls des Lieferanten** nicht mehr realisieren lässt. Die Erhebung der Gewährleistungsklage gegen den Lieferanten ist dem Leasingnehmer in einem solchen Fall nicht mehr zuzumuten. Er kann die Mängeleinrede also direkt dem Zahlungsanspruch des Leasinggebers entgegensetzen und seinerseits Rückerstattung der bislang gezahlten Raten verlangen. Der Leasingnehmer müsse auch hier im Verhältnis zum Leasinggeber so gestellt werden, wie er stünde, wenn die Wandelung des Kaufvertrages vollzogen worden wäre. Diese Rechtsprechung hat der BGH jedoch zuletzt eng begrenzt und ihren Ausnahmecharakter herausgestellt. Sie gilt weiterhin etwa dann, wenn es sich bei dem Lieferanten um eine in Vermögensverfall geratene und zwischenzeitlich im Handelsregister gelöschte GmbH handelt. Hier würde man den Leasingnehmer durch den Verweis auf die gerichtliche Geltendmachung gleichsam rechtlos stellen. Für den praktisch wichtigsten Fall der eröffneten **Insolvenz über das Vermögen des Lieferanten** ist der Leasingnehmer allerdings sehr wohl gehalten, nicht anerkannte und nicht titulierte Sachmängelansprüche durch die Erhebung einer Klage gegen den Insolvenzverwalter auf Feststellung der Forderung zur Insolvenztabelle weiterzuverfolgen, wenn dieser den Anspruch bestreitet (BGH 10. 11. 1993 – VIII ZR 119/92, NJW 1994, 576, 577; BGH 13. 11. 2013 – VIII ZR 257/12, NJW 2014, 1583, 1585 = NZI 2014, 177 mit Anm Freitag; OLG Frankfurt 27. 6. 2012 – 17 U 13/12, BeckRS 2012, 16592; R Koch, in: vWestphalen, Leasingvertrag Kap R Rn 149). Die Unzumutbarkeit einer Inanspruchnahme des Insolvenzverwalters kann nicht darauf gestützt werden, dass der Leasingnehmer in solch einem Fall zunächst beträchtliche Prozesskosten verauslagen müsste, und dass selbst im Falle eines Obsiegens die Gefahr eines Ausfalls mit Kostenerstattungsansprüchen bestünde. Denn einen solchen Ausfall hat auch ohne Regelung in den Leasingbedingungen grundsätzlich der Leasinggeber zu tragen (BGH 13. 11. 2013 – VIII ZR 257/12, NJW 2014, 1583, 1585 = NZI 2014, 177 mit Anm Freitag; **aA** noch OLG Köln 27. 5. 2004 – 15 U 8/04, NJW-RR 2005, 210, 211). Es bleibt im Ergebnis auch in dieser Konstellation dabei, dass der Leasinggeber beim Finanzierungsleasing das Insolvenzrisiko des Lieferanten zu tragen hat. Durch die Geschäftsbedingungen des Leasinggebers kann nichts anderes bestimmt werden. Insbesondere ist es nicht zulässig, das Insolvenzrisiko hinsichtlich des Lieferanten in den Geschäftsbedingungen auf den Leasingnehmer abzuwälzen (BGH 13. 3. 1991 – VIII ZR 34/90, NJW 1991, 1746, 1749; **aA** OLG Frankfurt 17. 9. 1985 – 5 U 171/83, WM 1986, 274 f).

Ist die Geschäftsgrundlage eines Leasingvertrages infolge der Umwandlung des **241** Kaufvertrages über die Leasingsache in ein Rückgewährschuldverhältnis rückwirkend weggefallen, so vollzieht sich der dann notwendige **Ausgleich** nach der bisherigen Rechtsprechung **nach den Regeln der ungerechtfertigten Bereicherung**, §§ 812 ff BGB (BGH 25. 10. 1989 – VIII ZR 105/88, NJW 1990, 314; BGH 10. 11. 1993 – VIII ZR 119/92, NJW 1994, 576, 578). Die bislang gezahlten Leasingraten kann der Leasingnehmer somit vom Leasinggeber zurückverlangen. Dieser kann seine Vertragskosten, insbesondere die Zahlung des Kaufpreises an den Lieferanten, nicht bereicherungsmindernd geltend machen. In den Bereicherungsausgleich sind die vom Leasingnehmer gezogenen Nutzungen einzubeziehen. Nach der hier grundsätzlich zur Anwendung berufenen Saldotheorie (BGH 25. 10. 1989 – VIII ZR 105/88, NJW 1990, 314, 316) werden beide Posten sodann miteinander verrechnet mit der Folge, dass ein einheitlicher – meist gegen den Leasingeber gerichteter – Bereicherungsanspruch gegeben ist.

β) Modifikationen der Geschäftsgrundlagenlösung infolge der Schuldrechtsreform

Ob die skizzierte Rechtsprechung in Anbetracht der Neuordnung des kauf- und **242** werkvertraglichen Gewährleistungsrechts und der Kodifizierung des Instituts des Wegfalls der Geschäftsgrundlage in § 313 BGB unverändert fortgeführt werden konnte, war bis Mitte 2010 eine offene Frage. Für die Praxis ist sie mit dem Urteil des BGH vom 16. 6. 2010 (BGH 16. 6. 2010 – VIII ZR 317/09, NJW 2010, 2798) geklärt worden. Darin entschied der BGH, dass die Ersetzung der Wandelung durch den Rücktritt im Gewährleistungsverhältnis zwischen Leasingnehmer und Lieferant keine Auswirkungen auf die Interessenlage im Verhältnis von Leasinggeber/Leasingnehmer hat (BGH 16. 6. 2010 – VIII ZR 317/09, NJW 2010, 2798, 2800; Anmerkung dazu Tavakoli NJW 2010, 2768, 2768 ff; für grundsätzliche Fortführung der Geschäftsgrundlagenlösung auch OLG Frankfurt 27. 6. 2012 – 17 U 13/12, BeckRS 2012, 16592 und KG 27. 3. 2013 – 25 U 59/12, BeckRS 2013, 07406). Denn ob die Rücktrittserklärung des Leasingnehmers die Umgestaltung des Kaufvertrags über das Leasingobjekt in ein Rückgewährschuldverhältnis und damit zugleich den Wegfall der Geschäftsgrundlage des Leasingvertrags bewirke, müsse, wenn der Lieferant den Rücktritt nicht akzeptiert, gerichtlich geklärt werden und stehe daher – ebenso wie der Vollzug der Wandelung nach altem Recht – erst mit Eintritt der Rechtskraft des Urteils im Gewährleistungsprozess gegen den Lieferanten fest (BGH 16. 6. 2010 – VIII ZR 317/09, NJW 2010, 2798, 2800). Bereits vor der Entscheidung war nicht mit einer nennenswerten Änderung der Geschäftsgrundlagenlösung des BGH gerechnet worden (Reinking ZGS 2002, 233; Schmalenbach/Sester WM 2002, 2186; Reiner/Kaune WM 2002, 2321 und 2324; Gebler/Müller ZGS 2002, 113 f). Hierfür berief man sich zum einen darauf, dass der Gesetzgeber ausweislich der Materialien zu § 313 BGB (Begründung des Regierungsentwurfs BT-Drucks 14/6040, 93) mit der Kodifikation der Grundsätze zum Wegfall der Geschäftsgrundlage nichts am bisherigen Rechtszustand ändern wollte. Ferner wurde geltend gemacht, dass sich die Gründe, die schon bislang für eine Rückabwicklung des Leasingvertrages und gegen eine Kündigung mit Wirkung für die Zukunft vorgebracht worden seien, unverändert fortbestünden. Denn nur die ex-tunc-Wirkung vermeide, dass der Leasinggeber die bis zum Ausspruch der Kündigung gezahlten Leasingraten behalten dürfe, obwohl er seiner Gebrauchsverschaffungspflicht nicht nachgekommen sei.

243 Ob diese Argumentation stichhaltig ist, sei hier zunächst einmal dahingestellt. Jedenfalls ist der BGH von seiner Grundkonzeption, die – bei der leasingtypischen Abtretungskonstruktion ansetzend – das Schicksal des Leasingvertrages über das Institut des Wegfalls der Geschäftsgrundlage gleichsam akzessorisch mit demjenigen des Liefervertrages verknüpft, nicht abgewichen. Für die Praxis ist es wichtig zu wissen, in welchen Punkten weiterhin im Hinblick auf die Neuerungen der Schuldrechtsreform mit systemimmanenten Modifikationen der bisherigen Judikatur gerechnet werden muss. Aus diesem Grunde sollen nachfolgend einige dieser Fragestellungen aus der Warte der Rechtsprechung beleuchtet werden.

244 Da wäre zunächst die Frage, an welches Ereignis künftig das **Recht des Leasingnehmers** geknüpft werden soll, dem Leasinggeber gegenüber (vorläufig) die **Fortzahlung der Leasingraten zu verweigern**. Bislang hielt die Rechtsprechung den Zeitpunkt der Erhebung der Wandelungsklage für entscheidend. Hintergrund war, dass die Wandelung im Falle der Weigerung des Verkäufers klageweise durchgesetzt werden musste, wobei allerdings sofort auf Rückzahlung des Kaufpreises geklagt werden konnte. Nunmehr handelt es sich bei dem an die Stelle der Wandelung tretenden Rücktritt um ein Gestaltungsrecht, das bei Vorliegen der tatbestandlichen Voraussetzungen seine Wirkungen im Zeitpunkt des Zugangs beim Erklärungsgegner, hier beim Lieferanten, entfaltet. Auf ein Einverständnis oder ein dieses ersetzendes rechtskräftiges Urteil kommt es nicht mehr an. Damit, so ließe sich nun argumentieren, entfällt auch für den Leasingvertrag die Geschäftsgrundlage schon mit dem Zugang der Rücktrittserklärung mit der weiteren Folge, dass der Leasingnehmer schon zu diesem frühen Zeitpunkt die Zahlung der Leasingraten einstellen kann (so vWestphalen ZIP 2001, 2261). Für den Leasinggeber kann sich daraus eine missliche Lage ergeben. Bestreitet nämlich der Lieferant die Mangelhaftigkeit der Leasingsache und damit die Wirksamkeit des Rücktritts, so trägt der Leasinggeber dann, wenn er sich diese Einschätzung zu eigen macht und den Leasingnehmer auf Zahlung der Leasingraten verklagt, das Risiko einer Fehlbeurteilung. Daher ist es sachgerecht, das **Leistungsverweigerungsrecht des Leasingnehmers** nicht an den von ihm erklärten Rücktritt, sondern auch weiterhin **an eine vom ihm zu erhebende Klage gegen den die Wirksamkeit bestreitenden Lieferanten zu knüpfen** (Martinek/Omlor, in: Bankrechts-Handbuch § 101 Rn 82a; H Beckmann, in: Martinek/Stoffels/Wimmer-Leonhardt, Leasinghandbuch § 27 Rn 148; MünchKomm/Koch Leasing Rn 113f; BeckOGK/Ziemssen [1. 1. 2018] § 535 Rn 925; Arnold, in: Das neue Schuldrecht in der Praxis 606; Reinking ZGS 2002, 234; Zahn DB 2002, 986f; Palandt/Weidenkaff Einf v § 535 Rn 58; Beckmann FLF 2002, 46, 49f; ders FLF 2006, 34 ff; ders WM 2006, 958; Beckmann/Scharff, Leasingrecht § 14 Rn 33 ff; Bamberger/Roth/Hau/Poseck/Zehelein BeckOK § 535 Rn 96; Greiner NJW 2012, 965; Wolf/Eckert/Ball, Handbuch Rn 1895; vgl ferner Reiner/Kaune WM 2002, 2319; ablehnend Gsell

ZJS 2010, 541; Bayerle JA 2013, 666 f; vWestphalen Kap H Rn 123 ff; ders ZIP 2001, 2261; für eine Verankerung der Ratenzahlungspflicht bis zur Klageerhebung in den Leasingbedingungen Gebler/Müller ZBB 2002, 113). Dies hat auch der BGH in seiner Entscheidung vom 16. 6. 2010 (BGH 16. 6. 2010 – VIII ZR 317/09, NJW 2010, 2798, 2800) bestätigt; ferner verlangt die Rechtsprechung auch im Falle der eröffneten Insolvenz über das Vermögen des Lieferanten vom Leasingnehmer, Sachmängelansprüche durch die Erhebung einer Klage gegen den Insolvenzverwalter auf Feststellung der Forderung zur Insolvenztabelle weiterverfolgen, wenn dieser den Anspruch bestreitet (BGH 10. 11. 1993 – VIII ZR 119/92, NJW 1994, 576, 577; BGH 13. 11. 2013 – VIII ZR 257/12, NJW 2014, 1583, 1585 = NZI 2014, 177 mit Anm Freitag; OLG Frankfurt 27. 6. 2012 – 17 U 13/12, BeckRS 2012, 16592). Er hält es – auch unter der Geltung des modernisierten Schuldrechts – für interessengerecht, dem Leasingnehmer für den Fall, dass der Lieferant den Rücktritt vom Kaufvertrag nicht akzeptiert, ein Recht zur vorläufigen Einstellung der Zahlung der Leasingraten schon, aber auch erst dann zuzugestehen, wenn er aus dem erklärten Rücktritt klageweise gegen den Lieferanten vorgeht. Denn diesen Prozess zu führen, sei nach der leasingtypischen Interessenlage, die dadurch gekennzeichnet ist, dass der Leasinggeber sich von der mietrechtlichen Sachmängelhaftung vollständig freizeichnet und dem Leasingnehmer die Gewährleistungsrechte aus dem Kaufvertrag mit dem Lieferanten abtritt, Sache des Leasingnehmers. Hat der Leasinggeber bereits Klage auf Zahlung der Leasingraten erhoben, so ist dieser Rechtsstreit nach § 148 ZPO bis zum Abschluss des Gewährleistungsprozesses auszusetzen (BGH 19. 2. 1986 – VIII ZR 91/85, NJW 1986, 1744, 1746).

Eine praktisch bedeutsame Frage schließt sich an: Angenommen der Leasingnehmer macht gerichtlich Mängelgewährleistungsansprüche gegen den Lieferanten geltend und beruft sich in dieser Zeit gegenüber dem Leasinggeber auf sein Leistungsverweigerungsrecht. Kann er sich nach rechtskräftiger Abweisung seiner Klage gegen den Lieferanten nunmehr dem Leasinggeber gegenüber auf **Verjährung** berufen? Der BGH (BGH 16. 9. 2015 – VIII ZR 119/14, NJW 2016, 397 mit Anm Harriehausen) hat dies verneint. Während des auf Rückabwicklung gerichteten Rechtsstreits des Leasingnehmers gegen den Lieferanten sei der **Anspruch des Leasinggebers auf Zahlung der Leasingraten gem § 205 BGB gehemmt**. Denn das Recht des Leasingnehmers, die Zahlung der Leasingraten vorläufig einzustellen, wenn er ihm übertragene Ansprüche und Rechte gegen den Lieferanten klageweise geltend mache, sei ein leasingvertraglich vereinbartes vorübergehendes Leistungsverweigerungsrecht, das damit § 205 BGB unterfalle. Daran ändere sich auch nichts, wenn der Leasingnehmer formularvertraglich verpflichtet sei, die zurückbehaltenen Leasingraten während des Gewährleistungsprozesses zu Sicherungszwecken bei Gericht zu hinterlegen. Die Hemmung wirke auch gegen einen Bürgen, der sich verpflichtet habe, für die Verbindlichkeiten des Leasingnehmers aus dem Leasingvertrag einzustehen. Weiterhin ist von Bedeutung, dass der BGH **im Falle der rechtskräftigen Abweisung der Rückabwicklungsklage** gegen den Lieferanten das den Verzug ausschließende **Recht zur vorläufigen Einstellung der Zahlung der Leasingraten rückwirkend entfallen** lässt. Damit stehe fest, dass der Anspruch des Leasinggebers auf Zahlung der Leasingraten insgesamt begründet und nicht etwa zeitweilig unbegründet war. Das kann bei langjährigen gerichtlichen Auseinandersetzungen zwischen dem Leasingnehmer und dem Lieferanten zu ganz erheblichen Zinsbelastungen führen, die wertmäßig sogar die Hauptforderung erreichen können. Diese **rückwirkende Belastung des Leasingnehmers mit den Verzugszinsen** ist weder interessengerecht, noch trägt sie den lea-

244a

singtypischen Absprachen Rechnung (zu Recht kritisch H BECKMANN LMK 2015, 374544). Hiernach ist der Leasingnehmer gegenüber dem Leasinggeber gehalten, die ihm abgetretenen Rechte zunächst dem Lieferanten gegenüber geltend zu machen. Insofern verhält er sich vertragsgerecht, wenn er gegen den Lieferanten klagt und sich dem Leasinggeber gegenüber auf sein Leistungsverweigerungsrecht beruft. Ihm dann gleichwohl das Zinsrisiko in vollem Umfang aufzubürden, fügt sich nicht in den Regelungsplan der Parteien. Im Übrigen bleibt der BGH eine dogmatische Begründung dafür schuldig, weshalb das Leistungsverweigerungsrecht im Falle der rechtskräftigen Abweisung der Klage gegen den Lieferanten rückwirkend und nicht ex nunc entfällt. Grundsätzlich ist nämlich anerkannt, dass auch ein vorübergehendes Leistungsverweigerungsrecht verzugsausschließende Wirkung entfaltet (BGH 11. 12. 2009 – V ZR 217/08, NJW 2010, 1272).

244b Bestreitet der Insolvenzverwalter den Kaufpreisrückzahlungsanspruch nach erklärtem Rücktritt nicht, so wird der Wegfall der Geschäftsgrundlage bereits dadurch ausgelöst, dass der Leasingnehmer anstelle eines rechtskräftigen Urteils die **Feststellung des Rückzahlungsanspruchs zur Insolvenztabelle** erwirkt. Für die Gleichstellung spricht § 178 Abs 3 InsO, wonach die festgestellte Forderung ihrem Betrag und ihrem Rang nach wie ein rechtskräftiges Urteil gegenüber dem Insolvenzverwalter und allen Insolvenzgläubigern wirkt. Die festgestellte Forderung kann in späteren Gläubigerversammlungen nicht mehr bestritten werden. Nichts anderes gilt übrigens, wenn der Leasinggeber selber die bindende Feststellung des Rückzahlungsanspruchs zur Insolvenztabelle – unter Missachtung der in seinen Leasingbedingungen erklärten Abtretung der kaufrechtlichen Gewährleistungsansprüche – erreicht (vgl zu alledem OLG Düsseldorf 8. 3. 2016 – I-24 U 120/15, BeckRS 2016, 09625).

245 Eine Überprüfung der bisherigen Rechtsprechung ist ferner im Hinblick auf die in § 313 BGB erfolgte **Kodifizierung der Grundsätze über die Störung der Geschäftsgrundlage** angezeigt. Hierzu verhält sich die Entscheidung des BGH vom 16. 6. 2010 (BGH 16. 6. 2010 – VIII ZR 317/09, NJW 2010, 2798) nicht weiter. Zunächst ist festzuhalten, dass die Auflösung des Leasingvertrages nicht mehr ipso iure aus der Umwandlung des Liefervertrages in ein Rückgewährschuldverhältnis folgt, sondern einer **rechtsgestaltenden Erklärung** bedarf (SCHMALENBACH/SESTER WM 2002, 2186; GREINER NJW 2012, 963). An diese Erklärung wird man freilich keine hohen Anforderungen stellen dürfen. Es sollte genügen, dass der Leasingnehmer gegenüber dem Leasinggeber unter Hinweis auf den Rücktritt vom Liefervertrag die Entlassung aus dem Leasingvertrag begehrt. Größere Probleme könnte der Rechtsprechung die Regelung des § 313 Abs 3 S 2 BGB bereiten, derzufolge bei Dauerschuldverhältnissen **an die Stelle des Rücktrittsrechts das Recht zur Kündigung** tritt. Wollte man diese Vorschrift auf den Leasingvertrag anwenden, der ja unstreitig ein Dauerschuldverhältnis begründet (MünchKomm/GAIER § 314 Rn 6; OETKER, Das Dauerschuldverhältnis 174), so wäre einer Pflicht zur Rückabwicklung der bereits erbrachten Leistungen der Boden entzogen. Ob diese von Gesetzes wegen wohl unabweisbare Korrektur (so auch die Einschätzung von MARTINEK/OMLOR, in: Bankrechts-Handbuch § 101 Rn 82b; für teleologische Reduktion des § 313 Abs 3 S 2 hingegen MünchKomm/KOCH Leasing Rn 110f; BeckOGK/ZIEMSSEN [1. 1. 2018] § 535 Rn 938.1) tatsächlich vollzogen wird, erscheint – wie schon angedeutet – zweifelhaft. Nach SCHMALENBACH/SESTER (WM 2002, 2186) spricht manches dafür, dass der BGH wie bisher mit den Besonderheiten des Finanzierungsleasingvertrages – einem atypischen, nicht gesetzlich geregelten Vertrag – argumentieren wird und sich vor allem darauf berufen wird, dass der Gesetzgeber mit § 313 BGB keine Änderung der Rechtslage bezweckt hat. Sollte der BGH tatsächlich dem Leasingnehmer weiterhin ein Rücktrittsrecht – anstelle des Kündigungsrechts nach § 313 Abs 3 S 2 BGB – oder ein Kündigungsrecht mit – ausnahmsweiser – Rückwirkung zugestehen und so im Ergebnis an der ex-tunc-Wirkung festhalten, so müsste er sich noch mit der in § 313 BGB durch die Verwendung des Begriffs „Rücktritt" angeordneten **Geltung der §§ 346 ff BGB** auseinandersetzen. Nach bisheriger Rechtsprechung sollte sich – wie erwähnt – die Rückabwicklung der von den Leasingparteien erbrachten Leistungen nach Bereicherungsrecht vollziehen. Für den teilweise vollzogenen Leasingvertrag halten sich allerdings die Unterschiede beider Rückabwicklungssysteme in überschaubaren Grenzen (SCHMALENBACH/SESTER WM 2002, 2186; H BECKMANN, in: MARTINEK/STOFFELS/WIMMER-LEONHARDT, Leasinghandbuch § 29 Rn 27 und 31). Von daher ist nicht auszuschließen, dass die Gerichte künftig die §§ 346 ff BGB als maßgebliches Rechtsregime für die Rückabwicklung des Leasingvertrages zugrunde legen werden (in diesem Sinne auch OLG Frankfurt 14. 1. 2009 – 17 U 223/08, NJOZ 2009, 1826; OLG Frankfurt 27. 6. 2012 – 17 U 13/12, BeckRS 2012, 16592; KG 27. 3. 2013 – 25 U 59/12, BeckRS 2013, 07406; TIEDTKE/MÖLLMANN DB 2004, 588; für Rückabwicklung nach Bereicherungsrecht OLG Düsseldorf 12. 6. 2008 – 10 U 156/07, NJOZ 2008, 3407, 3408; vWESTPHALEN ZIP 2001, 2260 f; PALANDT/WEIDENKAFF Einf v § 535 Rn 58; BeckOGK/ZIEMSSEN [1. 1. 2018] § 535 Rn 938; PWW/FRENSCH [11. Aufl 2016] Anhang zu §§ 488–515 Rn 150; gegen ein starres Entweder-Oder von Rückabwicklung oder Kündigung und für ein vertragsnah differenzierendes Konzept GREINER NJW 2012, 963 f).

Auch das OLG Düsseldorf (OLG Düsseldorf 8. 3. 2016 – I-24 U 120/15, BeckRS 2016, 09625) **245a** meint, § 313 Abs 3 S 2 BGB zwinge nicht zu der Annahme, dass bei Dauerschuldverhältnissen ausnahmslos ein Kündigungsrecht an die Stelle des Rücktrittsrechts tritt. Ein Rücktrittsrecht komme bei Dauerschuldverhältnissen auch dann in Betracht, wenn ein berechtigtes Interesse der Partner besteht, bereits erbrachte Leistungen rückgängig zu machen oder wenn eine vollständige Rückabwicklung unschwer möglich und nach der Interessenlage sachgerecht ist (unter Hinweis auf BGH 19. 2. 2002 – X ZR 166/99, NJW 2002, 1870). Den entscheidenden Unterschied zu anderen Dauerschuldverhältnissen sieht das OLG bei Finanzierungsleasingverträgen in der Vollamortisationspflicht des Leasingnehmers. Während bei Dauerschuldverhältnissen regelmäßig eine Gleichwertigkeit von Leistung und Gegenleistung für jeden Zeitabschnitt bestehe, sei diese Äquivalenz beim Leasing auf die gesamte Vertragslaufzeit bezogen. Die Höhe der Leasingraten werde nicht durch den Wert der Nutzung bestimmt, sondern hänge vom Vertragstyp, der Dauer der Grundleasingzeit und der Vereinbarung einer Anzahlung bzw der Höhe des kalkulierten Restwertes ab. Eine Vertragsanpassung ex nunc würde daher zu willkürlichen Ergebnissen führen, je nachdem, wie die Zahlungspflichten des Leasingnehmers verteilt sind, zumal der Leasinggeber vom Lieferanten auch den vollen Kaufpreis zurückverlangen kann und nicht nur den noch ungetilgten. Auch sei die Rückabwicklung des Vertragsverhältnisses von Anfang an ohne Weiteres möglich. Zudem sollte die Neuregelung des § 313 BGB ausweislich der Materialien zum Schuldrechtsmodernisierungsgesetz an der bisherigen Rechtsprechung insoweit gerade nichts ändern (vgl BT-Drucks 14/6040, 175 ff). Demgemäß geht das OLG Düsseldorf von dem Recht des Leasingnehmers aus, einen **Rücktritt mit ex tunc-Wirkung** zu erklären.

γ) Alternative Lösungsansätze im Schrifttum

246 Die Geschäftsgrundlagenlösung des BGH ist im Schrifttum zum Teil auf **vehemente Ablehnung** gestoßen. So hat etwa LIEB (WM 1992, Beil Nr 6 4) dem BGH vorgeworfen, seine Ergebnisse seien „eher von bedrückender, von richterlicher Ausgewogenheit weit entfernter Einseitigkeit". Gerügt wird neben dieser angeblich nicht vertretbaren Privilegierung des Leasingnehmers vor allem, dass die Gewährleistungsproblematik im Leasingvertrag selbst geregelt sei. Aus ihm gehe hervor, dass der Leasinggeber jede Einstandspflicht für die Beschaffenheit der Sache von sich weise. Diese von den Parteien vorgenommene Risikoverteilung dürfe nicht über das Institut des Wegfalls der Geschäftsgrundlage zunichte gemacht werden.

247 Aus dieser Kritik heraus ist der Geschäftsgrundlagenlösung ein alternatives Modell gegenübergestellt worden, das für sich in Anspruch nimmt, die vertragliche Risikozuordnung beim reinen Finanzierungsleasing besser widerzuspiegeln (SANNWALD, Finanzierungsleasingvertrag über bewegliche Sachen mit Nichtkaufleuten 182; LIEB DB 1988, 2499; PAPAPOSTOLOU, Risikoverteilung beim Finanzierungsleasingvertrag 92 ff; BERNSTEIN, Tatbestand des Mobilien-Finanzierungsleasingvertrags 221 ff; CANARIS NJW 1982, 309; CANARIS, in: Bankvertragsrecht Rn 1744; LARENZ/CANARIS, Schuldrecht II/2 113 ff). Beim absatzfördernden, herstellerabhängigen Leasing wird demgegenüber von einigen Vertretern dieser Ansicht (zB CANARIS NJW 1982, 309 und PAPAPOSTOLOU, Risikoverteilung beim Finanzierungsleasingvertrag 95 f; OETKER/MAULTZSCH, Vertragliche Schuldverhältnisse [4. Aufl 2013] § 16 Rn 71 f; ARNOLD, in: Das neue Schuldrecht in der Praxis 608 f) ein Einwendungsdurchgriff erwogen. Das Vorliegen eines Sachmangels und die Erhebung der Klage gegen den Lieferanten und auch die Rückabwicklung des Kaufvertrages lassen hiernach den Leasingvertrag zunächst unberührt. Das bedeutet insbesondere, dass der Leasingnehmer weiterhin zur Zahlung der Leasingraten verpflichtet bleibt. Steht hingegen fest, dass der Liefervertrag in ein Rückgewährschuldverhältnis umgewandelt worden ist, soll dem Leasingnehmer das **Recht zur fristlosen Kündigung des Leasingvertrages** (jetzt nach § 314 BGB) zustehen. Diese wirke pro futuro, sodass eine Rückzahlung bereits geleisteter Leasingraten grundsätzlich nicht verlangt werden könne. Die Ausübung des Kündigungsrechts lasse zwar den Gewinnanspruch des Leasinggebers für die Zukunft entfallen, nicht aber den leasingtypischen Amortisationsanspruch. Auf diesen müsse sich der Leasinggeber jedoch dasjenige anrechnen lassen, was er vom Lieferanten aus der Rückabwicklung des Kaufvertrages erhalte, also insbesondere die Rückzahlung des geleisteten Kaufpreises. In diesem Falle stehe dem Leasingnehmer ein Anspruch auf Rückzahlung des entsprechenden Teils der bereits gezahlten Leasingraten zu. Wichtigste Folge dieser kündigungsrechtlichen Lösung ist, dass das Risiko der Insolvenz nicht den Leasinggeber, sondern den Leasingnehmer trifft, und zwar ganz gleich, ob man den Leasingnehmer als Inhaber des Rückzahlungsanspruchs gegenüber dem Lieferanten ansieht (so LIEB JZ 1982, 563 und CANARIS NJW 1982, 309, nicht mehr erwähnt bei LARENZ/CANARIS, Schuldrecht II/2 113 ff) oder (insoweit im Einklang mit der Rechtsprechung) den Leasinggeber für aktivlegitimiert hält (so offenbar OETKER/MAULTZSCH, Vertragliche Schuldverhältnisse [4. Aufl 2013] § 16 Rn 68 und ARNOLD, in: Das neue Schuldrecht in der Praxis 608 f).

248 Eine weitere, heute jedoch nur noch selten vertretene Ansicht will die Folgen der Rückabwicklung des Liefervertrages für den Leasingvertrag nach den **Regeln der Unmöglichkeit** bestimmen (KOCH, Störungen beim Finanzierungs-Leasing 121 ff; EMMERICH JuS 1990, 7; EMMERICH JuS 1990, 7; FEHL BB 1988, Beil Nr 6 22, 27; MünchKomm/HABERSACK[4]

Leasing Rn 84f). Die Vertreter dieses Ansatzes gehen davon aus, dass der Leasinggeber nach der Umwandlung des Liefervertrages in ein Rückgewährschuldverhältnis der Pflicht zur Gebrauchsverschaffung eines funktionstauglichen Leasinggegenstandes nicht mehr nachkommen könne. Werde dem Leasinggeber aber die Erfüllung des Leasingvertrages unmöglich, so könne sich der Leasingnehmer seinerseits darauf berufen, von seiner Leistungspflicht frei geworden zu sein (§§ 323, 325 BGB aF, jetzt § 326 BGB). Bereits gezahlte Leasingraten könne er in entsprechender Anwendung des § 323 Abs 3 BGB aF (jetzt allerdings § 326 Abs 4 BGB mit Verweis auf die §§ 346 bis 348 BGB) nach Bereicherungsrecht zurückfordern. Diese Sichtweise weicht in den praktischen Ergebnissen nur geringfügig vom Lösungsmodell der Rechtsprechung ab. Dies gilt nicht für den von SITTMANN-HAURY (Die Auswirkung einer mangelbedingten Rückabwicklung des Liefervertrags auf den Finanzierungsleasingvertrag 215 ff) vertretenen **modifizierten Unmöglichkeitsansatz**. Trotz Unmöglichkeit der Belassungspflicht bleibe der Leasingnehmer zur Zahlung der künftigen Leasingraten verpflichtet. Nach § 285 Abs 1 BGB müsse der Leasinggeber dem Leasingnehmer den vom Lieferanten erhaltenen Kaufpreis herausgeben bzw den entsprechenden Anspruch abtreten. Mangelbedingte Schäden, die nicht durch die Rückgewähr des Kaufpreises nach §§ 437 Nr 2, 346 Abs 1, 398 BGB ausgeglichen werden, könne der Leasingnehmer über einen Anspruch gegen den Lieferanten aus §§ 437 Nr 3, 280 Abs 1, 3, 281 BGB (Rentabilitätsvermutung) bzw § 284 BGB abdecken. Das betrifft vor allem Nutzungsausfallschäden und die entgangenen Gewinne des Leasingnehmers und die durch § 285 BGB nicht abgedeckten Zins- und Gewinnanteile des Leasinggebers in den weiterzuzahlenden Leasingraten. Letztlich habe der Leasingnehmer im Verhältnis zum Leasinggeber das Mangelrisiko und das Insolvenzrisiko des Lieferanten zu tragen. Das sei interessengerecht, da es der Leasingnehmer sei, der sich seinen Lieferanten aussuche und sich für eine Finanzierung durch einen bestimmten Leasinggeber entscheide.

δ) Plädoyer für eine Neubestimmung

Die im Schrifttum **gegen die Geschäftsgrundlagenlösung der Rechtsprechung vorgebrachte Kritik** erweist sich als **berechtigt**. Bei näherer Betrachtung zeigt sich, dass die Judikatur in diesem Punkt maßgeblich von der Annahme einer mietvertraglichen Verwurzelung des Finanzierungsleasingvertrages geprägt wird (zur Kritik am mietvertraglichen Ansatz vgl bereits o Rn 76). Hieraus erklärt sich vor allem die verfehlte Prämisse, der Leasinggeber schulde – wie ein Vermieter – die Überlassung einer mangelfreien Sache. Dass eine solche Pflichtbestimmung von den vertraglichen Festsetzungen der Parteien und ihren im Leasingvertrag rechtlich koordinierten Interessen nicht mehr gedeckt ist, wurde bereits oben dargelegt (Rn 82). Folglich lässt sich auch die Geschäftsgrundlagenkonstruktion der Rechtsprechung nicht als Ergebnis einer am objektiven Inhalt und typischen Sinn ausgerichteten Auslegung des Leasingvertrages nach §§ 133, 157 BGB halten (wie hier im Ergebnis LIEB DB 1988, 946 ff, 2495 ff; ders Anm JZ 1982, 562; LEENEN AcP 190 [1990] 275 ff; H ROTH AcP 190 [1990] 306 ff; CANARIS AcP 190 [1990] 418; **aA** GREINER NJW 2012, 963 f). Vielmehr wird der gemeinsame Parteiwille über die Anwendung der Grundsätze des Wegfalls der Geschäftsgrundlage geradezu in sein Gegenteil verkehrt. Demgegenüber bleibt festzuhalten, dass der Leasingvertrag mit der Gewährleistungsklausel eine klare Risikozuweisung an den Leasingnehmer enthält (**aA**, wenngleich nicht überzeugend, MARTINEK, Moderne Vertragstypen I § 7 III 177 auf der Grundlage einer sui-generis-Einordnung des Finanzierungsleasingvertrages). Diese lässt sich nicht in der Weise marginalisieren, dass sie letztlich nur den Leasingnehmer verpflichtet, den Gewährleistungsprozess für den Leasinggeber zu führen. Wenn aber das Risiko der Mangelhaftigkeit im Vertrag geregelt und der belasteten Partei zugewiesen ist, so sind bereits die tatbestandlichen Voraussetzungen der Lehre vom Wegfall der Geschäftsgrundlage nicht erfüllt (wie hier teils noch mit zusätzlichen Kritikpunkten Lieb DB 1988, 2496 f; ders Anm JZ 1982, 562; Larenz/Canaris, Schuldrecht II/2 § 66 IV 114 f; Canaris AcP 190 [1990] 417; Medicus, Allgemeiner Teil des BGB [10. Aufl 2010] Rn 862; Papapostolou, Risikoverteilung beim Finanzierungsleasing 90 ff; Sittmann-Haury, Die Auswirkung einer mangelbedingten Rückabwicklung des Liefervertrags auf den Finanzierungsleasingvertrag 114 ff).

250 Aus der Stellungnahme zur Geschäftsgrundlagenlösung des BGH folgt zugleich der **Haupteinwand gegen den Vorschlag, die Problematik in den Kategorien des Unmöglichkeitsrechts zu bewältigen** (im Ergebnis ebenfalls **abl** auch Martinek, Moderne Vertragstypen I 172; Papapostolou, Risikoverteilung beim Finanzierungsleasingvertrag 92; MünchKomm/Koch Leasing Rn 111; BeckOGK/Ziemssen [1. 1. 2018] § 535 Rn 936. 2; Arnold, in: Dauner-Lieb/Konzen/K Schmidt, Das neue Schuldrecht in der Praxis S 607; Finkenauer/Brand JZ 2013, 275). Die von den Vertretern dieses Ansatzes angenommene Pflicht des Leasinggebers, dem Leasingnehmer die Sache in gebrauchsfähigem Zustand zu überlassen und sie in diesem Zustand zu erhalten, besteht nicht. Sie lässt sich weder durch den Wortlaut noch durch den typischen Zweck des Leasingvertrages begründen (Leenen AcP 190 [1990] 260 ff; Lieb DB 1988, 947 f; Larenz/Canaris, Schuldrecht II/2 111; H Roth AcP 190 [1990] 310 f; vgl Rn 80 ff). Die Hauptpflicht des Leasinggebers beschränkt sich richtiger Ansicht nach auf die Überlassung der Leasingsache, und zwar so, wie sie vom Leasingnehmer ausgewählt wurde. Die Erfüllung dieser Pflicht wird jedoch durch eine etwaige Mangelhaftigkeit des Leasinggegenstandes oder einen erklärten Rücktritt vom Liefervertrag nicht in Frage gestellt.

251 Den **Vorzug verdient** nach alledem die im Schrifttum entwickelte **kündigungsrechtliche Lösung**. Sie kann für sich in Anspruch nehmen, die Konsequenzen der leasingtypischen Gewährleistungs- und Abtretungskonstruktion rechtlich in einer Weise umzusetzen, die den im Vertrag manifest gewordenen Interessen am besten entspricht. Sie ist oben bereits in ihren Grundzügen dargestellt worden (vgl Rn 247). Die Einfügung der §§ 313 und 314 BGB hat zuletzt nochmals deutlich gemacht, dass Dauerschuldverhältnisse, also auch Leasingverträge, einseitig grundsätzlich nur durch eine (fristlose) Kündigung beendet werden können. Eine Rückabwicklung bereits erbrachter Leistungen nach Rücktrittsrecht oder gar nach Bereicherungsrecht soll gerade nicht stattfinden. Dieser Vorgabe entspricht die kündigungsrechtliche Lösung, gehört es doch zu ihrem Kernanliegen, die vor der Kündigung bereits erbrachten Leistungen der Leasingvertragsparteien dem Empfänger zu belassen. Der Leasinggeber schuldet also nicht die Rückgewähr der an ihn gezahlten Leasingraten, kann aber seinerseits vom Leasinggeber keinen Nutzungsersatz fordern. Allerdings wird man die Kündigungstheorie **in zwei Punkten modifizieren** müssen.

252 Inhaber des Kaufpreiszahlungsanspruchs und Schuldner des Rückübereignungsanspruchs ist nach einem Rücktritt des Leasingnehmers vom Liefervertrag der Leasinggeber (wie hier Oetker/Maultzsch, Vertragliche Schuldverhältnisse [4. Aufl 2013] § 16 Rn 66 und Arnold, in: Dauner-Lieb/Konzen/K Schmidt, Das neue Schuldrecht in der Praxis 608 f; anders noch Lieb JZ 1982, 563 und Canaris NJW 1982, 309). Abgesehen davon, dass in der Praxis mitunter „daraus entstehende Zahlungsansprüche" von der Abtretung ausdrücklich ausgenommen werden, ist nicht anzunehmen, dass der Leasinggeber sich ohne Weiteres auch seines Kaufpreiszahlungsanspruchs gegen den Lieferanten begeben will. Auch entspricht es durchaus der Interessenlage der Parteien, die **Abwicklungszuständigkeit auf den Leasinggeber zu verlagern**, wenn die vorgängige Verhandlungsphase, in welcher der Leasingnehmer seine Interessen an der Herstellung der Gebrauchstauglichkeit wahrnimmt, keine Ergebnisse erbracht hat (so der berechtigte Einwand von MARTINEK, Moderne Vertragstypen I 173f).

Die zweite Modifikation der kündigungsrechtlichen Theorie ergibt sich aus der Ersetzung der Wandelung durch das jetzt als Gestaltungsrecht konzipierte Rücktrittsrecht. Der begründete Rücktritt führt nunmehr sofort mit Zugang zur Umgestaltung des Liefervertrages in ein Rückgewährschuldverhältnis. Folglich müsste der Leasingnehmer ab diesem Zeitpunkt befugt sein, die Zahlung der Leasingraten einstweilen einzustellen und den Leasingvertrag zu kündigen. Allerdings verpflichten die üblichen Drittverweisungsklauseln den Leasingnehmer, „die ihm abgetretenen Ansprüche ... fristgerecht geltend zu machen". Eine interessengerechte Auslegung sollte hier zu dem Ergebnis führen sollte, dass das Leistungsverweigerungsrecht des Leasingnehmers nicht schon mit dem Rücktritt, sondern erst mit Erhebung der Klage auf Rückzahlung des Kaufpreises entsteht (wie hier auch ARNOLD, in: DAUNER-LIEB/KONZEN/K SCHMIDT, Das neue Schuldrecht in der Praxis 606). **253**

Das **hier vertretene Konzept weicht** im Ergebnis vor allem **in zwei Punkten von der Geschäftsgrundlagenlösung der Rechtsprechung ab**. **254**

Zunächst stellt sich der Leasinggeber insofern besser, als er anstelle des objektiv berechneten Nutzungsersatzes **nach Bereicherungsrecht Amortisation seiner Aufwendungen einschließlich des auf die Zeit bis zur Kündigung entfallenden Gewinnanteils** beanspruchen kann (ARNOLD, in: DAUNER-LIEB/KONZEN/K SCHMIDT, Das neue Schuldrecht in der Praxis 608). Wenn vereinbart war, dass die vollständige Amortisation durch eine Abschlusszahlung des Leasingnehmers herbeigeführt werden soll, so ist auch diese noch zu entrichten. Dass der Leasinggegenstand wegen des Mangels nicht oder nur eingeschränkt nutzbar war, steht dem nicht entgegen, kann aber einen Schadensersatzanspruch des Leasinggebers gegen den Lieferanten begründen. Diese Korrektur der Rechtsprechung ist im Hinblick auf das Finanzierungselement des Leasingvertrages sachlich gerechtfertigt. Denn es entspricht einem allgemeinen Grundsatz, dass für einen Kredit auch bei vorzeitiger Vertragsbeendigung die vertraglich vereinbarten Zinsen bis zur effektiven Rückzahlung fortzuentrichten sind (CANARIS, in: Bankvertragsrecht Rn 1743). **255**

Die zweite, stärker ins Gewicht fallende Divergenz betrifft die Belastung des Leasingnehmers mit dem **Risiko**, vom Lieferanten den Kaufpreis wegen **Insolvenz** nicht mehr zurückzuerlangen. Die höchstrichterliche Rechtsprechung (BGH 20. 6. 1984 – VIII ZR 131/83, NJW 1985, 129; BGH 25. 10. 1989 – VIII ZR 105/88, NJW 1990, 314, 315; BGH 13. 3. 1991 – VIII ZR 34/90, NJW 1991, 1746, 1749) entschied bislang im gegenteiligen Sinne, hat hierfür jedoch zu Recht harsche Kritik erfahren (insbesondere LIEB DB 1988, 2500 und CANARIS AcP 190 [1990] 421 ff). Die Risikoverlagerung auf den Leasinggeber ist wertungsmäßig nicht zu rechtfertigen. Der Leasinggeber beherrscht das Risiko in keiner Weise. Vielmehr ist es der Leasingnehmer, der sich den Lieferanten aussucht, mit ihm über den Preis verhandelt und ggf den Vorteil günstiger Konditionen für **256** sich vereinnahmen kann. Hier ist nicht anders zu entscheiden als bei einem finanzierten Abzahlungskauf, bei dem eine Risikoabwälzung auf das Kreditinstitut bislang noch nicht erwogen worden ist.

257 Gegen die hier vorgenommene Risikoverteilung lässt sich auch nicht einwenden, auf dieser Grundlage ließen sich die mit einem Finanzierungsleasingvertrag erstrebten steuerrechtlichen Bonifikationen nicht erzielen (so aber MARTINEK, Moderne Vertragstypen I § 7 III 178; tendenziell auch MEINCKE AcP 190 [1990] 374 f). Abgesehen von der beschränkten Autorität steuerrechtlicher Argumente bei der Bestimmung der zivilrechtlichen Rechtsfolgen eines Vertrages (hierzu o Rn 59 ff) spricht wenig für diese steuerrechtliche Einschätzung, denn die Leasingerlasse knüpfen nun einmal an die Vertragslaufzeit sowie die Restwertregelung, nicht aber an die Verteilung des Gewährleistungsrisikos an (CANARIS AcP 190 [1990] 467; LARENZ/CANARIS, Schuldrecht II/1 § 66 II 108; LEENEN AcP 190 [1990] 273, 279; LIEB WM 1992, Beil Nr 6 16).

dd) Minderung

258 Entscheidet sich der Leasingnehmer unter den gegenüber dem Nacherfüllungsanspruch nachrangigen Rechten für das Gestaltungsrecht der Minderung, so wird der zwischen dem Lieferanten und dem Leasinggeber vereinbarte Kaufpreis durch einseitige Erklärung herabgesetzt. Der Leasingnehmer kann den Lieferanten aus abgetretenem Recht auf Zahlung des nach § 441 BGB zu berechnenden Minderungsbetrags an den Leasinggeber in Anspruch nehmen. Anders als im Falle des Rücktritts stellt die Minderung den Fortbestand des Leasingvertrages jedoch grundsätzlich nicht in Frage. Mit der Wahl des Rechtsbehelfs der Minderung gibt der Leasingnehmer zu erkennen, dass er trotz des Mangels die Sache nutzen möchte, also eine gravierende Gebrauchsbeeinträchtigung für ihn nicht vorliegt. Dann wäre es widersprüchlich, es dem Leasingnehmer zu erlauben, sich durch außerordentliche Kündigung vom Leasingvertrag zu lösen. Wohl aber wirkt sich der vom Leasinggeber vereinnahmte Minderungserlös auf die Höhe der künftig zu zahlenden Leasingraten aus. Der Minderungserlös ist als vorzeitige Kreditrückzahlung zu behandeln. Das hat zur Folge, dass eine Abzinsung vorzunehmen ist und die noch ausstehenden **Leasingraten entsprechend zu ermäßigen** sind (vgl CANARIS, in: Bankvertragsrecht Rn 1745). Die Vertreter des mietrechtlichen Ansatzes berufen sich insoweit auf eine „Erschütterung" bzw einen teilweisen Wegfall der Geschäftsgrundlage, die zu einer Anpassung des Leasingvertrages dergestalt führe, dass nicht mehr die vollen, sondern die geminderten Leasingraten geschuldet würden (vgl zB SOERGEL/ HEINTZMANN Vor § 535 Rn 76), verbinden diese Aussage meist noch mit der Feststellung, dass die Zahlungspflicht von Anfang an im Ausmaß der Minderung herabzusetzen sei (EMMERICH JuS 1990, 7; vWESTPHALEN, Leasingvertrag Kap I Rn 166; BeckOGK/ZIEMSSEN [1. 1. 2018] § 535 Rn 952; für anteiligen Rückerstattungsanspruch MünchKomm/KOCH Leasing Rn 115).

c) Verjährung

259 Die Verweisung des Leasingnehmers auf die kaufrechtlichen Gewährleistungsrechte des Leasinggebers aus seinem Vertrag mit dem Lieferanten hat zur Folge, dass für den Leasingnehmer – anders als für einen Mieter – die besondere **Verjährungsfrist des § 438 BGB** gilt (zur Vorgängervorschrift des § 477 vgl BGH 25. 1. 1989 – VIII ZR 302/87, NJW 1989, 1279, 1280). Hiernach verjähren die Mängelansprüche des Käufers beim Mobilienkauf im Regelfall in zwei Jahren mit der Ablieferung der Sache. Ist Verjährung eingetreten, so können gem § 438 Abs 4 und 5 BGB iVm § 218 BGB auch das Rücktritts- und Minderungsrecht nicht mehr wirksam ausgeübt werden. Durch die Verlängerung der kaufrechtlichen Gewährleistungsfrist von sechs Monaten auf grundsätzlich zwei Jahre sieht sich nunmehr auch der Leasinggeber für einen noch längeren Zeitraum der Gefahr ausgesetzt, dass das Leasinggeschäft wegen eines spät erkannten Mangels doch noch scheitert, dh – nach der Rechtsprechung – rückabgewickelt werden muss. Nimmt man hinzu, dass der Leasinggeber nach der Rechtsprechung zudem das Insolvenzrisiko des Lieferanten zu tragen hat, ergibt sich in der Kombination eine nicht unbeträchtliche Risikoerhöhung auf Seiten des Leasinggebers.

Das Risiko der Verjährung trägt hingegen der Leasingnehmer (Martinek, Moderne Vertragstypen I 186; H Beckmann, in: Martinek/Stoffels/Wimmer-Leonhardt, Leasinghandbuch § 27 Rn 96 f). Ist also die Verjährungsfrist abgelaufen und **erhebt der Lieferant die Verjährungseinrede** (§ 214 BGB), so können nicht nur ihm gegenüber die Gewährleistungsrechte nicht mehr durchgesetzt werden. Auch die von der Rechtsprechung angenommene mietrechtliche Eigenhaftung des Leasinggebers lebt nicht wieder auf (einhellige Ansicht vgl BGH 5. 12. 1984 – VIII ZR 87/83, WM 1985, 263; BGH 25. 1. 1989 – VIII ZR 302/87, NJW 1989, 1279, 1280; MünchKomm/Koch Leasing Rn 116; BeckOGK/Ziemssen [1. 1. 2018] § 535 Rn 958; Erman/Jendrek Anh § 535 Rn 28). Auch begründet die Verjährung der Gewährleistungsansprüche kein Recht des Leasingnehmers, den Leasingvertrag entsprechend § 543 BGB fristlos zu kündigen (MünchKomm/Koch Leasing Rn 116). Dies gilt auch für Spätschäden, die erst nach Ablauf der Verjährungsfrist auftreten, bei Gefahrübergang jedoch bereits angelegt waren (anders insoweit allein J Blomeyer NJW 1978, 976; wie hier dagegen Martinek, Moderne Vertragstypen I 186; MünchKomm/Koch Leasing Rn 116; BeckOGK/Ziemssen [1. 1. 2018] § 535 Rn 959; H Beckmann, in: Martinek/Stoffels/ Wimmer-Leonhardt, Leasinghandbuch § 27 Rn 97; vWestphalen, Leasingvertrag Kap I Rn 235). Freilich hat sich das den Leasingnehmer treffende Risiko des Auftretens von Spätschäden durch die Heraufsetzung der Frist auf zwei Jahre deutlich vermindert. **260**

Für den Leasinggeber besteht ein gewisses Risiko darin, dass **sich der Lieferant im Prozess mit dem Leasingnehmer nicht auf Verjährung beruft**, obwohl er hierzu berechtigt wäre. Denn auch in diesem Fall ist er an das Gewährleistungsurteil gebunden (BGH 13. 3. 1991 – VIII ZR 34/90, NJW 1991, 1746, 1747). In diesen Fällen empfiehlt es sich für den Leasinggeber, dem Verfahren auf Seiten des Lieferanten als Streithelfer beizutreten (§ 66 ZPO). Denn aufgrund dieser Stellung ist er berechtigt, alle materiellen Einreden der Hauptpartei, also auch die Einrede der Verjährung, vorzubringen (MünchKomm/Schultes [3. Aufl 2008] § 67 ZPO Rn 5; BeckOGK/Ziemssen [1. 1. 2018] § 535 Rn 960; Musielak/Weth [8. Aufl 2011] § 67 ZPO Rn 4). **261**

4. Einwendungsdurchgriff

Sowohl für den Fall, dass der Lieferant seiner Leistungspflicht aus dem Beschaffungsvertrag nicht nachkommt (Nichtleistung, vgl o Rn 190 ff) als auch für die soeben eingehend erörterte Lieferung eines mangelbehafteten Leasinggegenstandes (vgl Rn 213 ff), muss schließlich die Frage beantwortet werden, ob und bejahendenfalls unter welchen Voraussetzungen sich der Leasingnehmer gegenüber dem Leasinggeber auf die für verbundene Verträge geltenden, verbraucherschützenden Sondervorschriften der §§ 358, 359 BGB berufen kann. **262**

a) Anwendbarkeit der §§ 358, 359 auf Finanzierungsleasingverträge mit Verbrauchern

263 Mit der Anwendbarkeit spezifisch verbraucherschützender Bestimmungen auf Finanzierungsleasingverträge befasst sich – wie bereits in anderem Zusammenhang erörtert (vgl Rn 148 ff) – § 506 BGB. Nach dieser im Zuge der Umsetzung der neuen Verbraucherkreditrichtlinie (RL 2008/48/EG v 23. 4. 2008, ABlEU Nr L 133/66) neu konzipierten Vorschrift finden auf Finanzierungsleasingverträge zwischen einem Unternehmer (§ 14 BGB) und einem Verbraucher (§ 13 BGB) unter anderem auch die §§ 358 und 359 BGB entsprechende Anwendung. Diese beiden Normen sollen den Verbraucher vor den Risiken schützen, die ihm durch die Aufspaltung eines wirtschaftlich einheitlichen Vertrages in ein Bargeschäft und einen damit verbundenen Kreditvertrag drohen. Aus leasingrechtlicher Sicht steht der sog Einwendungsdurchgriff nach § 359 BGB im Mittelpunkt des Interesses. Hiernach hat der Verbraucher das Recht, Einwendungen, die sich aus dem Liefer- oder dem Finanzierungsvertrag ergeben, auch den Ansprüchen aus den verbundenen Verträgen entgegenzuhalten. Übertragen auf die Situation des Finanzierungsleasing bedeutete dies, dass der Leasingnehmer gegenüber dem Leasinggeber die (weitere) Zahlung der Leasingraten verweigern könnte, soweit ihm entsprechende Einwendungen gegenüber dem Lieferanten zustehen.

264 Unter der Geltung des Verbraucherkreditgesetzes war die Anwendbarkeit des damaligen § 9 Abs 3, der Vorgängervorschrift des heutigen § 359 BGB, auf Finanzierungsleasingverträge lebhaft umstritten; und auch unter der Ägide des § 500 BGB aF gab es Gegenstimmen, die den Einwendungsdurchgriff vom Verweisungsumfang nicht umfasst ansahen (ausführliche Nachweise zu den damaligen Meinungsständen in STAUDINGER/STOFFELS [2014] Leasing Rn 264). Mit der ausdrücklichen Nennung der §§ 358 und 359 BGB in § 506 BGB sollte dieser Streit nunmehr endgültig entschieden sein. Problematisch ist jetzt eher, welche Arten von Finanzierungsleasingverträgen von § 506 BGB erfasst werden (hierzu Rn 148 ff). Die Neugestaltung der Widerrufs- und Abwicklungsvorschriften im Zuge der Umsetzung der Verbraucherrechtrichtlinie dürfte keine Auswirkungen auf den Diskussionsstand haben (so auch die Einschätzung von BÜLOW Anm LMK 2014, 357062). Der Gesetzgeber hat sich bei diesem vorerst letzten Gesetzgebungsakt einer (weiteren) Stellungnahme zu dieser Problematik enthalten.

265 Die gegen die Ausdehnung des Einwendungsdurchgriffs auf den Verbraucher-Finanzierungsleasingvertrag gerichtete Argumentation (in der aktuellen Literatur vertreten ua von MünchKomm/KOCH Leasing Rn 67a; MünchKomm/HABERSACK § 358 Rn 16; MünchKomm/SCHÜRNBRAND § 506 Rn 38; REINICKE/TIEDTKE, Kaufrecht Rn 1714 ff; H BECKMANN, in: MARTINEK/STOFFELS/WIMMER-LEONHARDT, Leasinghandbuch § 27 Rn 54; TAVAKOLI NJW 2010, 2769; SITTMANN-HAURY, Die Auswirkung einer mangelbedingten Rückabwicklung des Liefervertrags auf den Finanzierungsleasingvertrag 189 ff; OMLOR JuS 2011, 309; mitunter wird für das Eintrittsmodell eine Ausnahme erwogen) konnte schon unter der Geltung des Verbraucherkreditgesetzes wertungsmäßig nicht überzeugen. Zwar ist es richtig, dass der Leasingnehmer nicht wie im Falle des finanzierten Abzahlungskaufs, an dem sich die Regelung des Einwendungsdurchgriffs unbestreitbar orientiert, gleichzeitig Partei des Kauf- und des Finanzierungsleasingvertrages ist. Doch kann diesem formalen Gesichtspunkt keine entscheidende Bedeutung beigemessen werden (wie hier vor allem CANARIS ZIP 1993, 406 ff und LARENZ/CANARIS, Lehrbuch des Schuldrechts II/2 116 ff;

FINKENAUER/BRAND JZ 2013, 276). Denn infolge der leasingtypischen Abtretungskonstruktion kann sich auch für den Leasingnehmer das „Aufspaltungsrisiko" realisieren (LIEB WM 1992 Beil 6 15; ARNOLD, in: Das neue Schuldrecht in der Praxis 610). Die gewährleistungsrechtliche Auseinandersetzung hat er mit dem Lieferanten auf der Grundlage der ihm übertragenen kaufrechtlichen Rechte zu führen, während er zur Zahlung der Leasingraten gegenüber dem Leasinggeber verpflichtet ist. Die Bemühungen der Rechtsprechung zeigen ja sinnfällig, dass sich der Leasingnehmer hier durchaus in einer dem finanzierten Abzahlungskauf vergleichbaren Bedrängnis befinden kann (ESSER/WEYERS, Schuldrecht II/2 [8. Aufl 1998] 204). Da sich aber die von der Rechtsprechung favorisierte Geschäftsgrundlagenlösung durchgreifenden Einwänden ausgesetzt sieht (vgl Rn 249), lässt sich ein Bedürfnis für die Anwendung des § 359 BGB zumindest insoweit nicht von der Hand weisen, als es sich bei dem Leasingnehmer um einen Verbraucher handelt und der Leasinggeber mit dem Lieferanten eng verflochten ist. In diesen Fällen erweist sich das formale Dreiecksgeschäft als eine funktionelle Zweierbeziehung (K SCHMIDT, Handelsrecht [5. Aufl 1999] § 35 II 1001), sodass es sachgerecht ist, die auf den Lieferanten zurückgehenden Leistungsstörungen auf den Leasingvertrag durchschlagen zu lassen (für die grundsätzliche Anwendbarkeit des Einwendungsdurchgriffs [§ 359] beim Verbraucherleasing ua OETKER/MAULTZSCH, Vertragliche Schuldverhältnisse [4. Aufl 2013] § 16 Rn 71 f; MEDICUS/PETERSEN, Bürgerliches Recht [26. Aufl 2017] Rn 323; LOOSCHELDERS, Schuldrecht BT [12. Aufl 2017] Rn 515; PWW/FRENSCH [11. Aufl 2016] Anh zu §§ 488–515 Rn 149; dagegen BAYERLE JA 2013, 664 f) Im Übrigen trägt die Vorschrift des § 506 BGB den von der Gegenansicht überbewerteten konstruktiven Schwierigkeiten Rechnung, indem sie ausdrücklich eine analoge Anwendung des § 359 BGB anordnet. Dazu bemerkt die Regierungsbegründung, die „entsprechende" Anwendung bedeute, dass die Vorschriften, auf die verwiesen werde, jeweils im Lichte des konkreten Finanzierungshilfevertrags anzuwenden sind (BT-Drucks 16/11643, 91). Nachzutragen bleibt, dass der **BGH** in einem vor kurzem ergangenen Urteil (BGH 22. 1. 2014 – VIII ZR 178/13, NJW 2014, 1519) die (entsprechende) **Anwendbarkeit der Vorschriften über verbundene Verträge** auf das sog Eintrittsmodell **abgelehnt** hat. Die Entscheidung ist zwar noch zum alten Recht ergangen und setzt sich demgemäß nicht mit der Verweisung in § 506 BGB nF auseinander. Außerdem geht es schwerpunktmäßig um den Widerrufsdurchgriff. Die der Entscheidung beigegebene weiter ausgreifende Begründung spricht allerdings dafür, dass die höchstrichterliche Rechtsprechung auch in Zukunft dem Verbraucher-Leasingnehmer den Einwendungsdurchgriff nach § 359 BGB nicht an die Hand geben und ihre Geschäftsgrundlagenlösung so gegenüber konkurrierenden Lösungen abschirmen wird. Dass das – sollte die Entscheidung tatsächlich in diesem Sinne zu deuten sein – nicht zu überzeugen vermag, wurde hier bereits an mehreren Stellen (siehe oben Rn 37a, 151, 161) deutlich gemacht.

b) Vorliegen einer wirtschaftlichen Einheit

§ 506 BGB ist, auch wenn der Wortlaut dies nicht eindeutig zum Ausdruck bringen mag, als **Rechtsgrundverweisung** auf die Vorschriften der §§ 358 und 359 BGB zu verstehen. Der Gegenansicht (BARTELS ZGS 2009, 545) steht die in diesem Punkte eindeutige Gesetzgebungsgeschichte entgegen (wie hier MünchKomm/KOCH Leasing Rn 67a; MünchKomm/SCHÜRNBRAND § 506 Rn 21; PALANDT/WEIDENKAFF § 506 Rn 2; FINKENAUER/BRAND JZ 2013, 276; vgl auch OMLOR NJW 2010, 2699 f). In dem Gesetzentwurf der Bundesregierung (BT-Drucks 16/11643, 91) heißt es wörtlich: „Bei der Verweisung handelt es sich jeweils um eine Rechtsgrundverweisung, sodass der Tatbestand der jeweiligen Vorschrift, auf die verwiesen wird, im Einzelfall festzustellen ist. So ist bei der entsprechenden Anwendung des § 358 BGB zu prüfen, ob zwei verbundene Verträge vorliegen."

267 § 358 Abs 3 S 1 BGB präzisiert dies weiter dahingehend, dass der eine Vertrag ganz oder teilweise der Finanzierung des anderen Vertrages dient und beide eine wirtschaftliche Einheit bilden. Dies wiederum ist nach S 2 dieser Vorschrift insbesondere dann anzunehmen, wenn der Unternehmer selbst die Gegenleistung des Verbrauchers finanziert, oder im Falle der Finanzierung durch einen Dritten, wenn sich der Darlehensgeber bei der Vorbereitung oder dem Abschluss des Verbraucherdarlehensvertrages der Mitwirkung des Unternehmers bedient (zum Tatbestand verbundener Verträge eingehend MünchKomm/HABERSACK § 358 Rn 26 ff; ferner DAUNER-LIEB WM 1991, Beil 6 4 ff sowie HEERMANN AcP 200 [2000] 1 ff). Auf das Finanzierungsleasing bezogen ist eine solche wirtschaftliche Einheit beim **hersteller- oder händlerabhängigen Leasing** (auch indirektes oder markengebundenes Leasing genannt, vgl hierzu bereits Rn 28) gegeben (PWW/FRENSCH [11. Aufl 2016] Anhang zu §§ 488–515 Finanzierungsleasing Rn 80; OETKER/ MAULTZSCH, Vertragliche Schuldverhältnisse [4. Aufl 2013] § 16 Rn 72; ESSER/WEYERS, Schuldrecht II/1 204; **aA** BECKMANN/SCHARFF, Leasingrecht § 14 Rn 17, der nur das Händlerleasing, bei dem der Leasinggeber zugleich Lieferant ist, erfasst sehen will). Die Leasinggesellschaft ist hier mit dem Hersteller oder Händler wirtschaftlich eng verflochten, oftmals sogar konzernverbunden. Insbesondere auf dem Sektor des Kraftfahrzeugleasing ist es üblich, dass die Automobilhersteller und die verbundenen Händler mit hauseigenen Leasingbanken zusammenarbeiten (zB Daimler AG – Mercedes-Benz Bank AG oder Volkswagen AG – Volkswagen Leasing GmbH). Im Rahmen einer funktionenteilenden Gesamtorganisation werden diese gezielt eingesetzt, um den Absatz der betreffenden PKW-Marke zu befördern. Den Kreis der verbundenen Verträge beim Finanzierungsleasing auf das (mitunter zufällige) Zustandekommen des Leasinggeschäfts im Wege des Eintrittsmodells zu beschränken, kann wertungsmäßig nicht überzeugen. Die in § 506 BGB angeordnete „entsprechende" Anwendung verlangt in diesem Fall eine teleologisch begründete extensive Anwendung der §§ 358 und 359 BGB. Eine Interpretation, die der Verweisung des § 506 BGB auf die §§ 358 und 359 BGB nahezu keinen praktischen Anwendungsbereich zuerkennt, kann im Übrigen auch unter systematischen Gesichtspunkten nicht richtig sein. (dies gegen WOLF/ECKERT/ BALL, Handbuch Rn 2059 f; MATUSCHE-BECKMANN, in: MARTINEK/STOFFELS/WIMMER-LEONHARDT, Leasinghandbuch § 52 Rn 193; OMLOR NJW 2010, 2699 f; sehr restriktiv auch OLG Düsseldorf WM 2010, 2258, 2259; **aA** – wie hier – WOITKEWITSCH, in: vWESTPHALEN, Leasingvertrag Kap M Rn 418 ff; für eine generelle Annahme einer wirtschaftlichen Einheit beim Finanzierungsleasing FINKENAUER/BRAND JZ 2013, 277). Am anderen Ende der Skala steht der Fall, dass der Verbraucher sich für die in Aussicht genommene Anschaffung auf eigene Faust eine ihm zusagende Leasingfinanzierung bei einer Leasinggesellschaft seiner Wahl beschafft. Um verbundene Verträge handelt es sich dann nicht (LARENZ/CANARIS, Lehrbuch des Schuldrechts II/2 119; ESSER/WEYERS, Schuldrecht II/1 204; losgelöst vom Finanzierungsleasing auch MünchKomm/HABERSACK § 358 Rn 36). Allein der Umstand, dass der Leasing- und Kaufvertrag sich gegenseitig bedingen, verschweißt beide Verträge noch nicht zu einer wirtschaftlichen Einheit (verkannt von OLG Rostock 13. 2. 1996 – 4 U 1/95, DZWir 1996, 425, 426; zu undifferenziert auch REINER/KAUNE WM 2002, 2322). Dieses Tatbestandsmerkmal ist neben der finalen Verknüpfung gesondert festzustellen (so zutreffend FRANZ Anm DZWir 1996, 428). Entgegen der gesetzgeberischen Intention fiele sonst nahezu jedes fremdfinanzierte Leistungsgeschäft und insbesondere jedes Leasinggeschäft unter § 358 Abs 3 BGB. Es verbleibt damit eine Gruppe von Leasinggeschäften, die man zwar nicht mehr dem hersteller- oder händlerabhängigen Leasing zuordnen kann, bei denen sich auf der anderen Seite die Vertragsanbahnung aber doch unter Mitwirkung des Verkäufers vollzieht. Für eine wirtschaftliche Einheit spricht es hier, wenn zwischen dem Hersteller/Händler und der Leasinggesellschaft eine geschäftsmäßige Verbindung besteht, sie beispielsweise durch einen Rahmenvertrag miteinander verbunden sind, und sich diese planmäßige Zusammenarbeit auch in verschiedenen organisatorischen Maßnahmen widerspiegelt, also beispielsweise die Interessenten regelmäßig unter Anleitung des Verkäufers die von ihm bereit gehaltenen Antragsformulare der Leasinggesellschaft ausfüllen. Nach neuerer Rechtsprechung soll ein verbundenes Geschäft (schon) dann zu bejahen sein, wenn der Leasinggeber die von der Gebrauchsüberlassung abhängige Leistung des Lieferanten kennt und den Leasingnehmer nicht individuell, sondern nur in einer vorformulierten Klausel darüber unterrichtet, dass Leistungsstörungen im Rechtsverhältnis zum Lieferanten die Pflichten aus dem Leasingvertrag unberührt lassen. Aus der maßgeblichen Sicht des Leasingnehmers (§§ 133, 157 BGB) komme es in derartigen Fällen nicht zu einer Aufspaltung der Leistungspflichten, sodass in diesen Fällen Leistungsstörungen in dem einen Rechtsverhältnis auf das andere Rechtsverhältnis durchschlagen (BGH 8. 7. 2009 – VIII ZR 327/08, NJW 2009, 3295 [3296]; OLG Düsseldorf 1. 6. 2010 – 24 U 183/09, NJW-RR 2011, 275). CANARIS bezeichnet die von § 358 Abs 3 BGB erfassten Leasinggeschäfte als **„absatzförderndes oder lieferantennahes Finanzierungsleasing"** (CANARIS ZIP 1993, 408; LARENZ/CANARIS, Lehrbuch des Schuldrechts II/2 103; PWW/FRENSCH [11. Aufl 2016] Anhang zu §§ 488–515 Finanzierungsleasing Rn 80).

c) **Zusätzliche Voraussetzungen des Einwendungsdurchgriffs**
Zeigt sich ein Mangel der geleasten Sache, so berechtigt dies den Verbraucher noch **268** nicht ohne Weiteres zur Einstellung seiner Zahlungen an den Leasinggeber. Zwar ist der Einwendungsdurchgriff nicht in dem Sinne subsidiär, dass ihm stets die Inanspruchnahme des Unternehmers (Lieferanten) zwingend vorgeschaltet wäre. In einem Punkt sieht das Gesetz (§ 359 Abs 1 S 3 BGB) jedoch ein solches Stufenverhältnis vor. Kann der Verbraucher nämlich aufgrund der ihm abgetretenen kauf- oder werkvertraglichen Ansprüche vom Lieferanten **Nacherfüllung**, also Nachbesserung oder Ersatzlieferung/Neuherstellung (§§ 439 Abs 1, 635 Abs 1 BGB), verlangen (vgl §§ 437 Nr 1 iVm 439 BGB bzw §§ 634 Nr 1 iVm 635 BGB), so hat er diese Ansprüche **vorrangig zu verfolgen**. Erst wenn die Nacherfüllung fehlgeschlagen ist, darf er dem Leasinggeber gegenüber die weitere Zahlung der Leasingraten verweigern (so speziell für das Finanzierungsleasing auch ARNOLD, in: Das neue Schuldrecht in der Praxis 610). Ein solches Fehlschlagen ist bei einem Kaufgeschäft gem § 440 S 2 BGB regelmäßig mit dem Scheitern eines zweiten Nachbesserungsversuchs anzunehmen. Die Verweigerung der Nacherfüllung und deren Unzumutbarkeit werden dem Fehlschlagen im Rahmen des § 359 Abs 1 S 3 BGB gleichgestellt (MünchKomm/HABERSACK § 359 Rn 52; PALANDT/GRÜNEBERG § 359 Rn 3). Bis zu diesem Zeitpunkt ist der Leasingnehmer verpflichtet, die nach dem Leasingvertrag geschuldeten Leistungen zu erbringen. Auf diese Weise wird der Leasinggeber, der als reiner Finanzdienstleister dem Leasinggegenstand fern steht, in gewissem Umfang davor geschützt, dass sich der Leasingnehmer unter Berufung auf angebliche – vielleicht nur vorgespiegelte – Mängel zeitweilig seiner Zahlungspflicht enthebt (vgl allgemein zum Zweck des § 359 Abs 1 S 3 MünchKomm/HABERSACK § 359 Rn 49).

269 Fraglich ist, ob damit das Missbrauchsrisiko zuverlässig eingedämmt werden kann, denn nach dem Übergang zu den der Nacherfüllung nachgelagerten Rechten kann der Leasingnehmer nach dem Gesetzeswortlaut ohne Weiteres seine Zahlungen gegenüber dem Leasinggeber einstellen. Insoweit würde es zu einer Privilegierung des Verbrauchers in zeitlicher Hinsicht kommen, denn nach der Rechtsprechung des BGH und der hier vertretenen modifizierten Kündigungstheorie entsteht das Leistungsverweigerungsrecht erst mit Klageerhebung durch den Leasingnehmer. Zwar ist im Schrifttum bisweilen die Ansicht vertreten worden, die gesetzliche Regelung des Einwendungsdurchgriffs sei dahingehend zu restringieren, dass auch hier die Geltendmachung des Leistungsverweigerungsrechts an die Erhebung der Klage gegen den Verkäufer gebunden sei (DAUNER-LIEB WM 1991 Beil 6 27 f; LIEB WM 1991, 1538 f). Im Wortlaut des § 359 BGB und der Entstehungsgeschichte der Norm, die zuletzt durch eine Zurückdrängung des Subsidiaritätsdogmas gekennzeichnet war, findet diese Sichtweise hingegen keine Stütze (STAUDINGER/KESSAL-WULF [2001] § 9 VerbrKrG Rn 79). Der Gesetzgeber hat auch im Zuge der Schuldrechtsmodernisierung keine Veranlassung gesehen, den Regelungsgehalt der Vorschrift in diesem Punkt zu verändern. Mithin ist davon auszugehen, dass der Verbraucher eines Leasinggeschäfts, das in Verbindung mit dem Beschaffungsvertrag eine wirtschaftliche Einheit darstellt, die Zahlung der Leasingraten sofort mit Entdeckung des Mangels verweigern darf. Insoweit wird die mit der leasingtypischen Abtretungskonstruktion intendierte Wirkung durch das zwingende Verbraucherschutzrecht eingeschränkt. Immerhin bleibt es beim Erfordernis des § 359 Abs 1 S 3 BGB. Ferner darf nicht übersehen werden, dass der Leasingnehmer nach den Leasingbedingungen verpflichtet ist, die Gewährleistungsrechte gegen den Lieferanten geltend zu machen. Kommt er dieser Verpflichtung nicht nach, hat er Schadensersatzansprüche des Leasinggebers zu gewärtigen.

d) Kein Rückforderungsanspruch

270 Steht fest, dass der Leasingnehmer, der den Leasingvertrag als Verbraucher abgeschlossen hat, nach vergeblicher Geltendmachung des Nacherfüllungsanspruchs dem Leasinggeber gegenüber berechtigt ist, die weitere Zahlung der Leasingraten einzustellen, so bleibt die Frage zu beantworten, ob er auch die **Rückforderung der bereits gezahlten Raten** verlangen kann. Dies ist mit der hM zum Verbraucherdarlehensrecht (BGH 10. 11. 2009 – XI ZR 252/08, NJW 2010, 596; OLG Frankfurt 28. 2. 2001 – 9 U 117/00, WM 2002, 1275 ff; OLG Frankfurt 14. 1. 2009 – 17 U 223/08, MDR 2009, 497; OLG Stuttgart 8. 1. 2001 – 6 U 57/2000, ZIP 2001, 692, 698 f; MünchKomm/HABERSACK § 359 Rn 75; PALANDT/GRÜNEBERG § 359 Rn 4; LARENZ/CANARIS, Lehrbuch des Schuldrechts 156 f; DAUNER-LIEB WM 1991 Beil 6 22; LIEB WM 1991, 1537 f; **aA** LG Braunschweig 16. 6. 1994 – 7 S 7/94, NJW 1994, 2701; VOLLKOMMER, in: FS Merz [1992] 595, 608 ff; EMMERICH, in: vWESTPHALEN/EMMERICH/vROTTENBURG § 9 VerbrKrG Rn 184 f; STAUDINGER NZM 2000, 689 ff) und im Einklang mit der hier vertretenen kündigungsrechtlichen Theorie (vgl Rn 247 u 251 ff) zu verneinen (wie hier für den Finanzierungsleasingvertrag CANARIS ZIP 1993, 409 ff; LARENZ/CANARIS, Lehrbuch des Schuldrechts II/2 117 ff; OETKER/MAULTZSCH, Vertragliche Schuldverhältnisse [4. Aufl 2013] § 16 Rn 73; FINKENAUER/BRAND JZ 2013, 278; **aA** BARTELS ZGS 2009, 544; ESSER/WEYERS, Schuldrecht II/1 204 f). Denn §§ 358 und 359 BGB beschränken sich auf die Einräumung eines präventiven Leistungsverweigerungsrechts; eine Rechtsgrundlage für einen qualitativ deutlich darüber hinaus reichenden Rückforderungsdurchgriff lässt sich diesen Vorschriften nicht entnehmen. Ihnen geht es auch lediglich darum, den Verbraucher vor den Folgen einer formalen Aufspaltung der beiden Verträge zu schützen. Nicht aber soll ihm auch das Risiko der Insolvenz des von ihm ausgesuchten Händlers genommen werden, was ja die unabweisliche Folge der Zuerkennung eines Rückforderungsdurchgriffs wäre. Etwaige Rückforderungsansprüche richten sich daher **nach den allgemeinen Vorschriften**. Deren Voraussetzungen werden jedoch im Allgemeinen nicht erfüllt sein. Ein Rückforderungsanspruch lässt sich insbesondere nicht aus § 813 Abs 1 S 1 BGB herleiten, da die Geltendmachung der gewährleistungsrechtlichen Rechtsbehelfe (Rücktritt, Minderung und Schadensersatz) lediglich zu einer Umgestaltung des Kaufvertrages mit Wirkung ex nunc führt, das Leistungsverweigerungsrecht jedoch schon im Zeitpunkt der Leistung der Leasingraten bestanden haben müsste (so zum Finanzierungsdarlehen MünchKomm/HABERSACK § 359 Rn 75; für einen Anspruch des Leasingnehmers gegen den Leasinggeber auf Rückzahlung bereits geleisteter Leasingraten analog § 813 Abs 1 S 2 jedoch FINKENAUER/BRAND JZ 2013, 276). Nicht anders verhält es sich, wenn der Verbraucher die Einrede des nicht erfüllten Vertrages (§ 320 BGB) erhebt (so zum Finanzierungsdarlehen MünchKomm/HABERSACK § 359 Rn 74).

e) Erstreckung auf Nicht-Verbraucher?

Der persönliche Anwendungsbereich der §§ 358 und 359 BGB ist auf Verbraucher und Existenzgründer beschränkt. Daraus ergibt sich jedoch entgegen einer verbreiteten Ansicht (MünchKomm/HABERSACK § 359 Rn 20; STAUDINGER/KESSAL-WULF [2001] § 9 VerbrKrG Rn 46; speziell für das Finanzierungsleasing LIEB WM 1991, 1540 und PWW/FRENSCH [11. Aufl 2016] Anhang zu §§ 488–515 Finanzierungsleasing Rn 150) nicht, dass den von diesen Vorschriften nicht erfassten Personen der Einwendungsdurchgriff generell zu versagen ist (wie hier PALANDT/GRÜNEBERG § 359 Rn 1; DÜRBECK, Einwendungsdurchgriff nach § 9 Abs 2 VerbrKrG [1994] 109 ff; EMMERICH, in: vWESTPHALEN/EMMERICH/vROTTENBURG § 9 VerbrKrG Rn 62; ebenso speziell für das Finanzierungsleasing CANARIS ZIP 1993, 411 f und LARENZ/CANARIS, Lehrbuch des Schuldrechts II/2 120). Der Einwendungsdurchgriff wurzelt letztlich in den Geboten von Treu und Glauben, § 242 BGB (BGH 5. 4. 1962 – VII ZR 183/60, NJW 1962, 1100, 1101 f; BGH 20. 2. 1967 – III ZR 128/65, NJW 1967, 1028; BGH 25. 3. 1982 – III ZR 198/80, NJW 1982, 1694, 1695 f; BGH 19. 5. 2000 – V ZR 322/98, NJW 2000, 3065, 3066; MünchKomm/SCHUBERT § 242 Rn 232; PALANDT/GRÜNEBERG § 359 Rn 1 sowie Überbl v § 311 Rn 18; ABELTSHÄUSER ZIP 1990, 693 ff). Der ihn rechtfertigende Grundgedanke liegt im Verbot unzulässiger Rechtsausübung. Das Interesse des von der formal aufgespaltenen Rechtsposition Begünstigten muss dann, wenn die Aufspaltung sich als Ergebnis eines arbeitsteiligen Zusammenwirkens zweier miteinander kooperierender Unternehmer darstellt, gegenüber dem schutzwürdigen Vertrauen des Kunden, durch die Aufspaltung nicht eine empfindliche Schmälerung seiner Rechtsposition zu erleiden, zurücktreten. Die Verbrauchereigenschaft des Kunden kann unter der Ägide des § 242 BGB kein konstitutives Merkmal sein. Dies hat der Sache nach CANARIS (Bankvertragsrecht Rn 1447) zu Recht schon der älteren Rechtsprechung entgegengehalten, derzufolge der Einwendungsdurchgriff in Analogie zum damaligen § 8 AbzG nicht auf im Handelsregister eingetragene Kaufleute erstreckt werden sollte (vgl etwa BGH 5. 4. 1962 – VII ZR 183/60, NJW 1962, 1100, 1102). Davon, dass § 359 BGB keine abschließende Regelung des Einwendungsdurchgriffs darstellt, geht – ohne dies weiter zu problematisieren – auch der BGH aus (BGH 19. 5. 2000 – V ZR 322/98, NJW 2000, 3065, 3066; BGH 8. 7. 2009 – VIII ZR 327/08, NJW 2009, 3295, 3295; auch in der obergerichtlichen Rechtsprechung ist der Rückgriff auf § 242 zuletzt immer wieder erwogen worden: vgl etwa OLG Köln 21. 3. 2001 – 13 U 124/00, WM 2002, 118, 122; OLG Hamm 12. 1. 1998 – 31 U 168/97, WM 1999, 1056, 1057; OLG Braunschweig 13. 2. 1997 – 2 U 117/96, WM 1998, 1223, 1227).

Es spricht daher viel dafür, den Einwendungsdurchgriff auch Unternehmern, zumindest jedenfalls Freiberuflern und Kleingewerbetreibenden, zuzugestehen (so zuletzt auch FINKENAUER/BRAND JZ 2013, 277 f; zuvor bereits CANARIS ZIP 1993, 412; restriktiver SOERGEL/PFEIFFER § 359 Rn 4: Einwendungsdurchgriff höchstens für Kleingewerbetreibende auf der Grundlage von § 242). Im Hinblick auf die tatbestandlichen Voraussetzungen wird man sich an § 359 BGB orientieren können. Das bedeutet nach dem oben Gesagten eine **generelle Ausweitung des Einwendungsdurchgriffs auf das lieferantennahe, absatzfördernde Leasing**. Eine spezifische, nicht in den Geboten von Treu und Glauben verankerte Bevorzugung des Verbrauchers stellt allerdings die Zurückdrängung des Subsidiaritätsprinzips durch § 359 BGB dar. Außerhalb des persönlichen Anwendungsbereichs des § 359 BGB muss diese Privilegierung daher entfallen (ebenso CANARIS ZIP 1993, 412 und LARENZ/CANARIS, Lehrbuch des Schuldrechts II/2 120). Es kann hier mithin bei dem – insoweit im Einklang mit der hier vertretenen modifizierten Kündigungstheorie und der bisherigen Rechtsprechung stehenden – Erfordernis verbleiben, dass der Leasingnehmer aus dem abgetretenen Recht gerichtlich gegen den Lieferanten vorgeht. Erst der Nachweis der Klageerhebung berechtigt den Nicht-Verbraucher dann gegenüber dem Leasinggeber, die weitere Zahlung der Raten einstweilen einzustellen.

272 Eine Kündigung des Leasingvertrages setzt der Einwendungsdurchgriff nicht voraus, und zwar unabhängig davon, auf welcher Rechtsgrundlage er beruht. Der Leasingnehmer kann beide Wege unabhängig voneinander beschreiten (aA für die Konkurrenz der von ihm abgelehnten Geschäftsgrundlagenlösung und des ebenfalls in diesem Aufsatz verworfenen Einwendungsdurchgriffs offenbar LIEB WM 1991, 1539 aE). Das führt nicht etwa zu einer „Rosinenpickerei". Denn mit der Kündigung gibt der Leasingnehmer zu erkennen, dass er das Leasinggeschäft für gescheitert hält, während die Geltendmachung des Einwendungsdurchgriffs diese Bewertung noch nicht zwangsläufig einschließt.

IX. Beendigung des Leasingvertrages

273 Als neuralgischer Punkt, der in der Praxis immer wieder zu Rechtsstreitigkeiten führt, hat sich im Laufe der Zeit die Beendigung des Leasingvertrages herausgeschält. Zwar enthalten die Leasingvertragswerke hierzu in der Regel eingehende Regelungen, doch halten sie nicht immer der Inhaltskontrolle nach den §§ 305 ff BGB stand.

1. Ordentliche Vertragsbeendigung

274 In rechtlicher Hinsicht ist zunächst zwischen den verschiedenen Varianten einer **regulären Beendigung des Leasingvertrages** auf der einen und der **außerordentlichen Kündigung** durch eine der Leasingvertragsparteien auf der anderen Seite zu unterscheiden.

a) Überblick über die in Betracht kommenden Beendigungstatbestände

275 Die reguläre Beendigung des Leasingvertrages kann auf einer vertraglichen Vereinbarung oder auf einer einseitigen Erklärung einer der Leasingvertragsparteien, also auf einer ordentlichen Kündigung, beruhen.

Der Leasingvertrag kann zunächst von vornherein **zeitlich befristet** abgeschlossen 276
werden. Das Vertragsverhältnis endet dann mit Ablauf der vereinbarten Vertragsdauer. Einer Kündigung bedarf es hierfür nicht. So verhält es sich insbesondere bei den **Vollamortisationsverträgen** (Berninghaus, in: Martinek/Stoffels/Wimmer-Leonhardt, Leasinghandbuch § 34 Rn 2). Mit Ablauf der grundsätzlich unkündbaren Grundmietzeit läuft der Leasingvertrag hier vereinbarungsgemäß aus. Mitunter ist dem Leasingnehmer hier eine Option für einen Kauf der Leasingsache eingeräumt, von der er nun Gebrauch machen kann. Zu einer Fortsetzung des bisherigen Vertragsverhältnisses kann es hingegen nur dann kommen, wenn dem Leasingnehmer das Recht zugestanden ist, für eine Verlängerung des Leasingvertrages zu optieren.

Soweit der Leasingvertrag nicht für eine feste Zeit geschlossen worden ist, bedarf es 277
zur Beendigung des Vertragsverhältnisses einer **Kündigung**.

Der **Eintritt der Vollamortisation** führt allein noch **nicht** zur **Beendigung des Vertrages** 278
(BGH 20. 9. 1989 – VIII ZR 239/88, NJW 1990, 247, 248; Martinek, Moderne Vertragstypen I 191). Er stellt mangels abweichender Vereinbarung insbesondere keine auflösende Bedingung dar. Versäumt der Leasingnehmer die Kündigung zu diesem Termin, muss er folglich die vollen Leasingraten bis zur späteren Beendigung des Vertrages im Wege der ordentlichen Kündigung fortzahlen (BGH 20. 9. 1989 – VIII ZR 239/88, NJW 1990, 247; BGH 8. 11. 1989 – VIII ZR 1/89, NJW-RR 1990, 182).

Dieser Rechtsprechung tritt in einer neueren Entscheidung auch das OLG Düsseldorf (OLG Düsseldorf 16. 2. 2016 – I-24 U 78/15, NJW-RR 2016, 1453) bei. Es betont in Übereinstimmung mit dem BGH, dass sich einem auf unbestimmte Dauer geschlossenen Leasingvertrag auch im Wege der Auslegung keine obere Begrenzung der Vertragsdauer auf den Zeitpunkt der Vollamortisation der Aufwendungen des Leasinggebers entnehmen lässt. Die Überwachung des Vertragsablaufs im Hinblick auf die Einhaltung der Kündigungsfrist erweise sich insbesondere für einen Kaufmann als zumutbare Belastung. Einen Anspruch aus ungerechtfertigter Bereicherung wegen der weiter entrichteten Leasingraten lehnt das OLG Düsseldorf folgerichtig ab.

Sodann steht es den Parteien frei, einen **Aufhebungsvertrag** zu schließen (§ 311 Abs 1 279
BGB). Dies kann beispielsweise im Zusammenhang mit dem Eintritt eines Nachmieters geschehen (vgl hierzu BGH 16. 10. 1996 – VIII ZR 45/96, NJW 1997, 452).

Zu den Folgen des **Todes des Leasingnehmers** sowie der **Insolvenz** einer Partei des 280
Leasingvertrages vgl Rn 349 u 339 ff.

b) Allgemeine Folgen der Beendigung
Mit der Beendigung des Leasingvertrages **erlöschen** zunächst die vertraglichen **Pri-** 281
märleistungspflichten aus dem Leasingvertrag. Der Leasingnehmer schuldet mithin keine weiteren Leasingraten mehr, während der Leasinggeber von der Pflicht frei wird, dem Leasingnehmer den Gebrauch der Leasingsache zu überlassen. Allerdings aktualisieren sich nunmehr einige Pflichten, die gerade an die Beendigung des Vertrages anknüpfen.

aa) Rückgabepflicht des Leasingnehmers

282 Abgesehen von den Fällen, in denen die Leasingvertragsparteien von einem vorbehaltenen Andienungsrecht oder einer Kaufoption Gebrauch machen, trifft den Leasingnehmer nach der Beendigung des Leasingvertrages zunächst die **Pflicht, den Leasinggegenstand zurückzugeben** (zur ergänzenden Vertragsauslegung eines Kaufvertrags bei vom Leasinggeber nicht autorisierter Kaufoption des Lieferanten: BGH 1. 6. 2005 – VIII ZR 234/04, NJW-RR 2005, 1421, 1422). Diese Verpflichtung findet sich in nahezu allen gängigen Leasingvertragswerken und wird dort regelmäßig noch näher konkretisiert. Typisch ist etwa die folgende Klausel: *„Nach Beendigung des Vertrages ist der Mieter verpflichtet, den Mietgegenstand auf seine Kosten und transportversichert an eine ihm vom Vermieter zu benennende Adresse innerhalb des Bundesgebietes zu senden."* (STOLTERFOHT, in: Münchener Vertragshandbuch 2/1 I 987). Die Rückgabepflicht wird – wie das Klauselbeispiel zeigt – im Allgemeinen als **Bringschuld** ausgestaltet mit der Folge, dass das Transportrisiko dem Leasingnehmer zugewiesen wird. AGB-rechtlich ist hiergegen nichts zu erinnern (BERNINGHAUS, in: MARTINEK/STOFFELS/WIMMER-LEONHARDT, Leasinghandbuch § 35 Rn 4 ff; vWESTPHALEN, Leasingvertrag Kap K Rn 2; wohl auch BGH 31. 3. 1982 – VIII ZR 125/81, NJW 1982, 1747, 1748). Bedenken ruft hingegen die Verpflichtung hervor, die Leasingsache an einen **vom Leasinggeber zu benennenden Dritten** innerhalb des Bundesgebietes zu senden (wie hier auch vWESTPHALEN, Leasingvertrag Kap K Rn 3). Dies kann für den Leasingnehmer je nach Leasinggegenstand ganz erhebliche und unkalkulierbare Mehraufwendungen nach sich ziehen. Dem Leasinggeber dürfte hier die Konkretisierung der Versandadresse zuzumuten sein. Neben diese vertraglich begründete Rückgabepflicht tritt regelmäßig ein Herausgabeanspruch des Leasinggebers aus **§ 985 BGB**. Der von der Rechtsprechung (BGH 1. 3. 2007 – IX ZR 81/05, NJW 2007, 1594; OLG Düsseldorf 7. 3. 2013 – I-24 U 146/12, I-24 W 55/12, BeckRS 2013, 13411) befürworteten Analogie zu § 546 Abs 1 BGB bedarf es vor diesem Hintergrund nicht.

Die hier bereits angedeuteten AGB-rechtlichen Bedenken teilt nunmehr auch der BGH (BGH 18. 1. 2017 – VIII ZR 263/15, NJW 2017, 1301 mit Anm MARTENS). Zu beurteilen war folgende Klausel: „Nach Beendigung des Leasingvertrages hat der Leasingnehmer auf eigene Kosten und Gefahr das Leasingobjekt entweder an eine vom Leasinggeber zu benennende Anschrift in der Bundesrepublik Deutschland, anderenfalls an den Sitz des Leasinggebers zu liefern oder auf Weisung des Leasinggebers kostenpflichtig zu entsorgen. […]" Der BGH sieht hierin eine unangemessene Benachteiligung des Leasingnehmers entgegen Treu und Glauben (§ 307 Abs 1 S 1 BGB). Vor allem moniert der BGH, dass die Klausel keine Maßstäbe enthalte, die es einem Leasingnehmer in der bei der gebotenen Rücksichtnahme erforderlichen Weise ermöglicht hätten, schon bei Vertragsschluss Umfang und Grenzen der bei Vertragsende auf ihn zukommenden Kosten und Risiken einigermaßen realistisch einzuschätzen und dies in seine Gesamtkalkulation einzustellen. Das gelte nicht nur für die Höhe der Transportkosten und den Umfang der Transportrisiken im Falle einer Rückgabe der Leasingobjekte an einen möglicherweise weit entfernt ansässigen Verwerter, sondern mindestens in gleicher Weise auch für den im Falle einer dahingehenden Weisung des Leasinggebers anfallenden Entsorgungsaufwand. Diese Beurteilung beansprucht nicht nur – wie vom BGH entschieden – für den unternehmerischen Verkehr, sondern erst recht für das Verbraucherleasing Geltung (so zutreffend vWESTPHALEN, Anm NZM 2017, 412).

bb) Rechtsfolgen mangelhafter Erfüllung der Rückgabepflicht

Die Rückgabepflicht des Leasingnehmers ist ferner dahingehend zu konkretisieren, **283** dass er nicht nur die Rückgabe als solche, sondern die Rückgabe des Leasinggegenstandes in einem **ordnungsgemäßen Zustand** schuldet. Sie schließt die Verpflichtung ein, Einbauten und Einrichtungen zu beseitigen (BeckOGK/Ziemssen [1. 1. 2018] § 535 Rn 1034; hier ist ein Gleichlauf mit § 546 BGB zu konstatieren: vgl Staudinger/Rolfs [2018] § 546 Rn 27 und Jauernig/Teichmann § 546 Rn 2). Für die Beurteilung der Ordnungsmäßigkeit wird man auf § 538 BGB zurückgreifen können (vWestphalen, Leasingvertrag Kap K Rn 8). Veränderungen oder Verschlechterungen der geleasten Sache, die durch den vertragsgemäßen Gebrauch herbeigeführt werden, hat der Leasingnehmer nicht zu vertreten. Normale Gebrauchsspuren (zB kleinere Lackschäden) hat der Leasingnehmer daher ebensowenig zu vertreten wie gebrauchsbedingte Verschleißmängel (zB Kupplung erneuerungsbedürftig). Für darüber hinausgehende Verschlechterungen haftet der Leasingnehmer nach § 280 BGB. Handelt es sich allerdings um einen Leasingvertrag mit Restwertausgleich, so fließt der Minderwert des Leasinggegenstandes schon in die Berechnung des entsprechend erhöhten Ausgleichsanspruchs ein (MünchKomm/Koch Leasing Rn 124; vgl auch BGH 22. 1. 1986 – VIII ZR 318/84, NJW 1986, 1335). Vorgenommene Veränderungen hat der Leasingnehmer vor Rückgabe der Leasingsache auf seine Kosten zu beseitigen (näher zur Wegnahmepflicht und zum Wegnahmerecht vWestphalen, Leasingvertrag Kap K Rn 12). Ersatzansprüche des Leasinggebers wegen Veränderung oder Verschlechterung des Leasinggegenstandes **verjähren analog § 548 BGB** in sechs Monaten beginnend mit dem Zeitpunkt der Rückgabe (MünchKomm/Koch Leasing Rn 124; BeckOGK/Ziemssen [1. 1. 2018] § 535 Rn 1035; Martinek, Moderne Vertragstypen I 194; Soergel/Heintzmann Vor § 535 Rn 91).

Ist der Leasingnehmer nach Vertragsbeendigung **zur Rückgabe der Leasingsache** **284** **außerstande**, etwa weil sie zerstört oder gestohlen worden ist, so kommt eine Haftung wegen Unmöglichkeit nach §§ 280 Abs 1, 3, 283 BGB in Betracht (Berninghaus, in: Martinek/Stoffels/Wimmer-Leonhardt, Leasinghandbuch § 35 Rn 22). Sein Vertretenmüssen wird insoweit vermutet (§ 280 Abs 1 S 2 BGB). Der Schadensersatz bemisst sich nach dem Restwert der Leasingsache, also nach ihrem aktuellem Verkehrswert (BeckOGK/Ziemssen [1. 1. 2018] § 535 Rn 1048).

Kontrovers diskutiert werden die Rechtsfolgen einer **verspäteten Rückgabe** der Lea- **285** singsache. Hier entspricht es ständiger Rechtsprechung, dass der Leasingnehmer zur **Fortentrichtung der Leasingraten nach § 546a Abs 1 BGB** verpflichtet ist (BGH 5. 4. 1978 – VIII ZR 49/77, NJW 1978, 1432, 1434; BGH 22. 3. 1989 – VIII ZR 155/88, NJW 1989, 1730, 1731 f; BGH 13. 4. 2005 – VIII ZR 377/03, NJW-RR 2005, 1081, 1081; BGH 1. 6. 2005 – VIII ZR 234/ 04, NJW-RR 2005, 1421, 1421; BGH 1. 3. 2007 – IX ZR 81/05, NJW 2007, 1594; OLG Frankfurt 23. 6. 1987 – 5 U 184/86, DB 1987, 2195; OLG Hamm 11. 1. 1999 – 13 U 132/98, DB 1999, 892; anders für erfüllte Vollamortisations-Leasingverträge OLG Düsseldorf 27. 4. 1988 – 15 U 194/86, BB 1989, 173; einschränkend unter dem Gesichtspunkt des Äquivalenzprinzips auch OLG Köln 16. 9. 1992 – 19 W 33/92, BB 1992, 2386). Eine Klausel im Leasingvertrag, die diese Rechtsfolge ausdrücklich festschreibt, soll daher nur deklaratorischen Charakter haben und demgemäß nach § 307 Abs 3 BGB einer Inhaltskontrolle entzogen sein (BGH 22. 3. 1989 – VIII ZR 155/88, NJW 1989, 1730, 1731 f). Für unwirksam hat der BGH (7. 1. 2004 – VIII ZR 103/03, NJW-RR 2004, 558, 559) allerdings folgende Klausel erachtet: „Gibt der Leasingnehmer das Leasingobjekt nicht zurück, so hat er für jeden angefangenen Monat der nicht erfolgten Rückgabe die im Leasingvertrag vereinbarte Leasingrate als Nutzungsentschädigung zu zahlen." Die Klausel sei mit einem wesentlichen Grundgedanken des § 546a Abs 1 BGB nicht zu vereinbaren, da sie nicht an das Merkmal der „Vorenthaltung" anknüpfe, also auch Fallkonstellationen erfasse, in denen der Leasinggeber die Rückgabe der Leasingsache gar nicht wünsche. Abgesehen von dieser Präzisierung soll es aber offenbar bei der grundsätzlichen Anwendbarkeit des § 546a Abs 1 BGB bleiben. Allerdings kann das Verlangen des Leasinggebers nach Zahlung einer Nutzungsentschädigung wegen Vorenthaltung der vom Leasingnehmer vertragswidrig nicht zurückgegebenen Leasingsache dann nicht erfolgen und als unzulässige Rechtsausübung angesehen werden, wenn der Zeitwert des Leasingobjektes alters- oder gebrauchsbedingt so weit abgesunken ist, dass eine Nutzungsentschädigung in Höhe der vereinbarten monatlichen Leasingrate zu dem verbliebenen Verkehrs- oder Gebrauchswert der Leasingsache völlig außer Verhältnis steht (BGH 13. 4. 2005 – VIII ZR 377/03, NJW-RR 2005, 1081, 1081). Die mietvertraglich orientierte Literaturansicht hat sich auch in der Frage der Nutzungsentschädigung auf die Seite des BGH geschlagen (Wolf/Eckert/Ball, Handbuch Rn 1999; vWestphalen, Leasingvertrag Kap K Rn 19 f; MünchKomm/Koch Leasing Rn 125; BeckOGK/Ziemssen [1. 1. 2018] § 535 Rn 1040; Friedrich/Gölzenleuchter Anm BB 1989, 175 ff; Erman/Jendrek Anh § 535 Rn 36; Palandt/Weidenkaff Einf v § 535 Rn 49; Flume DB 1991, 267; Ulmer/Brandner/Hensen/Schmidt, Bes Vertragstypen Leasingverträge Rn 24; Berninghaus, in: Martinek/Stoffels/Wimmer-Leonhardt, Leasinghandbuch § 35 Rn 27 ff). vWestphalen zB erklärt ohne Umschweife, die Anwendung des § 546a BGB stelle sich als unmittelbare und zwingende Konsequenz der primär mietvertraglichen Beurteilung des Finanzierungsleasingvertrages dar (vWestphalen BB 1988, 224).

286 Auch hier verstellt die mietrechtliche Grundeinstellung offensichtlich den Blick auf die typischen Besonderheiten des Leasingvertragsverhältnisses. Die wirtschaftliche Interessenlage beim Finanzierungsleasingvertrag weicht gerade in diesem Punkt deutlich von derjenigen eines herkömmlichen Mietvertrages ab. Der Leasinggeber befriedigt nämlich anders als der Vermieter nicht nur das Gebrauchsüberlassungs- und Nutzungsinteresse seines Vertragspartners. Indem der Leasinggeber die finanziellen Mittel für die Anschaffung des Gegenstandes bereitstellt, entspricht er zugleich dem Finanzierungsbedürfnis des Kunden. Vor diesem Hintergrund kommt den periodischen Zahlungen des Leasingnehmers eine andere Bedeutung zu als den Mietzinszahlungen des Mieters. Die Leasingraten stellen sich keineswegs als bloßes Äquivalent für die Gebrauchsüberlassung während der Vertragsdauer dar. Die Parteien des Leasingvertrages sind sich, wie der BGH anderenorts zutreffend ausgeführt hat, „darüber einig, dass die vereinbarten Leasingraten nicht nur Entgelt für die Gebrauchsüberlassung, sondern auch dazu bestimmt sind, den Kapitaleinsatz des Leasinggebers einschließlich des kalkulierten Gewinns zu tilgen" (BGH 12. 6. 1985 – VIII ZR 148/84, NJW 1985, 2253, 2255). Die Höhe der Leasingraten ist mithin anders als im Mietrecht vom aktuellen Nutzungswert abgekoppelt. Mit zunehmender Entwertung des Leasingobjekts gegen Ende der Vertragszeit übersteigen die Leasingraten nicht selten den Nutzungswert sogar um ein Mehrfaches (zB im Falle des OLG Köln 16. 9. 1992 – 19 W 33/92, BB 1992, 2386). § 546a BGB steht jedoch der Fall vor Augen, dass sich die Überlassung der Sache und die Zahlung des Mietzinses über die gesamte Vertragsdauer nahezu gleichwertig gegenüberstehen. Die Entschädigungsregelung des § 546a BGB beruht auf der Annahme, dass das Mietobjekt nach der Beendigung des Mietvertrages zu annähernd gleichen Konditionen weiter vermietet werden kann, dem Vermieter durch die unberechtigte Vorenthaltung der Mietsache daher in dieser Höhe ein Schaden entstehen wird. Dieser Zusammenhang ist dem BGH auch in der oben genannten Entscheidung (BGH 13. 4. 2005 – VIII ZR 377/03, NJW-RR 2005, 1081, 1081) deutlich geworden. Er geht jedoch dann den Weg über die unzulässige Rechtsausübung und § 242 BGB. **Auf Finanzierungsleasingverträge kann die Vorschrift des § 546a BGB** mithin **nicht erstreckt** werden (der Rechtsprechung des BGH stehen aus diesem Grunde ablehnend gegenüber: Canaris AcP 190 [1990] 441 f; Larenz/Canaris, Schuldrecht II/2 § 65 V 124 f; Martinek, Moderne Vertragstypen I § 8 I 193 f; Reinicke/Tiedtke, Kaufrecht Rn 1786 ff; Tiedtke ZIP 1989, 1437 ff; ders Anm JZ 1993, 742 ff; Tiedtke/Peterek DB 2008, 340; Oechsler, Schuldrecht Besonderer Teil Vertragsrecht Rn 498; Salje Anm JR 1990, 69 ff; OLG Düsseldorf 27. 4. 1989 – 15 U 194/86, BB 1989, 173: Unanwendbarkeit des § 546a auf vollständig erfüllte Vollamortisations-Leasingverträge). Für diese Rechtsansicht spricht im Übrigen auch, dass den Parteien eines Leasingvertrages, der den Fall der unberechtigten Vorenthaltung des Leasinggutes nach Vertragsbeendigung nicht näher regelt, schlechterdings nicht unterstellt werden kann, ihrem Regelungsplan entspreche es durchaus, dass der Leasinggeber über eine Amortisation seiner Aufwendungen zuzüglich eines angemessenen Gewinns hinausgehende Ansprüche geltend machen könne. Der BGH ist bislang eine Begründung schuldig geblieben, weshalb der dem Leasingvertrag immanente Amortisationsgedanke einen entsprechenden Anspruch des Leasinggebers zwar zu begründen vermag, jedoch nicht in der Lage sein soll, diesen zugunsten des Leasingnehmers auf das Amortisationsinteresse zu beschränken (einen Verstoß gegen das Amortisationsprinzip sehen in dieser Rechtsprechung: Reinicke/Tiedtke, Kaufrecht Rn 1787 f und Canaris AcP 190 [1990] 441). Dies widerspricht der leasingspezifischen Interessenlage und überschreitet zudem auch den Erwartungshorizont der Vertragsparteien. Denn weder wird der Leasinggeber damit rechnen, dass er aus der Vorenthaltung der Mietsache in nennenswerter Weise Kapital schlagen kann, noch muss der Leasingnehmer mit einer Sanktion rechnen, die über der Belastung durch die Ratenzahlungspflicht bei einer gedachten Verlängerung des Leasingvertrages (nach Amortisation allerdings zu einem erheblich niedrigeren Satz) liegt. Die Anwendung des § 546a BGB würde somit im Ergebnis die Gesamtkalkulation der Parteien derangieren (Martinek, Moderne Vertragstypen I § 8 I 193) und das ansonsten gerade im Leasingrecht oftmals bemühte Äquivalenzprinzip (BGH 9. 10. 1985 – VIII ZR 217/84, NJW 1986, 179, 180) außer Kraft setzen (Canaris AcP 190 [1990] 441 f; Larenz/Canaris, Schuldrecht II/2 § 66 V 125; so sah sich das OLG Köln [16. 9. 1992 – 19 W 33/92, BB 1992, 2386] beispielsweise gezwungen, in einem Fall, in dem die monatliche Leasingrate den vom Leasinggeber selbst angegebenen Restwert um mehr als das Doppelte überstieg, die Berufung auf § 546a für rechtsmissbräuchlich zu erklären). Im Leasingvertragsrecht würde die nach § 546a BGB geschuldete Entschädigung – anders als im Mietrecht – sogar Züge einer (schadensunabhängigen) Vertragsstrafe annehmen (Tiedtke ZIP 1989, 1440 f; Martinek, Moderne Vertragstypen I § 8 I 193). Eine solche Sanktion bedarf jedoch vertraglicher Vereinbarung und kann den Parteien nicht qua Gesetzesinterpretation untergeschoben werden. Abgesehen davon dürfte eine explizit für den Fall der Vorenthaltung des Leasinggutes stipulierte Vertragsstrafe dieses Inhalts kaum den inhaltlichen Anforderungen des AGB-Rechts genügen. Alles in allem handelt es sich um eine „besonders krasse Übersteigerung der mietrechtlichen Sichtweise" (Larenz/Canaris, Schuldrecht II/2 § 66 V 124 f; ebenso, wenngleich etwas verhaltener, Medicus Schuldrecht II Rn 603 und H Roth AcP 190 [1990] 318), die den Interessen und Vorstellungen der Leasingvertragsparteien zuwider läuft.

Richtiger Ansicht nach kann der Leasinggeber im Falle der verspäteten Rückgabe **287** der Leasingsache lediglich **Ersatz des marktüblichen Nutzungswertes nach Bereicherungsrecht** wegen Eingriffs in das dem Leasinggeber zugewiesene Recht am Leasinggegenstand verlangen (§§ 812 Abs 1 S 1 Alt 2 iVm 818 Abs 2 BGB; so im Ergebnis insbesondere CANARIS AcP 190 [1990] 442 und MARTINEK, Moderne Vertragstypen I 194, die jedoch einen Fall des § 812 Abs 1 S 2 Alt 1 BGB annehmen). Einen Anhalt geben hier die Beträge, welche die Parteien für den Fall einer einvernehmlichen Verlängerung des Leasingvertrages im Allgemeinen vereinbaren bzw schon vorab im Leasingvertrag festgesetzt haben. Unter den Voraussetzungen des § 280 Abs 1 und 2 BGB iVm § 286 BGB kann der Leasinggeber zudem Ersatz eines ihm erwachsenen **Verzögerungsschadens** geltend machen.

cc) Stillschweigende Verlängerung des Leasingverhältnisses durch Gebrauchsfortsetzung analog § 545?

288 Die Diskussion um die Anwendung des § 546a BGB würde in einem anderen Licht erscheinen, wenn die Fortsetzung des Gebrauchs nach Ablauf des Vertrages analog § 545 BGB zu einer Verlängerung des Leasingverhältnisses führen würde. Der Leasinggeber müsste sich dann überlegen, ob es nicht sogar tunlich ist, seinen entgegenstehenden Willen nicht zu äußern, um so auch weiterhin in den Genuss der vollen Leasingraten zu gelangen. Der BGH hat in dieser Frage bislang eine Festlegung vermieden (offen gelassen in BGH 22. 3. 1989 – VIII ZR 155/88, NJW 1989, 1730, 1731). Im Schrifttum sind die Meinungen geteilt (dafür vWESTPHALEN, Leasingvertrag Kap K Rn 43; BeckOGK/ZIEMSSEN [1. 1. 2018] § 535 Rn 1026f; **dagegen** MARTINEK, Moderne Vertragstypen I 192f; MARTINEK/OMLOR, in: Bankrechts-Handbuch § 101 Rn 111; MünchKomm/KOCH Leasing Rn 125). Einer analogen Anwendung des Mietrechts, hier in Gestalt des § 545 BGB, stehen wiederum die bereits im Zusammenhang mit der Diskussion um die analoge Anwendung des § 546a BGB artikulierten grundsätzlichen Bedenken entgegen. Die ungeminderte Ratenzahlungspflicht würde auch hier zu einer unangemessenen Bevorzugung des Leasinggebers führen. Im Schrifttum wird darüber hinaus zu Recht darauf hingewiesen, dass eine Vertragsverlängerung über die Amortisationsgrenze hinaus die Position des Leasinggebers als wirtschaftlicher Eigentümer im Sinne des § 39 AO gefährdet und schon aus diesem Grunde dem beiderseitigen Parteiwillen nicht entsprechen kann (MARTINEK, Moderne Vertragstypen I 193). Zu Klarstellungszwecken sollte die Anwendung der Vorschrift des § 545 BGB in den Leasingbedingungen ausdrücklich ausgeschlossen werden; in der Praxis geschieht dies offenbar auch (BERNINGHAUS, in: MARTINEK/STOFFELS/WIMMER-LEONHARDT, Leasinghandbuch § 35 Rn 51; vgl beispielsweise die Empfehlung von STOLTERFOHT, in: Münchener Vertragshandbuch Bd 2/I 988). Die AGB-rechtliche Zulässigkeit einer solchen Abrede wird selbst derjenige bejahen müssen, der entgegen der hier vertretenen Meinung § 545 BGB auf den Leasingvertrag analog anwendet (so insbesondere vWESTPHALEN, Leasingvertrag Kap K Rn 46; BERNINGHAUS, in: MARTINEK/STOFFELS/WIMMER-LEONHARDT, Leasinghandbuch § 35 Rn 49; für Abdingbarkeit in Formularmietverträgen BGH 15. 5. 1991 – VIII ZR 38/90, NJW 1991, 1751, 1752 unter Betonung der bloßen Ordnungsfunktion der Vorschrift; ebenso bereits zuvor OLG Hamm 9. 12. 1982 – 4 REMiet 12/82, NJW 1983, 826). Der Widerspruch kann vom Leasinggeber im Übrigen auch schon im Kündigungsschreiben erklärt werden (OLG Hamburg 27. 7. 1981 – 4 U 27/81, NJW 1981, 2258; PALANDT/WEIDENKAFF § 545 Rn 8).

c) Abschlusszahlung bei vorzeitig kündbaren Leasingverträgen

289 Der Finanzierungsleasingvertrag, gleich ob es sich um einen Voll- oder um einen Teilamortisationsvertrag handelt, ist auf die volle Amortisation der vom Leasinggeber getätigten Aufwendungen angelegt. Wird der Leasingvertrag infolge einer Kündigung vor Ende der Grundlaufzeit ordentlich gekündigt, wie dies insbesondere bei verschiedenen Varianten des Teilamortisationsvertrages möglich ist, so ergibt sich für den Leasinggeber eine Amortisationslücke. Wie diese geschlossen wird, ergibt sich im Regelfall aus den Leasingbedingungen (vgl hierzu sogleich unter Rn 296 ff). Fraglich ist, ob der Leasingnehmer auch dann einen entsprechenden Ausgleich schuldet, wenn der Leasingvertrag keine entsprechende Regelung vorhält bzw eine solche sich im Vertrag zwar findet, sie jedoch der Inhaltskontrolle nicht standzuhalten vermag.

aa) Der leasingtypische und vertragsimmanente Ausgleichsanspruch

Der BGH hat in seiner Rechtsprechung zum Finanzierungsleasing seit Beginn der **290** 80er Jahre einen Ausgleichsanspruch des Leasinggebers bei vorzeitiger Vertragsbeendigung auch in den Fällen bejaht, in denen es an einer (wirksamen) Anspruchsbegründung im Vertrag fehlt (BGH 28. 10. 1981 – VIII ZR 302/80, NJW 1982, 870, 872; BGH 31. 3. 1982 – VIII ZR 125/81, NJW 1982, 1747, 1748; BGH 12. 6. 1985 – VIII ZR 148/84, NJW 1985, 2253, 2256; BGH 19. 3. 1986 – VIII ZR 81/85, NJW 1986, 1746, 1747). Der Ausgleichsanspruch finde seine Rechtfertigung maßgeblich in dem einen Leasingvertrag gegenüber reinen Mietverträgen prägenden Finanzierungscharakter des Leasinggeschäfts, dem immanent sei, dass die vereinbarten Leasingraten nicht nur ein Entgelt für die Gebrauchsüberlassung darstellten, sondern auch dazu bestimmt seien, den Anschaffungs- und Finanzierungsaufwand (nebst Gewinn) des Leasinggebers für den vom Leasingnehmer ausgesuchten Gegenstand zu amortisieren. Dies mache gerade auch in Bezug auf die vom Leasinggeber gewährte Finanzierung einen Ausgleich nötig. Hatte der BGH diesen Ausgleichsanspruch in den ersten zu dieser Problematik ergangenen Urteilen noch auf ergänzende Auslegung des Leasingvertrages gestützt (BGH 28. 10. 1981 – VIII ZR 302/80, NJW 1982, 870, 872; BGH 31. 3. 1982 – VIII ZR 125/81, NJW 1982, 1747, 1748), so bezeichnete er die volle Amortisation später als „**leasingtypisch und damit vertragsimmanent**" mit der Folge, dass es einer ergänzenden Vertragsauslegung nicht bedürfe (BGH 12. 6. 1985 – VIII ZR 148/84, NJW 1985, 2253, 2256; BGH 19. 3. 1986 – VIII ZR 81/85, NJW 1986, 1746, 1747). CANARIS folgert daraus, dass der Amortisationsanspruch des Leasinggebers letztlich auf einem ungeschriebenen Satz des objektiven Rechts beruht (LARENZ/CANARIS, Schuldrecht II/2 § 66 III 110; CANARIS AcP 190 [1990] 438; SOERGEL/HEINTZMANN Vor § 535 Rn 84). Ob dem zuzustimmen ist, mag hier angesichts der geringen Praxisrelevanz der dogmatischen Einordnung letztlich dahinstehen. Es sei jedoch zu bedenken gegeben, dass es um eine vertragstypspezifische Sachfrage geht, für die dem Gesetz kein übergreifender Regelungsplan zu entnehmen ist, und dass doch wohl weder in der Durchsetzung dieses Anspruchs in der allgemeinen Meinung, noch in der Entdeckung seiner typusprägenden Gestalt ein Umstand erkannt werden kann, der einen Austausch der Begründung hin zur richterlichen Fortbildung des (Leasing-)Vertragsrechts zu legitimieren vermag (eingehend zum Verhältnis der richterlichen Vertragsrechtsfortbildung zur ergänzenden Vertragsauslegung bei nicht kodifizierten Verträgen STOFFELS, Gesetzlich nicht geregelte Schuldverträge 320 ff).

Der leasingtypische Ausgleichsanspruch steht dem Leasinggeber grundsätzlich im **291** Falle der **vorzeitigen Vertragsbeendigung durch Kündigung** zu. Falls keine besonderen Vereinbarungen getroffen werden, besteht dieser Anspruch auch im Falle eines **Aufhebungsvertrages** zumindest dann, wenn der Grund für die Aufhebungsvereinbarung nicht im Verantwortungsbereich des Leasinggebers liegt. Auch hier hat der

Leasinggeber nämlich ein berechtigtes Interesse daran, dass seine Kosten gedeckt und sein Gewinn gesichert wird (OLG 17. 5. 2001 – 10 U 81/00, Düsseldorf OLG-Report 2001, 401, 403).

292 Der Ausgleichsanspruch weist nach Ansicht des BGH Entgeltcharakter auf (BGH 22. 1. 1986 – VIII ZR 318/84, NJW 1986, 1335, 1336; vWESTPHALEN, in: AGB-Klauselwerke Leasing Rn 195); es handelt sich – wie MARTINEK (Moderne Vertragstypen I 201) zu Recht hervorhebt – mit anderen Worten um den **Rest-Erfüllungsanspruch** des Leasinggebers. Folgerichtig unterfällt der Ausgleichsanspruch nicht der kurzen **Verjährung** des § 548 BGB, und zwar auch dann nicht, wenn die den Anspruch auslösende Kündigung durch die Beschädigung des Leasinggegenstandes veranlasst worden ist (BGH 22. 1. 1986 – VIII ZR 318/84, NJW 1986, 1335, 1336). Dennoch unterliegt er nicht der **Umsatzsteuer**. Insoweit ist vielmehr entscheidend, dass der Ausgleichszahlung, nicht anders als eine Schadensersatzzahlung, nach Beendigung des Leasingvertrags und Rückgabe, Verlust oder Untergang der Leasingsache keine steuerbare Leistung des Leasinggebers mehr gegenübersteht (BGH 14. 3. 2007 – VIII ZR 68/06, NJW-RR 2007, 1066, 1068; OLG Koblenz 10. 12. 2009 – 2 U 887/08, NJW-RR 2010, 778, 779; OLG Düsseldorf 9. 6. 2011 – 7 O 224/10, BeckRS 2012, 17723; OLG Düsseldorf 23. 5. 2013 – I-24 U 178/12, BeckRS 2013, 18808). Ein vom Leasingnehmer nach Vertragsablauf zu zahlender **Restwertausgleich** ist hingegen umsatzsteuerpflichtig. Nach Ansicht des BGH bestehen keine Zweifel, dass der umsatzsteuerlich erforderliche unmittelbare Zusammenhang zwischen der Leistung und dem erhaltenen Gegenwert insofern zu bejahen ist, als der Leasingnehmer aufgrund der vom Leasinggeber erbrachten Nutzungsüberlassung des Fahrzeugs im Rahmen des vertraglich vereinbarten Verwendungszwecks die Leasingraten entrichtet und – als in diesem Vertragstyp angelegte Hauptleistungspflicht des Leasingnehmers – einen Restwertausgleich zu leisten hat. Der in Form einer Garantie vereinbarte Restwertausgleich ist integraler Bestandteil der im Vertrag vorgesehenen Gegenleistungen des Leasingnehmers für die Gebrauchsüberlassung (BGH 28. 5. 2014 – VIII ZR 179/13 Rn 40 ff, NJW 2014, 2940 und BGH 28. 5. 2014 – VIII ZR 241/13 Rn 38 ff, BeckRS 2014, 14310).

bb) Berechnung der Höhe

293 Nach der Rechtsprechung ist hinsichtlich der Berechnung des Ausgleichsanspruchs wie folgt zu verfahren (vgl zusammenfassend BGH 16. 5. 1990 – VIII ZR 108/89, NJW 1990, 2377, 2378): Den Ausgangspunkt bildet die Summe der bei Vertragsbeendigung ausstehenden Leasingraten. Dieser den kalkulierten Gesamtaufwand und Gewinn abdeckende Betrag bedarf allerdings einer Korrektur, weil die aufgewandten Mittel des Leasinggebers vorzeitig zurückfließen und das Leasinggut einen höheren Wert hat als bei Ablauf der kalkulierten Vertragsdauer. Der BGH hält den Leasinggeber daher für verpflichtet, den Leasingnehmer mit 90% am Verwertungserlös zu beteiligen und die restlichen Ratenzahlungen um die in ihnen enthaltenen kalkulierten Kosten zu vermindern, die er infolge der vorzeitigen Vertragsbeendigung erspart. Auf diese Weise meint der BGH, auf der einen Seite den Leasinggeber mit Rücksicht auf den Grundsatz der Vollamortisation vor den Nachteilen einer vorzeitigen Kündigung zu bewahren, und andererseits zu vermeiden, dass er aus der Kündigung wirtschaftliche Vorteile über den ursprünglich vereinbarten Rahmen hinaus zieht.

294 Der BGH stützt sich in dieser Frage vor allem auf die Leasingerlasse des Bundesministers der Finanzen (BGH 12. 6. 1985 – VIII ZR 148/84, NJW 1985, 2253, 2257; ebenso

WOLF/ECKERT/BALL, Handbuch Rn 2015 ff). Die Berechnung des Ausgleichsanspruchs beim kündbaren Teilamortisationsvertrag gleicht der BGH bewusst der Berechnung des Erfüllungsinteresses bei ungekündigtem Vertragsablauf und damit den steuerrechtlichen Richtlinien des Teilamortisationserlasses vom 20. 12. 1975 an. Das bietet in den Augen des BGH zugleich die Gewähr dafür, dass die mit dem Leasinggeschäft erstrebten steuerlichen Vorteile erhalten bleiben. In methodischer Hinsicht ist der Entscheidung zuzustimmen. Der BGH vermeidet zwar eine ausdrückliche Festlegung; der Sache nach geht es jedoch eindeutig um die Schließung einer vertraglichen Regelungslücke im Wege der ergänzenden Vertragsauslegung (ebenso LARENZ/CANARIS, Schuldrecht II/2 § 66 II und III 108 und 110). In diesem Rahmen bezieht das Gericht zutreffend die von den Parteien erstrebten steuerlichen Ziele in seine Überlegungen ein. Kommt es den Vertragspartnern typischerweise in besonderem Maße auf die Erlangung steuerlicher Vorteile an, so spricht viel dafür, ein Auslegungsergebnis als im Vertrag angelegt anzusehen, das diese Bonifikationen auch tatsächlich zu realisieren imstande ist. Sprechen keine durchgreifenden Gründe gegen die steuerkonforme Auslegungsvariante, so verdient diese in der Tat den Vorzug.

Der Ausgleichsanspruch ist **konkret zu berechnen** (BGH 12. 6. 1985 – VIII ZR 148/84, NJW **295** 1985, 2253; weitere wichtige Urteile zur Berechnung: BGH 22. 1. 1986 – VIII ZR 318/84, NJW 1986, 1335; BGH 19. 3. 1986 – VIII ZR 81/85, NJW 1986, 1746; BGH 16. 5. 1990 – VIII ZR 108/89, NJW 1990, 2377; ERMAN/JENDREK Anh § 535 Rn 40). Hierfür verlangt der BGH (16. 5. 1990 – VIII ZR 108/89, NJW 1990, 2377, 2378 f) im Einzelnen, dass vom Bruttobetrag der restlichen Leasingraten vor allem die im Wege der „Abzinsung" auf den Zeitpunkt der Vertragsbeendigung zu ermittelnden, in den restlichen Raten enthaltenen Kreditkosten abzusetzen sind. Ihr Ansatz bei Abschluss des Leasingvertrages richtet sich nach der Verzinsung des eingesetzten Eigenkapitals und der aufgenommenen Refinanzierungsmittel. Ferner sind diejenigen Teile des Aufwandes abzuziehen, die infolge der Kündigung nicht realisiert worden sind, wie zB auf die spätere Zeit entfallende Steuer- und Versicherungsanteile, außerdem anteilig aber auch vorsorglich einkalkulierte Risikoposten, die sich bei kürzerer Laufzeit verringern werden. Einen Gewinn kann der Leasinggeber für die Zeit nach der Kündigung nicht mehr beanspruchen. Der wegfallende Gewinnanteil muss daher grundsätzlich ermittelt und vom Gesamtaufwand abgezogen werden (BGH 19. 3. 1986 – VIII ZR 81/85, NJW 1986, 1746, 1748; anders noch BGH 12. 6. 1985 – VIII ZR 148/84, NJW 1985, 2253, 2257). Auf der anderen Seite müsse zu Lasten des Leasingnehmers eine Vorfälligkeitsentschädigung berücksichtigt werden, die mit der Refinanzierungsbank wirksam vereinbart war und vom Leasinggeber auch tatsächlich gezahlt worden ist. Dafür spricht in der Tat die zwischen den anfänglich kalkulierten Kreditkosten und der Vorfälligkeitsentschädigung bestehende wirtschaftliche Zusammenhang und die Typizität der Inanspruchnahme von Refinanzierungskrediten für Leasingverträge (BGH 16. 5. 1990 – VIII ZR 108/89, NJW 1990, 2377, 2379).

d) Sonderprobleme bei kündbaren Teilamortisationsverträgen
Die verschiedenen Modelle des Teilamortisationsvertrages unterscheiden sich vor **296** allem dadurch voneinander, auf welche Weise die bei Beendigung des Leasingvertrages entstehende Deckungslücke geschlossen wird, also die volle Amortisation des vom Leasinggeber aufgewendeten Kapitals sichergestellt wird. Je nach Art dieser im vorformulierten Leasingvertrag näher ausgestalteten Ausgleichsmaßnahmen stellen sich verschiedene Sonderprobleme.

aa) Andienungsrecht des Leasinggebers

297 In der ersten hier anzusprechenden, erlasskonformen Ausgestaltungsart des Teilamortisationsleasingvertrages verpflichtet sich der Leasingnehmer bereits im Leasingvertrag, den Leasinggegenstand für den Fall, dass nach Ablauf der Grundmietzeit kein Verlängerungsvertrag zustande kommt oder man sich auf eine andere Verwertungsart einigt, zu einem festen Preis zu erwerben. Die formularmäßige Vereinbarung eines solchen Andienungsrechts ist aus AGB-rechtlicher Sicht nicht zu beanstanden (MARTINEK, Moderne Vertragstypen I 194 ff; MARTINEK/OMLOR, in: Bankrechts-Handbuch § 101 Rn 118; MünchKomm/KOCH Leasing Rn 126; BeckOGK/ZIEMSSEN [1. 1. 2018] § 535 Rn 1054; STOFFELS, in: WOLF/LINDACHER/PFEIFFER, Leasingverträge L 148; aA KURSTEDT DB 1981, 2525, 2529f), und zwar unabhängig davon, ob man hierin ein bindendes Angebot des Leasingnehmers auf Abschluss eines Kaufvertrages oder den Abschluss eines aufschiebend bedingten Kaufvertrages sieht (die rechtliche Qualifizierung offenlassend BGH 16. 10. 1996 – VIII ZR 45/96, NJW 1997, 452, 453). Trotz der Länge des Zeitraums, in dem der Kaufvertrag in der Schwebe gehalten wird, lässt sich ein Verstoß gegen AGB-rechtliche Vorgaben, insbesondere gegen das Verbot unangemessen langer Annahmefristen (§ 308 Nr 1 BGB), nicht diagnostizieren. Denn eine solche Vertragsgestaltung bezieht ihre innere Rechtfertigung, also ihre **inhaltliche Angemessenheit**, aus dem den Finanzierungsleasingvertrag insgesamt prägenden Vollamortisationsprinzip. Die Amortisationslücke wird hier lediglich in einer besonderen Art und Weise, nämlich durch den Verkauf des Leasinggegenstandes an den Leasingnehmer zu einem im Vorhinein festgelegten Preis, geschlossen. Für den Leasingnehmer resultiert daraus – im Vergleich etwa zum Teilamortisationsmodell mit Abschlusszahlung – kein spezifischer Nachteil, der das Unangemessenheitsurteil rechtfertigen könnte. Selbstverständlich muss die Formulierung dieser Passage im Leasingvertrag **klar und verständlich** (§ 307 Abs 1 S 2 BGB) sein (MünchKomm/KOCH Leasing Rn 126). Jedenfalls gegenüber unerfahrenen Leasingnehmern, insbesondere gegenüber Verbrauchern, wird man insoweit erwarten dürfen, dass der Begriff der Andienung in den Leasingbedingungen genauer erläutert wird (so zu Recht H BECKMANN, in: MARTINEK/STOFFELS/WIMMER-LEONHARDT, Leasinghandbuch § 7 Rn 8). Ferner ist darauf hinzuweisen, dass die **formularmäßige Ausgestaltung des sich an den Leasingvertrag anschließenden Kaufvertrages** den durch die Schuldrechtsreform enger abgesteckten Grenzen unterliegt. Sowohl bei **Teilamortisationsverträgen mit Andienungsrecht** als auch bei **Vollamortisationsverträgen mit Optionsrecht** war bislang ein weitreichender Gewährleistungsausschluss üblich, der in dieser Form nicht weiter fortgeführt werden kann (vgl hierzu ARNOLD, in: Das neue Schuldrecht in der Praxis 611 ff; J WEBER NJW 2003, 2349 f).

bb) Vereinbarte Abschlusszahlung

298 Der Ausgleich kann weiterhin durch eine mit der Kündigung des Leasingvertrages fällig werdende Abschlusszahlung sichergestellt werden. In der Leasingpraxis hat man zunächst pauschale Abrechnungsklauseln verwendet, die degressive Prozentsätze vom Anschaffungspreis vorsahen. Eine solche Klausel lautet etwa: *„Die Kündigung löst folgende Abschlagszahlungen des Mieters aus, die zum Kündigungstermin fällig sind: Zum Ablauf des 24. Monats 68%, 30. Monats 57%, 36. Monats 47%, 42. Monats 36%, 48. Monats 25%, 54. Monats 14%, danach 0%, jeweils vom Anschaffungswert, unter Anrechnung von 75% bzw (im Falle des Abschlusses eines neuen, gleichwertigen Mietvertrages) 100% vom Wiederverwertungserlös, jeweils zuzüglich Mehrwertsteuer"* (vgl BGH 12. 6. 1985 – VIII ZR 148/84, NJW 1985, 2253, 2254).

Fraglich ist, ob und in welcher Hinsicht diese und ähnliche AGB-Klauseln der **299** Inhaltskontrolle nach den §§ 307 bis 309 BGB unterliegen. Der **BGH** ist von Anfang an – allerdings ohne dies näher zu begründen – von der **Kontrollunterworfenheit** solcher Klauseln ausgegangen (der Rechtsprechung zur Kontrollfähigkeit folgend Münch Komm/Koch Leasing Rn 128; BeckOGK/Ziemssen [1. 1. 2018] § 535 Rn 1061; Martinek, Moderne Vertragstypen I § 8 I 201; Larenz/Canaris, Schuldrecht II/2 § 66 III 109; H Schmidt, in: Ulmer/Brandner/Hensen, Bes Vertragstypen Leasingverträge Rn 21). Die auf den Prüfstand gestellten **pauschalen Berechnungsmodelle** der Leasingunternehmen sind vom BGH **allesamt beanstandet worden**, wobei die rechtliche Begründung wechselte. Im Urteil vom 28. 10. 1981 erblickte er in einer solchen Klausel eine unzulässige Kündigungserschwerung und damit eine unangemessene Benachteiligung im Sinne des § 307 BGB (BGH 28. 10. 1981 – VIII ZR 302/80, NJW 1982, 870, 872). In späteren Urteilen rückte sodann der **Transparenzgedanke** in den Vordergrund (BGH 12. 6. 1985 – VIII ZR 148/84, NJW 1985, 2253, 2255; BGH 22. 1. 1986 – VIII ZR 318/84, NJW 1986, 1335, 1336). In letzter Zeit sind zunehmend auch **materielle Beanstandungen** hinzugetreten, so der Vorwurf mangelnder Orientierung des Abzinsungssatzes am Refinanzierungszins oder der Nichtberücksichtigung ersparter Aufwendungen (BGH 29. 1. 1986 – VIII ZR 49/85, NJW-RR 1986, 594 [596]; BGH 19. 3. 1986 – VIII ZR 81/85, NJW 1986, 1746, 1747; BGH 11. 1. 1995 – VIII ZR 61/94, NJW 1995, 954; BGH 22. 11. 1996 – VIII ZR 57/95, NJW 1996, 456, 456). Die Klausel dürfe den Leasinggeber nicht besser stellen, als er stünde, wenn der Leasingvertrag ordnungsgemäß erfüllt worden wäre (BGH 19. 3. 1986 – VIII ZR 81/85, NJW 1986, 1746, 1747).

Im **Schrifttum** ist demgegenüber schon die Kontrollfähigkeit solcher Abrechnungs- **300** klauseln nach § 307 Abs 3 BGB in Abrede gestellt worden (Lieb DB 1986, 2167 ff; H Roth AcP 190 [1990] 313 ff; Gitter, Gebrauchsüberlassungsverträge § 11 B I S 342 f; Berninghaus, in: Martinek/Stoffels/Wimmer-Leonhardt, Leasinghandbuch § 37 Rn 10; wohl auch Eckstein BB 1986, 2148). Bei der Abschlusszahlung handele es sich – so wird geltend gemacht – um eine vom Leasingnehmer von vornherein versprochene, die Vollamortisation sichernde Restzahlung, die der Leasinggeber nach seinen Preisvorstellungen frei kalkulieren könne. Die Abrechnungsklauseln konkretisierten lediglich den Rest-Erfüllungsanspruch des Leasinggebers und seien daher als Preisbestandteil der Inhaltskontrolle entzogen.

Zu dieser – hier verkürzt wiedergegebenen – Kontroverse ist Folgendes anzumer- **301** ken. Soweit die Gerichte Abrechnungsklauseln, die eine Zahlungspflicht des Leasingnehmers für den Fall der ordentlichen Kündigung festsetzen und ausgestalten, einer Transparenzkontrolle unterwerfen, ist dies nicht zu beanstanden. **§ 307 Abs 3 S 1 BGB** steht der **Transparenzkontrolle** – wie der Gesetzgeber in § 307 Abs 3 S 2 BGB klargestellt hat – nicht entgegen, sondern gebietet sie zur Herstellung von Markttransparenz als Voraussetzung für einen funktionierenden Konditionenwettbewerb sogar. Mit dem Übergang zur **materiellen Angemessenheitsprüfung** aktualisieren sich jedoch die Schranken des § 307 Abs 3 BGB. Das heißt, es müsste zunächst einmal dargelegt werden, dass die Abrechnungsklausel nicht zur kontrollfreien Preisabrede zu rechnen ist. Der Schlüssel zur Lösung des Abgrenzungsproblems liegt in der Beurteilung der marktmäßigen Stellung der Klausel, ob sie also an den Kontrollmechanismen von Markt und Wettbewerb teilnimmt (eingehend zu den Schranken der Inhaltskontrolle Stoffels JZ 2001, 843). Vom Abschluss eines kündbaren Teilamortisationsvertrages verspricht sich der Kunde zumeist mehrere

Vorteile. Zum einen ermöglicht es diese Vertragsform dem Kunden, seinen Kapitaleinsatz während der zwischen 40 und 90% der betriebsgewöhnlichen Nutzungsdauer angesiedelten Grundlaufzeit möglichst niedrig zu halten. Sodann gibt der kündbare Teilamortisations-Vertrag dem Leasingnehmer die Möglichkeit, sich von Leasinggegenständen, die infolge neuer technischer Entwicklungen nicht mehr den neuesten Stand repräsentieren, zu trennen, indem er den Vertrag kündigt. Entscheidend ist, welchen Stellenwert diese Option für den durchschnittlichen Leasingnehmer einnimmt. In der Praxis verhält es sich offenbar so, dass nur ein sehr kleiner Teil der Leasingnehmer das vorzeitige ordentliche Kündigungsrecht in Anspruch nimmt und damit die vertraglich fixierte Ausgleichszahlung auslöst (nach mündlicher Auskunft mehrerer führender Leasinggesellschaften liegt die Quote unter 10%). Dies lässt bereits gewisse Rückschlüsse zu. Hinzu kommt, dass die Beendigung des Leasingvertrages durch vorzeitige Kündigung im Zeitpunkt des Vertragsschlusses ein noch ungewisses Ereignis ist, das der Leasingnehmer für sich zwar nicht ausschließen will, das aber neben der aktuellen und sicher zu erwartenden Pflicht zur Zahlung der Leasingraten in den Hintergrund tritt. Von daher spricht viel dafür, dass der Kunde die Abrechnungsklausel nur als Nebenpunkt wahrnimmt und nicht in seine Abschlussentscheidung einfließen lässt. Hinzu kommt, dass er wohl meist die Erwartung hegen dürfte, die Abrechnungsklausel werde das für die Grundlaufzeit vereinbarte Niveau schlicht fortschreiben und nicht zu zusätzlichen finanziellen Belastungen führen, er der Klausel auch aus diesem Grunde nicht die zur Einbeziehung in das Marktgeschehen notwendige Aufmerksamkeit entgegenbringen wird. Schließlich lässt sich, auch wenn man den Anspruch auf eine Abschlusszahlung als Rest-Erfüllungsanspruch qualifiziert, doch eine gewisse Nähe zu vertraglichen Abwicklungsregelungen nicht leugnen (ähnlich Martinek, Moderne Vertragstypen I § 8 I 201: Bei der Abrechnungsklausel sei die Gefahr übermächtig, dass der Leasingnehmer einer „nur" Abwicklungsmodalitäten behandelnden Klausel nicht die notwendige Aufmerksamkeit widme). Regelungen, die dieses Stadium des Vertrages betreffen, stuft das AGB-Recht offenbar als besonders sensibel und kontrollbedürftig ein. Neben § 309 Nr 6 BGB (Vertragsstrafe für den Fall der vorzeitigen Lösung vom Vertrag) ist vor allem auf § 308 Nr 7 BGB (Zahlungspflichten für den Fall der vorzeitigen einseitigen Lösung des Vertragsverhältnisses) hinzuweisen (BGH 31. 3. 1982 – VIII ZR 125/81, NJW 1982, 1747 hat sogar ausdrücklich auf § 10 Nr 7 AGBG – jetzt § 308 Nr 7 BGB – zurückgegriffen. Man mag dies kritisieren – so mit gutem Grund Lieb DB 1986, 2167f; aber auch wenn die tatbestandlichen Voraussetzungen der Norm nicht vorliegen, lassen sich aus der thematischen Nähe der Abrechnungsklauseln Rückschlüsse auf die Kontrollfähigkeit ziehen). Im Fall der Abrechnungsklauseln spricht daher der marktbezogene, durch normative Wertungen angereicherte Ansatz für die **Kontrollunterworfenheit nach § 307 Abs 3 BGB**.

302 Klärungsbedürftig ist sodann, welchen **Anforderungen** die Klauselgestaltung im Einzelnen unterliegt. Sub specie **Transparenzgebot** verlangt die Rechtsprechung, dass die Klausel in Verbindung mit dem übrigen Vertragsinhalt alle Angaben zu enthalten hat, deren es zur Berechnung des nach der Klausel geschuldeten Betrages bedarf. Kann der durchschnittliche Leasingnehmer nicht erkennen, welche Ausfälle und Nachteile der Leasinggeber in seine Berechnungen einbezogen und ob er auch die ihm durch eine ordentliche Kündigung des Vertrages durch den Leasingnehmer entstehenden Vorteile berücksichtigt hat, so ist dem Transparenzgebot nicht entsprochen. Die in der oben beispielhaft wiedergegebenen Klausel gewählte **pauschale Berechnung** wurde als für den Leasingnehmer nicht hinreichend durchschaubar

qualifiziert. Vor diesem Hintergrund muss dringend davon abgeraten werden, den Vollamortisationsanspruch in abstrakter Weise klauselmäßig festzuhalten. Zur konkreten Berechnung gibt es nach der Rechtsprechung keine Alternative (so auch die Einschätzung von vWESTPHALEN, Leasingvertrag Kap K Rn 55). Intransparent ist ferner der Begriff der **"vorschüssigen Rentenbarwertformel"** (BGH 22. 11. 1995 – VIII ZR 57/95, NJW 1996, 456, 456). Denn dabei handelt es sich nicht etwa um einen Begriff, der durch eine feststehende Rechtsprechung eine allseits anerkannte Ausprägung erfahren hat, sondern um eine abkürzende Bezeichnung für einen finanzmathematischen Berechnungsvorgang, dessen Kenntnis nicht als kaufmännisches Allgemeinwissen gelten kann. In letzter Zeit betont der BGH allerdings auch die **Grenzen des Transparenzgebots**. Dieses dürfe den AGB-Verwender nicht überfordern. Insbesondere bestehe die Verpflichtung, den Klauselinhalt klar und verständlich zu formulieren, nur im Rahmen des Möglichen (BGH 10. 7. 1990 – XI ZR 275/89, NJW 1990, 2383, 2384; BGH 10. 3. 1993 – VIII ZR 85/92, NJW 1993, 2052, 2054; BGH 3. 6. 1998 – VIII ZR 317–97, NJW 1998, 3114, 3116; BGH 3. 11. 1998 – XI ZR 346/97, ZIP 1999, 103, 104). Bei einem Leasingvertrag erfordere das Transparenzgebot nicht die Offenlegung der internen Kalkulation (BGH 4. 6. 1997 – VIII ZR 312/96, NJW 1997, 3166).

Die Unwirksamkeit einer Klausel über eine Abschlusszahlung kann sich schließlich auch aus einer **unangemessenen, materiellen Benachteiligung des Leasingnehmers** ergeben. Dabei dient der Rechtsprechung der leasingtypische Amortisationsanspruch (oben Rn 93) als Kontrollmaßstab; ihm kommt damit gleichsam Leitbildfunktion zu (so auch ausdrücklich H SCHMIDT, in: ULMER/BRANDNER/HENSEN. Bes Vertragstypen Leasingverträge Rn 21). Generell gilt, dass die Regelung den Leasinggeber nicht besser stellen darf, als er bei kündigungsfreiem Ablauf des Leasingvertrages stehen würde (BGH 19. 3. 1986 – VIII ZR 81/85, NJW 1986, 1746, 1747; H SCHMIDT, in: ULMER/BRANDNER/HENSEN, Bes Vertragstypen Leasingverträge Rn 21). Er darf mit anderen Worten aus der vorzeitigen Kündigung des Leasingvertrages kein Kapital schlagen (Bereicherungsverbot). Verstöße hiergegen sind etwa in der Form denkbar, dass keine oder eine zu geringe Abzinsung vorgesehen ist oder ersparte Kosten und Aufwendungen dem Leasingnehmer nicht gutgebracht werden. **303**

Der Verstoß gegen das Transparenzgebot (§ 307 Abs 1 S 2 BGB) oder das Verbot unangemessener Benachteiligung des Vertragspartners (§ 307 Abs 1 S 1 BGB) hat die **Nichtigkeit der Abrechnungsklausel** zur Folge. Damit verlieren jedoch nur die im Vertrag fixierten Vorgaben für die Bemessung der Höhe des Ausgleichsanspruchs ihre Verbindlichkeit. Der **Zahlungsanspruch dem Grunde** nach bleibt hiervon unberührt. An die Stelle der unwirksamen Abrechnungsklausel tritt nämlich der **leasingtypische Amortisationsanspruch** (BGH 12. 6. 1985 – VIII ZR 148/84, NJW 1985, 2253, 2256f; BGH 22. 1. 1986 – VIII ZR 318/84, NJW 1986, 1335, 1336; BGH 19. 3. 1986 – VIII ZR 81/85, NJW 1986, 1746, 1747; BGH 26. 11. 1986 – VIII ZR 354/85, NJW 1987, 842, 843; MünchKomm/KOCH Leasing Rn 129; BeckOGK/ZIEMSSEN [1. 1. 2018] § 535 Rn 1063; STOFFELS, in: WOLF/LINDACHER/PFEIFFER, Leasingverträge L 153). Der Leasingnehmer schuldet mithin eine Abschlusszahlung, die nunmehr jedoch **konkret** unter genauer Berücksichtigung aller ersparten Kosten des Leasinggebers **berechnet** werden muss (zur Berechnung vgl oben Rn 293). Hierin liegt nicht etwa eine (grundsätzlich unzulässige) geltungserhaltende Reduktion, sondern schlicht die Anwendung des Grundsatzes, dass die valutierte Kreditsumme bei vorzeitiger Vertragsbeendigung an den Kreditgeber zurückzuerstatten ist (so zu Recht LARENZ/CANARIS, Lehrbuch des Schuldrechts II/2 110). **304**

cc) Aufteilung des Mehrerlöses bzw Restwertgarantie

305 Insbesondere beim Kraftfahrzeugleasing wird häufig vereinbart, dass die zur vollen Amortisation der Gesamtaufwendungen notwendige Abschlussleistung nach dem Ende der Grundlaufzeit vom Leasingnehmer in der Weise erbracht wird, dass der Erlös aus der Verwertung (Verkauf) dem Leasinggeber zufließt und der Leasingnehmer insoweit einen bestimmten Restwert garantiert. Wird der garantierte Restwert im Zuge der Verwertung nicht erzielt – etwa weil das Leasinggut beschädigt oder über die Maßen abgenutzt ist –, so hat der Leasingnehmer die Differenz auszugleichen. Im umgekehrten Fall wird er an dem Mehrerlös prozentual beteiligt. Der Zahlungsanspruch auf Ausgleich einer etwaigen Differenz zwischen kalkuliertem Restwert und Veräußerungserlös hat ebenso wie eine vereinbarte Abschlusszahlung Entgeltcharakter (und unterliegt der Umsatzsteuerpflicht, BGH 28. 5. 2014 – VIII ZR 179/13 Rn 40 ff, NJW 2014, 2940 und BGH 28. 5. 2014 – VIII ZR 241/13 Rn 38 ff, BeckRS 2014, 14310); es handelt sich um den Rest-Erfüllungsanspruch mit der Folge, dass auf ihn die regelmäßige, drei Jahre betragende Verjährungsfrist nach § 195 BGB und nicht die kurze Verjährungsfrist des § 548 BGB Anwendung findet (BGH 10. 7. 1996 – VIII ZR 282/95, NJW 1996, 2860, 2861). Als Festlegung des geschuldeten Entgelts unterliegt die Höhe des vereinbarten Restwerts nicht der AGB-rechtlichen Angemessenheitskontrolle (§ 307 Abs 3 BGB; BGH 28. 5. 2014 – VIII ZR 179/13 Rn 25 f, NJW 2014, 2940 und BGH 28. 5. 2014 – VIII ZR 241/13 Rn 25 f, BeckRS 2014, 14310; insoweit zustimmend Omlor, WuB 2014, 1738). Eine Grenze stellt hier nur der Maßstab der Sittenwidrigkeit (§ 138 BGB) dar (OLG Düsseldorf 18. 6. 2013 – I-24 U 148/12, BeckRS 2013, 14408).

306 Die **AGB-rechtliche Zulässigkeit** dieses Modells ist im Grundsatz unbestritten (vgl BGH 9. 5. 2001 – VIII ZR 208/00, NJW 2001, 2165, 2166 sowie BGH 28. 5. 2014 – VIII ZR 179/13, NJW 2014, 2940 und BGH 28. 5. 2014 – VIII ZR 241/13, BeckRS 2014, 14310). Allerdings sind einige höchstrichterliche Vorgaben zu beachten. Zunächst trifft den Leasinggeber eine vertragliche **Nebenpflicht zur bestmöglichen Verwertung der zurückzugebenden Leasingsache** (BGH 10. 10. 1990 – VIII ZR 296/89, NJW 1991, 221, 224; BGH 22. 11. 1995 – VIII ZR 57/95, NJW 1996, 455; OLG Oldenburg 6. 3. 2012 – 13 U 4/11, NJW-RR 2012, 1262, 1263). Diese Verpflichtung soll zum Schutz des Leasingnehmers gewährleisten, dass diesem der tatsächliche Marktwert des Leasingobjekts im Verwertungszeitpunkt zugutekommt (BGH 4. 6. 1997 – VIII ZR 312/96, NJW 1997, 3166, 3167). Die Verletzung dieser Pflicht macht den Leasinggeber schadensersatzpflichtig. Der Leasingnehmer ist so zu stellen, als hätte der Leasinggeber seine Pflicht zur bestmöglichen Verwertung erfüllt. Eine Klausel in den Leasingbedingungen, die den Leasingnehmer für den Fall, dass es bei Vertragsende zu keiner Einigung über den Wert der Leasingsache kommt, an die Schätzung des Händlereinkaufspreises durch einen Sachverständigen bindet, genügt dem Gebot bestmöglicher Verwertung nicht und ist nach § 307 BGB unwirksam (BGH 22. 11. 1995 – VIII ZR 57/95, NJW 1996, 456; BGH 4. 6. 1997 – VIII ZR 312/96, NJW 1997, 3166, 3167; zum ebenfalls unwirksamen Ausschluss des Erwerbsrechts des Leasingnehmers in AGB vgl AG München 30. 11. 2002 – 141 C 27942/01, NZV 2003, 243 und Nitsch NZV 2003, 216). Ferner stellt es einen Verstoß gegen die Pflicht zur bestmöglichen Verwertung des Leasingguts dar, wenn zwischen dem Leasinggeber und dem Lieferanten eine Rückkaufvereinbarung besteht, der Leasinggeber am Ende der Laufzeit des Leasingvertrags gleichwohl nicht prüft, ob die Ausübung der Rechte aus der Rückkaufvereinbarung für den Leasingnehmer günstig ist (OLG Oldenburg 6. 3. 2012 – 13 U 4/11, NJW-RR 2012, 1262). Der Pflicht zur bestmöglichen Verwertung ist hingegen entsprochen, wenn dem Leasingnehmer das Recht eingeräumt wird, das Leasinggut selbst zum Schätzpreis zu erwerben. Er hat es dann in der Hand, durch eine Veräußerung auf eigene Rechnung einen tatsächlich höheren Marktwert zu seinen Gunsten zu realisieren (BGH 4. 6. 1997 – VIII ZR 312/96, NJW 1997, 3166, 3167; OLG Düsseldorf 15. 12. 2011 – I-24 U 111/11, BeckRS 2012, 04908). Derselbe Effekt lässt sich durch die formularmäßige Einräumung eines Drittkäuferbenennungsrechts erzielen (BGH 4. 6. 1997 – VIII ZR 312/96, NJW 1997, 3166, 3167; OLG Dresden 11. 11. 1998 – 8 U 3066/97, BB 1999, 285). Die Kosten des Schätzgutachtens können dem Leasingnehmer ohne Verstoß gegen § 307 BGB aufgebürdet werden (BGH 4. 6. 1997 – VIII ZR 312/96, NJW 1997, 3166, 3167; Martinek/Omlor, in: Bankrechts-Handbuch § 101 Rn 115). Die in den Leasing-AGB vielfach enthaltene Andienungsklausel, die dem Leasingnehmer eine Frist von nur zwei Wochen zur Benennung eines Käufers und zur vollständigen Abwicklung des Ankaufs einschließlich Barzahlung und Auskehr an die Leasinggesellschaft zugesteht, ist nach § 307 BGB auch im unternehmerischen Verkehr unwirksam. Der Leasingnehmer, der anders als der Leasinggeber regelmäßig nicht auf eine geeignete Absatzorganisation zurückgreifen kann, wird hierdurch unter einen unangemessenen Zeitdruck gesetzt. Seine Chance auf eine bessere Verwertung wird ohne hinreichende Rechtfertigung erheblich gemindert (so im Ergebnis auch OLG Frankfurt 21. 2. 2013 – 12 U 211/11, NJW-RR 2014, 52, 53; OLG Dresden 11. 11. 1998 – 8 U 3066–97, NJW-RR 1999, 703 und OLG Düsseldorf 24. 5. 2005 – 24 U 235/04, DB 2005, 1851). Im Falle der Unwirksamkeit der Andienungsklausel oder einer nicht erfolgten Andienung soll der Restwert auf der Basis des Händlerverkaufswerts abzüglich eines Abschlags von 10% zu errechnen sein (OLG Frankfurt 21. 2. 2013 – 12 U 211/11, NJW-RR 2014, 52, 54).

306a Wie stets muss auch bei dieser Variante des Teilamortisationsvertrages den Anforderungen des **Transparenzgebots** entsprochen werden. Das bedeutet zunächst, dass dem Kunden die Zweistufigkeit der Vollamortisation durch Zahlung des Leasingentgelts und Absicherung des Restwerts vor Augen geführt werden muss. Um dem zu genügen, muss die Verpflichtung zur Bezahlung des Restwerts – nach Beendigung des Leasingvertrags – so eindeutig, klar und transparent auf der Vorderseite des Vertragsformulars erscheinen, dass der Leasingnehmer daraus eine Garantieverpflichtung ableiten kann (OLG Frankfurt 5. 12. 2013 – 12 U 89/12, BeckRS 2014, 04907; ferner OLG Düsseldorf 18. 6. 2013 – I-24 U 148/12, BeckRS 2013, 14408). Das Transparenzgebot fordert im Übrigen zwar nicht die Offenlegung der Kalkulation, die dem im Finanzierungsleasingvertrag vereinbarten, vom Leasingnehmer garantierten Restwert zugrunde liegt. Wohl aber muss die Restwertklausel alle Angaben enthalten, deren es zur Berechnung des geschuldeten Restausgleichs bedarf (BGH 4. 6. 1997 – VIII ZR 312/96, NJW 1997, 3166). Im Übrigen hat der Leasingnehmer keine rechtlich geschützte Erwartung, dass der kalkulierte Restwert dem voraussichtlichen Veräußerungserlös entspricht. Der Verkaufserlös ist von den Marktgegebenheiten abhängig und kann daher nur als grober Kalkulationswert angesehen werden. Der BGH (BGH 28. 5. 2014 – VIII ZR 179/13, NJW 2014, 2940 mit Anm Greiner/Strippelmann und BGH 28. 5. 2014 – VIII ZR 241/13, BeckRS 2014, 14310; kritisch Omlor WuB 2014, 1738, zustimmend hingegen Schreiber LMK 2014, 361724) sieht in den typischerweise verwendeten Klauseln weder eine überraschende Vertragsgestaltung (§ 305c Abs 1 BGB) noch einen Verstoß gegen das Transparenzgebot (§ 307 Abs 1 S 2 BGB).

e) Kilometer-Abrechnungsvertrag
307 Die Spezifika des Kilometer-Abrechnungsvertrages, insbesondere die Abwicklungs-

modalitäten nach Ablauf der zwei- oder dreijährigen Vertragszeit, sind hier bereits dargestellt worden. Auf diese Ausführungen wird verwiesen (vgl Rn 35).

2. Außerordentliche Kündigung

308 Schließlich kann der Leasingvertrag – wie jedes andere Dauerschuldverhältnis auch – jederzeit ohne Einhaltung einer Kündigungsfrist gekündigt werden, wenn ein wichtiger Grund hierfür vorliegt (§ 314 BGB). In der Praxis des Leasinggeschäfts geschieht das offenbar nicht selten.

a) Kündigungsgründe

309 Nach § 314 Abs 1 S 1 BGB liegt ein zur außerordentlichen Kündigung berechtigender **wichtiger Grund** vor, wenn dem kündigenden Teil unter Berücksichtigung aller Umstände des Einzelfalles und unter Abwägung der beiderseitigen Interessen die Fortsetzung des Vertragsverhältnisses bis zur vereinbarten Beendigung oder bis zum Ablauf einer Kündigungsfrist nicht zugemutet werden kann. Auf dieser Grundlage und unter Einbeziehung besonderer gesetzlicher Vorschriften aus dem Miet- und Verbraucherdarlehensrecht ergibt sich im Einzelnen folgendes Bild.

aa) Außerordentliche Kündigung des Leasingnehmers

310 Für eine außerordentliche Kündigung des Leasingnehmers kommen verschiedene Gründe in Betracht. Sie entziehen sich einer abschließenden Aufzählung. Folgende Konstellationen seien hier hervorgehoben:

311 Zu denken ist zunächst an den Fall, dass dem Leasingnehmer – ohne dass er es zu vertreten hätte – der **Leasinggegenstand nicht geliefert** wird (vgl hierzu eingehend oben unter Rn 190 ff). Die Rechtsprechung operiert hier sowohl mit dem Institut der Störung der Geschäftsgrundlage (BGH 9. 10. 1985 – VIII ZR 217/84, NJW 1986, 179) als auch mit einer Analogie zu § 543 Abs 2 Nr 1 (BGH 7. 10. 1992 – VIII ZR 182/91, NJW 1993, 122, 123 und zuvor BGH 1. 7. 1987 – VIII ZR 117/86, NJW 1988, 204 f). Nach dieser Vorschrift liegt ein wichtiger Grund zur außerordentlichen Kündigung vor, wenn dem Mieter der vertragsgemäße Gebrauch der Mietsache ganz oder zum Teil nicht rechtzeitig gewährt oder entzogen wird. Eine außerordentliche Lösungsmöglichkeit wird man zwar im Ergebnis bejahen müssen; die dogmatische Begründung müsste jedoch nach der hier vertretenen Sichtweise eine andere sein. Nicht erneuert werden sollen hier die grundsätzlichen Einwände gegen die Geschäftsgrundlagenlösung (vgl oben Rn 249). Sie beanspruchen auch hier ihre Gültigkeit. Der zweite Begründungsansatz, die Analogie zu § 543 Abs 2 Nr 1 BGB, würde voraussetzen, dass der Leasinggeber wie ein Vermieter verpflichtet ist, dem Leasingnehmer den Besitz am Leasinggut zu verschaffen; denn gerade die Verletzung dieser Pflicht löst das Kündigungsrecht des § 543 Abs 2 Nr 1 BGB aus. Dass der Pflichtenkreis des Leasinggebers soweit nicht reicht, wurde hier bereits näher dargelegt (Rn 83). Richtiger Ansicht nach kann sich ein **Kündigungsrecht des Leasingnehmers im Falle des Ausbleibens der Lieferung nur aus § 314 BGB** ergeben. Soweit dem Leasingnehmer nicht nur die Gewährleistungsrechte gegen den Lieferanten abgetreten worden sind, sondern ihm darüber hinaus auch der Lieferanspruch übertragen worden ist, wird man ihn allerdings für verpflichtet halten müssen, zunächst gegen den Lieferanten vorzugehen (ebenso im Ergebnis auf der Basis des § 543 Abs 2 Nr 1 MünchKomm/Koch Leasing Rn 137; BeckOGK/Ziemssen [1. 1. 2018] § 535 Rn 1006 f). Erst wenn die Erfolglosigkeit dieses Unterfangens zutage tritt, ist er berechtigt, sich vom Leasingvertrag durch eine außerordentliche Kündigung nach § 314 BGB zu lösen.

Ein außerordentliches Kündigungsrecht nach § 314 BGB ist dem Leasingnehmer **312** ferner dann zuzugestehen, wenn die **Sache nach Überlassung an ihn untergeht**. Denn damit ist der Finanzierungszweck endgültig fehlgeschlagen und dem Leasingnehmer ein weiteres Festhalten am Leasingvertrag nicht zuzumuten (Einzelheiten oben unter Rn 212a ff). Nicht anders ist dann der Fall zu behandeln, dass dem Leasingnehmer nachträglich der **Besitz von einem Dritten entzogen** wird, der erfolgreich ein **Recht an diesem Gegenstand** für sich reklamiert.

Eine außerordentliche Kündigung nach § 314 BGB kommt nach der hier in Abgrenzung zur Geschäftsgrundlagenlösung der Rechtsprechung entwickelten Ansicht **313** ferner im Falle der **Lieferung einer mangelhaften Sache** in Betracht (vgl Rn 247 u 249 ff).

Eine fristlose Kündigung aus wichtigem Grunde kommt in Betracht, wenn sich der **314** Leasinggeber eigenmächtig in den Besitz der Sache setzt; abweichende Bestimmungen in den Geschäftsbedingungen des Leasinggebers sind nicht möglich (OLG Hamm 20. 12. 1991 – 30 U 93/91, ZMR 1992, 152).

bb) Außerordentliche Kündigung des Leasinggebers

Den bei weitem häufigsten Anlass für eine fristlose Kündigung seitens des Leasinggebers bildet in der Praxis das Ausbleiben der geschuldeten Leasingraten zum vereinbarten Termin, also der Zahlungsrückstand des Leasingnehmers. Allerdings können auch anders gelagerte Sachverhalte unter bestimmten Voraussetzungen eine außerordentliche Kündigung rechtfertigen (zur Kündigung bei Insolvenz des Leasingnehmers vgl Rn 339 ff). **315**

α) Zahlungsverzug des Leasingnehmers

Der Zahlungsverzug des Schuldners ist ua im Mietrecht als Grund für eine außerordentliche fristlose Kündigung gesetzlich anerkannt. In § 543 Abs 2 Nr 3 BGB ist **316** dieser Kündigungsgrund tatbestandlich näher ausgeformt worden. Hiernach ist eine außerordentliche Kündigung insbesondere dann gerechtfertigt, wenn der Mieter **für zwei aufeinander folgende Termine mit der Entrichtung der Miete** oder eines nicht unerheblichen Teils **in Verzug** ist (Buchst a, beachte auch Buchst b). Leasingspezifische Besonderheiten, die einer Erstreckung dieser Vorschrift auf den Zahlungsrückstand des Leasingnehmers entgegenstehen, sind nicht ersichtlich. Die Rechtsprechung wendet daher **§ 543 Abs 2 Nr 3 BGB** zu Recht **analog** auf das Finanzierungsleasing an (BGH 28. 10. 1981 – VIII ZR 302/80, NJW 1982, 870, 872; BGH 4. 4. 1984 – VIII ZR 313/82, NJW 1984, 2687; BGH 24. 4. 1985 – VIII ZR 95/84, NJW 1985, 1539, 1544; BGH 12. 6. 1985 – VIII ZR 148/84, NJW 1985, 2253; BGH 8. 3. 1995 – VIII ZR 313/93, NJW 1995, 1541, 1543; zust vWESTPHALEN, Leasingvertrag Kap L Rn 10 ff; PALANDT/WEIDENKAFF Einf v § 535 Rn 61; WOLF/ECKERT/BALL, Handbuch Rn 1981; MünchKomm/KOCH Leasing Rn 138; für eine unmittelbare Anwendung BeckOGK/ZIEMSSEN [1. 1. 2018] § 535 Rn 1016). Einer Mahnung als Voraussetzung des Verzugseintritts bedarf es nicht, da der Leasingnehmer zur Zahlung der Leasingraten an kalendermäßig fixierten Fälligkeitsdaten verpflichtet ist (§ 286 Abs 2 Nr 1 BGB; vgl MARTINEK, Moderne Vertragstypen I 204).

Leasing

317 In der Praxis wird die Kündigungsbefugnis des Leasinggebers in aller Regel im Leasingvertrag näher geregelt. Solche **Kündigungsklauseln** befassen sich dann auch meist mit dem Zahlungsrückstand des Leasingnehmers. Dabei ist zu beachten, dass der Tatbestand des § 543 Abs 2 Nr 3 BGB nicht zum Nachteil des Leasingnehmers abgeändert werden darf. Denn der Vorschrift des § 543 Abs 2 Nr 3 BGB wird im Rahmen der Inhaltskontrolle nach § 307 Abs 2 Nr 1 BGB – auch im unternehmerischen Geschäftsverkehr – Leitbildcharakter zuerkannt (Martinek, Moderne Vertragstypen I 205; MünchKomm/Koch Leasing Rn 138; BeckOGK/Ziemssen [1. 1. 2018] § 535 Rn 1018). Unwirksam wäre daher beispielsweise folgende Klausel: *„Der Leasinggeber ist zur fristlosen Kündigung berechtigt, wenn der Leasingnehmer mit der Zahlung eine Leasingrate ganz oder teilweise länger als einen Monat nach Zahlungsaufforderung trotz schriftlicher Mahnung im Rückstand ist."* Der BGH hat eine entsprechende Klausel in einem Pachtvertrag deshalb für unwirksam erklärt, weil sie zum einen eine fristlose Kündigung schon bei einem teilweisen Rückstand mit nur einer Rate ausreichen lässt, und zwar auch dann, wenn der Rückstand nur unerheblich ist, und sie zum anderen für eine fristlose Kündigung genügen lässt, dass der Vertragspartner unverschuldet in Zahlungsrückstand geraten ist (BGH 25. 3. 1987 – VIII ZR 71/86, NJW 1987, 2506, 2507; vgl ferner OLG Celle 12. 1. 1994 – 2 U 28/93, WM 1994, 885, 891). Für den Leasingvertrag wird man nicht anders entscheiden können (wie hier MünchKomm/Koch Leasing Rn 138; BeckOGK/Ziemssen [1. 1. 2018] § 535 Rn 1018). Ob sich eine Kündigungsklausel überhaupt empfiehlt, ist durchaus zweifelhaft. Das Resultat ist mitunter sogar eine ungewollte Selbstbeschränkung.

318 Handelt es sich bei dem Leasingnehmer um einen **Verbraucher**, so ist für eine Kündigung des Leasingvertrages wegen Zahlungsverzuges die **Sondervorschrift des § 498 BGB** (iVm § 506 BGB) zu beachten. Dabei ist in erster Linie an die Verträge zu denken, die in der Leasingbranche mit „Privatleasing" bezeichnet werden. Allerdings fällt in den persönlichen Anwendungsbereich des Verbraucherdarlehensrechts auch der Gesellschafter/Geschäftsführer einer GmbH, wenn dieser neben der GmbH an dem Leasingvertrag beteiligt ist, und zwar auch dann, wenn das Leasingobjekt für eine gewerbliche Tätigkeit der GmbH bestimmt ist (BGH 28. 6. 2000 – VIII ZR 240/99, NJW 2000, 3133, 3135 f). Zum Schutze des Verbrauchers sind in § 498 BGB **zusätzliche Voraussetzungen** statuiert, die allesamt kumulativ erfüllt sein müssen. Zunächst muss der Verbraucher mit mindestens zwei aufeinanderfolgenden Teilzahlungen ganz oder teilweise in Verzug sein (§ 498 S 1 Nr 1 HS 1 BGB). Ferner muss der Verzug mit mindestens 10%, bei einer Laufzeit über drei Jahre mit 5% des Nennbetrages des Darlehens bestehen (§ 498 S 1 Nr 1 HS 2 BGB, sog Rückstandsquote). Schließlich muss der Darlehensgeber dem Verbraucher erfolglos eine zweiwöchige Frist zur Zahlung des rückständigen Betrages mit der Erklärung gesetzt haben, dass er bei Nichtzahlung innerhalb der Frist die gesamte Restschuld verlange (§ 498 S 1 Nr 2 BGB, sog qualifizierte Mahnung). Die Kündigung ist jedoch dann unwirksam, wenn der Kreditgeber mit der Kündigungsandrohung einen höheren als den vom Verbraucher tatsächlich geschuldeten rückständigen Betrag fordert (BGH 26. 1. 2005 – VIII ZR 90/04, NJW-RR 2005, 1410, 1412). Schwierigkeiten bereitet die Ermittlung der Rückstandsquote, da unklar ist, was bei der entsprechenden Anwendung des § 498 BGB auf Finanzierungsleasingverträge unter dem „Nennbetrag" des Darlehens zu verstehen ist. Fraglich ist insbesondere, inwieweit leasingtypische Sonder- oder Restwertzahlungen bei der Ermittlung des Nennbetrages zu berücksichtigen sind (vgl hierzu ua Martinek/Oechsler ZBB 1993, 97 ff; Oechsler, Schuldrecht Besonderer Teil,

Vertragsrecht Rn 502 ff; ENGEL BB 2001, Beil 4 24; umfangreiche Nachweise des Meinungsstandes ferner in BGH 14. 2. 2001 – VIII ZR 277/99, NJW 2001, 1349, 1351). In einer noch zum Verbraucherkreditgesetz ergangenen jüngeren Entscheidung hat der BGH allein auf die Summe der Brutto-Leasingraten abgestellt (BGH 14. 2. 2001 – VIII ZR 277/99, NJW 2001, 1349, 1351; BGH 26. 1. 2005 – VIII ZR 90/04, NJW-RR 2005, 1410, 1410); jedoch besteht hier noch weiterer Klärungsbedarf.

β) **Vermögensgefährdung, Zwangsvollstreckung**

Auch eine wesentliche Verschlechterung der Vermögensverhältnisse des Leasing- **319** nehmers kann grundsätzlich einen wichtigen Grund für eine auf § 314 BGB gestützte, außerordentliche Kündigung des Leasinggebers bilden. Voraussetzung ist jedoch, dass die Vermögensverschlechterung die **Durchsetzbarkeit des Anspruchs auf Zahlung der Leasingraten konkret und gravierend gefährdet** (LARENZ/CANARIS, Lehrbuch des Schuldrechts II/2 124; BERNINGHAUS, in: MARTINEK/STOFFELS/WIMMER-LEONHARDT, Leasinghandbuch § 38 Rn 18; ähnlich BGH 8. 10. 1990 – VIII ZR 247/89, NJW 1991, 102, 104; aA MARTINEK/OMLOR, in: Bankrechts-Handbuch § 101 Rn 126, der den Nachweis einer konkreten Gefährdung der Vertragserfüllung für verzichtbar hält). Dieser Kündigungstatbestand kann in den Allgemeinen Leasingbedingungen präzisiert und exemplifiziert, nicht jedoch substantiell ausgeweitet werden. Im kaufmännischen Geschäftsverkehr hat es der BGH für zulässig gehalten, dass sich die Leasinggesellschaft das Recht zur fristlosen Kündigung für den Fall von **Zwangsvollstreckungsmaßnahmen** in das Vermögen des Leasingnehmers vorbehalten hat, zumindest insoweit es um Investitionsgüter von beträchtlichem Wert geht (BGH 7. 12. 1983 – VIII ZR 257/82, NJW 1984, 871, 872). Der AGB-Kontrolle nicht standgehalten hat hingegen eine Klausel, die dem Leasinggeber allein schon bei Vorliegen von „**sonstigen Umständen**", aus denen sich eine wesentliche Verschlechterung oder erhebliche Gefährdung des Vermögens des Leasingnehmers ergibt, das Recht zur fristlosen Kündigung einräumte (BGH 8. 10. 1990 – VIII ZR 247/89, NJW 1991, 102, 104). Dem ist zuzustimmen, da der Klauseltext die Anspruchsgefährdung als Voraussetzung nicht erwähnte. Noch zurückhaltender wird man im Übrigen die Kündigungsbefugnis wegen einer Vermögensverschlechterung des Leasingnehmers zu beurteilen haben, wenn es sich bei ihm um einen **Verbraucher** handelt. Die Sondervorschrift des § 498 BGB zur Kündigung wegen Zahlungsverzuges darf nicht dadurch partiell außer Kraft gesetzt werden, dass man nicht mehr auf den Zahlungsverzug abstellt, sondern eine meist zuvor einsetzende Vermögensverschlechterung als Kündigungsgrund ausreichen lässt (für eine entsprechende Sperr- bzw Vorwirkung des § 498 auch MünchKomm/KOCH Leasing Rn 138; aA offenbar MARTINEK/OMLOR, in: Bankrechts-Handbuch § 101 Rn 126 und OLG Hamm 5. 6. 1998 – 30 U 163–97, NJW-RR 1998, 1672).

γ) **Vertragswidriger Gebrauch**

Als Grund für eine fristlose Kündigung des Leasingvertrages kommt schließlich der **320** vertragswidrige Gebrauch der im Eigentum des Leasinggebers stehenden und ihm als Sicherheit dienenden Leasingsache in Betracht (MünchKomm/KOCH Leasing Rn 138; BeckOGK/ZIEMSSEN [1. 1. 2018] § 535 Rn 1019; BECKMANN/SCHARFF, Leasingrecht § 18 Rn 67 ff). Eine gewisse Orientierung bietet hier die mietrechtliche Vorschrift des **§ 543 Abs 2 Nr 2 BGB**. Für den Vermieter liegt nach dieser Vorschrift ein wichtiger Grund insbesondere dann vor, wenn der Mieter die Rechte des Vermieters dadurch in erheblichem Maße verletzt, dass er die Mietsache durch Vernachlässigung der ihm obliegenden Sorgfalt erheblich gefährdet oder sie unbefugt einem Dritten überlässt. Bei einem Leasingvertrag ist hier an erhebliche Vernachlässigung der Instandhaltungs- und Pflegepflichten, aber auch an den Fall der unberechtigten – da im Leasingvertrag regelmäßig untersagten – Untervermietung zu denken. Freilich hat der fristlosen Kündigung in diesen Fällen grundsätzlich eine **Abmahnung** voranzugehen (vgl auch § 543 Abs 3 BGB sowie § 314 Abs 2 BGB, Martinek/Omlor, in: Bankrechts-Handbuch § 101 Rn 125; AGB-Klauselwerke/vWestphalen Leasing Kap C Rn 7). Eine Kündigungsklausel, die den Kündigungsgrund des vertragswidrigen Gebrauchs aufgreift, darf das Abmahnungserfordernis nicht aussparen (AGB-Klauselwerke/vWestphalen Leasing Rn 227).

321 Die Verletzung der **Pflicht, das Leasinggut zu versichern**, berechtigt den Leasinggeber grundsätzlich zur fristlosen Kündigung; nicht hingegen der Umstand, dass der Leasingnehmer auf einmalige Anfrage den Nachweis des Bestehens der Versicherung nicht innerhalb einer gesetzten Frist vorlegt (OLG Koblenz 8. 1. 2002 – 3 U 406/01, MDR 2002, 694).

b) Kündigungserklärung

322 Die Kündigungserklärung ist eine einseitige, empfangsbedürftige Willenserklärung und unterliegt den allgemeinen Regeln über Willenserklärungen (§§ 116 ff BGB). Ihre Gestaltungswirkung entfaltet sie mit Zugang beim Vertragspartner, hier dem Leasingnehmer. Ein Leasingvertrag, an dem mehrere Personen als Leasingnehmer beteiligt sind, kann vom Leasinggeber nur einheitlich gegenüber allen Leasingnehmern gekündigt werden (BGH 28. 6. 2000 – VIII ZR 240/99, NJW 2000, 3133, 3135). Ist auch nur einer von mehreren Leasingnehmern Verbraucher, so hängt die Wirksamkeit einer Kündigung des Leasinggebers wegen Zahlungsverzuges insgesamt davon ab, dass gegenüber diesem Leasingnehmer die Kündigungsvoraussetzungen des § 498 BGB erfüllt sind (BGH 28. 6. 2000 – VIII ZR 240/99, NJW 2000, 3133, 3135). Der Kündigungsgrund muss in der Kündigungserklärung nicht angegeben werden (BGH 7. 12. 1983 – VIII ZR 257/82, NJW 1984, 871, 872). Dies kann im Streitfall auch noch nachgeholt werden. In zeitlicher Hinsicht ist die Grenze der Verwirkung zu beachten. Wo diese verläuft, muss für jeden Einzelfall unter Berücksichtigung aller Umstände geklärt werden. Die Rechtsprechung ist hier eher großzügig. Nach Ansicht des BGH hat selbst der Ablauf von zwei Monaten zwischen Kenntniserlangung vom Kündigungsgrund und Zugang der Kündigung nicht ohne Weiteres die Verwirkung des Kündigungsrechts zur Folge (BGH 7. 12. 1983 – VIII ZR 257/82, NJW 1984, 871, 872). Geht der Kündigung eine – bei Verbraucherbeteiligung nach § 498 S 1 Nr 2 BGB sogar zwingend vorgeschriebene – Fristsetzung mit Androhung der Gesamtfälligkeit voraus, so muss die Zeitspanne vom Ablauf der gesetzten Frist bis zum Zugang der Kündigung deutlich kürzer bemessen werden (MünchKomm/Koch Leasing Rn 140: wenige Tage).

c) Schadensersatz

323 Die Beendigungswirkung der Kündigung äußert sich insbesondere im Erlöschen der Erfüllungsansprüche für die Zukunft. Der kündigende Leasinggeber verliert mithin seinen Anspruch auf Zahlung der künftigen Leasingraten. Zwar kann er den Leasinggegenstand wieder vom Leasingnehmer zurückverlangen, doch erleidet er infolge der vorzeitigen Beendigung des Vertragsverhältnisses finanzielle Nachteile. Den Leasinggeber diese Vermögenseinbuße tragen zu lassen, erscheint jedenfalls dann unbillig, wenn der **Leasingnehmer die außerordentliche Kündigung zu vertreten** hat. Die Rechtsprechung hat dies schon früh erkannt und dem Leasinggeber in diesen Fällen einen **Schadensersatzanspruch** („eigener Art") zuerkannt (BGH 28. 10. 1981 – VIII ZR 302/80, NJW 1982, 870, 872; BGH 4. 4. 1984 – VIII ZR 313/82, NJW 1984, 2687; BGH 10. 10. 1990 – VIII ZR 296/89, NJW 1991, 221, 222; BGH 3. 6. 1992 – VIII ZR 138/91, NJW 1992, 2150, 2152; aus dem Schrifttum vgl statt vieler Larenz/Canaris, Lehrbuch des Schuldrechts II/2 124; vWestphalen, Leasingvertrag Kap L Rn 37 ff; Berninghaus, in: Martinek/Stoffels/Wimmer-Leonhardt, Leasinghandbuch § 39 Rn 7 ff). Dieser entsteht mit Zugang der Kündigungserklärung beim Leasingnehmer (BGH 3. 6. 1992 – VIII ZR 138/91, NJW 1992, 2150, 2152) und ist ausgeschlossen, wenn die Kündigung während der wegen unterbliebener Belehrung noch laufenden Widerrufsfrist (§§ 506, 495 Abs 1, 355 BGB) erfolgt (BGH 12. 6. 1996 – VIII ZR 248/95, NJW 1996, 2367). Als Rechtsgrundlage wird man heute zum einen die §§ 280 Abs 1, Abs 3 iVm 281 und 282 BGB und zum anderen den in § 628 Abs 2 BGB zum Ausdruck gelangten Rechtsgedanken anführen können (näher hierzu Berninghaus, in: Praxishandbuch Leasing § 12 Rn 93 f).

Der Anspruch des Leasinggebers ist auf **Ersatz des Erfüllungsinteresses** gerichtet. Er **324** kann also vom Leasingnehmer verlangen, so gestellt zu werden, wie er stünde, wenn der Leasingvertrag ordnungsgemäß erfüllt worden wäre (BGH 11. 1. 1995 – VIII ZR 61/94, NJW 1995, 954, 955; BGH 26. 6. 2002 – VIII ZR 147/01, NJW 2002, 2713, 2714). Konkret geht er auf Ersatz des Betrages, den der Leasingnehmer bei ungestörter Abwicklung des Vertragsverhältnisses bis zum Ablauf der unkündbaren Grundlaufzeit hätte zahlen müssen, gemindert allerdings durch ersparte Aufwendungen und andere infolge der Kündigung erwachsene Vorteile (BGH 24. 4. 1985 – VIII ZR 95/84, NJW 1985, 1539). Falls es an einer (wirksamen) vertraglichen Regelung fehlt, ist dieser Nichterfüllungsschaden konkret nach den §§ 249 ff BGB zu berechnen (BGH 12. 6. 1985 – VIII ZR 148/84, NJW 1985, 2253). Seine Obergrenze findet er in der Summe der Leistungen, die der Beklagte bei ordnungsgemäßer Durchführung des Vertrages hätte erbringen müssen, einschließlich einer vereinbarten Abschlusszahlung (BGH 12. 6. 1985 – VIII ZR 148/84, NJW 1985, 2253, 2254). Bereits geleistete Sonderzahlungen werden hingegen in vollem Umfang als Teil des Amortisationsanspruchs des Leasinggebers behandelt (BGH 11. 1. 1995 – VIII ZR 61/94, NJW 1995, 954). Hinsichtlich der Berechnung des Schadensersatzanspruchs kann in weitem Umfang auf die Darlegungen zur Berechnung des Restamortisationsanspruchs als Folge einer ordentlichen Kündigung verwiesen werden (vgl Rn 293 ff). Folgende Punkte seien jedoch besonders hervorgehoben (zur Anrechnung des hypothetischen Verwertungserlöses vgl zuletzt OLG Dresden 7. 8. 2000 – 8 W 2306/99, NJW-RR 2003, 194).

Im Rahmen der **Vorteilsausgleichung** muss sich der Leasinggeber dasjenige auf **325** seinen Schadensersatzanspruch anrechnen lassen, was ihm infolge der vorzeitigen Vertragsbeendigung zugutekommt (Larenz/Canaris, Lehrbuch des Schuldrechts II/2 124). So ist zu berücksichtigen, dass dem Leasinggeber infolge des vorzeitigen Kapitalrückflusses geldwerte Vorteile erwachsen, etwa indem er sein Refinanzierungsdarlehen vorzeitig ablöst (eine hierfür zu zahlende und auch tatsächlich gezahlte Vorfälligkeitsentschädigung ist als kündigungsbedingte Mehraufwendung allerdings zugunsten des Leasinggebers in Ansatz zu bringen, MünchKomm/Koch Leasing Rn 131; BeckOGK/Ziemssen [1. 1. 2018] § 535 Rn 1070) oder das Kapital anderweitig gewinnbringend anlegt. Aus diesem Grunde ist der vom Leasinggeber geltend gemachte **Gewinnersatz abzuzinsen**. Für die Berechnung der Abzinsung gibt es keine allgemein gültige Formel (BGH 10. 10. 1990 – VIII ZR 296/89, NJW 1991, 221, 223). Immerhin wird eine Abzinsung nach der sog Barwertformel für nachschüssige Renten allgemein als zulässig angesehen (BGH 10. 10. 1990 – VIII ZR 296/89, NJW 1991, 221, 222; BERNINGHAUS, in: MARTINEK/STOFFELS/WIMMER-LEONHARDT, Leasinghandbuch § 39 Rn 38 f). Hinzu können laufzeitabhängige, infolge der vorzeitigen Beendigung jedoch nicht mehr anfallende Verwaltungskosten kommen. Ein weiterer anzurechnender Vorteil liegt darin, dass das vorzeitig zurückgegebene Leasingobjekt einen höheren Wert aufweist als nach Vertragsablauf (BGH 8. 3. 1995 – VIII ZR 313/93, NJW 1995, 1541).

326 Der Schadensersatzanspruch des Leasinggebers umfasst nach § 252 BGB grundsätzlich auch den vollständigen Gewinn, den er bei regulärer Durchführung des Vertrages erzielt hätte. Eine Einschränkung ist für den Fall zu machen, dass der Leasingnehmer die Vertragslaufzeit durch Ausübung eines vertraglich eingeräumten ordentlichen Kündigungsrechts hätte abkürzen können. In diesem Fall hat der Leasinggeber **nur bis zum Zeitpunkt der zulässigen ordentlichen Kündigung Anspruch auf den vollen anteiligen Gewinn**, weil die vom Leasingnehmer durch den Kündigungsgrund in Gang gesetzte Kausalität für den dem Leasinggeber entstehenden Schaden nur bis zu diesem Zeitpunkt fortwirkt (BGH 12. 6. 1985 – VIII ZR 148/84, NJW 1985, 2253, 2255; BGH 10. 10. 1990 – VIII ZR 296/89, NJW 1991, 221, 223). Dieser mit der mietrechtlichen Konzeption allerdings nur schwer in Einklang zu bringenden (vgl LARENZ/CANARIS, Lehrbuch des Schuldrechts II/2 124) Rechtsprechung ist zuzustimmen.

327 **Klauseln in den Leasingbedingungen**, die den Anspruch auf Schadensersatz der Höhe nach festzulegen versuchen, halten in den seltensten Fällen der Inhaltskontrolle nach den §§ 305 ff BGB stand, da sie meist zum Nachteil des Leasingnehmers von den soeben dargelegten Berechnungskriterien abweichen. So wurde beispielsweise eine Klausel für unwirksam erklärt, weil sie, abgesehen von einer unzulässigen Festlegung eines nicht am Refinanzierungszins orientierten Abzinsungssatzes, laufzeitabhängige und damit ersparte Aufwendungen nicht berücksichtigte (BGH 10. 10. 1990 – VIII ZR 296/89, NJW 1991, 221, 222; ebenso BGH 11. 1. 1995 – VIII ZR 61/94, NJW 1995, 954). Schadenspauschalierungsabreden sind nur in den Grenzen des § 309 Nr 5 BGB, der auch im unternehmerischen Geschäftsverkehr über § 307 BGB Beachtung verlangt (STOFFELS, AGB-Recht Rn 895), zulässig (STOFFELS, in: WOLF/LINDACHER/PFEIFFER, Leasingverträge L 174). Schon wegen des Erfordernisses, den konkreten Verwertungserlös anzurechnen, dürfte den dort aufgestellten Wirksamkeitsvoraussetzungen kaum je entsprochen werden können (MünchKomm/KOCH Leasing Rn 141; BeckOGK/ZIEMSSEN [1. 1. 2018] § 535 Rn 1109). Für einen Teilamortisationsvertrag mit Andienungsrecht hat der BGH entschieden, dass eine Klausel, nach der bei vorzeitiger Vertragsbeendigung – anders als bei ordnungsgemäßer Vertragsbeendigung – nur 90 % des erzielten Verwertungserlöses auf die Schadensersatzpflicht des Leasingnehmers angerechnet werden sollen, gegen das schadensersatzrechtliche Bereicherungsverbot verstößt und daher gem § 307 Abs 2 Nr 2 BGB unwirksam ist (BGH 26. 6. 2002 – VIII ZR 147/01, NJW 2002, 2713 ff). Im Falle der **Unwirksamkeit** einer Schadensberechnungsklausel obliegt es dem Leasinggeber, seinen Kündigungsschaden **konkret zu berechnen** (BGH 26. 6. 2002 – VIII ZR 147/01, NJW 2002, 2713, 2714). Bei einer konkreten Schadensberechnung ist der intern kalkulierte Restwert nicht zu berücksichtigen (BGH 14. 7. 2004 – VIII ZR 367/03, NJW 2004, 2823, 2824; NITSCH NZV 2007, 62 ff).

d) Verfallklauseln und Sicherstellung

328 In Leasingverträgen finden sich mitunter – heute allerdings nur noch selten – Bestimmungen, nach denen der Leasinggeber trotz Kündigung des Vertrages berechtigt

sein soll, alle noch ausstehenden Leasingraten fällig zu stellen. Solche sog **Verfallklauseln** bewirken, dass sich der Leasingnehmer trotz rechtlicher Beendigung des Vertrages dem Leasingratenzahlungsanspruch, also dem fortwirkenden Erfüllungsanspruch des Leasinggebers, ausgesetzt sieht. Eine solche Kumulation zweier miteinander derart inkompatibler Rechte benachteiligt den Leasingnehmer unangemessen im Sinne von § 307 BGB (BGH 28. 10. 1981 – VIII ZR 302/80, NJW 1982, 870, 871 f; zuvor schon BGH 5. 4. 1978 – NJW 1978, 1432, NJW 1978, 1432; ebenso vWestphalen, Leasingvertrag Kap L Rn 27; Martinek, Moderne Vertragstypen I 206 f; MünchKomm/Koch Leasing Rn 144; BeckOGK/Ziemssen [1. 1. 2018] § 535 Rn 1110; H Schmidt, in: Ulmer/Brandner/Hensen, Bes Vertragstypen Rn 22; **aA** OLG Frankfurt 1. 3. 1983 – 5 U 126/82, ZIP 1983, 705, 706 und Papapostolou, Risikoverteilung beim Finanzierungsleasingvertrag 119; eingehend zu Verfallklauseln in Leasingverträgen Quittnat BB 1979, 1530), und zwar auch dann, wenn dem Leasingnehmer für den Fall der Zahlung der rückständigen Raten ein Anspruch auf Rückerlangung des Leasinggegenstandes eingeräumt wird (BGH 28. 10. 1981 – VIII ZR 302/80, NJW 1982, 870). Hieran ändert auch der Umstand nichts, dass die Verfallklausel eine Abzinsung der Leasingraten vorsieht (Martinek, Moderne Vertragstypen I 206; MünchKomm/Koch Leasing Rn 144; BeckOGK/Ziemssen [1. 1. 2018] § 535 Rn 1110. 1). Abgesehen davon ist eine solche Verfallklausel einer Vertragsstrafenvereinbarung gleichzustellen mit der Folge, dass im nichtunternehmerischen Verkehr das Vertragsstrafenverbot des § 309 Nr 6 BGB ausgelöst wird (Martinek, Moderne Vertragstypen I 207; zur rechtlichen Gleichstellung von Verfallklauseln und Vertragsstrafenabrede vgl allgemein auch Stoffels, AGB-Recht Rn 897 f). Der Verstoß gegen das AGB-Recht hat die Nichtigkeit der Verfallklausel zur Folge; eine irgendwie geartete Aufrechterhaltung, etwa in Form einer Schadensersatzpauschale, scheidet aus (BGH 28. 10. 1981 – VIII ZR 302/80, NJW 1982, 870, 872; vWestphalen, Leasingvertrag Kap L Rn 27).

Solange der Leasingvertrag nicht rechtswirksam beendet worden ist, hat der Leasingnehmer das Recht, den Leasinggegenstand zu besitzen und für seine Zwecke zu nutzen. Ein etwaiger Zahlungsverzug des Leasingnehmers lässt diese Berechtigung noch nicht entfallen. Erst eine wirksame Kündigung des Leasingvertrages berechtigt den Leasinggeber, das Leasinggut vom Leasingnehmer heraus zu verlangen. Allerdings ist es grundsätzlich nicht zu beanstanden, weil dem Grundgedanken des § 320 BGB entsprechend, wenn sich der Leasinggeber in seinen Leasingbedingungen das Recht vorbehält, im Falle des Zahlungsverzugs oder einer sonstigen schwerwiegenden Pflichtverletzung auch ohne vorherige Kündigung die Herausgabe der Sache zu verlangen, ohne dass der Leasingnehmer dadurch von der Pflicht zur Zahlung der laufenden Leasingraten entbunden würde (BGH 1. 3. 1978 – VIII ZR 183/76, WM 1978, 406 ff; Stoffels, in: Wolf/Lindacher/Pfeiffer, Leasingverträge L 176; MünchKomm/Koch Leasing Rn 143; BeckOGK/Ziemssen [1. 1. 2018] § 535 Rn 1036; Erman/Jendrek Anh § 535 Rn 35). Die entsprechende Klausel sollte allerdings klarstellen, dass der Leasingnehmer mit Zahlung der rückständigen Raten einen Anspruch auf Rückgabe der Leasingsache hat (BGH 1. 3. 1978 – VIII ZR 183/76, WM 1978, 406, 408; MünchKomm/Koch Leasing Rn 143; BeckOGK/Ziemssen [1. 1. 2018] § 535 Rn 1036). Unzulässig wäre es, den Anspruch auf Rückgabe von der Zahlung auch künftiger Leasingraten abhängig zu machen (BGH 28. 10. 1981 – VIII ZR 302/80, NJW 1982, 870; OLG Hamm 10. 3. 1981 – 4 U 247/80, DB 1981, 885; MünchKomm/Koch Leasing Rn 143; BeckOGK/Ziemssen [1. 1. 2018] § 535 Rn 1036; Stoffels, in: Wolf/Lindacher/Pfeiffer, Leasingverträge L 176; **aA** OLG Frankfurt 1. 3. 1983 – 5 U 126/82, BB 1983, 1371). Das **vertraglich vorbehaltene Recht zur Sicherstellung** umfasst nicht die Befugnis zur eigenmächtigen Abholung des Leasinggegenstandes (OLG Hamm 20. 12.

1991 – 30 U 93/91, NJW-RR 1992, 502 f; Stoffels, in: Wolf/Lindacher/Pfeiffer, Leasingverträge L 176). Die Sicherstellung ist vielmehr ggf mit dem Mittel der einstweiligen Verfügung zu realisieren (hierzu näher vWestphalen, Leasingvertrag Kap L Rn 32). Die eigenmächtige Inbesitznahme der Leasingsache ohne den Willen des Leasingnehmers oder gar ohne wirksame Vereinbarung eines Sicherstellungsrechts stellt sich als verbotene Eigenmacht (§ 858 BGB) dar und kann eine Schadensersatzpflicht des Leasinggebers nach sich ziehen (OLG Düsseldorf 18. 2. 1988 – 10 U 132/87, WM 1988, 744, 745). Jedenfalls verliert er für die Zeit der rechtswidrigen Sicherstellung den Anspruch auf die Leasingraten (BGH 28. 10. 1981 – VIII ZR 302/80, NJW 1982, 870).

3. Vertragsübernahme, Schuldbeitritt

330 Gerät der Leasingnehmer in Zahlungsrückstand, so kann der Leasinggeber – unter den oben näher dargelegten Voraussetzungen – das Leasingverhältnis durch eine außerordentliche Kündigung beenden. Als wirtschaftlich lukrativere Möglichkeit bietet es sich für die Leasinggesellschaft an, den notleidend gewordenen Leasingvertrag – unter Vermeidung einer Kündigung – auf einen neuen Leasingnehmer zu übertragen. In diesem Zusammenhang wird nicht selten formularmäßig eine fortdauernde Verpflichtung des ersten Leasingnehmers statuiert. Beispiel: „Meine Verpflichtungen aus dem Leasingvertrag bleiben in vollem Umfang bestehen" (vgl vWestphalen NJW 1997, 2905). Rechtlich handelt es sich hierbei um einen **Schuldbeitritt**. Da die Rechtsprechung auf den Schuldbeitritt die Bestimmungen des Verbraucherdarlehensrechts analog anwendet (vgl nur BGH 5. 6. 1996 – VIII ZR 151/95, NJW 1996, 2156; vgl auch BGH 28. 6. 2000 – VIII ZR 240/99, NJW 2000, 3133, 3136), muss der erste Leasingnehmer – so es sich bei ihm um einen Verbraucher handelt – nach § 506 BGB iVm § 358 BGB über sein **Widerrufsrecht** belehrt werden (zur entsprechenden Rechtslage unter der Geltung des Verbraucherkreditgesetzes eingehend Martinek/Omlor, in: Bankrechts-Handbuch § 101 Rn 95 ff und 101). AGB-rechtlich betrachtet wird man eine solche Schuldbeitrittsklausel grundsätzlich als **überraschend** im Sinne des § 305c Abs 1 BGB einstufen müssen, rechnet doch der ausscheidende Leasingnehmer im Allgemeinen nicht mit einer fortwährenden Haftung auch für die Schulden seines Nachfolgers (eingehend zu den Folgen der Übernahme eines notleidenden Leasingvertrages vWestphalen NJW 1997, 2905 ff; ferner Bamberger/Roth/Hau/Poseck/Zehelein BeckOK § 535 Rn 124).

4. Rückkaufvereinbarungen zwischen Leasinggeber und Lieferant

a) Auslegungsfragen

330a Mit dem Lieferanten oder einem Vermittler (hierzu BGH 13. 12. 1989 – VIII ZR 168/88, NJW 1990, 1902 und BGH 31. 1. 1990 – VIII ZR 261/88, NJW 1990, 3014) des Leasingvertrags kann eine Rückkaufverpflichtung vereinbart werden. Mit einer solchen Rückkaufvereinbarung sucht sich der Leasinggeber insbesondere gegen das Risiko der Zahlungsunfähigkeit des Leasingnehmers abzusichern. Derartige Rückkaufvereinbarungen begründen in der Regel keine Ausfallgarantie oder -bürgschaft, sondern einen aufschiebend bedingten Kaufvertrag, aus dem sich ein Wiederverkaufsrecht und eine korrespondierende Ankaufsverpflichtung des Lieferanten ergeben. Inhalt und Rechtsfolgen dieser Abrede richten sich nach Kaufrecht (BGH 31. 1. 1990 – VIII ZR 280/88, NJW 1990, 2546). Ist eine solche Rückkaufvereinbarung ohne nähere Bestimmung für den Fall getroffen, dass der Leasingvertrag „notleidend" wird, so ist dies dahin auszulegen, dass der Leasingvertrag wirksam gekündigt sein muss (BGH 13. 12. 1989 – VIII ZR 168/88, NJW 1990, 1902). Eine Rücknahmegarantie, die dem Verkäufer vom Leasinggeber für den Fall des Zahlungsverzugs des Leasingnehmers auferlegt wird, kann nicht ohne Weiteres dahin ausgelegt werden, dass sie auch das Risiko der Beschädigung und des Verlusts des Leasingguts mit umfasst. Ein solcher über die Bonitätssicherung hinausgehender Vereinbarungszweck müsste erkennbar zum Ausdruck gebracht werden (BGH 31. 1. 1990 – VIII ZR 261/88, NJW 1990, 3014, 3015).

b) Zulässiger Umfang der Rückkaufverpflichtung

Die allgemeine, typischerweise in einer Rahmenvereinbarung niedergelegte Rückkaufverpflichtung stellt eine den Lieferanten treffende Hauptleistungspflicht dar. Sie ist daher gem § 307 Abs 3 BGB der AGB-rechtlichen Angemessenheitskontrolle entzogen. Dies gilt dann auch für eine vorformulierte Bestimmung in einem Einzelvertrag, die in Ausfüllung der Rahmenvereinbarung eine „Ankaufgarantie zum Gebrauchtwagenwert" vorsieht (BGH 9. 4. 2014 – VIII ZR 404/12 Rn 56 ff, NJW 2014, 2269). Zu den Pflichten des Wiederverkäufers gehört es nach § 457 Abs 1 BGB, dem Wiederkäufer den gekauften Gegenstand herauszugeben. Problematisch sind AGB-Abreden, die hiervon abweichen, etwa indem sie dem Leasinggeber das Recht einräumen, die Übergabe des Leasingobjekts durch Abtretung der Herausgabeansprüche gegenüber dem Besitzer an den Lieferanten zu ersetzen (BGH 19. 3. 2003 – VIII ZR 135/02, NJW 2003, 2607) oder dem Leasinggeber den Kaufpreisanspruch gegen den Lieferanten unabhängig davon zugestehen, ob der Leasinggegenstand noch vorhanden ist und damit herausgegeben werden kann (OLG Rostock 12. 1. 2005 – 6 U 130/03, NJW 2006, 304). In der Praxis geht es vor allem um den nicht unter Versicherungsschutz stehenden Fall der Veruntreuung des Leasinggegenstandes durch den Leasingnehmer. Zwar mag an der Absicherung dieses Risikos mitunter ein schützenswertes Interesse des Leasinggebers bestehen. Ein Kaufvertrag bzw Wiederverkaufsvertrag hinsichtlich des Leasinggegenstands ist aber hierfür nicht der geeignete Vertragstyp. Eine Bestimmung, die den Käufer einer Sache zur Kaufpreiszahlung verpflichtet, selbst wenn der Verkäufer ihm nicht den Besitz an dem Kaufgegenstand verschaffen kann, sondern nur das Eigentumsrecht überträgt, kann in AGB eines Kaufvertrags nicht getroffen werden. Eine solche Vertragsgestaltung ist jedenfalls bei einem Wiederverkaufsrecht mit wesentlichen Verkäuferpflichten unvereinbar und benachteiligt den Lieferanten als Käufer entgegen den Geboten von Treu und Glauben unangemessen, § 307 Abs 2 Nr 2 BGB (grundl BGH 19. 3. 2003 – VIII ZR 135/02, NJW 2003, 2607; auf dieser Linie auch OLG Rostock 12. 1. 2005 – 6 U 130/03, NJW 2006, 304). Die vertragstypspezifischen Bedenken des BGH lassen sich evtl dadurch ausräumen, dass sich der Leasinggeber in einer separaten Vereinbarung eine zusätzliche Absicherung in Form einer Bürgschaft des Lieferanten verschafft (hierzu v WESTPHALEN BB 2004, 2026).

330b

Für Schäden der Leasingsache, die über die gewöhnliche Abnutzung hinausgehen, haftet der Leasinggeber als Wiederverkäufer nach den kaufrechtlichen Gewährleistungsvorschriften, §§ 434, 437 ff BGB (MünchKomm/WESTERMANN § 456 Rn 6; BECKMANN/SCHARFF, Leasingrecht § 5 Rn 18; für analoge Anwendung der Rücktrittsvorschriften BAMBERGER/ROTH/HAU/POSECK/FAUST BeckOK § 457 Rn 14). § 457 Abs 2 S 2 BGB, der in Abkehr vom kaufvertraglichen Gewährleistungsrecht das Minderungsrecht bei unverschuldeter Verschlechterung oder nur unwesentlicher Veränderung ausschließt, kann auf Fälle des Wiederverkaufsrechts nicht analog angewendet werden (BGH 31. 1. 1990 – VIII ZR

330c

280/88, NJW 1990, 2546 und BGH 31. 1. 1990 – VIII ZR 261/88, NJW 1990, 3014; OLG Düsseldorf 7. 6. 1990 – 10 U 193/89, NJW-RR 1991, 53; Staudinger/Mader [2004] Vorbem 14 zu §§ 456 ff).

330d Fraglich ist, ob und in welchem Umfang die Gewährleistungshaftung des Leasinggebers im Verhältnis zum Lieferanten in AGB ausgeschlossen werden kann. Da es sich bei dem Lieferanten um einen Unternehmer handelt, stehen weder die Vorschriften über den Verbrauchsgüterkauf (§§ 474 ff BGB) noch § 309 Nr 8 lit b BGB (vgl § 310 Abs 1 BGB) einem Gewährleistungsausschluss im Wege. Da es sich im Zeitpunkt der Aktualisierung des Rückkaufrechts auch nicht mehr um neu hergestellte Sachen handelt, kommt auch eine Ausstrahlungswirkung des § 309 Nr 8 lit b BGB auf den unternehmerischen Verkehr nicht in Betracht. Für die Zulässigkeit des Ausschlusses der Gewährleistung spricht im Übrigen, dass er sich wirtschaftlich betrachtet nur dann auswirkt, wenn der Schaden am Leasingobjekt nicht durch eine Versicherung abgedeckt ist. Kommt eine Versicherung für die Beschädigung auf, so muss dies auch dem Lieferanten zugute kommen. Es bleiben daher vor allem die Fälle, in denen es der Leasingnehmer pflichtwidrig versäumt hat, eine Versicherung abzuschließen oder die Beiträge zu entrichten. Derartige Vorkommnisse dürften vor allem bei insolventen Leasingnehmern zu erwarten sein. Damit fügt sich der Gewährleistungsausschluss stimmig in die Zielrichtung der gesamten Rückkaufvereinbarung ein. Treten nicht besondere Umstände hinzu, kann im Ausschluss der Gewährleistung keine unangemessene Benachteiligung des Lieferanten erblickt werden (so im Ergebnis auch Beckmann/Scharff, Leasingrecht § 5 Rn 19; restriktiver hingegen Leyens MDR 2003, 312).

X. Zwangsvollstreckung, Insolvenz und Tod des Leasingnehmers

1. Zwangsvollstreckung

331 Bei der Zwangsvollstreckung gegen den Leasingnehmer und den Leasinggeber gilt es einige Besonderheiten zu beachten, die in der Summe zu einer gewissen Unangreifbarkeit der leasingrechtlichen Positionen auf beiden Seiten führen.

a) Zwangsvollstreckung gegen den Leasingnehmer

332 Während der Laufzeit des Leasingvertrages bis zum Vollzug einer dem Leasingnehmer eventuell eingeräumten Kaufoption steht die Leasingsache im Eigentum des Leasinggebers. Dem Leasingnehmer ist sie lediglich zum Gebrauch überlassen. Vollstreckungsrechtlich (§ 808 Abs 1 ZPO) betrachtet, befindet sie sich im Gewahrsam des Leasingnehmers. Daher kann nicht ausgeschlossen werden, dass Gläubiger des Leasingnehmers im Wege der Zwangsvollstreckung auf den **Leasinggegenstand** zuzugreifen versuchen werden. Der Pfändung durch den Gerichtsvollzieher kann der Leasinggeber mit der Erhebung einer Drittwiderspruchsklage (§ 771 ZPO) entgegentreten (Hau, in: Martinek/Stoffels/Wimmer-Leonhardt, Leasinghandbuch § 48 Rn 5; Soergel/Heintzmann Vor § 535 Rn 92; MünchKomm/Koch Leasing Rn 145; BeckOGK/Ziemssen [1. 1. 2018] § 535 Rn 1127; Martinek/Omlor, in: Bankrechts-Handbuch § 101 Rn 136; Borggräfe, Zwangsvollstreckung in bewegliches Leasinggut 87; Gitter, Gebrauchsüberlassungsverträge 369; R Koch, in: vWestphalen, Leasingvertrag Kap Q Rn 7; Canaris, in: Bankvertragsrecht Rn 1775; Brox/Walker, Zwangsvollstreckungsrecht [9. Aufl 2011] Rn 1424; MünchKomm/ K Schmidt/Brinkmann § 771 ZPO Rn 30). Derselbe Rechtsbehelf steht dem Refinanzierer zu, auf den das Eigentum am Leasinggegenstand im Zuge der Refinanzierung der Leasinginvestition zur Sicherheit übertragen worden ist (HAU, in: MARTINEK/STOFFELS/WIMMER-LEONHARDT, Leasinghandbuch § 48 Rn 5; MünchKomm/KOCH Leasing Rn 145; BeckOGK/ZIEMSSEN [1. 1. 2018] § 535 Rn 1128; zum Sicherungseigentum als „ein die Veräußerung hinderndes Recht" im Sinne des § 771 ZPO vgl im Übrigen BGH 4. 2. 1954 – IV ZR 164/53, NJW 1954, 673, 674; BGH 28. 6. 1978 – VIII ZR 60/77, NJW 1978, 1859, 1859 f; BGH 13. 5. 1981 – VIII ZR 117/80, 1981, 1835). Auf die Klage hin wird das Gericht die Zwangsvollstreckung in den Leasinggegenstand für unzulässig erklären. Da die Klageerhebung die Zwangsvollstreckung nicht außer Kraft setzt, muss ggf die einstweilige Einstellung der Zwangsvollstreckung nach §§ 771 Abs 3, 769 ZPO beantragt werden. Um dem Leasinggeber die Wahrung seiner Eigentumsrechte zu ermöglichen, findet sich in vielen Leasingverträgen eine Klausel, wonach der Leasingnehmer den Leasinggeber unverzüglich über etwaige Vollstreckungsmaßnahmen zu unterrichten hat. Die Interventionskosten werden üblicherweise dem Leasingnehmer auferlegt. Eine solche Klauselgestaltung dürfte der Inhaltskontrolle nach § 307 BGB standhalten, ist es doch der Leasingnehmer, der durch seine Verschuldung die Drittwiderspruchsklage ausgelöst hat. Allerdings sollte klargestellt werden, dass es sich bei den die Vollstreckung betreibenden Gläubigern um solche des Leasingnehmers handelt (SANNWALD, Finanzierungsleasingvertrag 138; R KOCH, in: vWESTPHALEN, Leasingvertrag Kap Q Rn 18 ff). Verabsäumt es der Leasingnehmer, den Leasinggeber umgehend von der (bevorstehenden) Vollstreckung in Kenntnis zu setzen und kommt es in der Folge zur Versteigerung des Leasinggegenstandes, so macht er sich nach § 280 Abs 1 BGB schadensersatzpflichtig (SOERGEL/HEINTZMANN Vor § 535 Rn 92; R KOCH, in: vWESTPHALEN, Leasingvertrag Kap Q Rn 8; LG Dortmund 6. 3. 1986 – 7 O 675/85, BB 1986, 1538). Zwar steht dem Leasinggeber ein Bereicherungsanspruch nach § 812 Abs 1 S 1 Alt 2 BGB gegen den Vollstreckungsgläubiger auf Herausgabe des erlangten Versteigerungserlöses zu (BGH 25. 2. 1997 – VIII ZR 47/86, NJW 1987, 1880, 1881; eingehend BROX/WALKER, Zwangsvollstreckungsrecht Rn 470 ff mwNw). Das hindert jedoch eine Inanspruchnahme des Leasingnehmers jedenfalls in dem Umfang nicht, in dem der Konditionsanspruch nicht realisiert werden kann bzw er nicht alle dem Leasinggeber entstandenen Kosten abdeckt (MünchKomm/KOCH, Leasing Rn 145; ferner BORGGRÄFE, Zwangsvollstreckung in bewegliches Leasinggut 94 f).

Die Rechtsposition des Leasingnehmers entzieht sich auch im Übrigen weitgehend **333** dem vollstreckungsrechtlichen Zugriff. Das **Nutzungsrecht** des Leasingnehmers ist der Vollstreckung nicht unterworfen. Für einige Schrifttumsvertreter ergibt sich dies bereits aus der Einschätzung, dass es sich bei diesem Nutzungsrecht um kein selbständiges Vermögensrecht handele (MARTINEK/OMLOR, in: Bankrechts-Handbuch § 101 Rn 136; **aA** BORGGRÄFE, Zwangsvollstreckung in bewegliches Leasinggut 96 ff; HAU, in: MARTINEK/STOFFELS/WIMMER-LEONHARDT, Leasinghandbuch § 48 Rn 12; nach CANARIS, in: Bankvertragsrecht Rn 1776 handelt es sich um kein selbständiges Recht, sondern um einen Teil des „Rechts zum Besitz"). Unabhängig hiervon folgt die Unpfändbarkeit bei einem typischen Finanzierungsleasingvertrag aus der für die Zwangsvollstreckung in andere Vermögensrechte einschlägigen Vorschrift des § 857 ZPO (OLG Düsseldorf 17. 2. 1988 – 3 W 494/87, NJW 1988, 1676 f; MARTINEK/OMLOR, in: Bankrechts-Handbuch § 101 Rn 136; SOERGEL/HEINTZMANN Vor § 535 Rn 92; MünchKomm/KOCH Leasing Rn 146; BeckOGK/ZIEMSSEN [1. 1. 2018] § 535 Rn 1129; auch HAU, in: MARTINEK/STOFFELS/WIMMER-LEONHARDT, Leasinghandbuch § 48 Rn 12 gelangt zur Unpfändbarkeit, meint allerdings, die Vollstreckung richte sich nach den Vorschriften über die Forderungspfändung, nämlich den §§ 829 ff ZPO; für Sachpfändung nach §§ 808 ff ZPO CANARIS, in: Bankvertragsrecht Rn 1776; für Pfändbarkeit nach § 857 ZPO LWOWSKI,

Erwerbsersatz durch Nutzungsverträge [1967] 126 f und Borggräfe, Zwangsvollstreckung in bewegliches Leasinggut 118 ff; für uneingeschränkte Pfändbarkeit zuletzt Teubner/Lelley ZMR 1999, 151 ff). Nach Absatz 3 ist ein unveräußerliches Recht der Pfändung nämlich nur insoweit unterworfen, als die Ausübung einem anderen überlassen werden kann. Die in der Praxis gebräuchlichen Leasingbedingungen untersagen dem Leasingnehmer, über den Leasinggegenstand zu verfügen und seine Rechte aus dem Leasingvertrag zu übertragen. Regelmäßig ist dem Leasingnehmer darüber hinaus die Untervermietung explizit verboten (beachte im Übrigen § 540 BGB), sodass das Nutzungsrecht als ein exklusiv dem Leasingnehmer zustehendes, nicht übertragbares Recht ausgestaltet ist (vgl die entsprechende Auslegung eines Leasingvertrages durch OLG Düsseldorf 17. 2. 1988 – 3 W 494/87, NJW 1988, 1676 f). Der Pfändung nicht unterworfen ist mangels Übertragbarkeit ferner ein dem Leasingnehmer vertraglich zugestandenes **Optionsrecht** (MünchKomm/Koch Leasing Rn 146; BeckOGK/Ziemssen [1. 1. 2018] § 535 Rn 1130; Hau, in: Martinek/Stoffels/Wimmer-Leonhardt, Leasinghandbuch § 48 Rn 15; Martinek/Omlor, in: Bankrechts-Handbuch § 101 Rn 136; ebenso LG Berlin 4. 12. 1975 – 81 T 536/75, MDR 1976, 409 f, die im Wesentlichen darauf abstellen, dass das Optionsrecht lediglich eine nicht zum Vermögen des Leasingnehmers zählende künftige Erwerbsmöglichkeit darstellt. Genauso ist im Ergebnis für eine Verlängerungsoption einzutreten vgl Soergel/Heintzmann Vor § 535 Rn 92; abweichend zur Pfändbarkeit des Optionsrechts Canaris, in: Bankvertragsrecht Rn 1778). Die Pfändbarkeit lässt sich auch nicht mit der damit verbundenen Eigentumserwerbsaussicht begründen, da ihr nicht die Qualität eines **Anwartschaftsrechts** zukommt (vgl die näheren Darlegungen bei MünchKomm/Koch Leasing Rn 146; BeckOGK/Ziemssen [1. 1. 2018] § 535 Rn 1130). Als taugliches Vollstreckungsobjekt verbleibt in bestimmten Fällen, nämlich bei entsprechend ausgestalteten Teilamortisationsverträgen, der künftige **Anspruch des Leasingnehmers auf Auskehrung eines etwaigen Mehrerlösanteils** nach Verkauf der Sache durch den Leasinggeber. Die Vollstreckung richtet sich nach §§ 829, 835 ZPO (Canaris, in: Bankvertragsrecht Rn 1777; Martinek/Omlor, in: Bankrechts-Handbuch § 101 Rn 136; Soergel/Heintzmann Vor § 535 Rn 92; Hau, in: Martinek/Stoffels/Wimmer-Leonhardt, Leasinghandbuch § 48 Rn 19; MünchKomm/Koch Leasing Rn 146; BeckOGK/Ziemssen [1. 1. 2018] § 535 Rn 1131; R Koch, in: vWestphalen, Leasingvertrag Kap Q Rn 46).

b) Zwangsvollstreckung gegen den Leasinggeber

334 Gläubigern des Leasinggebers steht die **Leasingsache** in aller Regel nicht als Vollstreckungsobjekt zur Verfügung. Soweit es sich um bewegliches Leasinggut handelt, kommt zwar eine Vollstreckung nach § 808 ZPO in Betracht. Jedoch wird sich der den Gewahrsam ausübende Leasingnehmer, der meist ein weiterbestehendes Interesse an der Nutzung des Gegenstandes haben wird, hiermit nicht einverstanden erklären. Ist aber der Dritte, hier der Leasingnehmer, zur Herausgabe nicht bereit, so scheidet eine Pfändung nach § 809 ZPO aus (Martinek/Omlor, in: Bankrechts-Handbuch § 101 Rn 139; R Koch, in: vWestphalen, Leasingvertrag Kap Q Rn 65; Hau, in: Martinek/Stoffels/Wimmer-Leonhardt, Leasinghandbuch § 48 Rn 27). Gegen einen gleichwohl erfolgenden Vollstreckungszugriff steht dem Leasingnehmer die Vollstreckungserinnerung (§ 766 ZPO) zu Gebote (Soergel/Heintzmann Vor § 535 Rn 92; R Koch, in: vWestphalen, Leasingvertrag Kap Q Rn 67; MünchKomm/Koch Leasing Rn 147; BeckOGK/Ziemssen [1. 1. 2018] § 535 Rn 1121). Hinzu kommt, dass die Leasingsache nicht selten einem Refinanzierungsinstitut zur Sicherheit übereignet wird, sodass es sich aus der Sicht der Gläubiger des Leasinggebers um eine schuldnerfremde Sache handelt. Sie müssen damit rechnen, dass der Refinanzierer als fiduziarisch gebundener Sicherungsnehmer gegen eine gleichwohl eingeleitete Vollstreckung in den Leasinggegenstand mittels einer Drittwiderspruchsklage (§ 771 ZPO) vorgehen wird (Hau, in: Martinek/Stoffels/Wimmer-Leonhardt, Leasinghandbuch § 48 Rn 26; R Koch, in: vWesthalen, Leasingvertrag Kap Q Rn 67; Gitter, Gebrauchsüberlassungsverträge 370).

Anders stellt sich die Rechtslage beim **Immobilienleasing** dar. Hier können die 335 Gläubiger des Leasinggebers auf das Grundstück zugreifen, es im Rahmen der Versteigerung selbst ersteigern und sodann als „Ersteher" das Leasingverhältnis analog § 57a ZVG unter Einhaltung der gesetzlichen Frist kündigen (MünchKomm/Koch Leasing Rn 147; BeckOGK/Ziemssen [1. 1. 2018] § 535 Rn 1123; Martinek/Omlor, in: Bankrechts-Handbuch § 101 Rn 139).

Nach § 846 iVm §§ 829 ff ZPO pfändbar ist der **Herausgabeanspruch des Leasing-** 336 **gebers.** Der Leasingnehmer ist jedoch nach §§ 404, 412 BGB berechtigt, dem Vollstreckungsgläubiger sein aus dem Leasingvertrag resultierendes Recht zum Besitz entgegenzuhalten. Auch das ihm vorbehaltene Recht, den Leasinggegenstand käuflich zu erwerben, bleibt weiter bestehen (Canaris, in: Bankvertragsrecht Rn 1781; MünchKomm/Koch Leasing Rn 147; BeckOGK/Ziemssen [1. 1. 2018] § 535 Rn 1122; Martinek/Omlor, in: Bankrechts-Handbuch § 101 Rn 139; Borggräfe, Zwangsvollstreckung in bewegliches Leasinggut 154 f).

Denkbar ist schließlich, dass Gläubiger des Leasinggebers auf die **Zahlungsansprüche** 337 gegenüber dem Leasingnehmer zugreifen. So liegt es für einen Gläubiger des Leasinggebers nahe, den Ratenzahlungsanspruch nach §§ 829, 835 ZPO pfänden und sich zur Einziehung überweisen zu lassen. Dies setzt freilich voraus, dass der Leasinggeber im maßgeblichen Zeitpunkt der Pfändung Inhaber des Ratenzahlungsanspruchs ist. Häufig werden jedoch diese Forderungen als Sicherheit für die Refinanzierung eingesetzt, also an ein Refinanzierungsinstitut abgetreten. In diesem Fall geht der Pfändungs- und Überweisungsbeschluss ins Leere (MünchKomm/Koch Leasing Rn 147; BeckOGK/Ziemssen [1. 1. 2018] § 535 Rn 1122; Hau, in: Martinek/Stoffels/Wimmer-Leonhardt, Leasinghandbuch § 48 Rn 31; Martinek, Moderne Vertragstypen I 218).

2. Insolvenz

Die Rechtslage im Falle der Insolvenz einer der Parteien des Leasingvertrages 338 richtet sich nach den §§ 103 ff InsO. Spezielle Vorschriften über die Abwicklung von Leasingverträgen kennt die Insolvenzordnung nicht (zur Insolvenz des Lieferanten und ihren Auswirkungen auf das Leasingverhältnis, vgl Klinck, in: Martinek/Stoffels/Wimmer-Leonhardt, Leasinghandbuch § 51).

a) Insolvenz des Leasingnehmers

Mit der Stellung des Antrags auf Eröffnung des Insolvenzverfahrens über das Ver- 339 mögen des Leasingnehmers greift nach § 112 InsO zunächst eine **Kündigungssperre**, mit der verhindert werden soll, dass die wirtschaftliche Einheit im Besitz des Schuldners zur Unzeit auseinandergerissen wird (Begründung zu § 126 RegE, BT-Drucks 12/2443, 148; abgedruckt in Uhlenbruck, Das neue Insolvenzrecht [1994] 438). Die Anwendbarkeit dieser – vom Wortlaut her an sich auf Miet- und Pachtverhältnisses beschränkten – Vorschrift auf Leasingverträge ist allgemein anerkannt (BGH 18. 7. 2002 – IX ZR 195/01, NJW 2002, 3326, 3327; OLG Düsseldorf 10. 6. 2008 – I-24 U 86/07, 24 U 86/07, WM 2008, 2310;

MünchKomm/ECKERT [2. Aufl 2008] § 112 InsO Rn 5; MünchKomm/KOCH Leasing Rn 148; Beck-OGK/ZIEMSSEN [1. 1. 2018] § 535 Rn 1134; R KOCH, in: vWESTPHALEN, Leasingvertrag Kap R Rn 4 ff; KLINCK, in: MARTINEK/STOFFELS/WIMMER-LEONHARDT, Leasinghandbuch § 49 Rn 6) Die Kündigung ist im Weiteren selbst dann unwirksam, wenn es nicht zur Eröffnung kommt (OLG Düsseldorf 10. 6. 2008 – I-24 U 86/07, 24 U 86/07, WM 2008, 2310, 2311; Münch Komm/ECKERT § 112 InsO Rn 5). Allerdings steht das Kündigungsverbot des § 112 InsO nur einer Kündigung wegen **Rückständen aus der Zeit vor der Beantragung des Insolvenzverfahrens** entgegen (NERLICH/RÖMERMANN-BALTHASAR § 112 InsO Rn 13; Münch Komm/KOCH Leasing Rn 148; BeckOGK/ZIEMSSEN [1. 1. 2018] § 535 Rn 1135). Zahlungsrückstände, die nach dem Zeitpunkt der Antragstellung aufgelaufen sind, berechtigen den Leasinggeber hingegen durchaus zur Kündigung (§ 543 Abs 2 Nr 3 Buchst a BGB). Will der (vorläufige) Insolvenzverwalter sich des Leasingobjekts also versichern, so muss er den Mietzinsverzug unter der den Leasinggeber zur Kündigung berechtigenden Grenze halten (OLG Köln 2. 12. 2002 – 15 W 93/02, ZIP 2003, 543, 544). Eine **vor Antragstellung** wirksam **ausgesprochene Kündigung** lässt § 112 InsO unberührt (KLINCK, in: MARTINEK/STOFFELS/WIMMER-LEONHARDT, Leasinghandbuch § 49 Rn 7; Münch Komm/KOCH Leasing Rn 148; BeckOGK/ZIEMSSEN [1. 1. 2018] § 535 Rn 1138).

340 Die **Kündigungssperre des § 112 InsO** zählt gem § 119 InsO zum **zwingenden Recht**, sodass ein vertragliches Kündigungsrecht des Leasinggebers oder eine automatische Auflösung bezogen auf den Zeitpunkt der Eröffnung des Insolvenzverfahrens in den Leasing-AGB nicht wirksam verankert werden kann (UHLENBRUCK/SINZ § 108 InsO Rn 67; Näheres zu den Auswirkungen der Kündigungssperre auf die Abwicklung von Leasingverhältnissen in der Insolvenz des Leasingnehmers bei UHLENBRUCK/SINZ § 108 InsO Rn 66 ff und KLINCK, in: MARTINEK/STOFFELS/WIMMER-LEONHARDT, Leasinghandbuch § 49 Rn 11 ff). Der Zweck des § 112 InsO, dem Insolvenzverwalter die Möglichkeit zu geben, das Vertragsverhältnis trotz vor seiner Bestellung aufgelaufener Zahlungsrückstände fortzuführen, spricht im Übrigen dafür, auch solche Vereinbarungen nicht anzuerkennen, die an die Stellung des Insolvenzantrags anknüpfen (KLINCK, in: MARTINEK/STOFFELS/WIMMER-LEONHARDT, Leasinghandbuch § 49 Rn 14).

341 Während es unter der Geltung der Konkursordnung noch umstritten war, ob der Konkursverwalter im Falle der Insolvenz des Leasingnehmers das Wahlrecht nach § 17 KO oder das Kündigungsrecht nach § 19 KO ausüben kann (für Anwendung des § 17 KO insbesondere CANARIS, in: Bankvertragsrecht Rn 1783; HÄSEMEYER, in: FS Serick 153, 167; für Anwendbarkeit des § 19 KO BGH 5. 4. 1978 – VIII ZR 42/77, NJW 1978, 1383; GITTER, Gebrauchsüberlassungsverträge 367 f), besteht nunmehr Einigkeit dahingehend, dass der Insolvenzverwalter **beim Mobilienleasing** – sofern das Leasinggut bereits vor Insolvenzeröffnung dem Leasingnehmer überlassen worden ist – wählen kann, ob er den Leasingvertrag weiterhin erfüllen möchte oder nicht (BAMBERGER/ROTH/HAU/POSECK/ZEHELEIN BeckOK § 535 Rn 126; UHLENBRUCK/SINZ § 108 InsO Rn 84; ENGEL FLF 2005, 272, 274; KLINCK, in: MARTINEK/STOFFELS/WIMMER-LEONHARDT, Leasinghandbuch § 49 Rn 2; OBERMÜLLER/LIVONIUS DB 1995, 28). **§ 103 InsO** unterwirft beiderseits noch nicht vollständig erfüllte gegenseitige Verträge dem **Verwalterwahlrecht**. Ohne dass es hierfür einer Erklärung des Insolvenzverwalters bedarf, erlöschen im Zeitpunkt der Eröffnung des Insolvenzverfahrens jedoch zunächst einmal die beiderseitigen Erfüllungsansprüche aus dem Leasingvertrag (hM, vgl BGH 11. 2. 1988 – IX ZR 36/87, NJW 1988, 1790, 1791; BGH 4. 5. 1995 – IX ZR 256/93, NJW 1995, 1966, 1966 f; BAMBERGER/ROTH/HAU/POSECK/ZEHELEIN BeckOK § 535 Rn 126; kritisch zB BORK JZ 1996, 51 ff). Der Anwendung des § 103 InsO kann insoweit nicht entgegengehalten werden, dass der Leasinggeber mit der Überlassung der Leasingsache seine Hauptpflicht bereits erfüllt habe. Für die insolvenzrechtliche Beurteilung sollte diese (umstrittene) Pflichtenbestimmung keine ausschlaggebende Rolle spielen. Maßgebend ist, dass sich in der Zeit nach Überlassung die fortwährende Möglichkeit der Nutzung des Leasinggegenstandes und die Zahlung der Raten gegenüberstehen (wie hier im Ergebnis MünchKomm/KOCH Leasing Rn 149; BeckOGK/ZIEMSSEN [1. 1. 2018] § 535 Rn 1143). § 103 InsO findet im Übrigen auch dann Anwendung, wenn der Leasingvertrag noch nicht in Vollzug gesetzt, der Leasinggegenstand dem Leasingnehmer also nicht überlassen worden ist (KLINCK, in: MARTINEK/STOFFELS/WIMMER-LEONHARDT, Leasinghandbuch § 49 Rn 2). Der Insolvenzverwalter kann vom anderen Teil (dem Leasinggeber) aufgefordert werden, sein Wahlrecht auszuüben. Dann hat er sich nach § 103 Abs 2 InsO unverzüglich zu erklären. Tut er dies nicht, so verliert er das Recht, die Erfüllung des Vertrages zu verlangen. Allerdings spricht viel dafür, dem Insolvenzverwalter in diesem Falle analog **§ 107 Abs 2 InsO** eine Frist bis „unverzüglich nach dem Berichtstermin" einzuräumen, damit er noch die Beschlüsse der Gläubigerversammlung über den Verfahrensgang berücksichtigen kann (Münch Komm/HEFERMEHL § 55 InsO Rn 139; KLINCK, in: MARTINEK/STOFFELS/WIMMER-LEONHARDT, Leasinghandbuch § 49 Rn 2; **aA** BALTHASAR, in: NERLICH/RÖMERMANN, § 107 InsO Rn 11).

Lehnt der **Insolvenzverwalter die Erfüllung des Leasingvertrages ab**, so verbleibt es **342** bei dem bereits zuvor mit Verfahrenseröffnung eingetretenen Zustand der Nichterfüllung. Nach § 47 InsO ist der Leasinggeber zur **Aussonderung** des Leasinggegenstandes berechtigt (MünchKomm/ECKERT § 108 InsO Rn 176; BeckOGK/ZIEMSSEN [1. 1. 2018] § 535 Rn 1150; UHLENBRUCK/SINZ § 108 InsO Rn 106; BAMBERGER/ROTH/HAU/POSECK/ZEHELEIN BeckOK § 535 Rn 127). Anders als etwa der Sicherungsnehmer, der aufgrund seines fiduziarischen Rechts lediglich zur abgesonderten Befriedigung nach § 51 Nr 1 InsO berechtigt ist, kann der Leasinggeber als rechtlicher und wirtschaftlicher Volleigentümer die Massefremdheit geltend machen und die Verwertung des Leasinggutes im Rahmen des Insolvenzverfahrens verhindern. Hierzu berechtigt ihn neben seiner Eigentümerstellung auch der schuldrechtliche Rückgabeanspruch aus dem Leasingvertrag. Demzufolge ist der Leasinggeber auch dann zur Aussonderung berechtigt, wenn er das Eigentum am Leasinggut zur Sicherheit auf ein Refinanzierungsinstitut übertragen hat (UHLENBRUCK/SINZ § 108 InsO Rn 109).

Die vor dem Insolvenzantrag aufgelaufenen und noch nicht beglichenen **Leasing- 343 raten** können nur als einfache Insolvenzforderungen geltend gemacht werden (arg e § 105 InsO; BAMBERGER/ROTH/HAU/POSECK/ZEHELEIN BeckOK § 535 Rn 126; BeckOGK/ ZIEMSSEN [1. 1. 2018] § 535 Rn 1143; UHLENBRUCK/SINZ § 108 InsO Rn 86). Diese sind im Verfahren in Höhe der Quote zu bedienen. Ansprüche des Leasinggebers, die in der Phase von der **Antragstellung bis zur Eröffnung des Insolvenzverfahrens** entstehen, nehmen unter den Voraussetzungen des § 55 Abs 2 S 2 InsO den Rang von Masseverbindlichkeiten ein (BAMBERGER/ROTH/HAU/POSECK/ZEHELEIN BeckOK § 535 Rn 126). Die Vorschrift geht davon aus, dass in dieser Phase die Verwaltungs- und Verfügungsbefugnis einem vorläufigen („starken") Insolvenzverwalter übertragen worden ist und dieser den Leasinggegenstand für das Schuldnervermögen nutzt (keine analoge Anwendung des § 55 Abs 2 S 2 InsO auf Rechtshandlungen eines „schwachen" vorläufigen Insolvenzverwalters, so BGH 18. 7. 2002 – IX ZR 195/01, NJW 2002, 3326; BGH 13. 3. 2003 – IX ZR 64/02, BB 2003, 979, 980; OLG Frankfurt 29. 1. 2002 – 5 U 170/ 00, ZIP 2002, 2185; OLG Köln 29. 6. 2001 – 19 U 199/00, NZI 2001, 554, 556 ff; **aA** LG Essen 10. 1.

2001 – 16 O 534/00, NZI 2001, 217; OLG Hamm 17. 1. 2002 – 27 U 150/01, NZI 2002, 259, 261). Unabhängig hiervon kann der Leasinggeber für den Überlegungszeitraum bis zur Ausübung des Wahlrechts durch den Insolvenzverwalter eine **Nutzungsentschädigung** nach Bereicherungsrecht in Höhe des objektiven Werts der Nutzung geltend machen. Hierbei handelt es sich dann um eine Masseschuld nach § 55 Abs 1 Nr 3 InsO (MünchKomm/Eckert § 108 InsO Rn 180; BeckOGK/Ziemssen [1. 1. 2018] § 535 Rn 1147; Uhlenbruck/Sinz § 108 InsO Rn 86; Obermüller/Livonius DB 1995, 28). Für den Ausfall der Leasingraten ab Eröffnung des Insolvenzverfahrens steht dem Leasinggeber ein **Schadensersatzanspruch wegen Nichterfüllung** (§ 103 Abs 2 InsO) zu. Dieser ist begrenzt auf den Zeitraum bis zur nächstmöglichen Vertragsbeendigung und hat den Rang einer einfachen Insolvenzforderung (MünchKomm/Eckert § 108 InsO Rn 177; BeckOGK/Ziemssen [1. 1. 2018] § 535 Rn 1149). Vereinbarungen zwischen Leasingnehmer und -geber zur Berechnung eines Schadensersatzes bei vorzeitiger Beendigung des Leasingvertrags sind entsprechend anzuwenden (OLG Schleswig 1. 9. 2006 – 14 U 213/05, NJW-RR 2007, 768, 768).

344 **Entscheidet sich der Insolvenzverwalter für die Erfüllung des Leasingvertrages**, so entstehen die zunächst erloschenen Erfüllungsansprüche mit dem ursprünglichen Inhalt neu. Die nach Eröffnung des Insolvenzverfahrens fällig werdenden Leasingraten sind ebenso wie eine etwaige Abschlusszahlung aus der Masse zu erfüllen, während es sich bei den vor Antragsstellung fällig gewordenen Leasingraten um einfache Insolvenzforderungen handelt (§ 38 InsO). Hinsichtlich der im Zeitraum von der Antragstellung bis zur Eröffnung fällig gewordenen Leasingraten gilt wiederum § 55 Abs 2 InsO. Die verspätete Rückgabe der Leasingsache kann schließlich zu einer schadensersatzrechtlich fundierten Nutzungsentschädigung führen, die wiederum aus der Masse zu begleichen ist (MünchKomm/Eckert § 108 InsO 169). Zu den Ansprüchen des Leasinggebers und zur Beweislastverteilung im Sonderfall der Weiternutzung des Leasingguts aufgrund gerichtlicher Ermächtigung nach § 21 Abs 2 S 1 Nr 5 Teilsatz 1 InsO vgl BGH 28. 6. 2012 – IX ZR 219/10, NJW 2012, 2800 und Bork NZI 2012, 590 ff.

345 Anders stellt sich die Rechtslage für **Immobilienleasingverträge** dar, zu denen im Hinblick auf § 49 InsO auch Leasingverträge über Schiffe und Flugzeuge rechnen (Uhlenbruck/Sinz § 108 InsO Rn 112). Hier findet sich in Gestalt des § 108 Abs 1 S 1 InsO eine Sondervorschrift für Miet- und Pachtverhältnisse über unbewegliche Gegenstände. Leasingverträge werden – wie § 108 Abs 1 S 2 InsO und die Begründung zur Kündigungssperre des § 112 InsO erweisen – von dieser Vorschrift ebenfalls erfasst. § 108 Abs 1 S 1 InsO ordnet an, dass der Leasingvertrag trotz der Insolvenz des Leasingnehmers mit Wirkung für die Insolvenzmasse fortbesteht. Das Wahlrecht des § 103 InsO steht dem Insolvenzverwalter in diesem Falle nicht zu (Uhlenbruck/Sinz § 108 InsO Rn 112). Eine wirtschaftlich dem Wahlrecht nahekommende Rechtslage ergibt sich allerdings dadurch, dass der Insolvenzverwalter nach § 109 Abs 1 S 1 InsO befugt ist, das Leasingverhältnis ohne Rücksicht auf die vereinbarte Vertragsdauer unter Einhaltung der gesetzlichen Frist zu kündigen. Macht der Insolvenzverwalter von diesem Sonderkündigungsrecht Gebrauch, so kann der Leasinggeber als Insolvenzgläubiger Schadensersatz wegen der vorzeitigen Beendigung verlangen (§ 109 Abs 1 S 3 InsO). Dem Leasinggeber steht infolge der Kündigungssperre des § 112 InsO ein solches Sonderkündigungsrecht nicht zu.

b) Insolvenz des Leasinggebers

346 Auch in der Insolvenz des Leasinggebers steht dem Insolvenzverwalter grundsätzlich das **Wahlrecht nach § 103 InsO** zu (KLINCK, in: MARTINEK/STOFFELS/WIMMER-LEONHARDT, Leasinghandbuch § 50 Rn 1; BAMBERGER/ROTH/HAU/POSECK/ZEHELEIN BeckOK § 535 Rn 130; BeckOGK/ZIEMSSEN [1. 1. 2018] § 535 Rn 1151; ENGEL FLF 2005, 272, 272). Er hat also insbesondere die Möglichkeit, einen für die Masse vorteilhaften Leasingvertrag weiter fortzuführen. **Lehnt der Insolvenzverwalter die Erfüllung ab** (zu evtl Einschränkungen unter dem Gesichtspunkt von Treu und Glauben vgl MünchKomm/ECKERT § 108 InsO Rn 170), so ist die Leasingsache an den Insolvenzverwalter zurückzugeben. Ein Aussonderungsrecht steht dem Leasingnehmer nicht zu (MünchKomm/ECKERT § 108 InsO Rn 172). Dem Leasingnehmer erwächst in diesem Fall wiederum ein zeitlich im Hinblick auf die nächstmögliche Vertragsbeendigung limitierter Schadensersatzanspruch (§ 103 Abs 2 InsO). Hierbei handelt es sich um eine einfache Insolvenzforderung. Dem steht mitunter eine Forderung der Masse wegen der Nutzung des Leasinggegenstandes in der Phase zwischen Verfahrenseröffnung und Erfüllungsablehnung gegenüber (vgl zu beiden Ansprüchen MünchKomm/ECKERT § 108 InsO Rn 173 ff).

347 Leasingverträge **über unbewegliche Gegenstände** bestehen analog **§ 108 Abs 1 S 1 InsO** nach Eröffnung des Insolvenzverfahrens über das Vermögen des Leasinggebers mit Wirkung für die Insolvenzmasse fort (BGH 25. 4. 2013 – IX ZR 62/12, NJW 2013, 2429, 2431; MünchKomm/ECKERT § 108 InsO Rn 28 ff). Insoweit macht es keinen Unterschied, ob die Immobilie im Zeitpunkt der Verfahrenseröffnung bereits überlassen war oder nicht (anders noch § 21 Abs 1 KO). Für Vorausverfügungen über die Leasingraten gilt § 110 InsO (zu den Problemen in diesem Zusammenhang DAHl NZI 2013, 590 in Auseinandersetzung mit BGH 25. 4. 2013 – IX ZR 62/12, NJW 2013, 2429). Veräußert der Insolvenzverwalter das Grundstück, so ist der Erwerber berechtigt, den auf ihn übergegangenen Leasingvertrag zum nächstmöglichen Termin zu kündigen (§ 111 S 1 InsO, § 57a ZVG).

348 Insolvenzverfahrensfest sind nach der wichtigen, erst nachträglich in die Insolvenzordnung eingefügten **Ausnahmevorschrift des § 108 Abs 1 S 2** auch **Mobilienleasingverträge**, wenn die Leasingsache einem Dritten, der ihre Anschaffung oder Herstellung finanziert hat, zur Sicherheit übertragen wurde (vgl hierzu näher BeckOGK/ZIEMSSEN [1. 1. 2018] § 535 Rn 1155 ff; BIEN ZIP 1998, 1017; HÖLZLE/GESSNER ZIP 2009, 1642; KLINCK KTS 2007, 37 ff; PROMOZIC NZI 2008, 465; SCHMID-BURGK/DITZ ZIP 1996, 1123). Der Hintergrund ist darin zu sehen, dass jedenfalls die mittelständischen Leasinggesellschaften die Anschaffung der Leasinggüter refinanzieren müssen. Dem refinanzierenden Kreditinstitut werden zur Sicherheit regelmäßig die Forderungen aus dem Leasinggeschäft sowie das Eigentum am Leasinggegenstand übertragen. Wäre es dem Verwalter in der Insolvenz des Leasinggebers nach § 103 InsO möglich, für die Erfüllung des Leasingvertrages zu optieren, so stünden die – nach der Rechtsprechung mit Eröffnung des Verfahrens erloschenen und mit dem Erfüllungsverlangen neu entstandenen – Leasingforderungen der Masse und nicht etwa dem refinanzierenden Kreditinstitut zu. Wegen des mit der Verfahrenseröffnung eingetretenen Verbots, Rechte an den Gegenständen der Insolvenzmasse zu begründen (§ 91 Abs 1 InsO), ist eine neuerliche Abtretung nicht mehr möglich. Dann aber wäre die Bereitschaft der Kreditinstitute, die Refinanzierung zu übernehmen, ernsthaft in Frage gestellt (vgl hierzu NERLICH/RÖMERMANN/BALTHASAR § 108 InsO Rn 4; kritisch zur Erstfassung der Insolvenzordnung in diesem Punkt ua OBERMÜLLER/LIVONIUS DB 1995, 30 f). § 108

Abs 1 S 2 InsO stellt sicher, dass Vorausabtretungen über Leasingraten der Masse gegenüber zeitlich unbegrenzt wirksam bleiben. Das Refinanzierungsinstitut kann sich im Falle der Insolvenz unmittelbar an den Leasingnehmer halten. Dem Insolvenzverwalter steht jedoch nach Ansicht des BGH ein Verwertungsrecht nach § 166 Abs 1 InsO zu, obwohl er an der sicherungsübereigneten, gewerblich verleasten Sache nur einen mittelbaren Besitz hält (BGH 16. 2. 2006 – IX ZR 26/05, NJW 2006, 1873, 1875; zustimmend ANDRES/LEITHAUS, InsO § 166 Rn 6; **aA** ZAHN ZIP 2007, 365, 368 ff, wonach sich die Fortgeltung des Leasingvertrags nach § 108 Abs 1 S 2 InsO und das Verwertungsrecht des Verwalters nach § 166 Abs 1 InsO ausschließen).

3. Tod des Leasingnehmers

349 Der Tod des Leasingnehmers stellt als solcher im Hinblick auf den noch laufenden Leasingvertrag keinen Beendigungstatbestand dar. Vielmehr treten der Erbe bzw die Erben in Form einer Miterbengemeinschaft (§ 2032 BGB) im Wege der Erbfolge (§§ 1922 Abs 1, 1967 BGB) insoweit an die Stelle des verstorbenen Leasingnehmers. Dem Leasinggeber steht in diesem Fall kein einseitiges Kündigungsrecht zu. Ein solches kann sich der Leasinggeber auch vertraglich nicht wirksam vorbehalten (OLG Köln 7. 6. 1990 – 10 U 195/89, NJW-RR 1990, 1469). Umstritten ist, ob der Erbe für sich das **außerordentliche Kündigungsrecht des § 580 BGB** reklamieren kann. Die hM hält die Vorschrift des § 580 BGB für anwendbar (LG Gießen 11. 4. 1986 – 2 O 489/85, NJW 1986, 2116 f; LG Meiningen 25. 2. 1997 – 5 S 341/96, DAR 1997, 203; LG Wuppertal 18. 11. 1998 – 8 S 88–98, NJW-RR 1999, 493; PALANDT/WEIDENKAFF Einf v § 535 Rn 63; SOERGEL/HEINTZMANN Vor § 535 Rn 80; BAMBERGER/ROTH/HAU/POSECK/ZEHELEIN BeckOK [1. 1. 2018] § 535 Rn 108; STAUDINGER/EMMERICH [1994] Vorbem 89 zu §§ 535, 536). Nach Kündigung des Leasingvertrages sei der Erbe zu einer Abschlusszahlung nicht mehr verpflichtet (so insbesondere STAUDINGER/EMMERICH [1994] Vorbem 89 zu §§ 535, 536). Das LG Gießen (11. 4. 1986 – 2 O 489/85, NJW 1986, 2116, 2117) hat hierzu ausgeführt, die Interessenlage der Leasingvertragsparteien weiche in diesem Punkt nicht so stark von der typischen Interessenlage bei Mietverträgen ab, dass die Anwendung der Vorschrift aufgrund einer Wertung der Interessenlage ausgeschlossen werden könne. Dieser Einschätzung ist zu widersprechen (wie hier GERKEN DB 1997, 1703 f und MARTINEK/OMLOR, in: Bankrechts-Handbuch § 101 Rn 141). Der grundlegende und für die Anwendung des § 580 BGB entscheidende Unterschied zum Mietvertrag besteht darin, dass der Leasingnehmer nicht lediglich eine Gebrauchsvergütung, sondern die Vollamortisation versprochen hat. Würde man es dem Erben des Leasingnehmers erlauben, sich dieser Verpflichtung zu entziehen, so würde das Investitionsrisiko entgegen der grundlegenden Wertung des Leasingvertrages dem Leasinggeber aufgebürdet. Wer § 580 BGB gleichwohl für anwendbar hält, müsste im Übrigen darüber nachdenken, ob die nach allgemeiner Ansicht dispositive Vorschrift nicht stillschweigend von den Leasingvertragsparteien abbedungen worden ist (hierzu neigend offenbar STAUDINGER/ROLFS [2018] § 580 Rn 12, 5). Der Leasingbranche ist jedenfalls vor diesem Hintergrund anzuraten, den Ausschluss des § 580 BGB in den Leasingbedingungen ausdrücklich festzuschreiben (für Wirksamkeit auch in Allgemeinen Geschäftsbedingungen vWESTPHALEN, Leasingvertrag Kap K Rn 48). In vielen Leasingvertragsformularen ist dies bereits geschehen.

XI. Internationales Finanzierungsleasing

Zusätzliche Rechtsfragen werfen sog **grenzüberschreitende Leasingverträge** auf, also **350** Leasingverträge, bei denen Leasinggeber und Leasingnehmer in verschiedenen Staaten oder in einem sog Mehrrechtsstaat ansässig sind (umfassend hierzu GIRSBERGER, Grenzüberschreitendes Finanzierungsleasing [1997] passim). Zu solchen auch „cross border leases" genannten Geschäften kommt es insbesondere, um steuerliche Vorteile in dem jeweiligen Heimatstaat der Leasingvertragspartner realisieren zu können (zum besonders umstrittenen **US-Cross-Border-Leasing**, bei denen deutsche Kommunen mit einem US-amerikanischen Eigenkapitalinvestor Leasingverträge über langlebige Wirtschaftsgüter – wie zB Kraftwerke, Kanalisation, Schienenverkehr, Kläranlagen – schließen, vgl einführend BÜHNER/SHELDON DB 2001, 315; zu den Auswirkungen der Finanzmarktkrise auf kommunale Cross-Border-Leasing-Transaktionen siehe RIETDORF KommJur 2008, 441 ff und DELLIOS, in: TRÖGER/KARAMPATZOS, Gestaltung und Anpassung in Krisenzeiten [2014] S 111). Die zunehmende Internationalisierung des Finanzdienstleistungssektors fordert hier einen verlässlichen Rechtsrahmen. Die diesbezüglichen Bemühungen setzen auf verschiedenen Ebenen an. Bevor hierauf näher eingegangen wird, soll noch kurz die Rechtslage nach dem internationalen Privatrecht dargestellt werden.

1. Internationales Privatrecht

Nach Art 3 Rom I–VO haben es die Parteien eines Leasingvertrages grundsätzlich in **351** der Hand, das für den Vertrag geltende Recht selbst festzulegen. Sie können den Vertrag auch einem Recht unterstellen, zu dem er sonst keine Beziehung aufweist (PALANDT/THORN Art 3 Rom I-VO Rn 4). So kann insbesondere auch die Geltung der Unidroit Convention on International Financial Leasing (hierzu sogleich unter Rn 355 f) vereinbart werden. Fehlt es an einer wirksamen ausdrücklichen oder konkludenten **Rechtswahlvereinbarung** nach Art 3 Rom I-VO, so bestimmt Art 4 Rom I-VO das Vertragsstatut im Sinne einer objektiven Anknüpfung. Der Finanzierungsleasingvertrag stellt im Hinblick auf die entgeltliche Finanzierungsleistung des Leasinggebers einen „Dienstleistungsvertrag" im Sinne von Art 4 Abs 1 lit b der Rom I-VO dar (überwiegende Ansicht: PALANDT/THORN Art 4 Rom I Rn 8; MünchKomm/KOCH Leasing Rn 156; MünchKomm/MARTINY Art 4 Rom I-VO Rn 53; BeckOGK/ZIEMSSEN [1. 1. 2018] § 535 Rn 1225; PWW/BRÖDERMANN/WEGEN [11. Aufl 2016] Anhang zu Art 4 Rom I-VO Rn 40; aA STAUDINGER/MAGNUS [2016] Art 4 Rom I-VO Rn 265). Maßgeblich ist sonach **beim grenzüberschreitenden Mobilienleasing** der gewöhnliche Aufenthaltsort des Leasinggebers. Dies ist nach Art 19 Abs 1 Rom I-VO der Ort der Hauptniederlassung der Leasinggesellschaft (ebenso MünchKomm/KOCH Leasing Rn 156; BeckOGK/ZIEMSSEN [1. 1. 2018] § 535 Rn 1226; PALANDT/THORN Art 4 Rom I Rn 13). Selbst wenn man den Leasingvertrag nicht als Dienstleistungsvertrag qualifizieren würde, käme man in Ermangelung einer getroffenen Rechtswahl wiederum über Art 4 Abs 2 Rom I-VO zum Recht des Leasinggebers (PALANDT/THORN Art 4 Rom I Rn 25). Ist hingegen ein Verbraucher involviert, greift Art 6 Rom I-VO als lex specialis und erklärt das Recht des Staates zur Anwendung, in dem der Verbraucher seinen gewöhnlichen Aufenthalt hat (STAUDINGER/MAGNUS [2016] Art 4 Rom I-VO Rn 267; MünchKomm/MARTINY Art 4 Rom I-VO Rn 53). Für das **grenzüberschreitende Immobilienleasing** besteht in Gestalt des Art 4 Abs 1 lit c Rom I-VO eine besondere Anordnung: In Ermangelung einer Rechtswahl ist hiernach das Recht des Staates anzuwenden, in dem die unbewegliche Sache belegen ist – **lex rei sitae** (MünchKomm/KOCH Leasing Rn 156; BeckOGK/ZIEMSSEN [1. 1. 2018] § 535

Rn 1225; BAMBERGER/ROTH/HAU/POSECK/SPICKHOFF BeckOK [1. 1. 2018] Art 4 Rom I-VO Rn 68 gelangt zum selben Ergebnis über Art 4 Abs 3 Rom I-VO).

352 Das für den **Liefervertrag** geltende Recht ist nach Art 3 Abs 1 S 3 Rom I-VO gesondert zu ermitteln (MünchKomm/KOCH Leasing Rn 156; MünchKomm/MARTINY Art 4 Rom I-VO Rn 53; BeckOGK/ZIEMSSEN [1. 1. 2018] § 535 Rn 1227; eingehend hierzu DAGEFÖRDE, Internationales Finanzierungsleasing 59 ff). Ein einheitliches Vertragsstatut durch akzessorische Anknüpfung des Liefervertrages an den Leasingvertrag wird der Selbständigkeit beider Vertragsverhältnisse nicht gerecht. Es kommt daher durchaus vor, dass der Leasingvertrag und der Liefervertrag unterschiedlichen Rechtsordnungen unterliegen. Für den Liefervertrag gilt mangels einer vorrangigen Rechtswahlvereinbarung (Art 3 Rom I-VO) wiederum die objektive Anknüpfung des Art 4 Rom I-VO. Das hat zur Folge, dass nach Art 4 Abs 1 lit a iVm Art 19 Abs 1 Rom I-VO die Hauptniederlassung des Verkäufers entscheidend ist (MünchKomm/KOCH Leasing Rn 156; BeckOGK/ZIEMSSEN [1. 1. 2018] § 535 Rn 1227). Das Statut des Kaufvertrages ist dann auch für Ansprüche des Leasingnehmers gegen den Lieferanten (aus abgetretenem Recht) maßgeblich (MünchKomm/KOCH Leasing Rn 156; BeckOGK/ZIEMSSEN [1. 1. 2018] § 535 Rn 1227). Bei internationalen Kaufverträgen, die nicht dem persönlichen Gebrauch dienen, muss allerdings das **UN-Kaufrecht (CISG)** beachtet werden (hierzu allgemein und umfassend SCHLECHTRIEM/SCHWENZER Kommentar zum Einheitlichen UN-Kaufrecht – CISG [6. Aufl 2013]; STAUDINGER/MAGNUS [2018] CISG). Denn nach Art 25 Rom I-VO verdrängt Internationales Einheitsrecht die Rom I-VO, sofern der entsprechende Staatsvertrag umgesetzt worden ist, was insbesondere für das UN-Kaufrecht gilt (BAMBERGER/ROTH/HAU/POSECK/SPICKHOFF BeckOK Art 1 Rom I-VO Rn 7). Grundvoraussetzung für ein mögliches Eingreifen des CISG ist, dass beide Vertragsparteien ihre Niederlassung in verschiedenen Staaten haben (Art 1 Abs 1). Ist diese Bedingung erfüllt, ist das CISG bereits anwendbar, wenn der Staat des Vertragsstatuts Mitglied des Übereinkommens ist (Art 1 Abs 1 lit b), was ua für Deutschland, die meisten EU-Staaten sowie die USA zutrifft. Das CISG hat grundsätzlich Vorrang vor dem nationalen Recht – auch dem deutschen internationalen Privatrecht – (ERMAN/HOHLOCH Anh II zu Art 26 Rom I-VO Rn 13), kann aber nach Art 6 CISG abgewählt werden (hierzu FERRARI ZEuP 2002, 737 und KOCH NJW 2000, 910 ff jeweils mwNw). Um jedoch eine künftige nationalstaatliche Umgehung und Aushöhlung der Rom I-VO durch die Mitgliedstaaten zu unterbinden, gilt der Vorrang von staatsvertraglichem Internationalem Vertragsrecht gegenüber der Rom I-VO nur für zum Zeitpunkt der Annahme der Rom I-VO bereits bestehende, bindende Staatsverträge (BAMBERGER/ROTH/HAU/POSECK/SPICKHOFF BeckOK Art 25 Rom I-VO Rn 2).

353 Ein derzeit wohl noch singuläres Phänomen stellen Leasingverträge dar, die deutsche Verbraucher mit im Ausland ansässigen Leasinggesellschaften abschließen. Für solche **internationalen Verbraucherleasingverträge** ist die **Sonderanknüpfung des Art 6 Rom I-VO** zu beachten. Die Vorschrift zielt darauf, die Lage des inländischen Verbrauchers zu verbessern, indem sie dessen Verbraucherschutzrecht auch dann zur Anwendung gelangen lässt, wenn der Vertrag aufgrund einer Rechtswahlvereinbarung dem Recht eines anderen Staates unterliegt. Dies ist von Bedeutung im Hinblick auf das AGB-Recht (§§ 305 ff BGB) und das Recht des Verbraucherdarlehens (§§ 491 ff BGB). Näheres ist den Kommentierungen der Rom I-VO zu entnehmen (vgl insbesondere die aktuelle Darstellung bei PALANDT/THORN).

2. Europäische Rechtsangleichung

Eine immer wichtigere Rolle spielt für das nationale und grenzüberschreitende 354
Leasinggeschäft der Rechtsrahmen, den die Europäische Union für die wirtschaftliche Betätigung auf dem Finanzdienstleistungsmarkt vorgibt (hierzu Hau, in: Martinek/Stoffels/Wimmer-Leonhardt, Leasinghandbuch § 90). Die Erstreckung der Aktivitäten der in einem Mitgliedstaat der Union ansässigen Leasinggesellschaften auf das innereuropäische Ausland ist durch die Grundfreiheiten umfassend abgesichert. Zahlreiche Richtlinien betreffen die Integration des Bankensektors in den europäischen Binnenmarkt. Zuletzt ist die Finanzdienstleistungs-Fernabsatz-Richtlinie 2002/65/EG in Kraft getreten (ABl EG 2002 L 271/16). Auch der europäische Verbraucherschutz hat Auswirkungen auf das Leasinggeschäft. Das gilt insbesondere für die (neu gefasste) **Verbraucherkredit-Richtlinie 2008/48/EG**, die wichtige Vorgaben für das Verbraucherleasing enthält. Für die Rechtsposition des Leasingnehmers, dem die Ansprüche aus dem Liefervertrag abgetreten werden, sind mittelbar auch die Bestrebungen von Bedeutung, das Kaufrecht auf europäischer Ebene anzugleichen. Der vorerst jüngste Schritt auf diesem Weg besteht in dem **Vorschlag** der Kommission für eine Verordnung des Europäischen Parlaments und des Rates über ein **Gemeinsames Europäisches Kaufrecht** (KOM[2011] 635 endg v 11. 10. 2011, zu den möglichen Auswirkungen auf das Verbraucherleasing vWestphalen BB 2012, 1495). Angesichts erheblicher Vorbehalte der Mitgliedstaaten ist der Vorschlag allerdings am 16. 12. 2014 zurückgezogen worden (vgl Mitteilung der Europäischen Kommission an das Europäische Parlament, den Rat, den Europäischen Wirtschafts- und Sozialausschuss und den Ausschuss der Regionen, Annex 2, KOM[2014] 910). Der Leasingvertrag selbst ist bislang – anders als beispielsweise der Time-Sharing-Vertrag – nicht zum Gegenstand einer Richtlinie gemacht worden. Erwähnenswert sind allenfalls die „Ausführliche(n) Leitlinien für die Behandlung des Leasing im Rahmen der gemeinschaftlichen Finanzinstrumente mit struktureller Zweckbestimmung" (ABl Nr C 250/5-8 vom 14. 9. 1993 93/C 250/03). Eine nicht unerhebliche Bedeutung kommt der Harmonisierung der Rechnungslegung und der steuerrechtlichen Bestimmungen zu (vgl im Einzelnen Hau, in: Martinek/Stoffels/Wimmer-Leonhardt, Leasinghandbuch § 90).

3. Unidroit-Übereinkommen über das internationale Finanzierungsleasing

Schließlich ist auf die Aktivitäten des Internationalen Instituts zur Vereinheitlichung 355
des Privatrechts (Unidroit) im Bereich des grenzüberschreitenden Finanzierungsleasing hinzuweisen. Nach eingehenden Vorarbeiten, die bis in das Jahr 1974 zurückreichen (kurze Hinweise zur Entstehungsgeschichte bei Ebenroth, in: Neue Vertragsformen 193 und Siehr, in: FG Schluep 33 f jeweils mwNw), ist es im Frühjahr 1988 auf der diplomatischen Konferenz in Ottawa zur Verabschiedung der „Unidroit Convention on International Financial Leasing" gekommen (abgedruckt in RabelsZ 51 [1987] 730 ff und in deutscher Übersetzung in: Martinek/Stoffels/Wimmer-Leonhardt, Leasinghandbuch § 103; sowie in: Schulze/Zimmermann, Basistexte zum Europäischen Privatrecht [4. Aufl 2012] II. 25; eingehend hierzu Basedow RIW 1988, 1 ff). Zu den Zeichnerstaaten gehören unter anderem Frankreich, die Vereinigten Staaten von Amerika, Russland, Italien und Ungarn. Auch wenn die Bundesrepublik Deutschland dieser Konvention nicht beigetreten ist und dies offenbar auch nicht mehr beabsichtigt, verdient dieses internationale Regelwerk doch aus verschiedenen Gründen besondere Beachtung. Zum einen, weil es gegenüber den nationalen Bewertungen des Leasinggeschäfts

bewusst auf Distanz geht; aus einer Gesamtschau der Regelungen ergibt sich, dass das Finanzierungsleasing von der Konvention als ein gegenüber den klassischen Vertragsarten (Kauf, Miete, Kredit) eigenständiges Gebilde aufgefasst wird (in den Vorentwürfen von 1981 und 1984 war sogar noch ausdrücklich von einer „sui generis transaction" die Rede, vgl SEFRIN, Kodifikationsreife des Finanzierungsleasingvertrages 88 f mwNw). Zum anderen, weil die Konvention für sich in Anspruch nimmt, eine ausgewogene, das Gleichgewicht zwischen den Interessen der verschiedenen Parteien des Geschäfts wahrende Regelung gefunden zu haben (so die Präambel der Konvention). Schließlich ist es durchaus denkbar, dass auch deutsche Gerichte das einheitliche Sachrecht der Konvention anzuwenden haben. Dies ist der Fall wenn das deutsche Internationale Privatrecht eine Verweisung auf das Recht eines Vertragsstaats enthält (MünchKomm/MARTINY Art 4 Rom I-VO Rn 51; STAUDINGER/MAGNUS [2016] Art 4 Rom I-VO Rn 263; ACKERMANN, in: MARTINEK/STOFFELS/WIMMER-LEONHARDT, Leasinghandbuch § 87 Rn 1).

356 Die Leasing-Konvention ist – anders als etwa das Übereinkommen zum Reisevertrag – nur auf grenzüberschreitende Leasinggeschäfte anwendbar (Art 3 der Leasing-Konvention). In ihrem Anwendungsbereich (hierzu näher ACKERMANN, in: MARTINEK/STOFFELS/WIMMER-LEONHARDT, Leasinghandbuch § 87 Rn 2 ff) versteht sie sich dann aber als ein direkt anwendbares Übereinkommen und nicht nur als ein bloßes Modell- oder Rahmengesetz (SIEHR, in: FG Schluep 34; EBENROTH, in: Neue Vertragsformen 193 f). Wert legt die Konvention darauf, die privatautonome Gestaltungsmacht der Vertragsparteien nicht über Gebühr einzuengen. Bis auf wenige Ausnahmen sind die Regeln der Konvention daher abweichenden vertraglichen Gestaltungen zugänglich (Art 5), eine dem deutschen Zivilrechtler überaus vertraute Weise gesetzgeberischer Einwirkung auf das Vertragsrecht. Die inhaltlichen Vorgaben der Konvention sind von dem Bemühen getragen, das Leasinggeschäft als spezifisches Drei-Personen-Verhältnis („distinctive triangular relationship") zu begreifen, also eine isolierende Aufspaltung in zwei getrennte Vertragsverhältnisse zu vermeiden (vgl hierzu auch SEFRIN, Kodifikationsreife des Finanzierungsleasingvertrages 88). So sieht sich die Konvention nicht gehindert, zwischen dem Lieferanten und dem Leasingnehmer ein gesetzliches Schuldverhältnis mit kaufvertraglichem Inhalt zu schaffen (vgl Art 10). Dies ermöglicht es dem Leasingnehmer, im Falle von Lieferstörungen oder Mangelhaftigkeit des Leasinggegenstandes aus eigenem Recht gegen den Lieferanten vorzugehen. Hier zeigt sich übrigens eine bemerkenswerte Parallele zum US-amerikanischen Recht, das ebenfalls einen Direktanspruch des Leasingnehmers gegen den Leasinggeber kennt (vgl 2 A-209[1] UCC; hierzu EBENROTH, in: Neue Vertragsformen 204; OECHSLER, Gerechtigkeit im modernen Austauschvertrag 399; HEERMANN ZVgRWiss 92 [1993] 337 ff; KRONKE AcP 190 [1990] 404). Insbesondere kann der Leasingnehmer die kaufvertraglichen Rechtsbehelfe so geltend machen, als wäre er selbst Partei des Kaufvertrages. Dem Leasinggeber gegenüber steht ihm ein Zurückbehaltungsrecht hinsichtlich der Leasingraten sowie das Recht zu, den Leasingvertrag zu kündigen (Art 12). Eine originäre Eigenhaftung des Leasinggebers kennt die Konvention hingegen nicht (Art 8 und 12 Abs 5). Ein weiteres zentrales inhaltliches Element des Leasing-Übereinkommens bildet die Regelung der Verzugsfolgen. Zahlungsverzug des Leasingnehmers zeitigt erst bei „erheblicher Säumnis" Folgen, die über die Verpflichtung zur Leistung von Verzugszinsen hinausgehen (Art 13). Dies sind die Kündigung des Leasingvertrages oder – sofern im Vertrag vorgesehen – die vorzeitige Fälligstellung der noch ausstehenden Leasingraten.

XII. Anhänge

1. Die Leasingerlasse der Finanzverwaltung

a) Mobilienleasing/Vollamortisation

Bonn, den 19. April 1971 **357**

Der Bundesminister der Finanzen

IV B/2 – S 2170 – 31/71

An die Herren
Finanzminister (Finanzsenatoren)
der Länder

Betr.: Ertragssteuerliche Behandlung von Leasing-Verträgen über bewegliche Wirtschaftsgüter

Bezug: Besprechung mit den Einkommensteuerreferenten der Länder vom 16. bis 19. 2. 1971 in Bonn (ESt I/71) – Punkt 5 der Tagesordnung

Unter Bezugnahme auf das Ergebnis der Erörterungen mit den obersten Finanzbehörden der Länder wird zu der Frage der steuerlichen Behandlung von Leasing-Verträgen über bewegliche Wirtschaftsgüter wie folgt Stellung genommen:

I. Allgemeines:

Der Bundesfinanzhof hat mit Urteil vom 26. Januar 1970 (BStBl 1970 II S 264) zur steuerlichen Behandlung von so genannten Finanzierungs-Leasing-Verträgen über bewegliche Wirtschaftsgüter Stellung genommen.

Um eine einheitliche Rechtsanwendung durch die Finanzverwaltung zu gewährleisten, kann bei vor dem 24. April 1970 abgeschlossenen Leasing-Verträgen aus Vereinfachungsgründen von dem wirtschaftlichen Eigentum des Leasing-Gebers am Leasing-Gut und einer Vermietung oder Verpachtung an den Leasing-Nehmer ausgegangen werden, wenn die Vertragsparteien in der Vergangenheit übereinstimmend eine derartige Zurechnung zugrunde gelegt haben und auch in Zukunft daran festhalten. Das gilt auch, wenn die Vertragslaufzeit über den genannten Stichtag hinausreicht (vgl Schreiben vom 21. Juli 1970 – IV B/2 – S 2170 – 52/70. IV A/1 – S 7471 – 10/70 – BStBl 1970 I S 913).

Für die steuerliche Behandlung von nach dem 23. April 1970 abgeschlossenen Leasing-Verträgen über bewegliche Wirtschaftsgüter sind die folgenden Grundsätze zu beachten. Dabei ist als betriebsgewöhnliche Nutzungsdauer der in den amtlichen AfA-Tabellen angegebene Zeitraum zugrunde zu legen.

II. Begriff und Abgrenzung des Finanzierungs-Leasing-Vertrages bei beweglichen Wirtschaftsgütern

1. Finanzierungs-Leasing im Sinne dieses Schreibens ist nur dann anzunehmen, wenn

a) der Vertrag über eine bestimmte Zeit abgeschlossen wird, während der der Vertrag bei vertragsgemäßer Erfüllung von beiden Vertragsparteien nicht gekündigt werden kann (Grundmietzeit),

und

b) der Leasing-Nehmer mit den in der Grundmietzeit zu entrichtenden Raten mindestens die Anschaffungs- oder Herstellungskosten sowie alle Nebenkosten einschließlich der Finanzierungskosten des Leasing-Gebers deckt.

2. Beim Finanzierungs-Leasing von beweglichen Wirtschaftsgütern sind im Wesentlichen folgende Vertragstypen festzustellen:

a) Leasing-Verträge ohne Kauf- oder Verlängerungsoption

Bei diesem Vertragstyp sind zwei Fälle zu unterscheiden:

Die Grundmietzeit

aa) deckt sich mit der betriebsgewöhnlichen Nutzungsdauer des Leasing-Gegenstandes,

bb) ist geringer als die betriebsgewöhnliche Nutzungsdauer des Leasing-Gegenstandes.

Der Leasing-Nehmer hat nicht das Recht, nach Ablauf der Grundmietzeit den Leasing-Gegenstand zu erwerben oder den Leasing-Vertrag zu verlängern.

b) Leasing-Verträge mit Kaufoption

Der Leasing-Nehmer hat das Recht, nach Ablauf der Grundmietzeit, die regelmäßig kürzer ist als die betriebsgewöhnliche Nutzungsdauer des Leasing-Gegenstandes, den Leasing-Gegenstand zu erwerben.

c) Leasing-Verträge mit Mietverlängerungsoption

Der Leasing-Nehmer hat das Recht, nach Ablauf der Grundmietzeit, die regelmäßig kürzer ist als die betriebsgewöhnliche Nutzungsdauer des Leasing-Gegenstandes, das Vertragsverhältnis auf bestimmte oder unbestimmte Zeit zu verlängern.

Leasing-Verträge ohne Mietverlängerungsoption, bei denen nach Ablauf der Grundmietzeit eine Vertragsverlängerung für den Fall vorgesehen ist, dass der Mietvertrag nicht von einer der Vertragsparteien gekündigt wird, sind steuerlich grundsätzlich ebenso wie Leasing-Verträge mit Mietverlängerungsoption zu behandeln. Etwas anderes gilt nur dann, wenn nachgewiesen wird, dass der Leasing-Geber bei Verträgen über gleiche Wirtschaftsgüter innerhalb eines Zeitraumes von neun Zehnteln der betriebsgewöhnlichen Nutzungsdauer in einer Vielzahl von Fällen das Vertragsverhältnis aufgrund seines Kündigungsrechts beendet.

d) Verträge über Spezial-Leasing

Es handelt sich hierbei um Verträge über Leasing-Gegenstände, die speziell auf die Verhältnisse des Leasing-Nehmers zugeschnitten und nach Ablauf der Grundmietzeit regelmäßig nur noch beim Leasing-Nehmer wirtschaftlich sinnvoll verwendbar sind. Die Verträge kommen mit oder ohne Optionsklausel vor.

III. Steuerliche Zurechnung des Leasing-Gegenstandes

Die Zurechnung des Leasing-Gegenstandes ist von der von den Parteien gewählten Vertragsgestaltung und deren tatsächlicher Durchführung abhängig. Unter Würdigung der gesamten Umstände ist im Einzelfall zu entscheiden, wem der Leasing-Gegenstand steuerlich zuzurechnen ist. Bei den unter II. 2. genannten Grundvertragstypen gilt für die Zurechnung das Folgende:

1. Leasing-Verträge ohne Kauf- oder Verlängerungsoption

Bei Leasing-Verträgen ohne Optionsrecht ist der Leasing-Gegenstand regelmäßig zuzurechnen

a) dem Leasing-Geber,

wenn die Grundmietzeit mindestens 40 v.H. und höchstens 90 v.H. der betriebsgewöhnlichen Nutzungsdauer des Leasing-Gegenstandes beträgt,

b) dem Leasing-Nehmer,

wenn die Grundmietzeit weniger als 40 v.H. oder mehr als 90 v.H. der betriebsgewöhnlichen Nutzungsdauer beträgt.

2. Leasing-Verträge mit Kaufoption

Bei Leasing-Verträgen mit Kaufoption ist der Leasing-Gegenstand regelmäßig zuzurechnen

a) dem Leasing-Geber,

wenn die Grundmietzeit mindestens 40 v.H. und höchstens 90 v.H. der betriebsgewöhnlichen Nutzungsdauer des Leasing-Gegenstandes beträgt

und der für den Fall der Ausübung des Optionsrechts vorgesehene Kaufpreis nicht niedriger ist als der unter Anwendung der linearen AfA nach der amtlichen AfA-Tabelle ermittelte Buchwert oder der niedrigere gemeine Wert im Zeitpunkt der Veräußerung,

b) dem Leasing-Nehmer,

aa) wenn die Grundmietzeit weniger als 40 v.H. oder mehr als 90 v.H. der betriebsgewöhnlichen Nutzungsdauer beträgt oder

bb) wenn bei einer Grundmietzeit von mindestens 40 v.H. und höchstens 90 v.H. der betriebsgewöhnlichen Nutzungsdauer der für den Fall der Ausübung des Optionsrechts vorgesehene Kaufpreis niedriger ist als der unter Anwendung der linearen AfA nach der amtlichen AfA-Tabelle ermittelte Buchwert oder der niedrigere gemeine Wert im Zeitpunkt der Veräußerung.

Wird die Höhe des Kaufpreises für den Fall der Ausübung des Optionsrechts während oder nach Ablauf der Grundmietzeit festgelegt oder verändert, so gilt entsprechendes. Die Veranlagungen sind gegebenenfalls zu berichtigen.

3. Leasing-Verträge mit Mietverlängerungsoption

Bei Leasing-Verträgen mit Mietverlängerungsoption ist der Leasing-Gegenstand regelmäßig zuzurechnen

a) dem Leasing-Geber,

wenn die Grundmietzeit mindestens 40 v.H. und höchstens 90 v.H. der betriebsgewöhnlichen Nutzungsdauer des Leasing-Gegenstandes beträgt

und die Anschlussmiete so bemessen ist, dass sie den Wertverzehr für den Leasing-Gegenstand deckt, der sich auf der Basis des unter Berücksichtigung der linearen Absetzung für Abnutzung nach der amtlichen AfA-Tabelle ermittelten Buchwerts oder des niedrigeren gemeinen Werts und der Restnutzungsdauer lt. AfA-Tabelle ergibt,

b) dem Leasing-Nehmer,

aa) wenn die Grundmietzeit weniger als 40 v.H. oder mehr als 90 v.H. der betriebsgewöhnlichen Nutzungsdauer des Leasing-Gegenstandes beträgt oder

bb) wenn bei einer Grundmietzeit von mindestens 40 v.H. und höchstens 90 v.H. der betriebsgewöhnlichen Nutzungsdauer die Anschlussmiete so bemessen ist, dass sie den Wertverzehr für den Leasing-Gegenstand nicht deckt, der sich auf der Basis des unter Berücksichtigung der linearen AfA nach der amtlichen AfA-Tabelle ermittelten Buchwerts oder des niedrigeren gemeinen Werts und der Restnutzungsdauer lt. AfA-Tabelle ergibt.

Wird die Höhe der Leasing-Raten für den Verlängerungszeitraum während oder nach Ablauf der Grundmietzeit festgelegt oder verändert, so gilt entsprechendes.

Abschnitt II Nr 2 Buchstabe c Sätze 2 und 3 sind zu beachten.

4. Verträge über Spezial-Leasing

Bei Spezial-Leasing-Verträgen ist der Leasing-Gegenstand regelmäßig dem Leasing-

Nehmer ohne Rücksicht auf das Verhältnis von Grundmietzeit und Nutzungsdauer und auf Optionsklauseln zuzurechnen.

IV. Bilanzmäßige Darstellung von Leasing-Verträgen bei Zurechnung des Leasing-Gegenstandes beim Leasing-Geber

1. Beim Leasing-Geber

Der Leasing-Geber hat den Leasing-Gegenstand mit seinen Anschaffungs- oder Herstellungskosten zu aktivieren. Die Absetzung für Abnutzung ist nach der betriebsgewöhnlichen Nutzungsdauer vorzunehmen. Die Leasing-Raten sind Betriebseinnahmen.

2. Beim Leasing-Nehmer

Die Leasing-Raten sind Betriebsausgaben.

V. Bilanzmäßige Darstellung von Leasing-Verträgen bei Zurechnung des Leasing-Gegenstandes beim Leasing-Nehmer

1. Beim Leasing-Nehmer

Der Leasing-Nehmer hat den Leasing-Gegenstand mit seinen Anschaffungs- oder Herstellungskosten zu aktivieren. Als Anschaffungs- oder Herstellungskosten gelten die Anschaffungs- oder Herstellungskosten des Leasing-Gebers, die der Berechnung der Leasing-Raten zugrunde gelegt worden sind, zuzüglich etwaiger weiterer Anschaffungs- oder Herstellungskosten, die nicht in den Leasing-Raten enthalten sind (vgl Schreiben vom 5. Mai 1970 – IV B/2 – S 2170 – 4/70 –).

Dem Leasing-Nehmer steht die AfA nach der betriebsgewöhnlichen Nutzungsdauer des Leasing-Gegenstandes zu.

In Höhe der aktivierten Anschaffungs- oder Herstellungskosten mit Ausnahme der nicht in den Leasing-Raten berücksichtigten Anschaffungs- oder Herstellungskosten des Leasing-Nehmers ist eine Verbindlichkeit gegenüber dem Leasing-Geber zu passivieren.

Die Leasing-Raten sind in einen Zins- und Kostenanteil sowie einen Tilgungsanteil aufzuteilen. Bei der Aufteilung ist zu berücksichtigen, dass sich infolge der laufenden Tilgung der Zinsanteil verringert und der Tilgungsanteil entsprechend erhöht.

Der Zins- und Kostenanteil stellt eine sofort abzugsfähige Betriebsausgabe dar, während der andere Teil der Leasing-Rate als Tilgung der Kaufpreisschuld erfolgsneutral zu behandeln ist.

2. Beim Leasing-Geber

Der Leasing-Geber aktiviert eine Kaufpreisforderung an den Leasing-Nehmer in Höhe der den Leasing-Raten zugrunde gelegten Anschaffungs- oder Herstellungskosten. Dieser Betrag ist grundsätzlich mit der vom Leasing-Nehmer ausgewiesenen Verbindlichkeit identisch.

Die Leasing-Raten sind in einen Zins- und Kostenanteil sowie in einen Anteil Tilgung der Kaufpreisforderung aufzuteilen. Wegen der Aufteilung der Leasing-Raten und deren steuerlicher Behandlung gelten die Ausführungen unter V. 1. entsprechend.

VI. Die vorstehenden Grundsätze gelten entsprechend auch für Verträge mit Leasing-Nehmern, die ihren Gewinn nicht durch Bestandsvergleich ermitteln.

Im Auftrag

Dr. Hübl

b) Immobilienleasing/Vollamortisation
Bundessteuerblatt 1972 I 188

358

Einkommensteuer 64

Bonn, den 21. März 1972

Der Bundesminister
für Wirtschaft und Finanzen

F/IV B 2 – S 2170 – 11/72

An die
Herren Finanzminister (Finanzsenatoren)
der Länder

nachrichtlich

dem Bundesamt für Finanzen

Betr.: Ertragsteuerliche Behandlung von Finanzierungs-Leasing-Verträgen über unbewegliche Wirtschaftsgüter

Bezug: Besprechung mit den Einkommensteuerreferenten der Länder am 19. und 20. 1. 1972 in Bonn (ESt I/72); Punkt 3 der Tagesordnung

Unter Bezugnahme auf das Ergebnis der Erörterungen mit den obersten Finanzbehörden der Länder wird zu der Frage der ertragsteuerlichen Behandlung von Finanzierungs-Leasing-Verträgen über unbewegliche Wirtschaftsgüter wie folgt Stellung genommen:

I. Finanzierungs-Leasing-Verträge

1. Allgemeines

a) In meinem Schreiben vom 19. April 1971 – IV B/2 – S 2170 – 31/71 – habe ich unter Berücksichtigung des BFH-Urteils vom 26. 1. 1970 (BStBl II S 264) zur steuerlichen Behandlung von Finanzierungs-Leasing-Verträgen über bewegliche Wirtschaftsgüter Stellung genommen. Die in Abschnitt II dieses Schreibens enthaltenen Ausführungen über den Begriff und die Abgrenzung des Finanzierungs-Leasing-Vertrages bei beweglichen Wirtschaftsgütern gelten entsprechend für Finanzierungs-Leasing-Verträge über unbewegliche Wirtschaftsgüter.

b) Ebenso wie bei den Finanzierungs-Leasing-Verträgen über bewegliche Wirtschaftsgüter kann bei vor dem 24. April 1970 abgeschlossenen Finanzierungs--Leasing-Verträgen über unbewegliche Wirtschaftsgüter zur Gewährleistung einer einheitlichen Rechtsanwendung und aus Vereinfachungsgründen von dem wirtschaftlichen Eigentum des Leasing-Gebers am Leasing-Gegenstand, einer Vermietung oder Verpachtung an den Leasing-Nehmer und von der bisherigen steuerlichen Behandlung ausgegangen werden, wenn die Vertragsparteien in der Vergangenheit übereinstimmend eine derartige Zurechnung zugrunde gelegt haben und auch in Zukunft daran festhalten. Das gilt auch, wenn die Vertragslaufzeit über den genannten Stichtag hinausreicht.

c) Für die steuerliche Zurechnung von unbeweglichen Wirtschaftsgütern bei Finanzierungs-Leasing-Verträgen, die nach dem 23. April 1970 abgeschlossen wurden, gelten unter Berücksichtigung der in Abschnitt III meines Schreibens vom 19. 4. 1971 aufgestellten Grundsätze und des BFH-Urteils vom 18. 11. 1970 (BStBl 1971 II S 133) über Mietkaufverträge bei unbeweglichen Wirtschaftsgütern die in Nummer 2 aufgeführten Kriterien.

d) Die Grundsätze für die Behandlung von unbeweglichen Wirtschaftsgütern gelten nicht für Betriebsvorrichtungen, auch wenn sie wesentliche Bestandteile eines Grundstücks sind (§ 50 Abs 1 S 2 BewG aF). Die Zurechnung von Betriebsvorrichtungen, die Gegenstand eines Finanzierungs-Leasing-Vertrages sind, ist vielmehr nach den Grundsätzen für die ertragsteuerliche Behandlung von beweglichen Wirtschaftsgütern zu beurteilen. Für die Abgrenzung der Betriebsvorrichtungen von den Gebäuden sind die Anweisungen in dem übereinstimmenden Ländererlass über die Abgrenzung der Betriebsvorrichtungen vom Grundvermögen vom 28. 3. 1960 (BStBl 1960 II S 93) maßgebend.

2. Steuerliche Zurechnung unbeweglicher Leasing-Gegenstände

a) Die Zurechnung des unbeweglichen Leasing-Gegenstandes ist von der von den Parteien gewählten Vertragsgestaltung und deren tatsächlicher Durchführung abhängig. Unter Würdigung der gesamten Umstände ist im Einzelfall zu entscheiden, wem der Leasing-Gegenstand zuzurechnen ist.

Die Zurechnungs-Kriterien sind dabei für Gebäude und Grund und Boden getrennt zu prüfen.

b) Bei Finanzierungs-Leasing-Verträgen ohne Kauf- oder Verlängerungsoption und Finanzierungs-Leasing-Verträgen mit Mietverlängerungsoption ist der Grund und Boden grundsätzlich dem Leasing-Geber zuzurechnen, bei Finanzierungs-Leasing-Verträgen mit Kaufoption dagegen regelmäßig dem Leasing-Nehmer, wenn nach Buchstabe c auch das Gebäude dem Leasing-Nehmer zugerechnet wird. Für die Zurechnung des Grund und Bodens in Fällen des Spezial-Leasing ist entsprechend zu verfahren.

c) Für die Zurechnung der Gebäude gilt im Einzelnen das Folgende:

aa) Ist die Grundmietzeit kürzer als 40 v.H. oder länger als 90 v.H. der betriebsgewöhnlichen Nutzungsdauer des Gebäudes, so ist das Gebäude regelmäßig dem Leasing-Nehmer zuzurechnen. Wird die Absetzung für Abnutzung des Gebäudes nach § 7 Abs 4 S 1 oder Abs 5 EStG bemessen, so gilt als betriebsgewöhnliche Nutzungsdauer ein Zeitraum von 50 Jahren. Hat der Leasing-Nehmer dem Leasing-

Geber an dem Grundstück, das Gegenstand des Finanzierungs-Leasing-Vertrages ist, ein Erbaurecht eingeräumt und ist der Erbaurechtszeitraum kürzer als die betriebsgewöhnliche Nutzungsdauer des Gebäudes, so tritt bei Anwendung des vorstehenden Satzes an die Stelle der betriebsgewöhnlichen Nutzungsdauer des Gebäudes der kürzere Erbaurechtszeitraum.

bb) Beträgt die Grundmietzeit mindestens 40 v.H. und höchstens 90 v.H. der betriebsgewöhnlichen Nutzungsdauer, so gilt unter Berücksichtigung der Sätze 2 und 3 des vorstehenden Doppelbuchstabens aa folgendes:

Bei Finanzierungs-Leasing-Verträgen ohne Kauf- oder Mietverlängerungsoption ist das Gebäude regelmäßig dem Leasing-Geber zuzurechnen.

Bei Finanzierungs-Leasing-Verträgen mit Kaufoption kann das Gebäude regelmäßig nur dann dem Leasing-Geber zugerechnet werden, wenn der für den Fall der Ausübung des Optionsrechtes vorgesehene Gesamtkaufpreis nicht niedriger ist als der unter Anwendung der linearen AfA ermittelte Buchwert des Gebäudes zuzüglich des Buchwertes für den Grund und Boden oder der niedrigere gemeine Wert des Grundstücks im Zeitpunkt der Veräußerung. Wird die Höhe des Kaufpreises für den Fall der Ausübung des Optionsrechtes während oder nach Ablauf der Grundmietzeit festgelegt oder verändert, so gilt entsprechendes. Die Veranlagungen sind ggf zu berichtigen.

Bei Finanzierungs-Leasing-Verträgen mit Mietverlängerungsoption kann das Gebäude regelmäßig nur dann dem Leasing-Geber zugerechnet werden, wenn die Anschlussmiete mehr als 75 v.H. des Mietentgeltes beträgt, das für ein nach Art, Lage und Ausstattung vergleichbares Grundstück üblicherweise gezahlt wird. Wird die Höhe der Leasing-Raten für den Verlängerungszeitraum während oder nach Ablauf der Grundmietzeit festgelegt oder verändert, so gilt entsprechendes. Die Veranlagungen sind ggf zu berichtigen.

Verträge ohne Mietverlängerungsoption, bei denen nach Ablauf der Grundmietzeit eine Vertragsverlängerung für den Fall vorgesehen ist, dass der Mietvertrag nicht von einer der Vertragsparteien gekündigt wird, sind steuerlich grundsätzlich ebenso wie Finanzierungs-Leasing-Verträge mit Mietverlängerungsoption zu behandeln.

d) Bei Spezial-Leasing-Verträgen ist das Gebäude stets dem Leasing-Nehmer zuzurechnen.

II. Bilanzmäßige Darstellung

1. Zurechnung des Leasing-Gegenstandes beim Leasing-Geber

a) Darstellung beim Leasing-Geber

Der Leasing-Geber hat den Leasing-Gegenstand mit seinen Anschaffungs- oder Herstellungskosten zu aktivieren.

Die Leasing-Raten sind Betriebseinnahmen.

b) Darstellung beim Leasing-Nehmer

Die Leasing-Raten sind grundsätzlich Betriebsausgaben.

2. Zurechnung des Leasing-Gegenstandes beim Leasing-Nehmer

a) Bilanzierung beim Leasing-Nehmer

Der Leasing-Nehmer hat den Leasing-Gegenstand mit seinen Anschaffungs- oder Herstellungskosten zu aktivieren. Als Anschaffungs- oder Herstellungskosten gelten die Anschaffungs- oder Herstellungskosten des Leasing-Gebers, die der Berechnung der Leasing-Raten zugrunde gelegt worden sind, zuzüglich etwaiger weiterer Anschaffungs- oder Herstellungskosten, die nicht in den Leasing-Raten enthalten sind (vgl Schreiben vom 5. Mai 1970 – IV B/2 – S 2170 – 4/70 –).

In Höhe der aktivierten Anschaffungs- oder Herstellungskosten mit Ausnahme der nicht in den Leasing-Raten berücksichtigten Anschaffungs- oder Herstellungskosten des Leasing-Nehmers ist eine Verbindlichkeit gegenüber dem Leasing-Geber zu passivieren.

Die Leasing-Raten sind in einen Zins- und Kostenanteil sowie einen Tilgungsanteil aufzuteilen. Bei der Aufteilung ist zu berücksichtigen, dass sich infolge der laufenden Tilgung der Zinsanteil verringert und der Tilgungsanteil entsprechend erhöht.

Der Zins- und Kostenanteil stellt eine sofort abzugsfähige Betriebsausgabe dar, während der andere Teil der Leasing-Rate als Tilgung der Kaufpreisschuld erfolgsneutral zu behandeln ist.

b) Bilanzierung beim Leasing-Geber

Der Leasing-Geber aktiviert eine Kaufpreisforderung an den Leasing-Nehmer in Höhe der den Leasing-Raten zugrunde gelegten Anschaffungs- oder Herstellungskosten. Dieser Betrag ist grundsätzlich mit der vom Leasing-Nehmer ausgewiesenen Verbindlichkeit identisch.

Die Leasing-Raten sind in einen Zins- und Kostenanteil sowie in einen Anteil Tilgung der Kaufpreisforderung aufzuteilen. Wegen der Aufteilung der Leasing-Raten und deren steuerlicher Behandlung gelten die Ausführungen unter a entsprechend.

III. Andere Verträge

Erfüllen Verträge über unbewegliche Wirtschaftsgüter nicht die Merkmale, die als Voraussetzung für den Begriff des Finanzierungs-Leasings in Abschnitt II meines Schreibens vom 19. 4. 1971 aufgeführt sind, so ist nach allgemeinen Grundsätzen, insbesondere auch nach den von der Rechtsprechung aufgestellten Grundsätzen über Mietkaufverträge zu entscheiden, wem der Leasing- oder Mietgegenstand zuzurechnen ist (vgl hierzu insbesondere BFH-Urteile vom 5. 11. 1957 – BStBl 1957 III S 445 –, 25. 10. 1963 – BStBl 1964 III S 44 –, 2. 8. 1966 – BStBl 1967 III S 63 – und 18. 11. 1970 – BStBl 1971 II S 133).

Im Auftrag

Dr. Hübl

c) Mobilienleasing/Teilamortisation
359 Steuerrechtliche Zurechnung des Leasing-Gegenstandes beim Leasing-Geber

(Bundesminister der Finanzen, Schreiben vom 22. 12. 1975 –
IV B 2 – S 2170 – 161/75)

Unter Bezugnahme auf das Ergebnis der Erörterung mit den obersten Finanzbehörden der Länder hat der Bundesminister der Finanzen zu einem Schreiben des Deutschen Leasing-Verbandes vom 24. 7. 1975 wie folgt Stellung genommen:

1. Gemeinsames Merkmal der in dem Schreiben des Deutschen Leasing-Verbandes dargestellten Vertragsmodelle ist, dass eine unkündbare Grundmietzeit vereinbart wird, die mehr als 40 %, jedoch nicht mehr als 90 % der betriebsgewöhnlichen Nutzungsdauer des Leasing-Gegenstandes beträgt und dass die Anschaffungs- oder Herstellungskosten des Leasing-Gebers sowie alle Nebenkosten einschließlich der Finanzierungskosten des Leasing-Gebers in der Grundmietzeit durch die Leasing-Raten nur zum Teil gedeckt werden. Da mithin Finanzierungs-Leasing im Sinne des BdF-Schreibens über die ertragsteuerrechtliche Behandlung von Leasing-Verträgen über bewegliche Wirtschaftsgüter vom 19. 4. 1971 (BStBl. I S 264) nicht vorliegt, ist die Frage, wem der Leasing-Gegenstand zuzurechnen ist, nach den allgemeinen Grundsätzen zu entscheiden.

2. Die Prüfung der Zurechnungsfrage hat folgendes ergeben:

a) Vertragsmodell mit Andienungsrecht des Leasing-Gebers, jedoch ohne Optionsrecht des Leasing-Nehmers

Bei diesem Vertragsmodell hat der Leasing-Geber ein Andienungsrecht. Danach ist der Leasing-Nehmer, sofern ein Verlängerungsvertrag nicht zustande kommt, auf Verlangen des Leasing-Gebers verpflichtet, den Leasing-Gegenstand zu einem Preis zu kaufen, der bereits bei Abschluss des Leasing-Vertrages fest vereinbart wird. Der Leasing-Nehmer hat kein Recht, den Leasing-Gegenstand zu erwerben.

Der Leasing-Nehmer trägt bei dieser Vertragsgestaltung das Risiko der Wertminderung, weil er auf Verlangen des Leasing-Gebers den Leasing-Gegenstand auch dann zum vereinbarten Preis kaufen muss, wenn der Wiederbeschaffungspreis für ein gleichwertiges Wirtschaftsgut geringer als der vereinbarte Preis ist. Der Leasing-Geber hat jedoch die Chance der Wertsteigerung, weil er sein Andienungsrecht nicht ausüben muss, sondern das Wirtschaftsgut zu einem über dem Andienungspreis liegenden Preis verkaufen kann, wenn ein über dem Andienungspreis liegender Preis am Markt erzielt werden kann. Der Leasing-Nehmer kann unter diesen Umständen nicht als wirtschaftlicher Eigentümer des Leasing-Gegenstandes angesehen werden.

b) Vertragsmodell mit Aufteilung des Mehrerlöses

Nach Ablauf der Grundmietzeit wird der Leasing-Gegenstand durch den Leasing-Geber veräußert. Ist der Veräußerungserlös niedriger als die Differenz zwischen den Gesamtkosten des Leasing-Gebers und den in der Grundmietzeit entrichteten Leasing-Raten (Restamortisation), so muss der Leasing-Nehmer eine Abschlusszahlung in Höhe der Differenz zwischen Restamortisation und Veräußerungserlös zahlen. Ist der Veräußerungserlös hingegen höher als die Restamortisation, so erhält der Leasing-Geber 25 %, der Leasing-Nehmer 75 % des die Restamortisation übersteigenden Teils des Veräußerungserlöses.

Durch die Vereinbarung, dass der Leasing-Geber 25 % des die Restamortisation übersteigenden Teils des Veräußerungserlöses erhält, wird bewirkt, dass der Leasing-Geber noch in einem wirtschaftlich ins Gewicht fallenden Umfang an etwaigen Wertsteigerungen des Leasing-Gegenstandes beteiligt ist. Der Leasing-Gegenstand ist daher dem Leasing-Geber zuzurechnen.

Eine ins Gewicht fallende Beteiligung des Leasing-Gebers an Wertsteigerungen des Leasing-Gegenstandes ist hingegen nicht mehr gegeben, wenn der Leasing-Geber weniger als 25 % des die Restamortisation übersteigenden Teils des Veräußerungserlöses erhält. Der Leasing-Gegenstand ist in solchen Fällen dem Leasing-Nehmer zuzurechnen.

c) Kündbarer Mietvertrag mit Anrechnung des Veräußerungserlöses auf die vom Leasing-Nehmer zu leistende Schlusszahlung

Der Leasing-Nehmer kann den Leasing-Vertrag frühestens nach Ablauf einer Grundmietzeit, die 40 % der betriebsgewöhnlichen Nutzungsdauer beträgt, kündigen. Bei Kündigung ist eine Abschlusszahlung in Höhe der durch die Leasing-Raten nicht gedeckten Gesamtkosten des Leasing-Gebers zu entrichten. Auf die Abschlusszahlung werden 90 % des vom Leasing-Geber erzielten Veräußerungserlöses angerechnet. Ist der anzurechnende Teil des Veräußerungserlöses zuzüglich der vom Leasing-Nehmer bis zur Veräußerung entrichteten Leasing-Raten niedriger als die Gesamtkosten des Leasing-Gebers, so muss der Leasing-Nehmer in Höhe der Differenz eine Abschlusszahlung leisten. Ist jedoch der Veräußerungserlös höher als die Differenz zwischen Gesamtkosten des Leasing-Gebers und den bis zur Veräußerung entrichteten Leasing-Raten, so behält der Leasing-Geber diesen Differenzbetrag in vollem Umfang.

Bei diesem Vertragsmodell kommt eine während der Mietzeit eingetretene Wertsteigerung in vollem Umfang dem Leasing-Geber zugute. Der Leasing-Geber ist daher nicht nur rechtlicher, sondern auch wirtschaftlicher Eigentümer des Leasing-Gegenstandes.

Die vorstehenden Ausführungen gelten nur grundsätzlich, dh nur insoweit, wie besondere Regelungen in Einzelverträgen nicht zu einer anderen Beurteilung zwingen.

d) Immobilienleasing/Teilamortisation

360 Bonn, 23. Dezember 1991
Der Bundesminister der Finanzen

IV B 2 – S 2170 – 115/91

Oberste Finanzbehörden
der Länder

Betr.: Ertragsteuerliche Behandlung von Teilamortisations-Leasing-Verträgen über unbewegliche Wirtschaftsgüter

Bezug: Sitzung ESt VIII/91 vom 16. bis 18. Dezember 1991 zu TOP 8

In meinem Schreiben vom 21. März 1972 (BStBl I S 188) habe ich zur ertragsteuerlichen Behandlung von Finanzierungs-Leasing-Verträgen über unbewegliche Wirtschaftsgüter Stellung genommen. Dabei ist unter Finanzierungs-Leasing das Vollamortisations-Leasing verstanden worden. Zu der Frage der ertragsteuerlichen Behandlung von Teilamortisierungs-Leasing-Verträgen über unbewegliche Wirtschaftsgüter wird unter Bezugnahme auf das Ergebnis der Erörterung mit den obersten Finanzbehörden der Länder wie folgt Stellung genommen:

I. Begriff und Abgrenzung des Teilamortisierungs-Leasing-Vertrages bei unbeweglichen Wirtschaftsgütern

1. Teilamortisierungs-Leasing im Sinne dieses Schreibens ist nur dann anzunehmen, wenn

a) der Vertrag über eine bestimmte Zeit abgeschlossen wird, während der er bei vertragsgemäßer Erfüllung von beiden Vertragsparteien nur aus wichtigem Grund gekündigt werden kann (Grundmietzeit),

und

b) der Leasing-Nehmer mit den in der Grundmietzeit zu entrichtenden Raten die

Anschaffungs- oder Herstellungskosten sowie alle Nebenkosten einschließlich der Finanzierungskosten des Leasing-Gebers nur zum Teil deckt.

2. Wegen der möglichen Vertragstypen weise ich auf Abschnitt II Ziffer 2 meines Schreibens vom 19. April 1971 (BStBl I S 264) hin. Die dortigen Ausführungen gelten beim Teilamortisierungs-Leasing von unbeweglichen Wirtschaftsgütern entsprechend.

II. Steuerrechtliche Zurechnung des Leasing-Gegenstandes

1. Die Zurechnung des unbeweglichen Leasing-Gegenstandes hängt von der Vertragsgestaltung und deren tatsächlicher Durchführung ab. Unter Würdigung der gesamten Umstände ist im Einzelfall zu entscheiden, wem der Leasing-Gegenstand

zuzurechnen ist. Dabei ist zwischen Gebäude sowie Grund und Boden zu unterscheiden.

2. Für die Zurechnung der G e b ä u d e gilt im Einzelnen folgendes:

a) Der Leasing-Gegenstand ist – vorbehaltlich der nachfolgende Ausführungen – grundsätzlich dem L e a s i n g – G e b e r zuzurechnen.

b) Der Leasing-Gegenstand ist in den nachfolgenden Fällen ausnahmsweise dem L e a s i n g – N e h m e r zuzurechnen:

aa) Verträge über Spezial-Leasing

Bei Spezial-Leasing-Verträgen ist der Leasing-Gegenstand regelmäßig dem Leasing-Nehmer ohne Rücksicht auf das Verhältnis von Grundmietzeit und Nutzungsdauer und auf etwaige Optionsklauseln zuzurechnen.

bb) Verträge mit Kaufoption

Bei Leasing-Verträgen mit Kaufoption ist der Leasing-Gegenstand regelmäßig dem Leasing-Nehmer zuzurechnen,

wenn die Grundmietzeit mehr als 90 v.H. der betriebsgewöhnlichen Nutzungsdauer beträgt oder der vorgesehene Kaufpreis geringer ist als der Restbuchwert des Leasing-Gegenstandes unter Berücksichtigung der AfA gemäß § 7 Abs 4 EStG nach Ablauf der Grundmietzeit.

Die betriebsgewöhnliche Nutzungsdauer berechnet sich nach der Zeitspanne, für die AfA nach § 7 Abs 4 S 1 EStG vorzunehmen ist, in den Fällen des § 7 Abs 4 S 2 EStG nach der tatsächlichen Nutzungsdauer.

cc) Verträge mit Mietverlängerungsoption

Bei Leasing-Verträgen mit Mietverlängerungsoption ist der Leasing-Gegenstand regelmäßig dem Leasing-Nehmer zuzurechnen,

wenn die Grundmietzeit mehr als 90 v.H. der betriebsgewöhnlichen Nutzungsdauer des Leasing-Gegenstandes beträgt oder die Anschlussmiete nicht mindestens 75 v.H. des Mietentgelts beträgt, das für ein nach Art, Lage und Ausstattung vergleichbares Grundstück üblicherweise gezahlt wird.

Wegen der Berechnung der betriebsgewöhnlichen Nutzungsdauer vgl unter Tz. 9.

dd) Verträge mit Kauf- oder Mietverlängerungsoption und besonderen Verpflichtungen

Der Leasing-Gegenstand ist bei Verträgen mit Kauf- oder Mietverlängerungsoption dem Leasing-Nehmer stets zuzurechnen, wenn ihm eine der nachfolgenden Verpflichtungen auferlegt wird:

– Der Leasing-Nehmer trägt die Gefahr des zufälligen ganzen oder teilweisen Untergangs des Leasing-Gegenstandes. Die Leistungspflicht aus dem Mietvertrag mindert sich in diesen Fällen nicht.

– Der Leasing-Nehmer ist bei ganzer oder teilweiser Zerstörung des Leasing-Gegenstandes, die nicht von ihm zu vertreten ist, dennoch auf Verlangen des Leasing-Gebers zur Wiederherstellung bzw zum Wiederaufbau auf seine Kosten verpflichtet oder die Leistungspflicht aus dem Mietvertrag mindert sich trotz der Zerstörung nicht.

– Für den Leasing-Nehmer mindert sich die Leistungspflicht aus dem Mietvertrag nicht, wenn die Nutzung des Leasing-Gegenstandes aufgrund eines nicht von ihm zu vertretenden Umstands langfristig ausgeschlossen ist.

– Der Leasing-Nehmer hat dem Leasing-Geber die bisher nicht gedeckten Kosten ggf auch einschließlich einer Pauschalgebühr zur Abgeltung von Verwaltungskosten zu erstatten, wenn es zu einer vorzeitigen Vertragsbeendigung kommt, die der Leasing-Nehmer nicht zu vertreten hat.

– Der Leasing-Nehmer stellt den Leasing-Geber von sämtlichen Ansprüchen Dritter frei, die diese hinsichtlich des Leasing-Gegenstandes gegenüber dem Leasing-Geber geltend machen, es sei denn, dass der Anspruch des Dritten von dem Leasing-Nehmer verursacht worden ist.

– Der Leasing-Nehmer als Eigentümer des Grund und Bodens, auf dem der Leasing-Geber als Erbbauberechtigter den Leasing-Gegenstand errichtet, ist aufgrund des Erbbaurechtsvertrags unter wirtschaftlichen Gesichtspunkten gezwungen, den Leasing-Gegenstand nach Ablauf der Grundmietzeit zu erwerben.

3. Der G r u n d u n d B o d e n ist grundsätzlich demjenigen zuzurechnen, dem nach den Ausführungen unter Tz. 6 bis 17 das Gebäude zugerechnet wird.

III. Bilanzmäßige Darstellung

Die bilanzmäßige Darstellung erfolgt nach den Grundsätzen unter Abschnitt II meines Schreibens vom 21. März 1972 (BStBl I S 188).

IV. Übergangsregelung

Soweit die vorstehend aufgeführten Grundsätze zu einer Änderung der bisherigen Verwaltungspraxis für die Zurechnung des Leasing-Gegenstandes bei Teilamortisierungs-Leasing-Verträgen über unbewegliche Wirtschaftsgüter führen, sind sie nur auf Leasing-Verträge anzuwenden, die nach dem 31. Januar 1992 abgeschlossen werden.

Im Auftrag

J u c h u m

2. Unidroit Convention on International Financial Leasing (Ottawa, 28 May 1988)

THE STATES PARTIES TO THIS CONVENTION,

RECOGNISING the importance of removing certain legal impediments to the international financial leasing of equipment, while maintaining a fair balance of interests between the different parties to the transaction,

AWARE of the need to make international financial leasing more available,

CONSCIOUS of the fact that the rules of law governing the traditional contract of hire need to be adapted to the distinctive triangular relationship created by the financial leasing transaction,

RECOGNISING therefore the desirability of formulating certain uniform rules relating primarily to the civil and commercial law aspects of international financial leasing,

HAVE AGREED as follows:

CHAPTER I – SPHERE OF APPLICATION AND GENERAL PROVISIONS

Article 1

1. – This Convention governs a financial leasing transaction as described in paragraph 2 in which one party (the lessor),

(a) on the specifications of another party (the lessee), enters into an agreement (the supply agreement) with a third party (the supplier) under which the lessor acquires plant, capital goods or other equipment (the equipment) on terms approved by the lessee so far as they concern its interests, and

(b) enters into an agreement (the leasing agreement) with the lessee, granting to the lessee the right to use the equipment in return for the payment of rentals.

2. – The financial leasing transaction referred to in the previous paragraph is a transaction which includes the following characteristics:

(a) the lessee specifies the equipment and selects the supplier without relying primarily on the skill and judgment of the lessor;

(b) the equipment is acquired by the lessor in connection with a leasing agreement which, to the knowledge of the supplier, either has been made or is to be made between the lessor and the lessee; and

(c) the rentals payable under the leasing agreement are calculated so as to take into account in particular the amortisation of the whole or a substantial part of the cost of the equipment.

3. – This Convention applies whether or not the lessee has or subsequently acquires the option to buy the equipment or to hold it on lease for a further period, and whether or not for a nominal price or rental.

4. – This Convention applies to financial leasing transactions in relation to all equipment save that which is to be used primarily for the lessee's personal, family or household purposes.

Article 2

In the case of one or more sub-leasing transactions involving the same equipment, this Convention applies to each transaction which is a financial leasing transaction and is otherwise subject to this Convention as if the person from whom the first lessor (as defined in paragraph 1 of the previous article) acquired the equipment were the supplier and as if the agreement under which the equipment was so acquired were the supply agreement.

Article 3

1. – This Convention applies when the lessor and the lessee have their places of business in different States and:

(a) those States and the State in which the supplier has its place of business are Contracting States; or

(b) both the supply agreement and the leasing agreement are governed by the law of a Contracting State.

2. – A reference in this Convention to a party's place of business shall, if it has more than one place of business, mean the place of business which has the closest relationship to the relevant agreement and its performance, having regard to the circumstances known to or contemplated by the parties at any time before or at the conclusion of that agreement.

Article 4

1. – The provisions of this Convention shall not cease to apply merely because the equipment has become a fixture to or incorporated in land.

2. – Any question whether or not the equipment has become a fixture to or incorporated in land, and if so the effect on the rights *inter se* of the lessor and a person having real rights in the land, shall be determined by the law of the State where the land is situated.

Article 5

1. – The application of this Convention may be excluded only if each of the parties to the supply agreement and each of the parties to the leasing agreement agree to exclude it.

2. – Where the application of this Convention has not been excluded in accordance with the previous paragraph, the parties may, in their relations with each other, derogate from or vary the effect of any of its provisions except as stated in Articles 8(3) and 13(3)(b) and (4).

Article 6

1. – In the interpretation of this Convention, regard is to be had to its object and purpose as set forth in the preamble, to its international character and to the need to promote uniformity in its application and the observance of good faith in international trade.

2. – Questions concerning matters governed by this Convention which are not expressly settled in it are to be settled in conformity with the general principles on which it is based or, in the absence of such principles, in conformity with the law applicable by virtue of the rules of private international law.

CHAPTER II – RIGHTS AND DUTIES OF THE PARTIES

Article 7

1. – (a) The lessor's real rights in the equipment shall be valid against the lessee's trustee in bankruptcy and creditors, including creditors who have obtained an attachment or execution.

(b) For the purposes of this paragraph „trustee in bankruptcy" includes a liquidator, administrator or other person appointed to administer the lessee's estate for the benefit of the general body of creditors.

2. – Where by the applicable law the lessor's real rights in the equipment are valid against a person referred to in the previous paragraph only on compliance with rules as to public notice, those rights shall be valid against that person only if there has been compliance with such rules.

3. – For the purposes of the previous paragraph the applicable law is the law of the State which, at the time when a person referred to in paragraph 1 becomes entitled to invoke the rules referred to in the previous paragraph, is:

(a) in the case of a registered ship, the State in which it is registered in the name of the owner (for the purposes of this sub-paragraph a bareboat charterer is deemed not to be the owner);

(b) in the case of an aircraft which is registered pursuant to the Convention on International Civil Aviation done at Chicago on 7 December 1944, the State in which it is so registered;

(c) in the case of other equipment of a kind normally moved from one State to another, including an aircraft engine, the State in which the lessee has its principal place of business;

(d) in the case of all other equipment, the State in which the equipment is situated.

4. – Paragraph 2 shall not affect the provisions of any other treaty under which the lessor's real rights in the equipment are required to be recognised.

5. – This article shall not affect the priority of any creditor having:

(a) a consensual or non-consensual lien or security interest in the equipment arising otherwise than by virtue of an attachment or execution, or

(b) any right of arrest, detention or disposition conferred specifically in relation to ships or aircraft under the law applicable by virtue of the rules of private international law.

Article 8

1. – (a) Except as otherwise provided by this Convention or stated in the leasing agreement, the lessor shall not incur any liability to the lessee in respect of the equipment save to the extent that the lessee has suffered loss as the result of its reliance on the lessor's skill and judgment and of the lessor's intervention in the selection of the supplier or the specifications of the equipment.

(b) The lessor shall not, in its capacity of lessor, be liable to third parties for death, personal injury or damage to property caused by the equipment.

(c) The above provisions of this paragraph shall not govern any liability of the lessor in any other capacity, for example as owner.

2. – The lessor warrants that the lessee's quiet possession will not be disturbed by a person who has a superior title or right, or who claims a superior title or right and acts under the authority of a court, where such title, right or claim is not derived from an act or omission of the lessee.

3. – The parties may not derogate from or vary the effect of the provisions of the previous paragraph in so far as the superior title, right or claim is derived from an intentional or grossly negligent act or omission of the lessor.

4. – The provisions of paragraphs 2 and 3 shall not affect any broader warranty of quiet possession by the lessor which is mandatory under the law applicable by virtue of the rules of private international law.

Article 9

1. – The lessee shall take proper care of the equipment, use it in a reasonable manner and keep it in the condition in which it was delivered, subject to fair wear and tear and to any modification of the equipment agreed by the parties.

2. – When the leasing agreement comes to an end the lessee, unless exercising a right to buy the equipment or to hold the equipment on lease for a further period, shall

return the equipment to the lessor in the condition specified in the previous paragraph.

Article 10

1. – The duties of the supplier under the supply agreement shall also be owed to the lessee as if it were a party to that agreement and as if the equipment were to be supplied directly to the lessee. However, the supplier shall not be liable to both the lessor and the lessee in respect of the same damage.

2. – Nothing in this article shall entitle the lessee to terminate or rescind the supply agreement without the consent of the lessor.

Article 11

The lessee's rights derived from the supply agreement under this Convention shall not be affected by a variation of any term of the supply agreement previously approved by the lessee unless it consented to that variation.

Article 12

1. – Where the equipment is not delivered or is delivered late or fails to conform to the supply agreement:

(a) the lessee has the right as against the lessor to reject the equipment or to terminate the leasing agreement; and

(b) the lessor has the right to remedy its failure to tender equipment in conformity with the supply agreement,

as if the lessee had agreed to buy the equipment from the lessor under the same terms as those of the supply agreement.

2. – A right conferred by the previous paragraph shall be exercisable in the same manner and shall be lost in the same circumstances as if the lessee had agreed to buy the equipment from the lessor under the same terms as those of the supply agreement.

3. – The lessee shall be entitled to withhold rentals payable under the leasing agreement until the lessor has remedied its failure to tender equipment in conformity with the supply agreement or the lessee has lost the right to reject the equipment.

4. – Where the lessee has exercised a right to terminate the leasing agreement, the lessee shall be entitled to recover any rentals and other sums paid in advance, less a reasonable sum for any benefit the lessee has derived from the equipment.

5. – The lessee shall have no other claim against the lessor for non-delivery, delay in delivery or delivery of non-conforming equipment except to the extent to which this results from the act or omission of the lessor.

6. – Nothing in this article shall affect the lessee's rights against the supplier under Article 10.

Article 13

1. – In the event of default by the lessee, the lessor may recover accrued unpaid rentals, together with interest and damages.

2. – Where the lessee's default is substantial, then subject to paragraph 5 the lessor may also require accelerated payment of the value of the future rentals, where the leasing agreement so provides, or may terminate the leasing agreement and after such termination:

(a) recover possession of the equipment; and

(b) recover such damages as will place the lessor in the position in which it would have been had the lessee performed the leasing agreement in accordance with its terms.

3. – (a) The leasing agreement may provide for the manner in which the damages recoverable under paragraph 2 (b) are to be computed.

(b) Such provision shall be enforceable between the parties unless it would result in damages substantially in excess of those provided for under paragraph 2 (b). The parties may not derogate from or vary the effect of the provisions of the present sub-paragraph.

4. – Where the lessor has terminated the leasing agreement, it shall not be entitled to enforce a term of that agreement providing for acceleration of payment of future rentals, but the value of such rentals may be taken into account in computing damages under paragraphs 2(b) and 3. The parties may not derogate from or vary the effect of the provisions of the present paragraph.

5. – The lessor shall not be entitled to exercise its right of acceleration or its right of termination under paragraph 2 unless it has by notice given the lessee a reasonable opportunity of remedying the default so far as the same may be remedied.

6. – The lessor shall not be entitled to recover damages to the extent that it has failed to take all reasonable steps to mitigate its loss.

Article 14

1. – The lessor may transfer or otherwise deal with all or any of its rights in the equipment or under the leasing agreement. Such a transfer shall not relieve the lessor of any of its duties under the leasing agreement or alter either the nature of the leasing agreement or its legal treatment as provided in this Convention.

2. – The lessee may transfer the right to the use of the equipment or any other rights

under the leasing agreement only with the consent of the lessor and subject to the rights of third parties.

CHAPTER III – FINAL PROVISIONS

Article 15

1. – This Convention is open for signature at the concluding meeting of the Diplomatic Conference for the Adoption of the Draft Unidroit Conventions on International Factoring and International Financial Leasing and will remain open for signature by all States at Ottawa until 31 December 1990.

2. – This Convention is subject to ratification, acceptance or approval by States which have signed it.

3. – This Convention is open for accession by all States which are not signatory States as from the date it is open for signature.

4. – Ratification, acceptance, approval or accession is effected by the deposit of a formal instrument to that effect with the depositary.

Article 16

1. – This convention enters into force on the first day of the month following the expiration of six months after the date of deposit of the third instrument of ratification, acceptance, approval or accession.

2. – For each State that ratifies, accepts, approves, or accedes to this Convention after the deposit of the third instrument of ratification, acceptance, approval or accession, this Convention enters into force in respect of that State on the first day of the month following the expiration of six months after the date of the deposit of its instrument of ratification, acceptance, approval or accession.

Article 17

This Convention does not prevail over any treaty which has already been or may be entered into; in particular it shall not affect any liability imposed on any person by existing or future treaties.

Article 18

1. – If a Contracting State has two or more territorial units in which different systems of law are applicable in relation to the matters dealt with in this Convention, it may, at the time of signature, ratification, acceptance, approval or accession, declare that this Convention is to extend to all its territorial units or only to one or more of them, and may substitute its declaration by another declaration at any time.

2. – These declarations are to be notified to the depositary and are to state expressly the territorial units to which the Convention extends.

3. – If, by virtue of a declaration under this article, this Convention extends to one or more but not all of the territorial units of a Contracting State, and if the place of business of a party is located in that State, this place of business, for the purposes of this Convention, is considered not to be in a Contracting State, unless it is in a territorial unit to which the Convention extends.

4. – If a Contracting State makes no declaration under paragraph 1, the Convention is to extend to all territorial units of that State.

Article 19

1. – Two or more Contracting States which have the same or closely related legal rules on matters governed by this Convention may at any time declare that the Convention is not to apply where the supplier, the lessor and the lessee have their places of business in those States. Such declarations may be made jointly or by reciprocal unilateral declarations.

2. – A Contracting State which has the same or closely related legal rules on matters governed by this Convention as one or more non-Contracting States may at any time declare that the Convention is not to apply where the supplier, the lessor and the lessee have their places of business in those States.

3. – If a State which is the object of a declaration under the previous paragraph subsequently becomes a Contracting State, the declaration made will, as from the date on which the Convention enters into force in respect of the new Contracting State, have the affect of a declaration made under paragraph 1, provided that the new Contracting State joins in such declaration or makes a reciprocal unilateral declaration.

Article 20

A Contracting State may declare at the time of signature, ratification, acceptance, approval or accession that it will substitute its domestic law for Article 8(3) if its domestic law does not permit the lessor to exclude its liability for its default or negligence.

Article 21

1. – Declarations made under this Convention at the time of signature are subject to confirmation upon ratification, acceptance or approval.

2. – Declarations and confirmations of declarations are to be in writing and to be formally notified to the depositary.

3. – A declaration takes effect simultaneously with the entry into force of this Convention in respect of the State concerned. However, a declaration of which the depositary receives formal notification after such entry into force takes effect on the first day of the month following the expiration of six months after the date of its receipt by the depositary. Reciprocal unilateral declarations under Article 19 take

effect on the first day of the month following the expiration of six months after the receipt of the latest declaration by the depositary.

4. – Any State which makes a declaration under this Convention may withdraw it at any time by a formal notification in writing addressed to the depositary. Such withdrawal is to take effect on the first day of the month following the expiration of six months after the date of the receipt of the notification by the depositary.

5. – A withdrawal of a declaration made under Article 19 renders inoperative in relation to the withdrawing State, as from the date on which the withdrawal takes effect, any joint or reciprocal unilateral declaration made by another State under that article.

Article 22

No reservations are permitted except those expressly authorised in this Convention.

Article 23

This Convention applies to a financial leasing transaction when the leasing agreement and the supply agreement are both concluded on or after the date on which the Convention enters into force in respect of the Contracting States referred to in Article 3(1)(a), or of the Contracting State or States referred to in paragraph 1(b) of that article.

Article 24

1. – This Convention may be denounced by any Contracting State at any time after the date on which it enters into force for that State.

2. – Denunciation is effected by the deposit of an instrument to that effect with the depositary.

3. – A denunciation takes effect on the first day of the month following the expiration of six months after the deposit of the instrument of denunciation with the depositary. Where a longer period for the denunciation to take effect is specified in the instrument of denunciation it takes effect upon the expiration of such longer period after its deposit with the depositary.

Article 25

1. – This Convention shall be deposited with the Government of Canada.

2. – The Government of Canada shall:

(a) inform all States which have signed or acceded to this Convention and the President of the International Institute for the Unification of Private Law (Unidroit) of:

(i) each new signature or deposit of an instrument of ratification, acceptance, approval or accession, together with the date thereof;

(ii) each declaration made under Articles 18, 19 and 20;

(iii) the withdrawal of any declaration made under Article 21 (4);

(iv) the date of entry into force of this Convention;

(v) the deposit of an instrument of denunciation of this Convention together with the date of its deposit and the date on which it takes effect;

(b) transmit certified true copies of this Convention to all signatory States, to all States acceding to the Convention and to the President of the International Institute for the Unification of Private Law (Unidroit).

IN WITNESS WHEREOF the undersigned plenipotentiaries, being duly authorised by their respective Governments, have signed this Convention.

DONE at Ottawa, this twenty-eighth day of May, one thousand nine hundred and eighty-eight, in a single original, of which the English and French texts are equally authentic.

Sachregister

Die angegebenen Zahlen beziehen sich auf die Randnummern.

Ablösewert
  Leasingvertrag, Abrechnung 206a, 209b
Abmahnung
  Gebrauch, vertragswidriger 320
Abnahmebestätigung
  Liefergeschäft 182
Abnahmepflicht
  Beschaffungsvertrag 183
  Leasing 175, 182
Abrechnung
  Leasinggegenstand, Verlust 206a
Abrechnungsklausel
  Ausgleichsanspruch 298 f
  Benachteiligung, unangemessene 303 f
  Kontrollfähigkeit 300 f
  Preisabrede 300 f
  Transparenzgebot 299, 302, 304
Abschlussgebühr
  Bausparvertrag 96a
Abschlusszahlung
  Amortisationsanspruch 304
  Ausgleichsanspruch 298 f
  Benachteiligung, unangemessene 303 f
  Berechnung, konkrete 302, 304
  Berechnung, pauschale 302
  Inhaltskontrolle 299 f
  Kündigung 255
  Operatingleasing 16
  Teilamortisationsvertrag 56, 93
  Transparenzgebot 128, 304
  Zerstörung/Beschädigung des Leasinggegenstandes 212a
Abschreibung
  Leasingraten 49
Abschrift
  Leasingvertrag 157
Abtretung
  Ersatzansprüche 204
  Gestaltungsrechte 215
  Gewährleistungsausschluss 197, 214
  Leasingvertrag 66
  Lieferstörung 192
  Nachlieferungsanspruch 221
  Schadensersatzansprüche 234 ff
  Umdeutung 222
  Widerruf 220
Abtretungskonstruktion
  s Gewährleistungs- und Abtretungskonstruktion
Abzahlungsgesetz
  Leasingvertrag 145 ff
    Umgehungsgeschäft 146
    Widerrufsrecht 146

Abzinsung
  Ausgleichsanspruch 295
  Barwertformel 325
  Gewinnersatz 325
Äquivalenzprinzip
  Leasingvertrag 66, 81, 131, 186, 191, 245a, 285 f
AfA
  Abnutzung als Betriebsunkosten 49
  lineare AfA 54
  Restnutzungsdauer 54
AGB-Kontrolle
  Andienungsrecht 297
  Annahmefrist 100, 297
  Drittvertragsbedingungen 114
  Drittverweisungsklausel 219 ff
  Einzelvertragsbedingungen 114
  Klauselverbote, besondere 113, 115
  Kraftfahrzeugleasing, Kündigungsrecht 206a
  Leasingvertrag 109 ff
Allgemeine Geschäftsbedingungen
  s a Leasingbedingungen
  Inhaltskontrolle 18, 66, 109 ff, 119 ff
  Klauseln, deklaratorische 122
  Klauseln, leistungsbeschreibende 122
  Klauseln, preisbestimmende 122
  Leasing 111
  Leitbild, gesetzliches 18, 64
  Lieferantenbedingungen 224 ff
  Operatingleasing 18
  Transparenzgebot 127 f, 299
  Überraschungsverbot 117
Amortisationsanspruch
  Abschlusszahlung 304
  Leitbildfunktion 303
Amortisationspflicht
  Leasing 93
  Synallagma 95
Andienungsklausel
  AGB-Kontrolle 306
Andienungsrecht
  AGB-Kontrolle 297
  Finanzierungshilfe, entgeltliche 151
  Finanzierungsleasing 50a
  Leasingvertrag 21a, 26
  Rechtsnatur 297
  Teilamortisationsvertrag 56, 297
  Vertragsbeendigung 282
Anfechtung
  Leasingvertrag 174
Angebot
  Erklärung, getrennte 157

Angebot (Forts)
  Leasingvertrag 100
Ankaufgarantie
  Kontrollfreiheit 330b
Ankaufsrecht
  Leasingvertrag 21a, 26
Anlagen, bauliche
  Immobilienleasing
  s dort
Anlagevermögen
  Leasinggegenstand 49
Annahme
  Erklärung, getrennte 157
  Verzicht auf den Zugang der Annahme 100, 156
Annahmefrist
  AGB-Kontrolle 100, 297
Anpassungsklauseln
  AGB-Kontrolle 91
  Leasingvertrag 91
Anschaffungskosten
  Immobilienleasing 21a
Anzahlung
  Erstattungsanspruch 191
Anzeigepflicht
  Mangel der Leasingsache 227
Arglistige Täuschung
  Leasingvertrag 174
Asset Management
  Operatingleasing 16
Aufhebungsvertrag
  Ausgleichsanspruch 291
  Leasingvertrag 279
Aufklärungspflicht
  culpa in contrahendo 162, 164 ff
  Leasing 88
Aufsichtsrecht
  Finanzierungsleasing 63a
Ausgleichsanspruch
  Abschlusszahlung 298 f
  Abzinsung 295
  Berechnung 293 ff
  Gewinnanteil 295
  Kreditkosten 295
  Rest-Erfüllungsanspruch 292
  Umsatzsteuer 292
  Verjährung 292
  Vertragsbeendigung, vorzeitige 289 ff
  Vorfälligkeitsentschädigung 295
Ausgleichszahlung
  Leasing 55, 93
Aushandeln
  Leasingvertrag 98
Auskunftserteilung
  Freizeichnung 167
Auslegung
  Leasingvertrag 60, 62

Außerhalb von Geschäftsräumen geschlossener Vertrag
  Finanzierungsleasingvertrag 143e
Autoleasing
  s Kraftfahrzeugleasing

Baugewerbe
  Leasingkunden 6
Bearbeitungsentgelt
  Leasing 96a
Bedingung, aufschiebende
  Leasingvertrag 184
Befristung
  Leasingvertrag 276
Belassungspflicht
  Leasinggegenstand 85
  Unmöglichkeit 248
Beratungspflicht
  culpa in contrahendo 162, 164 ff
  Leasing 88
Bereicherungsausgleich
  Kündigung 255
  Leasingraten 241
  Rückgabe, verspätete 287
Bereicherungsverbot
  Kündigung, vorzeitige 303, 327
Bereitstellungsprovision
  Erstattungsanspruch 191
Bergbau
  Leasingkunden 6
Beschädigung
  Leasinggegenstand 212a
Beschädigung
  Abschlusszahlung 212a
  Ausgleichsanspruch 212a
  Drittverschulden 212b f
  Kündigungsrecht, außerordentliches 212a
  Leasinggegenstand 205, 209
  Leasingraten 212a
  Schadensersatzanspruch 212a f
    Abtretung 212b
    Haftungsschaden 212c
    Nutzungsschaden 212c
Beschaffungspflicht
  Kardinalpflicht 191, 196
Beschaffungsvertrag
  Allgemeine Geschäftsbedingungen 111
  Gewährleistungsrechte, Abtretung 228
  Übernahmebestätigung 183
  verbundene Verträge 161
Besitz
  Leasingzeit 85
  Verschaffungspflicht 198
  Vertragsbeendigung 329
Besitz, mittelbarer
  Leasing 175
Besitzentziehung durch Dritte
  Kündigung, außerordentliche 312

Besitzverschaffungspflicht
  Leasing 231, 311
Betriebsausgaben
  Leasingraten 49
Betriebseinnahmen
  Leasingraten 49
Beurkundung, notarielle
  Immobilienleasing 26
Bevollmächtigung
  Leasing 99
Beweislast
  Übernahmebestätigung 186
Big-Ticket-Leasing
  Cross-Border-Leasing 6
Bilanzneutralität
  Finanzierungsleasing 48
Bilanzrecht
  Finanzierungsleasing 233
Bonitätsprüfung
  Leasingvertrag 32, 96a, 100
Bruttoleasing
  Immobilienleasing 22, 24
  Pflichten des Leasinggebers 88
Büromaschinen
  Leasinggeschäft 6

CISG
  s UN-Kaufrecht
Computerleasing
  Handbücher 194
  Rügeobliegenheit 180 f
  Teilleistung 194
  Verschulden bei Vertragsschluss 173
  Wartungsvertrag 210
Cross-Border-Leasing
  Big-Ticket-Leasing 6
  Leasinggeschäft 6, 350
culpa in contrahendo
  Freistellungsanspruch 171
  Inanspruchnahme besonderen Vertrauens 173
  Leasinggeschäft 162 ff
  Lieferant, Eigenhaftung 173

Dauerschuldverhältnis
  Kündigungsrecht 245 f, 251, 311 f
  Leasingvertrag 91, 245 f, 251
  Rücktritt 245a
Diebstahl
  Leasinggegenstand 206a
Dienstleistung
  Leasingkunden 6
Differenzkaskoschutz
  Kraftfahrzeugleasing 209b
Domestic-Leasing
  Leasinggeschäft 6
Dreieck, leasingtypisches
  Finanzierungsleasing 11, 13
  Leasing 1 f, 97 f, 172, 181

Drittkäuferbenennungsrecht
  AGB-Kontrolle 306
Drittschadensliquidation
  Leasing 236
Drittverweisungsklausel
  AGB-Kontrolle 219 ff
  Gewährleistungsausschluss 222
  Leasing 102, 197
  Leistungsverweigerungsrecht 253
  Privatleasing 217
  Schadensersatz, Abtretung 234 ff
Drittwiderspruchsklage
  Kostentragung 332
  Leasing 332, 334
dual use
  Leasing 143c

EDV-Anlage
  s Computerleasing
Eigentum
  Zurechnung, wirtschaftliche 50
Eigentumsverschaffungspflicht
  Leasing 231
Einrede des nichterfüllten Vertrages
  Geringfügigkeitsschwelle 194
  Lieferung, unvollständige 194
  Lieferung, verspätete 195
  Mangelhaftigkeit der Leasingsache 230
  Nichtlieferung 190
Eintrittsmodell
  Aufklärungspflicht 166
  Erfüllungsgehilfeneigenschaft des Lieferanten 168
  Gewährleistungsausschluss 225b
  Leasing 97
  Verbraucherbeteiligung 161
  Verträge, verbundene 265, 267
  Verträge, zusammenhängende 161
Einwendungsdurchgriff
  Finanzierungsleasing 144, 199, 225b
  Freiberufler 271
  Kleingewerbetreibende 271
  Kündigung 272
  Leasing 29
  Leistungsverweigerungsrecht 270
  Nacherfüllung, Fehlschlagen 268
  Nichtleistung 262
  Rückforderungsanspruch 270
  Subsidiarität 268 f, 271
  Treu und Glauben 271
  Unternehmer 271
  unzulässige Rechtsausübung 271
  Verträge, verbundene 263 ff
Energieversorgung
  Leasingkunden 6
Entgeltverpflichtung
  Immobilienleasing 21a
Entsorgung
  Leasinggegenstand 282

Erfüllungsgehilfen
  Lieferant 163, 167 ff
  Kenntnis des Lieferanten 143
  Nichtlieferung der Leasingsache 193
Erfüllungsinteresse
  Kündigung, außerordentliche 324
Erfüllungsübernahme
  Leasingvertrag 107
Erlass
  Kaufpreisrückzahlung 228
Erlasskonformität
  Leasingerlasse
  s dort
Erlaubnisvorbehalt
  Finanzierungsleasing 63a
Ersatzanspruch
  Abtretung 204
  Verjährung 283
Ersatzbeschaffung
  Leasinggegenstand 211 f
  Mehrkosten 212c
Ersatzlieferung
  Leasingsache, mangelfreie 232
Erwerbspflicht
  Finanzierungshilfe, entgeltliche 151
  Immobilienleasing 26
  Leasinggegenstand 84
Erwerbsrecht
  Finanzierungshilfe, entgeltliche 151
Existenzgründung
  Einwendungsdurchgriff 271
  Finanzierungsleasing 150

Fälligkeit
  Kaufpreis 185
  Leasingraten 90, 184
Fahrzeugleasing
  s Kraftfahrzeugleasing
Fernabsatz
  Finanzierungsleasingvertrag 143e
Fernabsatzprivileg
  Finanzierungsleasing 153a
Festpreisabrede
  AGB-Kontrolle 91
Finanzdienstleistung
  Informationspflicht 143e
Finanzdienstleistungs-Fernabsatz-Richtlinie
  Leasing 354
Finanzierungkosten
  Immobilienleasing 21a
Finanzierungshilfen
  Abgrenzung 151
  Einwendungsdurchgriff 263 ff
  Erwerbsrecht 151
  Erwerbsverpflichtung 37a, 151
  Finanzierungsleasing 10, 149
  Leasing 149
    Teilamortisationsvertrag 151
    Vollamortisationsvertrag 151

Finanzierungshilfen (Forts)
  Mietkauf 43
  Rechtsgrundverweisung 149, 266
  Restwertgarantie 37a
Finanzierungsinstrument
  Leasing 1, 5, 86, 93
Finanzierungsleasing
  absatzförderndes Finanzierungsleasing 267, 271
  Amortisationspflicht 93
  Andienungsrecht 50a
  Aufsichtsrecht 63a
  Betriebswirtschaft 45 f
  Bilanzrecht 47 f, 233
  Darlehensvertrag 73
  Dreiecksverhältnis, wirtschaftliches 11
  Dritter, Einschaltung 11
  Einwirkungsausschluss 50a
  Finanzierungsfunktion 10, 14, 45, 63a, 73, 233, 286, 290
  Finanzierungshilfe 10
  Gewährleistungsansprüche 13
  Gewährleistungsausschluss 226
  herstellernahes Finanzierungsleasing 29
  Immobilienleasing 19, 21, 22
  Informationspflichten, vorvertragliche 143e
  Inhaltskontrolle 121
  internationales Finanzierungsleasing 350 ff
  Kaufoption 50a
  Kaufrecht 72
  Kraftfahrzeugleasing 34
  Kreditvertrag 73
  Laufzeit 50
  Leasingform 8 ff
  lieferantennahes Finanzierungsleasing 29, 267, 271
  Liquidität 45
  Mietrecht 65 ff, 122, 249, 285 f
  Mobilienleasing 19 f
  Nutzungsdauer 50a
  Preisgefahr 13
  Rechtsnatur 64 ff, 75 f, 213, 225b
  reines Finanzierungsleasing 29, 167, 247
  Restwert 50
  Rückabwicklung 247
  Sachgefahr 13, 72
  Schriftform 154 ff
  Steuerrecht 47 ff, 59 ff, 233, 257
  Überlassungspflicht 80 f
  Verlängerungsoption 50a
  Vertrag sui generis 74, 76, 78
  Vertragsvermittlung 151
  Vollamortisationspflicht 245a
  Vollamortisationsprinzip 12, 93
  Widerruf 160
Finanzierungspflicht
  Leasing 87

Flotten-Leasing
  Geschäftsverbindung, dauernde 108
Flugzeuge
  Big-Ticket-Leasing 6
  Immobilienleasing 345
  Leasinggeschäft 6
Form
  Immobilienleasing 26
Formmangel
  Heilung 158
  Leasingvertrag 158
Formularvertrag
  Leasing 111
Freie Berufe
  Einwendungsdurchgriff 271
  Leasing 113
    dual use 143c
    Sittenwidrigkeit 143
Freizeichnung
  Immobilienleasing 25
  Leasing 18, 197
Full-Service-Leasingvertrag
  Immobilienleasing 22
Funktionsfähigkeit
  Leasinggegenstand 205

GAP-Versicherung
  Bedarfsermittlung 209c
  Beratungsdokumentation 209c
  Beratungspflicht 209c
  Kraftfahrzeugleasing 206a, 209b f
Gasnetz
  Leasinggeschäft 6
Gebäudemietvertrag
  Abgrenzung 21a
Gebrauch, vertragswidriger
  Abmahnung 320
  Kündigung, außerordentliche 320
Gebrauchsentziehung
  Vertragspflichtverletzung 85
Gebrauchsfähigkeit
  Leasinggegenstand 188
Gebrauchsfortsetzung
  Inhaltskontrolle 288
  nach Vertragsbeendigung 288
Gebrauchsspuren
  Rückgabepflicht 283
Gebrauchsüberlassungspflicht
  Leasinggegenstand 83, 85, 193, 201
  Synallagma 95
  Vertragsbeendigung 281
Gebrauchsverschaffungspflicht
  Leasinggegenstand 193
  Unmöglichkeit 248
Gefahrtragung
  AGB-Kontrolle 200 ff
  Einflussbereich des Leasingnehmers 203
  Ersatzansprüche, Abtretung 204
  Leasingsache, Übergabe 200

Gegenleistungsgefahr
  AGB-Kontrolle 201 ff
Gemeinsames Europäisches Kaufrecht
  Verbraucherleasing 354
Gemeinschaftsrecht
  Leasing 354
Generalübernehmer
  Leasingnehmer 25
Geschäftsbesorgung
  Leasingvertrag 236
Geschäftsfähigkeit
  Leasingvertrag 109
Geschäftsgrundlage
  Leasingvertrag 239, 241
  Wegfall der Geschäftsgrundlage
    s dort
Geschäftsraummietvertrag
  Abgrenzung 21a
Gesellschafter/Geschäftsführer
  Finanzierungsleasing 152
  Kündigung wegen Zahlungsverzugs 318
Gewährleistung
  Ermächtigungskonstruktion 214
  Finanzierungsleasing 13, 213 ff
  Geltendmachung 227 ff
  Gestaltungsrechte 214
  Leasing 66 f, 249
  Operatingleasing 18
  Übernahmebestätigung 186
Gewährleistungs- und Abtretungskonstruktion
  AGB-Kontrolle 216 ff
    Umgehungsgeschäft 225a
  Einwendungsdurchgriff 265
  Kündigungsrecht 251
  Leasing 66, 81, 83, 214 ff, 240, 251
    Drittverweisungsklausel 197
  Prozess, Bindungswirkung 240
  Rechtsverfolgung 221
  Verbraucherschutz 269
  Widerruf 251
Gewährleistungsauseinandersetzung
  Unterrichtungspflicht 96, 227
Gewährleistungsausschluss
  Abtretung 197
  Drittverweisungsklausel 222
  Eintrittsmodell 225b
  Finanzierungsleasing 226
  Leasingvertrag 82, 214
  Rückkaufvereinbarung 330d
  Rügeobliegenheit 177 f
  Teilamortisationsvertrag 297
  Vollamortisationsvertrag 297
Gewährleistungsklage
  Unzumutbarkeit 240a
Gewährleistungsrechtsstreit
  Leasing 240 f
Gewerbe, verarbeitendes
  Leasingkunden 6

Gewerbesteuer
Leasing 51
Gewinn, entgangener
Leasing 248
Gläubigerversammlung
Bestreiten der Forderung 244b
Grundfreiheiten
Leasinggeschäft 354
Grundmietzeit
40%-Grenze 54
90%-Grenze 54
Teilamortisationsvertrag 56
Vollamortisationsvertrag 53 f
Grundpfandrechte
Sale-and-lease-back-Verfahren 32
Grundstück
Immobilienleasing
s dort

Händlerabhängiges Leasing
Finanzierungsleasing 28
Einwendungsdurchgriff 267
Händlerleasing
Leasinggeber 27
s a Herstellerleasing
Haftungsausschlussklausel
AGB-Kontrolle 169, 196, 218
Gesundheitsverletzung 218
Körperverletzung 218
Leben, Verletzung 218
Pflichtverletzung, grob fahrlässige 218
Haftungsbeschränkung
Klauselverbote 218
Haftungsschaden
Zerstörung/Beschädigung des Leasinggegenstandes 212c
Handel
Leasingkunden 6
Handeln für fremde Rechnung
Leasing 236
Handelsgeschäft
Liefergeschäft 177
Haushalte, private
Leasingkunden 6
Haushaltsführung, kommunale
Sparsamkeit 143a
Wirtschaftlichkeit 143a
Haustürgeschäft
Finanzierungsleasingvertrag 143e
Herausgabeanspruch
Pfändbarkeit 336
Pflichtverletzung 329
Vertragsbeendigung 282, 329
Zahlungsverzug 329
Herstellerabhängiges Leasing
Begriff 28 f
Einwendungsdurchgriff 247
Einheit, wirtschaftliche 267
Finanzierungsleasing 28

Herstellerleasing
Einstandspflicht 223
Finanzierungsleasing 27
Kraftfahrzeugleasing 35
Kreditfunktion 27
Leasinggeber 27
Operatingleasing 27
Herstellungskosten
Immobilienleasing 21a

Immobilienleasing
Abgrenzung 21a
Anschaffungskosten 21a
Beurkundung, notarielle 26
Bruttoleasing 22, 24
Eigenkapital 24
Entgeltverpflichtung 21a
Erwerbspflicht 26
Finanzierungkosten 21a
Finanzierungsleasing 19, 21, 22
Freizeichnung 25
Full-Service-Leasingvertrag 22
Gefahrtragung 21
Gewährleistungsansprüche 21
Herstellungskosten 21a
Insolvenz 345, 347
Sonderkündigungsrecht 345
Instandhaltungspflicht 22, 25a
Investitionsbedarf 21a
Kaufoption 21
Know-how 24
Leasingerlasse 57 f, 358, 360
Leasinggeschäft 15
Leasingquote 6
Mängelhaftung 21a
Nebenkosten 21a
Nettoleasing 22
Objektgesellschaft 23
Preisgefahr 21a
Sachgefahr 21a
Sale-and-lease-back-Verfahren 24
Schriftformerfordernis 26
Sittenwidrigkeit 133, 143a
Steuerrecht 24
Teilamortisationsmodell 58
Vertragslaufzeit 21
Vollamortisationsvertrag 57
Zwangsvollstreckung 335
Inbesitznahme durch den Leasinggeber
Eigenmacht, verbotene 329
Kündigung, außerordentliche 314
Informationspflicht, vorvertragliche
Leasing 143d f
Inhaltskontrolle
Abschlusszahlung 299 f
Angemessenheitsprüfung 125 f
Ausgleichsanspruch bei vorzeitiger Vertragsbeendigung 289 ff
Aushöhlungsverbot 125 f

Inhaltskontrolle (Forts)
  Finanzierungsleasing 66
  Gewährleistungs- und Abtretungskonstruktion 216 ff
  Kontrollfreiheit 122
  Kraftfahrzeugleasing 96b, 206a
  Leasingvertrag 109 ff, 119 ff
  Leitbildabweichung 123 f
  Lieferanten-AGB 224 ff
  Operatingleasing 18
  Rückgabe, verspätete 285
  Rückgabepflicht 282
  Vertragsbeendigung 273
  Vertragstyp, gesetzlich nicht geregelter 119 ff
  Vertragsverlängerung, Ausschluss 288
Insolvenz
  Aussonderungsrecht 342, 346
  Grundstücksveräußerung 347
  Immobilienleasing 345, 347
  Kündigungssperre 339 f, 345
  Leasinggeber 346 ff
  Leasingnehmer 207, 208, 339 ff
  Leasingraten 343
    Vorausverfügung 347
  Leasingvertrag 280, 338 ff
  Lieferant 240a, 244, 256 f
  Massefremdheit 342
  Masseverbindlichkeiten 343
  Mobilienleasing 341
    Refinanzierung 348
  Nutzungsentschädigung 343 f
  Schadensersatz 343 f, 346
  Sonderkündigungsrecht 345
  Verwalterwahlrecht 341 ff, 346
  Weiternutzung des Leasingguts 344
Instandhaltungspflicht
  Immobilienleasing 22, 25a
  Kündigung, außerordentliche 320
  Leasinggegenstand 86, 210, 212
  Mietkauf 40
Instandsetzungspflicht
  Ersatzbeschaffung 211 f
  Leasinggegenstand 211 f
Internationales Privatrecht
  s a Rom I-VO
  Anknüpfung, objektive 351 f
  Finanzierungsleasing 350 ff
  Mehrrechtsstaat 350
  Rechtswahlvereinbarung 351
  Unidroit-Übereinkommen über das internationale Finanzierungsleasing 355
Investitionsrisiko
  Operatingleasing 16
Investitionsvolumen
  Leasing 5
Invollzugsetzung
  Leasingvertrag 184

Jahreszins, effektiver
  Finanzierungsleasing 134 ff, 153
  Teilamortisationsvertrag 139 f
  Uniformmethode 135
    Modifikation 139 f
  Vollamortisationsvertrag 135 ff
Juristische Personen des öffentlichen Rechts
  Leasing, Sittenwidrigkeit 143

Kauf, finanzierter
  Finanzierungsform 14
Kaufmann
  Leasing 113
Kaufoption
  Leasing 41
  Mietkauf 40
  Vertragsbeendigung 282
  Vollamortisationsvertrag 41, 276
  Zwangsvollstreckung gegen den Leasinggeber 336
Kaufpreisrückzahlung
  Erlass 228
  Leistungsverweigerungsrecht 253
Kaufvertrag
  Leasinggeschäft 8
  Liefergeschäft 102, 104, 175
  Nachbesserung, Fehlschlagen 268
  UN-Kaufrecht 352
Kaution
  Verzinsungspflicht 88
Kfz-Leasing
  s Kraftfahrzeugleasing
Kilometerabrechnungsvertrag
  Abnutzung, übermäßige 36 f
  Abrechnungsart, Wechsel 38
  Erhaltungszustand 36
  Finanzierungsleasing 37a f, 151
  Gefahrtragung 36
  Kraftfahrzeugleasing 20, 27, 35
  Kündigung, ordentliche 38
  Minderwertausgleich 38
  Restwertabrechnung, Umstellung auf 38
    Überraschungsverbot 117
  Restwertrisiko 37
  Verbraucherschutz 37a f
  Verrechnungsmethode 35
  Verschleiß 36 f
Kleingewerbetreibende
  Einwendungsdurchgriff 271
Kollusion
  Gewährleistungsprozess 240
Kraftfahrzeugleasing
  Beschädigung des Fahrzeugs 205
    Erheblichkeit 205
    Gefährdungshaftung 212a f
  Betriebsgefahr 212a
  Diebstahl 206a
  Differenzkaskoschutz 209b
  Finanzierungsleasing 27

Kraftfahrzeugleasing

Kraftfahrzeugleasing (Forts)
 GAP-Versicherung 206a, 209b f
 Gebrauchtwagen 205, 225b
 Gefahrtragungsklauseln 205
 Gewährleistungsbedingungen 225b
 Herstellerleasing 35
 Inhaltskontrolle 96b, 206a
 Kilometerabrechnungsvertrag 20, 27, 35 ff
  s a dort
 Kündigungsrecht 205 ff
 Leasingquote 6, 33
 Lösungsrecht 205
 Mehrwertsteuer, Erstattungsfähigkeit 207
 Neufahrzeuge 205
 Neupreisentschädigung 207a
 Null-Leasing 20, 34
 Privat-Leasing 33
 Reparaturkostenaufwand 205
 Restwertgarantie 305
 Sachsubstanz, Erhaltung 206
 Schadensabrechnung auf Neuwagenbasis 212b
 Totalschaden 207a, 209b, 212c
 Überführungskosten 96b
 Verlust des Fahrzeugs 205
  Ausgleichsanspruch 205
 Versicherungspflicht 207, 208
  Eigenversicherung 207
  Fremdversicherung 207
 Verträge, verbundene 267
 Vollkaskoversicherung 207, 208
 Wiederbeschaffungswert 209b
 Zulassungskosten 96b
Kündigung
 Androhung der Gesamtfälligkeit 318, 322
 Ausgleichsanspruch 206, 291
 Einwendungsdurchgriff 272
 Fristsetzung 318, 322
 Leasingvertrag 68, 272
 Mehrheit von Leasingnehmern 322
 Operatingleasing 16
 Privatleasing 318
 Verbraucherbeteiligung 322
 Vollamortisationsanspruch 76
 vorzeitige Kündigung 289, 301
  Bereicherungsverbot 303
 Wegfall der Geschäftsgrundlage 190
Kündigung, außerordentliche
 Ausgleichsanspruch 212a
 Besitzentziehung durch Dritte 312
 Inbesitznahme durch den Leasinggeber 314
 durch Leasinggeber 315 ff, 323
 durch Leasingnehmer 310 ff
 Leasingsache, Beschädigung 209
 Leasingsache, Verlust 206
 Leasingvertrag 274
 Lieferstörung 199
 Mangelhaftigkeit des Leasingguts 313

Sachregister

Kündigung, außerordentliche (Forts)
 Nichtlieferung 311
 Schadensersatz 323 ff
  Abzinsung 325
  Erfüllungsinteresse 324
  Vorteilsausgleichung 325
 Teilleistung 194
 Tod des Leasingnehmers 349
 Untergang des Leasingguts 312
 Unzumutbarkeit der Vertragsfortsetzung 309
 Vermögensverschlechterung 319
 Versicherungspflicht 321
 Vertretenmüssen 323
 Wegfall der Geschäftsgrundlage 190
 wichtiger Grund 308 ff
 Zerstörung/Beschädigung des Leasinggegenstandes 212a
Kündigung, ordentliche
 Leasingvertrag 275, 277 f
Kündigungserklärung
 Zugang 322
Kündigungsfrist
 Fristversäumung 278
Kündigungsklausel
 Inhaltskontrolle 317
 Zahlungsverzug 317
Kündigungsrecht
 Dauerschuldverhältnis 245 f
 fristloses Kündigungsrecht 247
 Gewährleistungs- und Abtretungskonstruktion 251
 Kraftfahrzeugleasing 205 ff
 Leasing 206, 251 f
 Rückwirkung 245
 Verwirkung 322
Kündigungsschaden
 Abzinsung 325
 Anspruch eigener Art 323
 Erfüllungsinteresse 324
 Gewinnersatz 326
 Inhaltskontrolle 327
 Verwertungserlös, Anrechnung 327
 Vorteilsausgleichung 325
Kündigungssperre
 Insolvenz des Leasingnehmers 339 f, 345

Landwirtschaft
 Leasing 6, 113
Leasing
 händlerabhängiges Leasing
  s dort
 herstellerabhängiges Leasing
  s dort
 indirektes Leasing 28, 267
 markengebundenes Leasing 28, 267
Leasing-Konvention
 s Unidroit-Übereinkommen über das internationale Finanzierungsleasing

Leasingbedingungen
s a Allgemeine Geschäftsbedingungen
Amortisationslücke 289, 296 ff
Andienungsklausel 297, 306
Anpassungsklausel 91
Ausgleichsanspruch bei vorzeitiger
  Vertragsbeendigung 289 ff
Einbeziehung 113, 116
Ersatzbeschaffung 211
Fälligkeit der ersten Rate 90
Gebrauchsfortsetzung 288
Gewährleistungsrechte, Geltendmachung
  227, 269
Haftungsausschlussklausel 169
Individualvereinbarungen 118
Insolvenzrisiko 240a
Instandhaltungspflicht 86, 210
Kalkulationsbedingungen 91
Mangelfreiheit 82
Nebenpflichten 96
Nichtlieferungsklausel 196
Rügeobliegenheit 179
Schadensersatz 327
Schuldbeitrittsklausel 330
Tod des Leasingnehmers 349
Übernahmebestätigung 182, 186
Untervermietung, Verbot 333
Verfügungsverbot 333
Vermögensverschlechterung 319
Verspätungsklausel 196
Vertragsschluss 103
Wartungsvertrag 210, 212
Zwangsvollstreckungsmaßnahmen 319

Leasingerlasse
Ausgleichsanspruch 294
Erlasskonformität 52 ff
Immobilienleasing 57 f
  Teilamortisation 360
  Vollamortisation 358
Mobilien-Teilamortisationserlass 56, 359
Mobilienleasing/Vollamortisation 53 f, 357
Restwertregelung 61, 257
Steuerrecht 3, 52
Vertragsgestaltung 15
Vertragslaufzeit 61, 257

Leasingfinanzierungsklausel
Auslegung 105

Leasinggeber
Aufklärungspflicht 164 ff
Beratungspflicht 164 ff
culpa in contrahendo 163
Herausgabeanspruch 282
Insolvenz 346 ff
Kaufmannseigenschaft 177
Unternehmereigenschaft 143c

Leasinggegenstand
Beschädigung 205, 209, 212a
Gebrauch, vertragswidriger 320
Verlust 206a, 209b

Leasinggegenstand (Forts)
Zerstörung 209b, 212, 212a
Zustand, funktionsfähiger 96

Leasingnehmer
Gewährleistungsansprüche 13
Pflichten 89 ff
Preisgefahr 13
Rückgabepflicht 282
Sachgefahr 13
Tod des Leasingnehmers 280, 349
Unternehmereigenschaft 112 f, 116
Verbrauchereigenschaft 112, 114

Leasingquote
Leasinginvestitionen 5 f

Leasingraten
Anpassungsklauseln 91
Anschaffungsaufwand 290
Bereicherungsausgleich 241
Betriebsausgaben 49
Betriebseinnahmen 49
Einrede des nichterfüllten Vertrages 190
Fälligkeit 90, 184
Finanzierungsaufwand 290
Gebrauchsfortsetzung 288
Gebrauchsüberlassung, Entgelt 286
Insolvenzforderungen 343
Kapitaleinsatz 286
Kündigung, außerordentliche 315 f
Leistungsverweigerungsrecht 244 f
Minderung 258
Pfändbarkeit des Ratenzahlungsanspruchs
  337
Rückforderungsanspruch 270
Rückgabe der Leasingsache 285
Verfahrensaussetzung 244
Verjährung 92
Vertragsbeendigung 281
Vorausverfügung 347
Vorauszahlungspflicht 90
Zahlungspflicht 89 ff
Zerstörung/Beschädigung des Leasingge-
  genstandes 212a

Leistungsverweigerungsrecht
Klageabweisung 244a
Klageerhebung 253
Leasingraten 244 f, 253

Leitbild
Leasingvertrag 67 f

Lieferant
Eigenhaftung 172 f
  Verschulden bei Vertragsschluss 173
Erfüllungsgehilfeneigenschaft 163,
  167 ff, 193
Insolvenz 240a
Schadensersatzanspruch des Leasingneh-
  mers 236
Vermögensverfall 240a

Lieferantenbedingungen
AGB-Kontrolle 224 ff

Lieferantenbedingungen (Forts)
  Richtlinienkonformität 225b
  Nachbesserung, Beschränkung auf 225c, 231
  Nacherfüllungsrecht 230
  Umgehungsgeschäft 225a
Liefergeschäft
  s Liefervertrag
Lieferstörung
  Kündigung, außerordentliche 199
  Leasinggegenstand 83, 189 ff
Lieferung
  Leasingsache 175 ff, 188
  Nichterfüllung 190
  Nichtlieferung
    s dort
  Unvollständigkeit 194
  Verspätung 195
Liefervertrag
  Abnahmepflicht 175
  Bedingung, auflösende 105
  Drittverweisungsklausel 102
  Eintritt des Leasinggebers 104 ff
    Erfüllungsübernahme 107
    Schuldübernahme 107
    Vertragsübernahme 106
  Fehlschlagen 198 f
  Handelsgeschäft 177
  Kaufvertrag 102, 104, 175
  Leasingvertrag, Nichtzustandekommen 105
  Rückgewährschuldverhältnis 242, 245, 247 f
  Rücktritt 252
  Übernahmebestätigung 102
  Vertragsschluss 97 f, 102 f
  Werklieferungsvertrag 102, 104
  Werkvertrag 102, 104, 175

Mängelanzeige
  Anzeigepflicht 227
Mängeleinrede
  Lieferant, Vermögensverfall 240a
Mängelhaftung
  Immobilienleasing 21a
Mängelrechte
  Geltendmachung 227 ff
Mahnung
  Entbehrlichkeit 316
  qualifizierte Mahnung 318
Mangelfreiheit
  Leasinggegenstand 81 f, 188
Mangelhaftigkeit
  Bestreiten 244
  Kündigung, außerordentliche 313
  Leasinggegenstand 213 ff, 249
  Schadensersatz 248
Maschinen
  Leasinggeschäft 6

Maschinen (Forts)
  Wartungsvertrag 210
Mehrwertsteuer-Systemrichtlinie
  Leasingverträge 51
Mietkauf
  Abgrenzung Leasing/Mietkaufvertrag 39 ff
  Bilanzrecht 42
  Erwerbsinteresse 41 f
  Finanzierungshilfe, sonstige 43
  Geschäftsinhalt 39 f
  Gewährleistungspflicht 40
  Optionsrecht 40
  Sachgefahr 40
  Steuerrecht 42
  Typenkombinationsvertrag 42
Mietrecht
  Finanzierungsleasing 65 ff
Mietvertrag
  Amortisation 12
  Gebrauchsüberlassung 10
  Leasinggeschäft 8
  Leitbild, gesetzliches 67
Minderung
  Leasing 215, 258
Minderwertausgleich
  AGB-Kontrolle 36a
  Amortisationsfunktion 36a
  Beweislast 36a
  Darlegungslast 36a
  Erfüllungsanspruch 36a
  Umsatzsteuer 36a
Mobilienleasing
  Finanzierungsleasing 19 f
  Leasingerlass 357
  Leasinggeschäft 15
  Leasingquote 5 f
  Sittenwidrigkeit 133
  Teilamortisationsvertrag 15
  Verwalterwahlrecht 341 ff
  Vollamortisationsvertrag 15

Nachbesserung
  Fehlschlagen 221, 225c
  Gewährleistungsbeschränkung 225c
  Leasing 230
Nacherfüllung
  Fehlschlagen 268
  Fristsetzung 237
  Leasing 215, 217, 230
  Leistungsverweigerungsrecht 230, 268 f
  Nacherfüllung 231
  Rücktritt 237 f
  Unzumutbarkeit 268
  Verweigerung 268
Nachlieferung
  Abtretungsausschluss 221
  Leasing 230 ff
  Leasingsache, Auslieferung 231
  Nutzungsersatz 231

Nachmieter
  Leasingvertrag, Aufhebungsvereinbarung 279
Nachrichtentechnik
  Leasinggeschäft 6
Nachrichtenübermittlung
  Leasingkunden 6
Nebenintervention
  Leasing 261
Nebenkosten
  Immobilienleasing 21a
Nebenpflichten
  culpa in contrahendo 162, 164
  Leasing 88
  Leasingnehmer 96
Nettoleasing
  Objektfinanzierung 22
Neupreisentschädigung
  Kraftfahrzeugleasing 207a
Nichtabnahmeentschädigung
  Erstattungsanspruch 191
Nichterfüllung
  Leasingvertrag 196
  Nichtlieferung 190
Nichtlieferung
  Einrede des nichterfüllten Vertrages 190
  Kündigung, außerordentliche 311
  Nichterfüllung 190
  Pflichtverletzung 193
  Vertretenmüssen 193
  Wegfall der Geschäftsgrundlage 190
Nichtlieferungsklausel
  Inhaltskontrolle 196
Null-Leasing
  Fahrzeugleasing 20, 34
  Rechtsnatur 34
Null-Zins-Leasing
  Fahrzeugleasing 34
Nutzungsausfallschaden
  Leasing 248
Nutzungsentschädigung
  Inhaltskontrolle 285
  Insolvenz des Leasingnehmers 343 f
  Vorenthaltung der Leasingsache 285 f
  Wahlrecht 212c
  Zeitwert 285
Nutzungsrecht
  Unpfändbarkeit 333
Nutzungsschaden
  Zerstörung/Beschädigung des Leasinggegenstandes 212c

Objektgesellschaft
  Immobilienleasing 23
Operatingleasing
  Absatzförderung 16
  Abschlusszahlung 16
  Asset Management 16
  Begriff 16

Operatingleasing (Forts)
  Gewährleistungspflicht 18
  Grundmietzeit 16
  Inhaltskontrolle 18
  Investitionsrisiko 16
  Kündigung 16
  Leasingform 8
  Leitbild, gesetzliches 18
  Lieferung der Sache, rechtzeitige 18
  Mietvertrag 17
  Preisgefahr 18
  Rechtsnatur 17
  Sachgefahr 18
  Verbraucherschutzrecht 151
  Versicherungsleistungen 16
  Vertragsdauer 16
  Wartung 16
  Widerrufsrecht 143e
Optionsrecht
  Unpfändbarkeit 333
Ottawa-Konvention
  s Unidroit-Übereinkommen über das internationale Finanzierungsleasing

pay-as-you-earn-Effekt
  Finanzierungsleasing 45
Pflichtangaben
  Unrichtigkeit 159
  Urkunde, Zurverfügungstellung 159
  Verbraucherfinanzierungsleasing 155, 159
Pflichtenprogramm
  Leasingvertrag 79 ff
Preisgefahr
  AGB-Kontrolle 201 ff
  Immobilienleasing 21a
  Operatingleasing 18
Privatleasing
  AGB-Kontrolle 114 f
  Drittverweisungsklausel 217
  Kraftfahrzeugleasing 33
  Kündigung wegen Zahlungsverzugs 318
  Verbraucherschutz
  s dort
Produktionsmaschinen
  Leasinggeschäft 6
Prozessstandschaft
  Gewährleistungsansprüche 214

Quantitätsabweichung
  Gewährleistung 194
Quittung
  Übernahmebestätigung 186

Rahmenvertrag
  Leasing 108
Ratserteilung
  Freizeichnung 167

Rechnungslegung
  Harmonisierung, gemeinschaftsrechtliche 354
Rechtswahl
  Leasing 351, 353
  Liefervertrag 352
Refinanzierungsbedingungen
  Anpassungsklauseln 91
Rentenbarwertformel, vorschüssige
  Inhaltskontrolle 302
Restamortisation
  Teilamortisationsvertrag 56
Restwertausgleich
  Garantie 292
  Umsatzsteuer 292
Restwerterwartung
  Uniformmethode, modifizierte 140
Restwertgarantie
  Einstandspflicht 151
  Finanzierungshilfen 37a
  Inhaltskontrolle 305 f
  Kraftfahrzeugleasing 305
  Rest-Erfüllungsanspruch 305
  Teilamortisationsvertrag 305 ff
  Transparenzgebot 128, 306a
  Veräußerungserlös 306a
Restwertrisiko
  Fahrzeugleasing 37
Rom I-VO
  s a Internationales Privatrecht
  Finanzierungsleasing 351
    Dienstleistungsvertrag 351
  Immobilienleasing 351
  Liefervertrag 352
  Mobilienleasing 351
  Verbraucherleasing 351, 353
Rückabwicklungsklage
  Klageabweisung 244a
  Leistungsverweigerungsrecht 244a
  Verjährungshemmung 244a
Rückgabe, verspätete
  Bereicherungsausgleich 287
  Entschädigung 285
  Inhaltskontrolle 285
  Leasinggegenstand 68, 285 ff
  Verzögerungsschaden 287
Rückgabeanspruch des Leasinggebers
  s Herausgabeanspruch
Rückgabepflicht
  Bringschuld 282
  Entsorgung 282
  Inhaltskontrolle 282
  Rückgabe an Dritten 282
  Transportkosten 282
  Transportrisiken 282
  Unmöglichkeit 284
  Verbraucherleasing 282
  Vertragsbeendigung 282, 323
  Zustand, ordnungsgemäßer 283

Rückkaufvereinbarung
  Ankaufsverpflichtung 330a
  Gewährleistungsausschluss 330d
  Inhaltskontrolle 330a f
  Kontrollfreiheit 330b
  Kündigung des Leasingvertrags 330a
  Rahmenvereinbarung 330b
  Rechtsnatur 330a
  Wiederverkaufsrecht 330a
Rückstandsquote
  Kündigung wegen Zahlungsverzugs 318
  Nennbetrag 318
Rücktritt
  Abwicklungsschuldverhältnis 237, 239, 242, 253
  ex tunc-Wirkung 245a
  Gestaltungsrecht 244, 245
  Leasing 215, 232, 237 ff
  Liefervertrag 252
  Rückabwicklung des Leasingvertrages 245
  Zugang der Rücktrittserklärung 244, 253
Rücktrittsfiktion
  Finanzierungsleasing 153a
Rücktrittsrecht
  Abtretbarkeit 215
  Leasingvertrag, Nichtzustandekommen 105
  Liefergeschäft, Nichtzustandekommen 103
Rückzahlungsanspruch
  Feststellung zur Insolvenztabelle 244b
Rügeobliegenheit
  Abdingbarkeit 180
  Gewährleistungsausschluss 177 f
  Leasing 176 ff
  Leasingnehmer, kaufmännischer 179, 181
  Leasingnehmer, nichtkaufmännischer 179, 181
  Sachverständigengutachten 180 f
  Übernahmebestätigung 187

Sachgefahr
  AGB-Kontrolle 201 f
  Finanzierungsleasing 72
  Immobilienleasing 21a
  Mietkauf 40
  Operatingleasing 18
Sachverschaffungspflicht
  Kardinalpflicht 196
  Leasinggegenstand 83, 198
Sale-and-lease-back-Verfahren
  Begriff 30
  Eigentumsübertragung 32
  Einwirkungsausschluss 50a
  Enthaftungserklärung 32
  Finanzierungsfunktion 31
  Finanzierungsleasing 31
  Gewährleistungshaftung 32, 223
  Grundpfandrechte 32
  Immobilienleasing 24

Sale-and-lease-back-Verfahren (Forts)
   Nutzungsdauer 50a
   Pfandrecht Dritter 32
   Vermieterpfandrecht 32
   Weiterveräußerungsermächtigung 32
Schadensanzeige
   Nebenpflicht 96
Schadensberechnungsklausel
   Inhaltskontrolle 327
Schadensersatz
   Abtretung 234 ff
   Abzinsung 325
   Erfüllungsinteresse 324
   Gewinnersatz 326
   großer Schadensersatz 232, 235
   Inhaltskontrolle 327
   Kausalität 326
   Kündigung, außerordentliche 323 ff
   Leasing 168 ff
   Vorteilsausgleichung 325
Schadensersatz statt der Leistung
   Nichtlieferung 193, 195
Schadenspauschalierung
   Inhaltskontrolle 327
Schienenfahrzeuge
   Big-Ticket-Leasing 6
Schiffe
   Big-Ticket-Leasing 6
   Immobilienleasing 345
   Leasinggeschäft 6
Schriftform
   Formverstoß 158
   Immobilienleasing 26
   Verbraucherfinanzierungsleasing 154 ff
Schriftformklausel
   Leasingvertrag 118
Schuldbeitritt
   Finanzierungsleasing 152
   Widerrufsbelehrung 330
   Zahlungsverzug 330
Schuldbeitrittsklausel
   AGB-Kontrolle 330
Schuldübernahme
   Leasingvertrag 107
Sicherstellung
   Vertragsbeendigung 329
Sittenwidrigkeit
   Beweislast 142 f
   Gesinnung, verwerfliche 141, 143
   Haushaltsrecht 143a
   Kenntnis 143a
   Leasingvertrag 129 ff
   Missverhältnis, objektiv auffälliges
     129 ff, 142
     Gewinn, üblicher 132
     Jahreszins, effektiver 134 ff
     Prüfungsmodell, mietrechtliches 131 f
     Ratenkreditmodell 133 ff
   Unkenntnis, grob fahrlässige 143a

Software
   Abnahmebestätigung 182
Sollzinssatz
   Finanzierungsleasing 153
Staat
   Leasingkunde 6
Stellvertretung
   Leasing 99, 109, 143c
Steuerrecht
   Finanzierungsleasing 47 ff, 59 ff, 233, 257
   Harmonisierung, gemeinschaftsrechtliche
     354
   Immobilienleasing 24
   Leasing 3, 7
Störung der Geschäftsgrundlage
   s Wegfall der Geschäftsgrundlage
Streithilfe
   Leasing 261
Stromnetz
   Leasinggeschäft 6
Substanz-Schaden
   Wahlrecht 212c

Teilamortisationsvertrag
   Abschlusszahlung 56, 93
   Amortisationspflicht 93
   Andienungsrecht des Leasinggebers
     56, 297
   Ausgleichsanspruch 294
   Ausgleichsleistung 55
   Finanzierungshilfe, entgeltliche 151
   Gewährleistungsausschluss 297
   Grundmietzeit 56
   Jahreszins, effektiver 139 f
   Kraftfahrzeugleasing 34
   Kündigungsrecht 56, 294, 296, 301
     vorzeitige Kündigung 289
   Leasingerlasse 359
   Mehrerlös, Aufteilung 56, 305 ff
   Mietkauf 66
   Mobilien-Teilamortisationserlass 56
   Mobilienleasing 15
   Restamortisation 56
   Restwertgarantie 128, 305 ff
   Verwertungserlös 327
   Vollamortisationsprinzip 12, 55, 67
Teilleistung
   Leasing 194
Totalschaden
   Kraftfahrzeugleasing 207a, 209b, 212c
Transparenzgebot
   Abrechnungsklausel 299, 302
   Abschlusszahlung 128, 304
   Durchschnittskunde 127
   Leasingvertragsbedingungen 127 f
   Restwertgarantie 128, 306a
   Vollamortisation 128
Treu und Glauben
   Einwendungsdurchgriff 271

Typenfreiheit
Finanzierungsleasing 18

Überführungskosten
Leasinggeschäft 96 b

Überlassungspflicht
Leasinggegenstand 80 f
Mangelfreiheit 81 f

Übernahmebestätigung
Beschaffungsvertrag 183
Fälligkeit 184 f
Klauselbeispiele 183
Leasingvertrag, aufschiebend bedingter 184
Liefergeschäft 102, 182 ff
Mitverschulden 186
Rechtsnatur 186
Unrichtigkeit 187
Unterrichtungspflicht 186

Übernahmevertrag
Überraschungsverbot 117

Überraschungsverbot
Kraftfahrzeugleasing 96 b
Leasingvertragsbedingungen 117

Umsatzsteuer
Ausgleichsanspruch 292
Leasing 51
Restwertausgleich 292

UN-Kaufrecht
Liefervertrag 352

Unidroit-Übereinkommen über das internationale Finanzierungsleasing
Direktanspruch gegen den Leasinggeber 356
Drei-Personen-Verhältnis 356
Eigenhaftung 356
Fälligstellung, vorzeitige 356
Finanzierungsleasingvertrag 76, 355 f
Kündigungsrecht 356
Lieferstörung 356
Mangelhaftigkeit der Leasingsache 356
Privatautonomie 356
Rechtswahl 351
Text 361
Zahlungsverzug 356
Zurückbehaltungsrecht 356

Unmöglichkeit
Gebrauchsverschaffungspflicht 248, 250
Rückgabe der Leasingsache 284

Untergang des Leasingguts
Kündigung, außerordentliche 312

Unternehmer
Einwendungsdurchgriff 271
Leasing 112 f, 116
Sittenwidrigkeit 143
Verbraucherschutzrecht 143 c

Unterrichtungspflicht
Gewährleistungsrechte, Geltendmachung 96, 227

Unterrichtungspflicht (Forts)
Übernahmebestätigung 186

Unterschriftsreife
Leasingvertrag 98, 101, 162

Unterzeichnung
Vertragsurkunde 157

Unzulässige Rechtsausübung
Einwendungsdurchgriff 271
Nutzungsentschädigung 285 f

Urteil
Bindungswirkung 240

USA
Cross-Border-Leasing 350
Direktanspruch gegen den Leasinggeber 350
Leasing 1 f

Veränderung der Sache
Ersatzansprüche, Verjährung 283
Rückgabepflicht 283

Verbandsstruktur
Leasing 4

Verbraucher
Definition 143 c
Leasing 112, 114, 143 c
Sittenwidrigkeit 143

Verbraucherdarlehensrecht
Anwendungsbereich, persönlicher 150
Anwendungsbereich, sachlicher 151
Drittbeteiligung 152
Finanzierungsleasing 144, 150 f, 153
Richtlinienkonformität 153
Widerrufsfrist 159

Verbraucherkredit-Richtlinie
Verbraucherleasing 354

Verbraucherkreditgesetz
Einwendungsdurchgriff 147
Finanzierungsleasing 145, 147 ff
Widerrufsrecht 147

Verbraucherleasing
s a Privatleasing
internationales Verbraucherleasing 353
Kündigung wegen Zahlungsverzugs 318
Rückgabepflicht 282

Verbraucherschutz
europäischer Verbraucherschutz 354
Leasing 37 a f, 109, 143 b f, 262 ff
Einwendungsdurchgriff 263 ff
Informationspflicht, vorvertragliche 143 d f
Schriftform 154 ff
Zusatzentgelt 143 d

Verbraucherwiderrufsrecht
Leasingvertrag 105, 143 e, 159
mehrere Verbraucher 159
Rückabwicklungsverhältnis 160
Verwirkung 159
Widerrufsdurchgriff 161
Widerrufserklärung 159

Verbraucherwiderrufsrecht (Forts)
  Widerrufsfrist 159 f
    Fristwahrung 159
  Wirksamkeit, schwebende 160
Verbrauchsgüterkauf
  Leasing 115
Verbundene Verträge
  s Verträge, verbundene
Verfallklausel
  Abzinsung 328
  AGB-Kontrolle 328
  Vertragsbeendigung 328
  Vertragsstrafenverbot 328
Verjährung
  Ausgleichsanspruch 292
  Leasing 259 f
  Leasingraten 92
Verjährungseinrede
  Leasing 260
  Spätschäden 260
  Streithilfe 261
Verjährungsfrist
  Leasing 217, 259
Verjährungshemmung
  Leasingraten 244a
Verkehr
  Leasingkunden 6
Verlust
  Leasinggegenstand 206a, 209b
Vermieterpfandrecht
  Sale-and-lease-back-Verfahren 32
Vermögensverschlechterung
  Kündigung, außerordentliche 319
  Umstände, sonstige 319
  Zwangsvollstreckungsmaßnahmen 319
Vernichtung der Sache
  Gefahrtragung 200
Versäumnisurteil
  Bindungswirkung 240
Verschlechterung der Sache
  Ersatzansprüche, Verjährung 283
  Gefahrtragung 200
  Rückgabepflicht 283
Verschleiß
  Kilometerabrechnungsvertrag 36 f
  Restwertausgleich 36a
  Rückgabepflicht 283
Verschulden bei Vertragsschluss
  s culpa in contrahendo
Versicherungsleistungen
  Anrechnung auf Schadensersatzanspruch 212a
  Anrechnung auf Vollamortisationsanspruch 209
  Operatingleasing 16
  Reparatur der Leasingsache 209
  Übererlös 209a
  Zweckbindung 209

Versicherungspflicht
  AGB-Kontrolle 208
  Entschädigungsanspruch, Verfügungsbefugnis 207
  Insolvenz des Leasingnehmers 207, 208
  Kündigung, außerordentliche 321
  Leasinggegenstand 96, 207
Verspätungsklausel
  Inhaltskontrolle 196
Verträge, verbundene
  Einheit, wirtschaftliche 267
  Eintrittsmodell 265
  Einwendungsdurchgriff 263 ff
  Leasing 29, 161, 262 ff
  Leistungsverweigerungsrecht 230
Verträge, zusammenhängende
  Widerrufsdurchgriff 161
Vertrag sui generis
  Finanzierungsleasing 74, 76, 78, 122
Vertrag über Grundstücke
  Formerfordernis 26
Vertragsabwicklung
  Haftungsausschlussklausel 169
  Nebenpflichten 88, 167
Vertragsanbahnung
  Freistellungsanspruch 171
  Leasing 105
  Nebenpflichten 88, 162 ff
  Verbraucherschutz 143b
Vertragsauslegung, ergänzende
  Leasingvertrag 67
Vertragsbeendigung
  Leasing 273 ff, 281 ff
  Verbraucherschutz 143b
  Vollamortisation 278
Vertragsdauer
  Leasingvertrag 278
Vertragsdurchführung
  Verbraucherschutz 143b
Vertragsschluss
  Leasingvertrag 97 ff, 102, 109 ff
  Liefervertrag 97 f
Vertragsstrafe
  Vorenthaltung der Leasingsache 286
Vertragsstrafenverbot
  Verfallklausel 328
Vertragsübernahme
  Leasingvertrag 106 f
  Zahlungsverzug 330
Vertragsverhandlungen
  Leasing 164 ff
Vertragsvordrucke
  Erfüllungsgehilfeneigenschaft des Lieferanten 167
Verwertung des Leasingguts
  AGB-Kontrolle 306
Verwertungserlös
  Teilamortisationsvertrag 327

Verwirkung
Kündigungsrecht 322
Verbraucherwiderrufsrecht 159
Verzug
Kündigungsrecht 94
Leasing 90
Verzugszinsen
Belastung, rückwirkende 244a
Vollamortisation
Finanzierungsleasing 245a
Vertragsbeendigung 278
Vollamortisationsprinzip
Andienungsrecht 297
Finanzierungsleasing 12, 93 f, 290
Teilamortisationsvertrag 12, 55, 67
Vollamortisationsvertrag 12
Vollamortisationsvertrag
Befristung 276
Finanzierungshilfe, entgeltliche 151
Gewährleistungsausschluss 297
Grundmietzeit 53 f, 276
Jahreszins, effektiver 135 ff
Kaufoption 41, 66, 276, 297
ohne Kaufoption 54
Leasingerlasse 53, 357 f
Mietkauf 66
Mobilienleasing 15
mit Verlängerungsoption 54, 276
ohne Verlängerungsoption 54
Vollamortisationsprinzip 12, 93
Vollmacht
Leasing 157
Vorenthaltung der Leasingsache
Nutzungsentschädigung 285 f
Vertragsstrafe 286
Vorfinanzierung
Leasing 87
Vormerkung
Immobilienleasing 21
Vorteilsausgleichung
Kündigung, außerordentliche 325

Wandelung
Leistungsverweigerungsrecht 244
Wartung
Operatingleasing 16
Wartungsvertrag
Leasingbedingungen 210, 212
Wasserversorgung
Leasingkunden 6
Wegfall der Geschäftsgrundlage
Kodifikation 242, 245
Kündigung, außerordentliche 190
Leasing 238 f, 241 ff, 246
Leasingsache, Nichtlieferung 190, 311
Rücktrittserklärung, Zugang 244

Wegfall der Geschäftsgrundlage (Forts)
Rückzahlungsanspruch, Feststellung zur Insolvenztabelle 244b
Werklieferungsvertrag
Liefergeschäft 102, 104
Werkvertrag
Liefergeschäft 102, 104, 175
Widerrufsrecht
Verbraucherwiderrufsrecht
s dort
Wiederverkaufsrecht
AGB-Kontrolle 330b
Herausgabepflicht 330b
Rückkaufvereinbarung 330a
Schadensersatz 330c
Wucher
Leasingvertrag 129

Zahlungsverzug
Gesamtfälligstellung 144
Kündigung, außerordentliche 315 f, 330
Kündigungsklausel 317
Mahnung, qualifizierte 318
Rückkaufvereinbarung 330a
Rücknahmegarantie 330a
Rückstandsquote 318
Schuldbeitritt 330
Vertragsübernahme 330
Zerstörung
Abschlusszahlung 212a
Ausgleichsanspruch 212a
Drittverschulden 212b f
Kündigungsrecht, außerordentliches 212a
Leasinggegenstand 209b, 212a
Leasingraten 212a
Schadensersatzanspruch 212a f
Abtretung 212b
Haftungsschaden 212c
Nutzungsschaden 212c
Wiederbeschaffungswert 212b
Zerstörung/Beschädigung des Leasinggegenstandes
Rückgabepflicht 284
Zugang
Annahmeerklärung Leasingvertrag 102
Zulassungskosten
Leasinggeschäft 96b
Zusatzentgelt
Verbrauchervertrag 143d
Zwangsvollstreckung
Einstellung, einstweilige 332
Kündigung, außerordentliche 319
Leasing 331 ff
Mehrerlös, Anspruch auf Auskehrung 333
Nutzungsrecht 333
Ratenzahlungsanspruch 337
Unterrichtungspflicht 332

J. von Staudingers Kommentar zum Bürgerlichen Gesetzbuch mit Einführungsgesetz und Nebengesetzen

Übersicht vom 1. 7. 2018
Die Übersicht informiert über die Erscheinungsjahre der Kommentierungen in der 13. Bearbeitung und deren Neubearbeitungen (= Gesamtwerk STAUDINGER). *Kursiv* geschrieben sind die geplanten Erscheinungsjahre.

Die Übersicht ist für die 13. Bearbeitung und für deren Neubearbeitungen zugleich ein Vorschlag für das Aufstellen des „Gesamtwerk STAUDINGER" (insbesondere für solche Bände, die nur eine Sachbezeichnung haben). Es wird empfohlen, die Austauschbände chronologisch neben den überholten Bänden einzusortieren, um bei Querverweisungen auf diese schnell Zugriff zu haben. Bei Platzmangel sollten die ausgetauschten Bände an anderem Ort in gleicher Reihenfolge verwahrt werden.

Neubearbeitungen

Buch 1. Allgemeiner Teil

Band				
Einl BGB; §§ 1–14; VerschG	2004	2013	2018	
§§ 21–79	2005			
§§ 80–89	2011	2017		
§§ 90–124; 130–133	2012	2016		
§§ 125–129; BeurkG	2012	2017		
§§ 134–163	2003			
§§ 134–138	2011	2017		
§§ 139–163	2010	2015		
§§ 164–240	2004	2009	2014	

Buch 2. Recht der Schuldverhältnisse

Band				
§§ 241–243	2005	2009	2014	
§§ 244–248	2016			
§§ 249–254	2005	2016		
§§ 255–314	2001			
§§ 255–304	2004	2009	2014	
§§ 305–310; UKlaG	2006	2013		
§§ 311, 311a, 312, 312a–i	2013			
§§ 311, 311a–c	2018			
§§ 311b, 311c	2012			
§§ 313, 314	*2019*			
§§ 315–327	2001	2004	2009	2015
§§ 328–361b	2001			
§§ 328–359	2004			
§§ 328–345	2009	2015		
§§ 346–361	2012			
§§ 358–360	2016			
§§ 362–396	2000	2006	2011	2016
§§ 397–432	2005	2012	2017	
§§ 433–487; Leasing	2004			
§§ 433–480	2013			
Wiener UN-Kaufrecht (CISG)	1999	2005	2013	2017
§§ 488–490; 607–609	2011	2015		
VerbrKrG; HWiG; § 13a UWG; TzWrG	2001			
§§ 491–512	2004	2012		
§§ 516–534	2005	2013		
§§ 535–562d (Mietrecht 1)	2003	2006	2011	
§§ 563–580a (Mietrecht 2)	2003	2006	2011	
§§ 535–555f (Mietrecht 1)	2014			
§§ 556–561; HeizkostenV; BetrKV (Mietrecht 2)	2014			
§§ 562–580a; Anh AGG (Mietrecht 3)	2014			
§§ 535–556g (Mietrecht 1)	2017			
§§ 557–580a; Anh AGG (Mietrecht 2)	2017			
Leasing	2014	2018		
§§ 581–606	2005	2013		
§§ 607–610 (siehe §§ 488–490; 607–609)	./.			
§§ 611–615	2005			
§§ 611–613	2011	2015		
§§ 613a–619a	2011	2016		
§§ 616–630	2002			
§§ 620–630	2012	2016		
§§ 631–651	2003	2008	2013	
§§ 651a–651m	2003	2011	2015	
§§ 652–656	2003	2010		
§§ 652–661a	2015			
§§ 657–704	2006			
§§ 662–675b	2017			
§§ 675c–676c	2012			
§§ 677–704	2015			
§§ 741–764	2002	2008	2015	
§§ 765–778	2013			
§§ 779–811	2002	2009	2015	
§§ 812–822	1999	2007		
§§ 823 A-D	2016			
§§ 823 E–I, 824, 825	2009			
§§ 826–829; ProdHaftG	2003	2009	2013	2018
§§ 830–838	2002	2008	2012	2017
§§ 839, 839a	2007	2013		
§§ 840–853	2007	2015		
AGG	2017			
UmweltHR	2002	2010	2017	

Neubearbeitungen

Buch 3. Sachenrecht

§§ 854–882	2000	2007	2012	
§§ 883–902	2002	2008	2013	
§§ 903–924	2002	2009	2015	
§§ 925–984; Anh §§ 929 ff	2004	2011	2016	
§§ 985–1011	1999	2006	2013	
ErbbauRG; §§ 1018–1112	2002	2009	2016	
§§ 1113–1203	2002	2009	2014	
§§ 1204–1296; §§ 1–84 SchiffsRG	2002	2009		
§§ 1–19 WEG	2017			
§§ 20–64 WEG	2017			

Buch 4. Familienrecht

§§ 1297–1320; Anh §§ 1297 ff; §§ 1353–1362	2007			
§§ 1297–1352		2012	2015	
LPartG	2010			
§§ 1353–1362		2012	2018	
§§ 1363–1563	2000	2007		
§§ 1363–1407			2017	
§§ 1408–1563			2018	
§§ 1564–1568; §§ 1–27 HausratsVO	2004			
§§ 1564–1568; §§ 1568 a+b		2010		
§§ 1569–1586b	2014			
§§ 1587–1588; VAHRG	2004			
§§ 1589–1600d	2000	2004	2011	
§§ 1601–1615n	2000	2018		
§§ 1616–1625	2007	2014		
§§ 1626–1633; §§ 1–11 RKEG	2007	2015		
§§ 1638–1683	2004	2009	2015	
§§ 1684–1717	2006	2013		
§§ 1741–1772	2007			
§§ 1773–1895; Anh §§ 1773–1895 (KJHG)	2004			
§§ 1773–1895		2013		
§§ 1896–1921	2006	2013	2017	

Buch 5. Erbrecht

§§ 1922–1966	2000	2008	2016	
§§ 1967–2063	2002	2010	2016	
§§ 2064–2196	2003	2013		
§§ 2197–2264	2003			
§§ 2197–2228		2012	2016	
§§ 2229–2264		2012	2017	
§§ 2265–2338	2006			
§§ 2265–2302		2013		
§§ 2303–2345		2014		
§§ 2339–2385	2004			
§§ 2346–2385		2010	2016	

EGBGB

Einl EGBGB; Art 1, 2, 50–218	2005	2013	
Art 219–245	2003		
Art 219–232		2015	
Art 233–248		2015	

EGBGB/Internationales Privatrecht

Einl IPR; Art 3–6	2003			
Einl IPR		2012		
Art 3–6		2013		
Art 7, 9–12, 47, 48	2007	2013		
IntGesR	1998			
Art 13–17b	2003	2011		
Art 18; Vorbem A + B zu Art 19	2003			
Haager Unterhaltsprotokoll		2016		
Vorbem C–H zu Art 19	2009			
EU-VO u Übk z Schutz v Kindern		2018		
IntVerfREhe	2005			
IntVerfREhe 1		2014		
IntVerfREhe 2		2016		
Art 19–24	2002	2008	2014	
Art 25, 26	2000	2007		
Art 1–10 Rom I VO	2011	2016		
Art 11–29 Rom I–VO; Art 46b, c; IntVertrVerfR	2011	2016		
Art 38–42	2001			
IntWirtschR	2006	2010	2015	
Art 43–46	2014			

Eckpfeiler des Zivilrechts	2011	2012	2014	2018

Demnächst erscheinen

§§ 854–882	2000	2007	2012	2018
Einl EGBGB; Art 1, 2, 50–218	2005	2013	2018	

oHG Dr. Arthur L. Sellier & Co. KG – Walter de Gruyter GmbH, Berlin
Postfach 30 34 21, D-10728 Berlin, Telefon (030) 2 60 05-0, Fax (030) 2 60 05-222

Hinweis des Verlags:
Es folgen aus herstellungstechnischen Gründen mehrere Leerseiten
(ohne Berechnung).

Sellier – de Gruyter • Berlin

OPTIMAL FÜR EXAMEN UND PRAXIS!

STAUDINGER.
SONST NICHTS.

NEU: ECKPFEILER DES ZIVILRECHTS IN DER 6. AUFLAGE

- Aktuelle examensrelevante Fragen
- Ideal zum Aufbau einer vielschichtigen juristischen Argumentation
- Schemata veranschaulichen schwierige Zusammenhänge, Strukturen und Hierarchien

Eckpfeiler des Zivilrechts
Red. Dagmar Kaiser, Markus Stoffels
6. Auflage 2018, XIV, 1.590 Seiten
Broschur € 49,95 [D]
ISBN 978-3-8059-1267-9

staudinger-bgb.de Sellier de Gruyter Staudinger Online: Exklusiv bei juris Das Rechtsportal